Schatten en wegen

Schatten en wegen

mr. A. Wit

Kluwer

H30

Hogeschool van Amsterdam

Hoewel bij deze uitgave de uiterste zorg is nagestreefd, kan voor de afwezigheid van eventuele (druk-)fouten en onvolledigheden niet worden ingestaan en aanvaarden auteur(s), redacteur(en), uitgever deswege geen aansprakelijkheid.

ISBN: 90-13-04028-4

© 2006, Kluwer

Voorwoord

Dit boek is geschreven voor een ieder die te maken heeft met de rechtspositie van zieke werknemers en de toepassing van de regels inzake deze problematiek. Bezien vanuit een juridische invalshoek worden met betrekking tot dit onderwerp de meest voorkomende vraagstukken behandeld vanaf de eerste ziektedag tot en met de WAO- of WIA-uitkering.

De wet Werk en inkomen naar arbeidsvermogen, de opvolger van de WAO en de invoeringswet van deze wet worden afzonderlijk behandeld, terwijl de Aanpassings- en verzamelwet Wet werk en inkomen naar arbeidsvermogen en de Verzamelwetten sociale verzekeringen 2006 en 2007 voorzover relevant zijn verwerkt in de verschillende hoofdstukken, waardoor deze uitgave ook na 1 januari 2007 zijn waarde zal behouden. Bij de verwerking van de Verzamelwet sociale verzekeringen 2007 is gebruik gemaakt van de tekst van het wetsontwerp zoals gepubliceerd op 29 augustus 2006. Wijzigingen nadien konden niet meer worden meegenomen.

Hoewel dit boek is geschreven vanuit een juridische invalshoek, is getracht om de als complex te boek staande problematiek zo eenvoudig mogelijk te beschrijven.

Hierdoor kunnen naast professionals ook startende advocaten, studenten en geïnteresseerde niet-juristen snel een antwoord vinden op de meest voorkomende vragen op het terrein van de arbeidsongeschiktheidswetgeving en zich op de hoogte stellen van de (juridische) stand van zaken.

In deze uitgave zult u geen volledige weergave en commentaar vinden op alle wetgeving op het terrein van arbeidsongeschiktheid. Wat u wel zult vinden is een uitgebreide beschrijving van de gang van zaken bij een arbeidsongeschiktheidsclaim voorzien van relevante en recente jurisprudentie.

De reis door 'WAO-land' start met de behandeling van de Wet uitbreiding loondoor-betalingsverplichting bij ziekte kortweg WULBZ en 'De Poortwachter' en eindigt met de wet WIA en de invoeringswet van deze wet.

Door te beginnen bij de eerste ziektedag en de verwikkelingen die daarbij kunnen plaatsvinden wordt aangesloten bij de feitelijke gang van zaken bij een arbeidsongeschiktheidsclaim. Dusdoende wordt u stap voor stap meegenomen door 'WAO-land' en krijgt u al lezend zicht op de obstakels, die een werknemer of werkgever tegen kunnen komen, indien sprake is van (langdurig) arbeidsverzuim vanwege ziekte.

Het is onze bedoeling en wens, dat u met behulp van dit boek problemen op het terrein van arbeids(on)geschiktheid kunt overzien en een professionele bijdrage kunt leveren aan de oplossing daarvan. Aan het slot van een zaak in alle oprechtheid tegen uzelf kunnen zeggen ' ik heb alles uit de zaak gehaald' geeft een prima gevoel, los van het behaalde resultaat.

Wij wensen u veel lees- en studieplezier toe.

De Geinbrug
mr. Arie Wit

Inhoudsopgave

VII

IX

1   HET EERSTE EN TWEEDE ZIEKTEJAAR

1.1   Inleiding

Voor een goed begrip van de arbeidsongeschiktheidswetgeving en de problemen die daarmee samenhangen is het in eerste instantie noodzakelijk inzicht te krijgen in de procedurele en inhoudelijke gang van zaken in de eerste twee ziektejaren.

Tot 1 maart 1996 waren de uitvoerders van de werknemersverzekeringen in de sociale zekerheid belast met de uitvoering van onder andere de Ziektewet (verder ZW), zij het dat het loon de eerste 2 of 6 weken van arbeidsongeschiktheid vanaf 1 januari 1994 werd betaald door de werkgever. Duurde de arbeidsongeschiktheid onverhoopt langer dan bestond recht op ziekengeld over maximaal 52 weken. Deze periode van 52 weken en sedert 1 januari 2004 104 weken wordt ook wel de wachttijd WAO of kortweg de wachttijd genoemd, namelijk de periode die een zieke werknemer moet wachten voordat hij of zij een WAO-aanvraag kan indienen.

Aan deze uitvoeringspraktijk maakte de Wet uitbreiding loondoorbetaling bij ziekte, Stb. 1996 nr. 134 (verder WULBZ) met ingang van 1 maart 1996 een einde.

Op grond van WULBZ werd een werkgever verplicht om gedurende 52 weken in principe 70% van het loon te betalen aan een zieke werknemer met het minimumloon als bodemvoorziening. Voorwaarde voor deze loondoorbetalingsverplichting is dat er sprake is van een doorlopende dienstbetrekking tijdens de arbeidsongeschiktheid. Is dat niet het geval dan heeft een verzekerde aanspraak op ziekengeld. De ZW functioneert in zo'n situatie als vangnet. De uitwerking van de vangnetfunctie van de ZW vindt u in hoofdstuk II, paragraaf 3.

Door de werkgever te verplichten het loon te betalen bij ziekte van een werknemer zijn voor de betaling van ziekengeld regels gegeven in het Burgerlijk Wetboek (verder BW).

WULBZ is een typisch product van de wetgever na de Cie. Buurmeijer. De parlementaire enquetecommissie (1992/1993) genoemd naar haar voorzitter de heer Buurmeijer had in haar onderzoek naar het reilen en zeilen in de SV-wereld onder andere vastgesteld, dat de uitvoering van de werknemersverzekeringen door de organisaties van werkgevers en werknemers leidde tot een ongebreidelde groei van het aantal arbeidsongeschikten. Aan deze wijze van uitvoering moest een einde komen aldus de Cie. Buurmeijer in haar aanbevelingen. Eén van de oplossingsrichtingen van de Cie. Buurmeijer was gedeeltelijke privatisering van de sociale zekerheid en daarnaast de verschillende uitvoerders laten werken onder de verantwoordelijkheid van één beleidsorgaan en dat geheel vervolgens ombouwen tot één zelfstandig bestuursorgaan. Voor de organisaties van werkgevers en werknemers was in dit organisatiemodel geen rol van betekenis meer weggelegd.

De schrik zat er bij de wetgever na de publicatie van het rapport van de Cie. Buurmeijer goed in en het wantrouwen jegens de uitvoerders werknemersverzekeringen was ten tijde van de totstandkoming van WULBZ zo groot, dat de wetgever een vrijwel blind vertrouwen had in privatisering van de uitvoering van de ZW en marktwerking bij reïntegratie van arbeidsongeschikte werknemers.
Door privatisering gaat het ziekteverzuim automatisch omlaag, zo was de gedachtegang bij de wetgever.
Werkgevers moesten immers vanaf 1 maart 1996, datum inwerkingtreding WULBZ, de kosten van het ziekteverzuim zelf betalen gedurende 52 weken. Deze financiële prikkel voor de werkgever zou in de visie van de wetgever de werkgever alerter maken op het ziekteverzuim in zijn bedrijf waardoor ook de instroom van WAO-gerechtigden als vanzelf zou afnemen.
De inhoudelijke toetsing van het 'ziek-zijn' werd gegund aan private ARBO-diensten, in te huren door de werkgever. Deze diensten moesten competitief werken, waardoor zij uit eigenbelang 'ziek' Nederland snel weer aan het werk zouden krijgen.
Het verzuimrisico en de daarmee gepaard gaande kosten kon een werkgever uitsluitend herverzekeren bij private verzekeraars en niet bij de publieke uitvoerders.
De wetgever nam in dit verband voetstoots aan, dat de private verzekeraars voor het afdekken van het verzuimrisico wegens ziekte een lagere premie in rekening zouden brengen dan de uitvoerders onder het publieke stelsel.

Van al de veronderstellingen van de wetgever in 1996 en met name het indammen van het groeiend aantal arbeidsongeschikten kwam in de praktijk

2

weinig terecht. Dit noopte de wetgever in 2002 wederom tot ingrijpen met de Wet verbetering poortwachter, Stb. 2001 nr. 628 om het nog steeds gestaag groeiend aantal arbeidsongeschikten een halt toe te roepen. Zij het schoorvoetend kreeg het net opgerichte UWV, de rechtsopvolger van de uitvoerders (Gak Nederland B.V., Cadans, GUO, SFB, USZO en het Lisv), daarbij een controlerende en initiërende rol toebedeeld.

De Wet verbetering poortwachter en de rol van het UWV daarbij, heeft volgens statistische gegevens met betrekking tot de instroom van WAO-claims een behoorlijk en in de optiek van de wetgever een bemoedigend effect gesorteerd.

Op grond van publicaties van UWV kan geconcludeerd worden dat de hoeveelheid WAO-claims vanaf het eerste kwartaal 2003 een scherpe daling vertoont, welke daling tot begin 2005 structureel van aard blijkt te zijn. Geconcludeerd kan worden dat de Wet verbetering poortwachter beantwoordt aan één van haar hoofddoelstellingen, te weten vermindering van het beroep op de WAO en de reïntegratie van arbeidsongeschikte werknemers.

Vanaf 1 januari 2005 kan geen verantwoorde vergelijking meer worden gemaakt met de instroomcijfers uit het verleden. Door de inwerkingtreding van de Wet verlenging loondoorbetalingsverplichting bij ziekte 2003, Stb. 2003 nr. 555 met ingang van 1 januari 2004 dient een werkgever een zieke werknemer 104 weken loon in plaats van 52 weken door te betalen.

Dit betekent voor de uitvoeringspraktijk dat vanaf het eerste kwartaal 2005 geen reguliere WAO-instroom meer plaatsvindt, daar vanaf 1 januari 2004 ziek geworden werknemers eerst op 29 december 2005 het einde van de wachttijd bereiken.

De wet verlenging loondoorbetalingsverplichting bij ziekte 2003 betekent in feite een verdubbeling van de werkingsduur van WULBZ.

De hiervoor genoemde ingrepen van de wetgever hebben ingrijpende veranderingen teweeg gebracht in het BW, zodat het voor de hand ligt om de relevante bepalingen in het BW eerst onder de loep te nemen, uiteraard voorzover van deze bepalingen van belang zijn voor een goed begrip van de arbeidsongeschiktheidsproblematiek. Daarbij is zoveel mogelijk rekening gehouden met de volgorde van de wetswijzigingen in de tijd. Eerst komen derhalve de wijzigingen in het BW tengevolge van WULBZ aan de beurt en vervolgens worden in het hoofdstuk gewijd aan de Wet verbetering poortwachter de wijzigingen behandeld die deze wet in het BW heeft aange-

3

bracht. De Wet verlenging loondoorbetalingsverplichting bij ziekte 2003 wordt niet apart behandeld maar is verwerkt in de relevante bepalingen van het BW.

De recente wijzigingen tengevolge van de Wet werk en inkomen naar arbeidsvermogen (verder wet WIA), Stb. 2005 nr. 572, de Wet invoering en financiering Wet werk en inkomen naar arbeidsvermogen (verder IWIA), Stb. 2005 nr. 573 en de Aanpassings- en verzamelwet Wet werk en inkomen naar arbeidsvermogen (verder AVWIA), Stb. 2005 nr. 710 zijn eveneens opgenomen.

De laatstgenoemde wetten zijn inwerking getreden met ingang van 29 december 2005.

In hoofdstuk IV worden de wetten WIA en IWIA inhoudelijk behandeld.

1.2 Het Burgerlijk Wetboek

De betaling van loon tijdens ziekte is vanaf de inwerkingtreding van WULBZ in het merendeel van de gevallen een civielrechtelijke aangelegenheid geworden. Een zieke werknemer zal zich dus in geval van ziekte richten tot zijn werkgever met het verzoek om het loon tijdens de ziekteperiode door te betalen.

Hieronder volgt een beknopt overzicht van de relevante bepalingen dienaangaande in het BW. De rechten en plichten van de werknemer en werkgever krijgen de meeste aandacht. Zo staat bijvoorbeeld tegenover het recht op loondoorbetaling bij ziekte voor de werknemer de plicht om mee te werken aan zijn reïntegratie in het arbeidsproces. Omgekeerd kan een werkgever zich niet meer onttrekken aan zijn plicht tot reïntegratie van een zieke werknemer en heeft hij een aantal (dwang)middelen tot zijn beschikking gekregen om een werknemer mee te laten werken aan zijn of haar reïntegratie in het arbeidsproces. Tevens wordt aandacht besteed aan de rechtsmiddelen die een werknemer maar ook een werkgever aan kunnen wenden in dit verband. Bijvoorbeeld om het recht op loondoorbetaling wegens ziekte af te dwingen of te ontlopen danwel om een professionele visie te verkrijgen van UWV omtrent de aanwezigheid van passende werkzaamheden in het eigen bedrijf of de kwaliteit van de reïntegratie inspanningen.

4

1.2.1 De relevante bepalingen in het BW

In art. 7:627 BW wordt het civiele uitgangspunt klip en klaar weergegeven, werkt men niet, dan bestaat er ook geen recht op loon.
De eerste uitzondering op het principe van art. 7:627 BW is neergelegd in art. 7: 628 BW, echter in dit bestek niet de belangrijkste.
Hier wordt volstaan u erop te wijzen, dat bij niet werken en toch loon ingevolge art. 7:628 BW o.a. gedacht moet worden aan de nietige beëindiging van de arbeidsovereenkomst, normale (soms zelfs exceptionele) bedrijfsrisico's, collectieve acties en betwiste arbeidsongeschiktheid. Heeft een werkgever één van de voorgaande risico's genomen of over zich heen gekregen, dan dient de werkgever het loon door te betalen zonder dat de werknemer de overeengekomen arbeid heeft verricht.
Voorwaarde voor het slagen van een actie uit art. 7:628 BW is wel, dat de werknemer bereid is (gebleven) de bedongen arbeid te verrichten.

1.2.2 De loondoorbetalingsverplichting bij ziekte van art. 7: 629 BW

Hoewel u het niet zult merken aan de hoeveelheid artikelen in de ZW heeft artikel 7: 629 BW voor het overgrote deel van de werknemers de ZW buiten werking gesteld.
Art. 7: 629 BW is sedert 1 maart 1996 qua omvang de grootste uitzondering op het principe 'niet werken, geen loon'.
Iedere werknemer is nog steeds verzekerde ingevolge de ZW en heeft deswege in principe recht op ziekengeld bij arbeidsongeschiktheid. Echter op grond van art. 29 lid 1 ZW komt dit recht niet tot uitbetaling, indien de werknemer recht heeft op doorbetaling van loon tijdens ziekte op grond van art. 7: 629 van het BW, danwel bezoldiging als bedoeld in art. 76a lid 1 van de ZW (kort door de bocht: vrijwel alle ambtenaren).
Alle aanleiding dus om art. 7:629 BW nader te belichten.

1.2.3 Loondoorbetaling bij ziekte

Op grond van art. 7:629 lid 1 BW heeft een zieke werknemer recht op loondoorbetaling jegens zijn werkgever.

5

Hoewel de arbeidsongeschiktheidsformule in art. 7:629 lid 1 BW ruimer is dan in de ZW heeft de minder stringente formulering in het BW in de praktijk geen noemenswaardige problemen opgeleverd.

Algemeen wordt aangenomen, dat in het BW niets anders wordt bedoeld dan voorheen en thans in de ZW is geregeld. Dat er zich in de praktijk geen noemenswaardige problemen voordoen kan als volgt worden verklaard.

Indien tussen de werknemer en de werkgever (en diens ARBO-dienst) verschil van inzicht bestaat over het bestaan of voortbestaan van arbeidsongeschiktheid in de zin van art. 7:629 BW dan kan de werknemer een procedure aanspannen tegen diens werkgever. De werknemer heeft daarbij evenwel een zogenaamde 'second-opinion' (waarover later meer) nodig. In de dagelijkse praktijk geeft een verzekeringsarts werkzaam bij UWV de second opinion over het bestaan of voortbestaan van arbeidsongeschiktheid in de zin van art. 7:629 BW af.

De verzekeringsarts werkzaam bij UWV is gewend te werken met het arbeidson-geschiktheidsbegrip zoals neergelegd in de ZW en zal bij een verzoek om een second-opinion in een automatisme aan dit begrip toetsen. Hoewel strikt juridisch wellicht niet helemaal juist ontstaat er via deze omweg een praktische uniformering tussen het BW en de ZW.

Bedenk hierbij tevens dat een groot deel van de artsen werkzaam voor een ARBO-dienst hun opleiding hebben genoten bij één van de rechtsvoorgangers van het huidige UWV en de uniforme toepassing van het arbeidsongeschiktheidsbegrip in het BW en de ZW is verklaard.

Een voorbeeld van de uniforme wijze van beoordelen is situatieve arbeidsongeschiktheid. Hiermee wordt bedoeld, arbeidsongeschiktheid t.g.v. de werksfeer. In de ZW werd en wordt deze vorm van arbeidsongeschiktheid geaccepteerd, indien de reden van arbeidsongeschiktheid overstijgend is ten opzichte van het onderliggende (arbeids)conflict. Ook onder de werking van art. 7:629 BW wordt identiek geoordeeld.

Zwangerschap en bevalling zijn in de tekst van art. 7: 629 lid 1 BW apart opgenomen daar deze situaties niet zijn te vatten onder ziekte of gebrek. Werkgevers worden overigens tot het loonniveau van art. 17 lid 1 Wet financiering sociale verzekeringen, Stb. 1953,nr. 577 (Wfsv), kortweg het maximumdagloon schadeloos gesteld, indien een werkneemster verhinderd is de bedongen arbeid te verrichten tengevolge van zwangerschap of bevalling.

Voor meer gedetailleerde informatie over het onderwerp ziekengeld in verband met zwangerschap en bevalling verwijzen wij u naar hoofdstuk 2, paragraaf 4 van dit boek en hoofdstuk III van de Wet arbeid en zorg, Stb. 2001, nr. 567 (verder WAZO).

1.2.4 Duur en hoogte van de loondoorbetaling

Gedurende de arbeidsongeschiktheid en vanaf 1 januari 2004 gedurende maximaal 104 weken heeft de werknemer recht op 70% van het vastgestelde loon, met als plafond het maximum dagloon van art. 17 lid 1 Wfsv. Om u een indruk te geven, op 1 juli 2006 is het maximum dagloon vastgesteld op € 170,33 bruto per dag.

Gedurende de eerste 52 weken van arbeidsongeschiktheid heeft de werknemer een minimumloongarantie. In het tweede ziektejaar bestaat de minimumloongarantie niet meer.

Mocht de arbeidsongeschiktheid onverhoopt langer dan 52 weken duren dan dient een werknemer zich in een voorkomend geval tot het UWV te wenden voor een aanvulling tot het voor hem of haar geldende relevante sociaal minimum. UWV verleent deze aanvulling op het loon op grond van de Toeslagenwet, Stb. 1986 nr. 562 (verder TW).

Tot de inwerkingtreding van de wet verlenging loondoorbetalingsverplichting bij ziekte 2003 was in het merendeel van de CAO's een bepaling opgenomen, dat werknemers gedurende de eerste 52 weken van arbeidsongeschiktheid een aanvulling ontvingen op het wettelijk percentage (70%) van het vastgestelde loon.

Ook de maximering van het loon tot het bedrag van art. 17 lid 1 Wfsv was door de bank genomen via CAO's weggeregeld. Sommige CAO's gingen zelfs nog verder en suppleerden een bepaald percentage gedurende een aantal jaren op de te ontvangen WAO-uitkering.

Hoewel de tekst van art. 7:629 BW aan de sociale partners alle ruimte laat om aanvullingen op het percentage van 70% en de hoogte van het loon te bedingen cq. toe te staan, was het kabinet Balkenende II van mening, dat er in het 2e ziektejaar geen aanvullingen meer mochten plaatsvinden.

De achterliggende gedachte van het kabinet was, dat een werknemer ingeval van aanvulling in het 2e ziektejaar in financiële zin onvoldoende geprikkeld wordt tot reïntegratie.

Het kabinet wilde aanvankelijk door middel van wetgeving aanvullingen op de loondoorbetaling tijdens ziekte voorkomen danwel ontmoedigen. Na forse kritiek op een wetsvoorstel met die strekking heeft het kabinet daarvan afgezien. Om tot hetzelfde resultaat te komen is in het Najaarsakkoord 2004 met de sociale partners overeengekomen, dat in de twee ziektejaren niet meer wordt aangevuld dan 170%.

In deze discussie spreken het kabinet en de sociale partners zonder enige aarzeling over 70% van het laatst genoten loon. Art. 7:629 BW kent zoals aangegeven een maximering tot € 170,33 per dag. Werknemers met een hoger loon dan dat niveau worden in theorie door het Najaarsakkoord 2004 aanzienlijk harder getroffen dan werknemers met een loon juist onder dit niveau.

Er zijn overigens na de totstandkoming van het Najaarsakkoord 2004 veel nieuwe CAO's afgesloten waaruit blijkt dat de contractpartners zich niets aantrekken van de letterlijke tekst van het Najaarsakkoord 2004 en hogere aanvullingen afspreken dan 170% over 2 jaar. Het is voor de betreffende werknemers te hopen, dat in deze nieuwe CAO's tevens een regeling is getroffen voor degenen die meer verdienen dan het maximum-dagloon van art. 17 lid 1 Wfsv.

Verricht een werknemer uitsluitend of nagenoeg uitsluitend huishoudelijke of persoonlijke diensten ten behoeve van de werkgever op minder dan 3 dagen per week, dan geldt het recht op loondoorbetaling tijdens ziekte slechts gedurende 6 weken, aldus art. 7:629 lid 2 BW.

In de arbeidsrechtelijke literatuur is deze uitzondering in duur niet onomstreden. De uitzondering van art. 7:629 lid 2 BW wordt gezien als een inbreuk op het principe dat werknemers gelijk behandeld moeten worden. In dit verband wordt dikwijls verwezen naar het Oprichtingsverdrag van de EG van 25 maart 1957, Trb. 1957 nr. 91. Op grond van art. 141 van dit verdrag moeten mannen en vrouwen gelijk beloond worden, welke gelijke behandeling a fortiori geldt voor werknemers in het algemeen.

1.2.5 Geen recht op loondoorbetaling

Was in art. 7:629 lid 2 BW nog sprake van een uitzondering in duur van de loondoorbetalingsverplichting tijdens ziekte, in art. 7:629 lid 3 kunnen werknemers onder bepaalde omstandigheden geheel worden uitgesloten van het recht op loondoorbetaling.

A: *opzettelijke veroorzaking* van de ziekte, of het gevolg van een gebrek waarover bij een aanstellingskeuring *valse informatie is verstrekt* en waardoor toetsing aan de opgestelde belastbaarheidseisen niet juist kan worden uitgevoerd.

Opzet

Heeft de werknemer de ziekte opzettelijk veroorzaakt dan heeft hij geen recht op loondoorbetaling.

Op het eerste gezicht lijkt deze bepaling zeer eenvoudig te stellen, echter de opzet moet gericht zijn op het ziek worden alsmede op het verkrijgen van loondoorbetaling. In de praktijk zal het bepaald niet eenvoudig zijn om deze richting van opzet te bewijzen, laat staan dat een rechter het 'bewijs' honoreert.

Aan de parlementaire behandeling van WULBZ kan in dit verband nog worden ontleend, dat opzettelijk risicovol gedrag, zoals sportbeoefening, niet kan leiden tot verlies van de aanspraak van het eerste lid van art. 7:629 BW. Voorbeelden in de jurisprudentie van de Centrale Raad van Beroep op art. 45 lid 1 aanhef en onder g ZW (identieke bepaling voor de ZW) zijn op de vingers van 1 hand te tellen. In RSV 1983 nr. 108 heeft de CRvB aangegeven, dat een waarschijnlijkheidsdiagnose onvoldoende is om opzettelijk veroorzaken te kunnen stellen.

In USZ 2004 nr. 235 behoefde de CRvB de geponeerde stelling van voorwaardelijke opzet niet te beantwoorden vanwege het ontbreken van voldoende feitelijke aanknopingspunten voor deze stelling.

Op 10 augustus 2006 LJN AY 5993 heeft het Hof Arnhem een arrest gewezen, waaruit kort samengevat blijkt, dat een werkgever niet gehouden is om het te betalen loon bij ziekte veroorzaakt door zaalvoetbal aan te vullen tot 100%. Alsdan is naar het oordeel van het Hof Arnhem sprake is van schuld of toedoen van de werknemer bij het ontstaan van de arbeidsongeschiktheid. De toepasselijke CAO eist voor de aanvulling tot 100%, dat de arbeids-

9

ongeschiktheid niet door schuld of toedoen van de werknemer is veroorzaakt. In dit verband was de werknemer herhaaldelijk gewaarschuwd door zijn werkgever.

De poging van de werkgever om onder de volledige loondoorbetalingsverplichting bij ziekte uit te komen vanwege opzettelijk gedrag van de werknemer strandde, daar het Hof deelname aan een risicovolle activiteit zoals zaalvoetbal en deswege de kans op arbeidsongeschiktheid, onvoldoende achtte voor het aannemen van opzet in de zin van art. 629 lid 3 onderdeel a BW. Het Hof motiveert dit standpunt met een uitgebreid beroep op de wetsgeschiedenis van WULBZ.

Valse informatie verstrekken
Een werknemer valt evenzeer onder deze uitsluiting van het recht op loondoorbetaling tijdens ziekte, indien hij arbeidsongeschikt wordt tengevolge van een verzwegen aandoening. Hierbij moet bedacht worden dat op grond van de Wet op de medische keuring, Stb. 1997 nr. 365 het vergaren van medische informatie en een keuring in strijd met deze wet kunnen zijn, waardoor enige activiteit van de aan te stellen werknemer verwacht mag worden. Het verstrekken van valse informatie of het verzwijgen van een aandoening is op zich niet voldoende om deswege loondoorbetaling tijdens ziekte te weigeren. Vanwege het gedrag van de werknemer moet tevens sprake zijn van de situatie, dat de werkgever niet juist kon toetsen of de werknemer voldeed aan de belastbaarheidseisen van de functie.

B: *genezingsbelemmering of vertraging*

Onder de werking van de ZW voor 1 maart 1996 is op deze ruim geformuleerde bepaling veel jurisprudentie van de CRvB ontstaan. Blijkens een zeer oude uitspraak (1959) valt alcohol abusus onder omstandigheden onder deze bepaling, evenals het voortzetten van een hongerstaking, vertrek uit een sanatorium, niet tijdige terugkeer uit het buitenland voor een reeds geplande medische behandeling etc...
Vertrek naar het buitenland zonder toestemming leverde daarentegen geen genezings-belemmering op, net zo min als een medisch gemotiveerde weigering tot opname in een ziekenhuis.

10

C: Voor de tijd dat het verrichten van *passende arbeid* geweigerd wordt

Het gaat in deze bepaling om passende arbeid binnen het eigen bedrijf of daarbuiten maar dan wel met voorafgaande toestemming van UWV. Indien de Verzamelwet sociale verzekeringen 2007 (verder Verzamelwet SV 2007) ongewijzigd tot wet wordt verheven, dan is de toestemming van UWV niet langer vereist ingeval van tewerkstelling van de werknemer buiten het eigen bedrijf. De werknemer kan uiteraard betwisten, dat de aangeboden arbeid buiten het eigen bedrijf voor hem passend is te achten door een deskundig oordeel daaromtrent te vragen bij UWV (zie art. 30 lid 1 onderdeel e SUWI). De reeds langer bestaande mogelijkheid voor de werknemer om een deskundig oordeel te vragen bij UWV vormde voor de wetgever aanleiding om het toestemmingsvereiste in art. 7: 629 lid 3 onderdeel 3 BW te schrappen. Weigert de werknemer de aangeboden passende arbeid te verrichten dan verliest hij zijn loonaanspraak in zijn geheel.
Bij de behandeling van de Wet verbetering poortwachter (paragraaf 3) wordt ingegaan op de vraag wat moet worden verstaan onder passende arbeid.

D: *weigering van medewerking aan redelijke voorschriften of maatregelen erop gericht om passende arbeid te gaan verrichten*

Deze bepaling is in art. 7:629 BW terecht gekomen met de invoering van de Wet verbetering poortwachter. Te denken valt bijvoorbeeld aan het volgen van trainingen of opleidingen, waardoor een werknemer geschikt wordt (gemaakt) voor arbeid die hij wel kan verrichten met zijn beperkingen tot het verrichten van arbeid. Het is overigens niet gewenst, dat een werkgever aan een te volgen opleiding of training nadere consequenties verbindt, zoals bijvoorbeeld geheel of gedeeltelijke terugbetaling van de kosten van de opleiding of training bij beëindiging van het dienstverband binnen een bepaalde termijn, vergelijkbaar met de studieovereenkomsten.
Immers de werkgever heeft de wettelijke plicht tot het verrichten van reïntegratie inspanningen ten behoeve van een zieke werknemer waaronder het bevorderen van out-placement zonder nadere voorwaarden. Het ligt dan niet in de rede om een werkgever toe te staan financiële voorwaarden te laten verbinden aan de uitvoering van zijn wettelijke taak.
Het Hof 's-Hertogenbosch oordeelde in JAR 2004 nr. 165 anders. Het Hof was van oordeel, dat aan het volgen van een training door de werkneemster

11

ten behoeve van haar reïntegratie de voorwaarde mocht worden verbonden dat de werkneemster de kosten van deze training geheel of gedeeltelijk terugbetaalt aan de werkgever bij beëindiging van het dienstverband binnen een bepaalde periode.

De opvatting van het Hof 's-Hertogenbosch staat op zijn minst op gespannen voet met de plichten van de werkgever sedert de invoering van de Wet verbetering poortwachter, welke wet grotendeels inwerking is getreden met ingang van 1 april 2002.

Wellicht is het oordeel van het Hof ingegeven door de proceshouding van de werkneemster, die had aangegeven op zoek te zijn naar een andere werkkring. Maakt een werknemer na een succesvolle training in het kader van zijn reïntegratie de overstap naar een andere werkgever dan is dit inderdaad zuur voor de werkgever die de training heeft betaald.

Dit gegeven brengt evenwel nog niet mee dat de werknemer in voorkomende gevallen geheel of gedeeltelijk moet opdraaien voor de kosten van zijn reïntegratie.

Vanaf 1 januari 2003 rust op een werkgever de plicht om een ziek geworden werknemer desnoods te reïntegreren naar passend werk bij een andere werkgever. Deze plicht voor de werkgever, waarvoor geen financiële compensatie bestaat, lijkt evenmin steun te geven aan de opvatting van het Hof zoals hiervoor weergegeven.

E: Voor de tijd gedurende de weigering tot *meewerken aan opstellen, evalueren en bijstellen van het plan van aanpak*

Tot 1 april 2002 kende de wetgeving weliswaar verplichtingen voor de werknemer om mee te werken aan zijn reïntegratie, echter doeltreffende sancties op het niet of onvoldoende meewerken ontbraken. Uit de jurisprudentie van de CRvB is een zaak van een werkgever bekend, die werkelijk alles uit de kast had gehaald om een werknemer te reïntegreren. De werknemer was evenwel niet echt meewerkend van aard en aan de werknemer werd een WAO-uitkering toegekend. De werkgever werd vervolgens geconfronteerd met een verhoogde (gedifferentieerde) WAO-premie vanwege de in de WAO terechtgekomen werknemer, waartegen hij zonder succes beroep en hoger beroep aantekende.

Met de inwerkingtreding van de Wet verbetering poortwachter waarover in paragraaf 3 meer heeft de werkgever aanzienlijk meer arbeidsrechtelijke middelen tot zijn beschikking gekregen om op te treden tegen een onwillige werknemer en behoort het hiervoor gegeven voorbeeld uit de jurisprudentie van de CRvB waarschijnlijk tot het verleden.

F: Voor de tijd waarover de werknemer *zonder deugdelijke grond zijn aanvraag om een WIA-uitkering later indient dan voorgeschreven in art. 64 lid 3 van de wet WIA*

Op grond van genoemd artikel in de wet WIA moet een werknemer zijn aanvraag om in aanmerking te komen voor een WIA-uitkering indienen binnen 21 maanden na de aanvang van de wachttijd. Ten einde de werknemer tegemoet te komen stelt UWV de werknemer voor ommekomst van de 20e maand van de wachttijd op de hoogte van het feit dat hij of zij een aanvraag voor een WIA-uitkering moet indienen. Indien de werkgever en werknemer gezamenlijk hebben besloten tot verlenging van de loondoorbetalings-verplichting gelden uiteraard andere perioden, echter het principe dat een WIA-aanvraag moet worden gedaan 3 maanden voor het einde van de (vrijwillige) loondoorbetalingsverplichting blijft staan. Deze weigeringsgrond voor het doorbetalen van het loon tijdens ziekte is in art. 7:629 lid 3 BW terechtgekomen via de AVWIA, Stb. 2005 nr. 710. De wetgever acht het van groot belang, dat een werknemer tijdig zijn aanvraag om in aanmerking te komen voor een WIA-uitkering doet, daar UWV in de resterende tijd naast de arbeidsongeschiktheidsclaim eerst een poortwachtertoets dient uit te voeren. Op grond van dezelfde wet wordt de poortwachtertoets grondig gewijzigd voorzover het betreft de op te leggen loonsancties. In paragraaf 3 worden deze wijzigingen uitvoerig behandeld.

Zwangerschaps- en bevallingsverlof
Art. 7:629 lid 4 BW sluit de vrouwelijke werknemer uit van het recht op loondoorbetaling tijdens het zwangerschaps- en bevallingsverlof gedurende 16 weken. De vrouwelijke werknemer heeft over deze periode een aanspraak op uitkering ingevolge Hoofdstuk III WAZO en kan deze aanspraak bij UWV effectueren.

Vermindering van de loondoorbetalingsverplichting
Een werkgever kan op het door te betalen loon tijdens ziekte ingevolge art. 7:629 lid 5 BW allerlei uitkeringen in mindering brengen (denk bijv. aan uit-

keringen ingevolge de ZW of de WAO), alsmede inkomsten uit arbeid. Indien het inkomsten betreft die de werknemer ook zonder dat hij ziek is geworden zou hebben genoten, mogen deze inkomsten niet worden gekort net zomin als uitkeringen waaraan de werknemer heeft deelgenomen in financiële zin. Ware dit anders, dan zou een werknemer (deels) de plicht tot loondoorbetaling van zijn werkgever financieren. Op grond van IWIA is de tekst van art. 7:629 lid 5 BW verder aangescherpt. Aan de eerste zin in dit artikellid is de zinsnede toegevoegd 'voorzover deze uitkering betrekking heeft op de bedongen arbeid waaruit het loon wordt genoten'. Heeft een werknemer twee of meer dienstbetrekkingen dan moet derhalve gelet worden op de herkomst van de uitkering, alvorens de werkgever kan overgaan tot vermindering van de loondoorbetaling.

Opschorting van de loondoorbetalingsverplichting
Naast de hiervoor genoemde definitieve uitsluitingen danwel verminderingen op het te betalen loon tijdens ziekte, heeft de werkgever het recht tot *opschorting* van de loondoorbetalingsverplichting op grond van art. 7:629 lid 6 BW.

De werkgever kan overgaan tot opschorting van de loondoorbetalingsplicht van art. 7:629 lid 1 BW, indien de werknemer zich niet houdt aan *schriftelijke redelijke voorschriften* m.b.t. het verstrekken van *inlichtingen* nodig om *het recht op loon* vast te stellen. De opschorting van de loondoorbetalingsverplichting is vooral bedoeld als pressiemiddel. De toepassing van dit artikellid beperkt zich in de praktijk vooral tot allerlei controlevoorschriften ten einde de ARBO-dienst in de gelegenheid te stellen zijn werk te doen. Denk bijvoorbeeld aan het doorgeven van een verpleegadres en dergelijke ten einde bezoek en controle van de zieke werknemer door de ARBO-dienst mogelijk te maken.
Voldoet de werknemer na aandrang en eventueel opschorting van de loondoorbetalingsverplichting aan zijn plichten, dan is de werkgever gehouden om het opgeschorte loon alsnog uit te betalen.

Een werkgever kan zich niet meer bedienen van het recht om het loon geheel of gedeeltelijk niet te betalen of de betaling daarvan op te schorten, indien hij de werknemer niet *onverwijld* in kennis heeft gesteld van zijn voornemen daartoe, nadat bij hem het vermoeden tot ingrijpen is gerezen of redelijker-wijs had behoren te rijzen.

Afwijkingen ten nadele van een werknemer op het recht op doorbetaling van het loon tijdens ziekte op grond van art. 7:629 lid 1 en 2 zijn op grond van art. 7: 629 lid 9 BW slechts toegestaan voorzover het betreft de zogenaam-de 2 wachtdagen. Met wachtdagen worden bedoeld de dagen dat het recht op loondoorbetaling nog niet ingaat op en na de eerste dag van arbeidson-geschiktheid van de werknemer. Per periode van 4 weken kunnen overigens niet meer dan 2 wachtdagen worden gehanteerd. Ware dit anders dan zou een werknemer die ongelukkigerwijs tweemaal arbeidsongeschikt wordt binnen 4 weken bijna een volledig weeksalaris inleveren tengevolge van de wachtdagen. Voor de volledigheid zij opgemerkt, dat voor de berekening van de periode van 4 weken de zwangerschaps- en bevallingsuitkering inge-volge Hoofdstuk III WAZO buiten beschouwing blijft.

Afwijkingen ten voordele zijn toegestaan en daar wordt in de praktijk ruim-schoots gebruik van gemaakt. Eerder in deze paragraaf is al aangegeven, dat de hoogte van de loondoorbetalingsverplichting van de werkgever door middel van collectieve afspraken op een hoger percentage wordt gesteld dan de wettelijke 70% en dat de beperking van het maximumdagloon dikwijls is weggeregeld.

Berekening van de periode van 104 weken loondoorbetaling
De duur van de loondoorbetalingsverplichting van art. 7:629 lid 1 BW is vanaf 1 januari 2004 104 weken.
Bij de berekening van deze periode mag een werkgever perioden van arbeidsongeschikt-heid die elkaar opvolgen met een onderbreking van min-der dan 4 weken bij elkaar optellen. Ook hier geldt dat voor de bepaling van de 4 weken periode de zwangerschaps- en bevallingsuitkering ingevolge Hoofdstuk III WAZO buiten beschouwing blijft.
Met ingang van 1 september 2005 is de samentellingsregeling van art. 7:629 lid 10 BW gewijzigd (zie de wet van 3 februari 2005, Stb. 2005 nr. 65 en het besluit tot inwerkingtreding van deze wet). De minder dan 4 weken regeling blijft bestaan dus in zoverre niets nieuws.

Wordt de arbeidsongeschiktheid of de perioden van arbeidsongeschiktheid onderbroken door zwangerschaps- of bevallingsverlof dan stelt het vernieuwde art. 7:629 lid 10 BW evenwel een causaliteitseis.

De causaliteitseis komt erop neer, dat ingeval van onderbreking vanwege zwangerschaps- of bevallingsverlof de perioden van arbeidsongeschiktheid niet bij elkaar opgeteld mogen worden, indien de ongeschiktheid direct voor en aansluitend aan het verlof redelijkerwijs niet geacht kan worden voort te vloeien uit dezelfde oorzaak. Vanaf 1 september 2005 is de samentellingsregeling derhalve minder eenvoudig en in feite minder gunstig voor werkgevers.

In de praktijk doet zich met een zekere regelmaat de vraag voor of een werknemer na 52 of 104 weken arbeidsongeschiktheid voor de bedongen arbeid en gedeeltelijke hervatting van de bedongen arbeid, terzake van deze gedeeltelijke werkzaamheden wederom recht heeft op loondoorbetaling bij ziekte jegens zijn werkgever.

Het Hof 's-Hertogenbosch is blijkens haar arrest gepubliceerd in JAR 2004 nr. 274 van oordeel, dat bij gedeeltelijke hervatting van de bedongen arbeid al dan niet op arbeidstherapeutische basis sprake is van doorlopende arbeidsongeschiktheid in de zin van art. 7: 629 BW voor de bedongen arbeid in zijn geheel en dat deswege geen nieuw recht op loondoorbetaling bij ziekte ontstaat, indien de gedeeltelijk hervatte werkzaamheden wegens ziekte moeten worden gestaakt (idem Ktr. Delft in JAR 2002 nr. 49). Het Hof 's-Hertogenbosch en de kantonrechter te Delft maken in dit verband beiden het voorbehoud, dat dit oordeel anders uitvalt, indien blijkt dat de arbeidsovereenkomst is aangepast aan de feitelijke situatie. Alsdan is sprake van nieuwe 'bedongen arbeid' terzake waarvan nog geen loon bij ziekte is ontvangen door de werknemer.

De CRvB heeft zich blijkens een tweetal uitspraken, gepubliceerd onder LJN AT 2600 dd. 9 maart 2005 en AX 2216 dd. 10 mei 2006, geconformeerd aan de visie van het Hof 's-Hertogenbosch. De CRvB oordeelde in beide zaken, dat UWV de werknemer het recht op ziekengeld in dit soort zaken niet kan ontzeggen met een beroep op art. 29 lid 1 onderdeel a van de ZW. Deze bepaling in de ZW ontzegt de werknemer het recht op ziekengeld, indien er recht bestaat op loondoorbetaling op grond van art. 7: 629 BW, welk recht nu juist niet bestaat gelet op het arrest van het Hof 's-Hertogenbosch.

Er is wel een kanttekening te plaatsen bij de opvatting van het Hof 's-Hertogenbosch. Het probleem waarvoor het Hof 's-Hertogenbosch zich geplaatst zag deed zich voorafgaand aan WULBZ ook met een zekere regelmaat voor in het kader van de ZW en wel op grond van het huidige art. 29 lid 5 ZW. In deze bepaling is, kort samengevat, geregeld dat een werknemer niet tweemaal 104 weken ziekengeld kan ontvangen terzake van dezelfde arbeidsongeschiktheid.

In hoofdstuk II paragraaf 3 wordt de jurisprudentie van de CRvB op art. 29 lid 5 ZW weergegeven, welke jurisprudentie enige nuances kent, die niet zijn terug te vinden in het arrest van het Hof 's-Hertogenbosch. Een verklaring voor dit verschil is wellicht, dat de civiele rechter zich in een procedure lijdelijk opstelt, dit in tegenstelling tot de de bestuursrechter die een actievere rol heeft in de procedure. Voorts zal een bestuursrechter het geleverde 'bewijs' anders bejegenen dan een civiele rechter, alleen al vanwege de relatief stringente bewijsregels in het civiele recht.

Een arrest van de Hoge Raad over dit onderwerp lijkt wenselijk, temeer daar lang niet alle kantonrechters op één lijn zitten.

Vanaf 29 december 2005 heeft de wetgever het hierboven geschetste probleem van de CRvB grotendeels opgelost, door ook werknemers die hervatten in passende werkzaamheden bij hun oude werkgever recht te geven op ziekengeld op grond van art. 29b ZW, de zogenaamde no-risk polis (zie hoofdstuk II paragraaf 5).

Gedeeltelijke hervatting in het eigen werk kan naar onze mening in bestuursrechtelijke zin zonder problemen worden gerangschikt onder passende werkzaamheden in de zin van art. 29b ZW.

De wetswijziging met ingang van 29 december 2005 lost het probleem van het Hof 's-Hertogenbosch evenwel niet op, daar een werknemer in principe recht blijft houden op loondoorbetaling op grond van art. 7: 629 BW, ondanks het recht op ziekengeld op grond van art. 29b ZW.

Loondoorbetaling op grond van art. 7: 629 BW kan voor een werknemer met name in het tweede ziektejaar gunstiger zijn dan ziekengeld op grond van art. 29b ZW. Ook werknemers die meer verdienen dan het gemaximeerde dagloon ZW kunnen financieel belang hebben bij loondoorbetaling op grond van art. 7: 629 BW, aangenomen dat de maximering in art. 7: 629 lid 1 BW middels een CAO is uitgeschakeld.

Een werknemer die na 104 weken arbeidsongeschiktheid het eigen werk in aangepaste vorm qua aard en belasting hervat tegen een reële loonwaarde en

17

opnieuw ziek wordt, heeft naar onze mening wel recht op loondoorbetaling op grond van art. 7: 629 BW. Terzake van deze gewijzigde bedongen arbeid heeft de werknemer nog geen loondoorbetaling bij ziekte ontvangen van zijn werkgever en hij is evenmin doorlopend arbeidsongeschikt gebleven voor deze gewijzigde bedongen arbeid.

Ten einde bewijsrechtelijke problemen te voorkomen lijkt het aangewezen om in voorkomende gevallen de arbeidsovereenkomst dienovereenkomstig te wijzigen. Indien de werknemer in zo'n situatie wederom arbeidsongeschikt wordt heeft hij naar onze mening primair recht op loondoorbetaling op grond van art. 7: 629 BW. Daarnaast heeft de werknemer vanaf 29 december 2005 in principe recht op ziekengeld op grond van art. 29b ZW en behoort het tot de mogelijkheden, dat deze opnieuw arbeidsongeschikt geworden werknemer recht heeft op een verhoogde WAO-uitkering of een WIA-uitkering. Kortom een scala van uitkeringsmogelijkheden. Indien genoemde uitkeringen tot uitbetaling komen, mogen deze uitkeringen op grond van art. 7: 629 lid 5 BW in mindering worden gebracht op het door de werkgever te betalen loon bij ziekte. Voor alle duidelijkheid, UWV zal er in dit verband voor waken dat niet meer dan 70% van het laatst genoten loon wordt uitgekeerd.

Verlenging van de periode van 104 weken
Ingevolge art. 7:629 lid 11 BW kan het tijdvak van 104 weken worden verlengd met de volgende perioden:

A: De duur van de *vertraging*, indien de werkgever de aangifte van arbeidsongeschiktheid later heeft gedaan dan art. 38 lid 1 ZW voorschrijft, te weten 13 weken plus 1 dag te rekenen vanaf de eerste arbeidsongeschiktheidsdag. Deze termijn van melding van de arbeidsongeschiktheid en de consequenties voor de werkgever bij niet tijdige aangifte lijken vanaf 1 januari 2004 enigszins achterhaald.

De oorsponkelijke gedachte achter het voorschrift van art. 38 lid 1 ZW was dat UWV op deze wijze zicht kreeg op de hoeveelheid potentiële WAO-claims, zodat UWV daarmee bij de inrichting van haar werkproces rekening kon houden.

Vanaf 1 januari 2004 bedraagt de wachttijd 104 weken, zodat de aangifte van arbeidsongeschiktheid na 13 weken en 1 dag niet echt zinvol is te achten, immers het is bepaald niet uitgesloten dat voor ommekomst van de

18

wachttijd van 104 weken sprake is van (volledig) herstel. Het nut van de aangifte als bedoeld in art. 38 lid 1 ZW staat zo bezien op losse schroeven en het is de vraag welk belang daarmee na 1 januari 2004 nog gediend wordt. De juridische realiteit is, dat deze bepaling nog steeds in de wet staat en de werkgever er goed aan doet zich te houden aan dit voorschrift gezien de vergaande consequenties.

In onze praktijk is het éénmaal voorgekomen, dat een werkgever om 'principiële' redenen geen aangifte van arbeidsongeschiktheid wenste te doen, met alle gevolgen van dien. De werkgever in kwestie was van oordeel, dat zijn, naar het oordeel van UWV volledig arbeidsongeschikte werknemer, helemaal niet ziek was, zodat naar het oordeel van de werkgever aangifte van arbeidsongeschiktheid niet noodzakelijk was.

B: De duur van *de te late WIA-aanvraag* van de werknemer. Deze mogelijkheid tot verlenging van de loondoorbetalingsverplichting van de werkgever is in de wet gekomen middels de AVWIA . Deze wijziging hangt samen met de wijziging van de poortwachtertoets door UWV en de eventueel op te leggen loonsanctie. In verband met de wijziging van de wijze waarop een loonsanctie wordt opgelegd waarover aan het slot van paragraaf 3 meer, is het van groot belang dat de werknemer tijdig zijn WIA-aanvraag indient.

Een werkgever die niet geconfronteerd wil worden met deze grond voor verlenging van de loondoorbetalingsverplichting kan overwegen om zelf zorg te dragen voor tijdige verzending van de WIA-aanvraag van de zieke werknemer aan UWV. Ook de werkgever wordt op grond van art. 64 lid 2 wet WIA op de hoogte gesteld van het feit, dat de zieke werknemer een aanvraag moet doen om in aanmerking te komen voor een WIA-uitkering.

C: De duur van de *vrijwillige verlenging* van de loondoorbetalingsverplichting of met het tijdvak op grond van art. 25 wet WIA.
De werkgever en werknemer kunnen op grond van art. 24 lid 1 van de wet WIA in gezamenlijk overleg besluiten om de periode van loondoorbetaling bij ziekte te verlengen. Partijen kunnen daar belang bij hebben bijvoorbeeld omdat de reïntegratie van de zieke werknemer in een vergevorderd stadium is en bemoeienis van UWV niet op prijs wordt gesteld. Er is geen wettelij-

ke limiet aan de vrijwillige verlenging van de loondoorbetalingsverplichting.
Het tijdvak op grond van art. 25 van de wet WIA is identiek aan de verlenging van het tijdvak zoals bedoeld in art. 71a lid 9 WAO. In paragraaf 3 wordt uitvoerig ingegaan op de werking van art. 71a lid 9 WAO en art. 25 wet WIA.

D: De duur van de *(vrijwillige) verlenging* van de wachttijd, zoals bedoeld in art. 19 lid 7 WAO (zie onder C)

E: De duur van het *tijdvak op grond van art. 71a lid 9 WAO*

Het tijdvak van loondoorbetaling bij ziekte kan door UWV worden verlengd, indien UWV van mening is dat de werkgever onvoldoende reïntegratie inspanningen heeft verricht. In paragraaf 3 wordt dit onderwerp uitvoerig behandeld.
De duur van de verlenging van de verplichting om het loon door te betalen op grond van art. 71a lid 9 WAO en art. 25 wet WIA is ten hoogste 52 weken. De overige hiervoor genoemde redenen voor verlenging van de loondoorbetalingsverplichting zijn niet gemaximeerd, zodat het in theorie mogelijk is dat een werkgever tot in lengte van dagen een loondoorbetalingsverplichting heeft jegens een zieke werknemer.
De verlenging van de loondoorbetalingsverplichting genoemd onder D en E hebben in feite vanaf 1 januari 2004 slechts waarde voor nog lopende procedures. Werknemers arbeidsongeschikt geworden op en na 1 januari 2004 vallen onder de werking van de wet WIA en komen niet meer in aanmerking voor een uitkering ingevolge de WAO. Verlengingen van de loondoorbetalingsverplichting op deze gronden ingevolge de WAO behoren derhalve binnenkort tot het verleden.

Handhaving van de arbeidsovereenkomt
In art. 7:629 lid 12 BW is tenslotte bepaald, dat de arbeidsovereenkomst van de werknemer onverkort in stand blijft, indien de werknemer passende arbeid als bedoeld in art. 7:658a lid 3 BW gaat verrichten.
Deze bepaling is vanaf 1 april 2002 toegevoegd aan art. 7:629 BW middels de Wet verbetering poortwachter ter versterking van de positie van de werknemer, die meewerkt aan zijn reïntegratie. In paragraaf 3 zult u zien, dat een

20

werknemer ook verplicht is om passende arbeid te aanvaarden bij een andere werkgever.

Alsdan zal op enig moment van een werknemer verwacht mogen worden, dat hij meewerkt aan de beëindiging van de oorspronkelijke dienstbetrekking eventueel onder te stellen voorwaarden.

Het deskundigenoordeel
Indien de werkgever en de werknemer een verschil van mening hebben over het bestaan of voortbestaan van de arbeidsongeschiktheid en de werkgever weigert deswege het loon door te betalen, dan zal de werknemer een procedure aanhangig moeten maken bij de sector kantongerecht van de rechtbank. Een loonvordering van de werknemer wordt door de rechter afgewezen, indien bij die vordering geen verklaring is gevoegd van een deskundige benoemd door in principe UWV.

Het deskundigenoordeel is 'een verplicht voorportaal voor de toegang tot de rechter' aldus de MvT op WULBZ. In de praktijk werkt het deskundigenoordeel iets anders, in die zin dat partijen zich in het merendeel van de zaken zullen neerleggen bij het onafhankelijk oordeel van de deskundige aangewezen door UWV en afzien van een (verdere) procedure.

De rechter gunt een procederende werknemer die geen deskundigenoordeel bij zijn eis overlegt enige tijd om dat verzuim te herstellen. Een praktisch probleem hierbij is, dat een deskundigenoordeel nogal eens op zich laat wachten waardoor partijen ernstig worden belemmerd in hun processuele belangen.

Met de wet tot wijziging van de Werkloosheidswet in verband met de maximering van de ziekengeldlasten in het wachtgeldfonds voor de uitzendsector etc., Stb. 2004 nr. 731 is aan art. 32 Wet structuur uitvoeringsorganisatie werk en inkomen, Stb. 2001 nr. 624 (verder wet SUWI) een derde lid toegevoegd, waarin is opgenomen dat UWV een deskundigenoordeel geeft *binnen 2 weken na ontvangst* van het verzoek daartoe. Weliswaar zijn de vertragingsartikelen 4:14 en 4:15 van de Algemene wet bestuursrecht, Stb. 1992 nr. 315 (verder de AWB) van toepassing echter de toon is gezet en UWV kan niet meer ongelimiteerd een verzoek om een deskundigenoordeel te geven vertragen.

Het deskundigenoordeel ook wel second opinion genoemd kan ingevolge art. 7:629a BW slechts handelen over het (voort)bestaan van arbeidsongeschiktheid voor de bedongen of passende arbeid (intern of extern) danwel het nakomen van de verplichtingen van de werknemer ingevolge art. 7:660a BW.

Art. 7:629a BW ziet uitsluitend op een procederende werknemer.
Een werkgever kan overigens op voorhand een deskundigenoordeel vragen bij UWV (zie art. 30 lid 1 onder e,f en g wet SUWI) ten einde zich in te dekken tegen mogelijke vorderingen van zijn werknemer op grond van art. 7:629 BW danwel art. 7:658a lid 1 BW.

Met de hierboven genoemde wet tot onder andere maximering van de ziekengeldlasten voor de uitzendbranche is eveneens uit art. 30 lid 1 onder e van de wet SUWI verdwenen, dat met betrekking tot de nakoming van de verplichtingen van de werknemer ingevolge art. 7:660a BW slechts een deskundigenoordeel kan worden gevraagd in geval van een geschil tussen werknemer en werkgever. Deze wijziging van art. 30 lid 1 onder e SUWI doet meer recht aan de behoefte van de praktijk om een richtsnoer te verkrijgen van UWV over de te verrichten reïntegratie inspanningen zonder dat partijen daarover reeds een geschil hebben bij de rechter. Let wel, een geschil tussen werknemer en werkgever is wel noodzakelijk, indien een second opinion wordt gevraagd over het bestaan of voortbestaan van arbeidsongeschiktheid.

Overlegging van een deskundigenoordeel is niet verplicht, indien de verhindering of de nakoming niet wordt betwist danwel in redelijkheid niet kan worden gevergd van de werknemer.
Een dienstdoende ARBO-arts bij een werkgever kan niet optreden als deskundige ook al is hij niet direct betrokken bij de zaak.
Daarnaast kent art. 7:629a BW enige formele bepalingen welke zich richten op de in te schakelen deskundige en is voorts bepaald, dat de rechter kan bevelen dat een deskundige zijn oordeel toelicht of aanvult bijvoorbeeld ingeval van nadere stellingen van de verwerende partij.
Niet onbelangrijk is art. 7:629a lid 6 BW, waarin is bepaald dat een werknemer slechts in de kosten van de werkgever kan worden veroordeeld bij *kennelijk onredelijk gebruik van procesrecht.*

Bij CAO of regeling kan worden bepaald dat de deskundige niet wordt benoemd door UWV. Van deze optie is voorzover ons bekend tot op heden geen gebruik gemaakt.

Het deskundigenoordeel van UWV inzake de verhindering tot werken wegens ziekte of de nakoming van de plichten van art. 7:660a BW is geen besluit in de zin van de AWB en dus niet appellabel bij de bestuursrechter. De CRvB heeft dit oordeel uitgesproken in een aantal zaken aangaande het al dan niet bestaan of voortbestaan van ongeschiktheid om de bedongen arbeid te verrichten.

De CRvB is van oordeel, dat een deskundigenoordeel een niet bindend advies betreft, waardoor dit oordeel niet valt onder het begrip besluit zoals omschreven in art. 1:3 van de AWB.

Er is geen aanleiding om te veronderstellen, dat de CRvB een ander oordeel zal vellen over de later ingevoerde deskundigenoordelen (zie art. 30 lid 1 onder f en g wet SUWI en art. 7:658b BW).

Bij de bespreking van de hierboven genoemde bepalingen uit het BW is verschillende keren aangegeven, dat deze bepalingen zijn gewijzigd met de inwerkingtreding van de Wet verbetering poortwachter. Alvorens het 'diepe' van de arbeidsongeschiktheids-wetgeving in te duiken wordt eerst deze wet nader uitgewerkt. In de beeldspraak van de wetgever is 'de Wet verbetering poortwachter het voorportaal van een WAO-claim'.

1.3   De Wet verbetering poortwachter

1.3.1   Inleiding

Hoewel de onderdelen van de Wet verbetering poortwachter zijn geïncorporeerd in de betreffende materie-wetten wordt in de dagelijkse praktijk nog steeds gesproken over de Wet verbetering poortwachter of kortweg 'de Poortwachter'. Om u een helder zicht te geven op de impact van deze wet op de materie-wetten, met name het Burgerlijk Wetboek, de WAO en de ZW wordt de Wet verbetering poortwachter afzonderlijk behandeld. De latere wijzigingen in het BW tengevolge van de wet WIA, IWIA en AVWIA met betrekking tot dit onderwerp worden in deze paragraaf eveneens meegenomen.

De Wet verbetering poortwachter zoals deze wet uiteindelijk in het Staatsblad is verschenen was voorafgegaan door een eerder wetsontwerp aangaande deze materie, welk wetsontwerp niet werd geaccepteerd door de Tweede Kamer. De Tweede Kamer was in grote meerderheid van mening, dat het eerste voorstel te slap was en zeker niet zou voldoen aan de hooggespannen reïntegratie verwachtingen.

Alvorens over te gaan tot een inhoudelijke behandeling van de Wet verbetering poortwachter geven wij u een impressie van de gang van zaken voorafgaand aan deze wet, zodat er een goed beeld ontstaat waarop deze wet een wetgevende reactie vormde.

Voor alle duidelijkheid de Wet verbetering poortwachter poogt de stroom arbeidsongeschikte werknemers naar de WAO (thans de wet WIA) in het eerste ziektejaar en sedert 1 januari 2004 het eerste en tweede ziektejaar in te dammen door de werkgever te verplichten een arbeidsongeschikte werknemer te reïntegreren in het arbeidsproces met alle denkbare middelen en de werknemer te verplichten mee te werken aan de reïntegratie inspanningen van de werkgever, tenzij sprake is van een deugdelijke grond om dit niet te doen.

Voorafgaand aan de Wet verbetering poortwachter moest de werkgever, in de praktijk veelal de ARBO-dienst, na 13 weken ziekte van een werknemer daarvan melding doen bij de rechtsvoorgangers van UWV.

Deze ziekmelding ging vanaf 1 september 1997 vergezeld van een (voorlopig) reïntegratieplan, waarin werd aangegeven per wanneer de werkgever/ ARBO-dienst verwachtte dat de werknemer weer aan de slag zou gaan. Indien de werknemer niet hervatte binnen de aangegeven termijn of werkhervatting was helemaal niet aan de orde, dan moest uiterlijk 8 maanden na de aanvang van de arbeidsongeschiktheid een volledig reïntegratieplan worden ingediend.

In de praktijk volstond de werkgever c.q. de ARBO-dienst met een opsomming van de beperkingen tot het verrichten van arbeid en werd daaraan de conclusie verbonden, dat de werknemer met deze beperkingen ongeschikt was te achten voor zijn eigen werkzaamheden. Hieraan werd vervolgens toegevoegd, dat de werknemer weliswaar geschikt was te achten voor passende werkzaamheden maar dat deze werkzaamheden niet voorhanden waren bij de eigen werkgever. Voor de werkgever was hiermee de kous af, daar de rechtsvoorgangers van UWV verantwoordelijk waren voor reïntegratie in het zogenaamde 'tweede spoor'. Reïntegratie in het 'tweede spoor' wil zeggen het zoeken naar passende werkzaamheden bij een andere werkgever.

Het enige 'risico' dat een werkgever in deze situatie liep was een bestuurlijke boete, wegens het niet tijdig indienen of het zonder deugdelijke grond niet meewerken aan de opstelling of uitvoering van het reïntegratieplan. Anders dan onder de huidige wetgeving hadden de rechtsvoorgangers van UWV niet of nauwelijks mogelijkheden om werkgevers te dwingen over te gaan tot daadwerkelijke reïntegratie in het arbeidsproces van de arbeidsongeschikte werknemer.

De reïntegratieplannen verwerden al snel tot een papieren tijger waar de betrokken partijen niet op zaten te wachten.

De stroom van arbeidsongeschikten naar de WAO bleef evenwel onverminderd groot, hetgeen de wetgever grote zorgen baarde.

De door de wetgever in een automatisme veronderstelde zeefwerking bij de privatisering van de Ziektewet bleek niet te werken.

De praktijk was en bleef dat een werkgever zijn verlies nam door meer private premie te betalen en liet de arbeidsongeschikte werknemer aan zijn lot over.

Ten einde bovengenoemde en andere 'weeffouten' uit de procesgang in het eerste en vanaf 1 januari 2004 tevens het tweede ziektejaar te verwijderen en op een zo eenvoudig mogelijke manier voorwaarden te scheppen voor betere reïntegratie prestaties, kwam de wetgever begin 2001 met het wetsvoorstel verbetering poortwachter.

Het doel van de Wet verbetering poortwachter is zoals eerder aangegeven de reïntegratie prestaties van werkgevers en werknemers in het eerste ziektejaar en vanaf 1 januari 2004 het eerste en tweede ziektejaar aanzienlijk te verbeteren. De betrokken partijen krijgen op grond van deze wet allerlei instrumenten aangereikt om dit doel te realiseren.

UWV heeft in dat verband een regiefunctie gekregen op de reïntegratie prestaties van partijen en kan zonodig (fors) ingrijpen, indien UWV van mening is dat partijen zich onvoldoende hebben ingespannen om tot een bevredigend reïntegratie resultaat te komen. UWV kan bijvoorbeeld de loondoorbetalingsverplichting van de werkgever verlengen met maximaal 52 weken op grond van art. 71a lid 9 WAO en sedert 29 december 2005 op grond van art. 25 lid 9 wet WIA om alsnog voldoende reïntegratie inspanningen af te dwingen. De verlenging van de loondoorbetalingsverplichting door UWV wordt in de wandelgangen ook wel de loonsanctie genoemd.

De Wet verbetering poortwachter is voor het grootste deel inwerking getreden met ingang van 1 april 2002. Een belangrijke uitzondering hierop vormt de externe reïntegratie plicht van de werkgever. Deze verplichting is in werking getreden met ingang van 1 januari 2004.

1.3.2 De wijzigingen tengevolge van de Wet verbetering poortwachter in het BW, de WAO en de Ziektewet

De belangrijkste wijzigingen die de Wet verbetering poortwachter teweeg bracht zijn terug te vinden in het BW, de WAO en de ZW.

De ingreep van de wetgever in deze wetten ligt voor de hand daar in deze wetten de basis ligt voor het al dan niet langdurig (laten) voortbestaan van arbeidsongeschiktheid. Het primaat ligt daarbij in het BW daar de werkgever vanaf 1 januari 2004 gedurende de eerste twee ziektejaren een loondoorbetalingsverplichting heeft en de ziekteverzuim interventies ook in het BW zijn geregeld.

Dat ziekteverzuim opgepakt in een vroeg stadium leidt tot de beste reïntegratie resultaten is een onomstreden ervaringsgegeven, waardoor het ook in de rede ligt om primair de betrokken partijen in het BW voldoende reïntegratie instrumenten ter hand te stellen.

De wijzigingen tengevolge van de Wet verbetering poortwachter in het BW, de WAO en de ZW worden hieronder beschreven, waarbij de nieuwe of vernieuwde artikelen *cursief* gedrukt staan in de tekst. Vervolgens wordt een overzicht gegeven van het getroffen overgangsrecht behorend bij de Wet verbetering poortwachter en van de jurisprudentie van de rechtbanken en de CRvB op art. 71a lid 9 WAO (de loonsanctie).

1.3.3 De interventies van de wetgever in het BW

Spil van de wijzigingen in het BW is het nieuw ingevoegde *art. 7: 658a BW* waaromheen de wetgever een aantal interventie mogelijkheden heeft gebouwd, die het voor de werkgever eenvoudiger maken om een werknemer te bewegen mee te werken aan reïntegratie naar eigen werk, aangepast eigen werk of passend werk desnoods bij een andere werkgever.

Het eerste en tweede lid van art. 7: 658a BW is qua bedoelingen volstrekt duidelijk en benadrukt wellicht ten overvloede, dat de maatregelen en voorschriften gericht op werkhervatting zo tijdig mogelijk door de werkgever moeten worden ingezet.

De tweede volzin van art. 7: 658a lid 1 BW verplicht de werkgever om over te gaan tot reïntegratie van de werknemer bij een andere werkgever, indien vaststaat dat het eigen werk door hem niet meer kan worden verricht en er in het eigen bedrijf geen passende werkzaamheden voor de werknemer voorhanden zijn. Hiervoor is aangegeven, dat de externe reïntegratie plicht van de werkgever in werking is getreden met ingang van 1 januari 2004. In de praktijk betekent dit, dat iedere werknemer arbeidsongeschikt geworden op en na 1 januari 2003 door zijn werkgever eventueel extern gereïntegreerd moet worden. Immers, het einde van de wachttijd WAO ligt voor deze werknemers op en na 1 januari 2004, de datum dat de externe reïntegratie plicht in werking is getreden.

Om te komen tot een zo goed mogelijke reïntegratie prestatie stelt de werkgever in overeenstemming met de zieke werknemer op grond van art. 7:658a lid 3 BW een plan van aanpak als bedoeld in art. 71a lid 2 WAO of art. 25 lid 2 wet WIA op, welk plan regelmatig wordt geëvalueerd en zonodig bijgesteld.

In het vierde lid van art. 658a BW wordt vervolgens omschreven wat onder passende arbeid in de zin van het eerste lid moet worden verstaan. Met de ruime formulering van het begrip passende arbeid weten werkgevers en werknemers dat zij de reïntegratie uiterst serieus moeten nemen.

De wetgever is blijkens de tekst van art. 7: 658a lid 4 BW van mening dat *passende arbeid alle arbeid is, die voor de krachten en bekwaamheden van de werknemer is berekend, tenzij aanvaarding om redenen van lichamelijke, geestelijke of sociale aard niet kan worden gevergd.*

Deze definitie van passende arbeid is afkomstig uit de Werkloosheidswet, zodat de vraag rijst of met de introductie van deze definitie in het BW ook de Richtlijn passende arbeid van 1996, Stcrt. 1996 nr. 60 in het arbeidsrecht moet worden toegepast en hoe UWV aan het einde van de wachttijd omgaat

27

met het nieuw geïntroduceerde begrip passende arbeid. Immers UWV toetst aan het einde van de wachttijd de reïntegratie inspanningen en zal daarbij zeker het resultaat van deze inspanningen beoordelen.

Voor het arbeidsrecht betekent de definitie in art. 7: 658a BW vrijwel zeker een verruiming van het begrip passende arbeid ten opzichte van de jurisprudentie van de Hoge Raad. Er zijn in de arbeidsrechtelijke literatuur veel verhandelingen gehouden over het nieuwe art. 7:658a BW en vrijwel altijd met de slotsom dat gezien de jurisprudentie van de Hoge Raad het begrip passende arbeid in art. 7: 658a BW eng moet worden uitgelegd, in die zin dat passende arbeid qua aard en niveau dichtbij het eigen werk dient te liggen. Met alle respect voor deze verhandelingen, het lijkt niet zinvol om de jurisprudentie van de Hoge Raad te blijven hanteren in de juridische situatie na de inwerkingtreding van de Wet verbetering poortwachter.

UWV heeft in dit verband gekozen voor een pragmatisch uitgangspunt. De ernst van de beperkingen tot het verrichten van arbeid van de werknemer zijn voor UWV leidend en vanuit die invalshoek oordeelt UWV in hoeverre de inspanningen van de werkgever en werknemer om te komen tot reïntegratie voldoende zijn geweest en/of de verrichte of aangeboden arbeid passend is te achten.

De beoordeling van UWV hangt dus sterk af van de individuele omstandigheden van het geval, waardoor er in feite geen algemeen richtsnoer is te geven welke arbeid als passend moet worden beschouwd.

Wel kan worden gesteld dat UWV bij lichte beperkingen tot het verrichten van arbeid de reïntegratie inspanningen van een werkgever zal toetsen aan het eigen of aangepast eigen werk. Naarmate de beperkingen tot het verrichten van arbeid ernstiger van aard zijn en/of de arbeidsongeschiktheid langer duurt zal de band met het eigen werk losser worden met als eindstation passende werkzaamheden bij een andere werkgever. Wellicht ten overvloede, werkzaamheden in het kader van de Wet sociale werkvoorziening, Stb. 1997 nr. 465 (verder WSW) kunnen niet worden beschouwd als passend werk.

Met ingang van *29 december 2005 is art. 7: 658a BW* volledig herschreven, omdat tengevolge van IWIA de wet op de reïntegratie arbeidsgehandicapten van 23 april 1998 Stb. 1998 nr. 290 (verder wet REA) is afgeschaft.

In art. 8 van de wet REA waren naast het BW een aantal reïntegratie plichten opgenomen voor de werkgever. Ten einde te voorkomen dat de verplich-

tingen van de werkgever genoemd in art. 8 van de wet REA met de afschaffing van deze wet verdwenen, zijn deze verplichtingen met ingang van 29 december 2005 verplaatst naar art. 7: 658a BW.
Een belangrijk verschil met de tekst van art. 8 van de wet REA is, dat in het vernieuwde art. 7: 658a BW de werkgever niet langer verplicht is om de reïntegratie werkzaamheden uit te besteden. Voorts heeft de werkgever sedert 29 december 2005 een externe reïntegratie plicht zolang de loondoorbetalingsperiode van art. 7: 629 BW (inclusief de loonsancties van art. 71a WAO of art. 25 WIA) voortduurt. Op grond van art. 8 van de wet REA duurde de externe reïntegratie plicht van de werkgever voort tot in ieder geval het einde van de dienstbetrekking. In de vernieuwde tekst van art. 7: 658a BW is UWV na het einde van de loondoorbetalingsperiode van art. 7: 629 BW in ruime zin (inclusief o.a de loonsanctieperiode ex art. 71a WAO of 25 wet WIA) verantwoordelijk voor de reïntegratie van de werknemer in het tweede spoor.
De wetgever heeft met het nieuw ingevoegde en sedert 29 december 2005 vernieuwde art. 7:658a BW in ieder geval de toon gezet voor zowel de werkgever als de werknemer. Vervolgens heeft de wetgever handen en voeten gegeven aan art. 7: 658a BW door de uitgangspunten van deze bepaling in meer of mindere mate afdwingbaar te maken.

Aan *art. 7: 629 BW lid 3* zijn in dit verband de *onderdelen d en e* toegevoegd.
Zoals u heeft gezien bij de behandeling van het BW kan een werkgever de loondoorbetaling wegens ziekte stopzetten op de gronden genoemd in art. 7:629 lid 3 BW.
De zieke werknemer heeft geen recht op loondoorbetaling, indien hij zonder deugdelijke grond weigert mee te werken aan voorschriften of maatregelen die erop gericht zijn om hem in staat te stellen passende arbeid als bedoeld in art. 7:658a lid 3 BW te verrichten *(onderdeel d)* danwel zonder deugdelijke grond weigert mee te werken aan het opstellen, evalueren en bijstellen van het plan van aanpak *(onderdeel e)*.

In de praktijk kunnen beide gronden om de loondoorbetaling bij ziekte te stoppen samenlopen, bijvoorbeeld indien de werkgever en diens ARBO-dienst een maatregel geeft gericht op het verrichten van passend werk en deze maatregel tevens wenst op te nemen in het plan van aanpak.

De indruk zou kunnen ontstaan, dat een zieke werknemer vogelvrij is geworden na de Wet verbetering poortwachter. Die indruk is slechts ten dele juist, daar gelijktijdig een aantal nieuwe deskundigenoordelen zijn ingevoerd. Zo kunnen de werknemer en de werkgever een oordeel van UWV vragen over de aanwezigheid van passende arbeid bij de eigen werkgever danwel of er voldoende en geschikte reïntegratie inspanningen zijn verricht. Met behulp van deze deskundigenoordelen van UWV kan de werknemer in ieder geval bewerkstelligen, dat er een onafhankelijk oordeel komt over de passendheid van de aangeboden arbeid en de kwaliteit van de reïntegratie inspanningen van de werkgever, waardoor laatstgenoemde het niet al te bont kan maken.

Anders gezegd, ongefundeerde pogingen van een werkgever om een werknemer intern of extern te reïntegreren, kunnen met behulp van een deskundigenoordeel worden verhinderd door de werknemer.

Anderzijds kan ook de werkgever gebruik maken van een deskundigenoordeel van UWV en daarbij bijvoorbeeld de verplichtingen van de werknemer genoemd in art. 7: 660a BW ter discussie stellen. De deskundigenoordelen van UWV zijn zoals eerder aangegeven ondergebracht in art. 30 lid 1 onderdelen e, f en g van de wet SUWI. Het is bij de deskundigenoordelen niet langer vereist is dat er een geschil bestaat tussen de werknemer en de werkgever. Uitsluitend bij het deskundigenoordeel over het bestaan of voortbestaan van arbeidsongeschikt is een geschil tussen werknemer en werkgever noodzakelijk.

Alle wijzigingen van de wet verbetering poortwachter zijn voor de werknemer in *art. 7: 660a BW* samengevat. In feite is art. 7: 660a BW het spiegelbeeld van art. 7: 658a BW.
In art. 7:658a BW zijn de reïntegratie verplichtingen van de werkgever opgenomen en in art. 7:660a BW zijn de reïntegratie verplichtingen van de werknemer neergelegd.
Zo moet de werknemer gevolg geven aan redelijke voorschriften gegeven door de werkgever of diens ARBO-dienst en meewerken aan maatregelen gericht op het verrichten van passende arbeid, intern of extern.
Daarnaast heeft de werknemer de plicht om mee te werken aan het opstellen, evalueren en bijstellen van het plan van aanpak en passende arbeid te verrichten waartoe hij door de werkgever in de gelegenheid wordt gesteld.

Als sluitstuk van de wijzigingen in het BW is de werking van het opzegverbod tijdens ziekte zoals geregeld in art. 7: 670 aanhef onderdeel a BW genuanceerd. De werknemer die zich niet houdt aan zijn verplichtingen van art. 7: 660a BW kan zich niet met vrucht beroepen op het opzegverbod tijdens ziekte binnen twee jaar na de aanvang van de ongeschiktheid, aldus *art. 7: 670b lid 3 BW.*
Wil de werkgever overgaan tot opzegging om deze reden dan moet wel blijken dat hij de werknemer heeft gewaarschuwd bijvoorbeeld door middel van opschorting of stopzetting van de loondoorbetaling op grond van art. 7: 629 lid 3 of lid 6 BW.

1.3.4 De wijzigingen in de WAO op een rij

Naast de wijzigingen in het BW achtte de wetgever het noodzakelijk om ook de WAO te wijzigen. De wijzigingen in de WAO zijn in beginsel procedureel van aard maar daarom niet minder belangrijk. Kern van de wijzigingen in de WAO vormt de introductie van het reïntegratieverslag en de toetsing door UWV van de reïntegratie inspanningen op het moment dat de werknemer een WAO-aanvraag indient, te weten 3 maanden voor het einde van de wachttijd. Daarnaast heeft de wetgever het mogelijk gemaakt om de wachttijd op vrijwillige basis te verlengen. Verlenging van de wachttijd was al langer een wens van werkgevers met als reden het ongestoord verder kunnen werken aan de reïntegratie van de werknemer in het arbeidsproces. De verplichte WAO-beoordeling na 52 of 104 weken door UWV werd gezien als een niet heilzame onderbreking van de inspanningen van de werkgever en de werknemer.

In het vernieuwde *art. 19 WAO en art. 24 lid 1 wet WIA* hebben werkgevers en werknemers de mogelijkheid gekregen om de wachttijd (op 1 april 2002 nog 52 weken) *op gezamenlijk verzoek* te verlengen aanvankelijk met maximaal 52 weken. Vanaf 1 januari 2004 is met de Wet verlenging loondoorbetalingsverplichting bij ziekte 2003 de vrijwillige verlenging van de wachttijd qua duur niet langer gemaximeerd.
Verlenging van de wachttijd is uitsluitend mogelijk, indien sprake is van een recht op loon in de zin van art. 7: 629 BW en de Ziektewet niet tevens als vangnet fungeert. Dit laatste is, zoals u zult zien in het hoofdstuk 2, moge-

31

lijk bij toepassing van art. 29a en 29b ZW of ingeval van ziekte tengevolge van een orgaandonatie.

Weliswaar moet UWV goedkeuring verlenen aan het gezamenlijk verzoek tot verlenging van de wachttijd, echter weigering door UWV kan uitsluitend plaatsvinden op grond van zwaarwegende omstandigheden en niet onbelangrijk UWV dient in principe binnen 2 weken na ontvangst van de aanvraag tot verlenging van de wachttijd een beslissing af te geven.

Uit de WAO werd de fictie geschrapt, dat indien een werknemer weigerde mee te werken aan een gewenste scholing of opleiding danwel onvoldoende meewerkte aan het bereiken van een gunstig resultaat daarvan, deze scholing of opleiding toch werd meegenomen bij de beoordeling van de mate van arbeidsongeschiktheid (art. 21 lid 4 WAO oud).

Het schrappen van art. 21 lid 4 WAO oud was louter theoretisch van karakter, daar deze bepaling in het gewijzigde *art. 28 onderdelen g en h WAO* weer terugkomt. Op deze wijze bracht de wetgever tot uitdrukking dat het weigeren of onvoldoende meewerken aan een gewenste scholing of opleiding in feite betekent, dat niet of onvoldoende wordt meegewerkt aan reïntegratie door de betrokken werknemer. Door deze wijziging kan dit gedrag van een werknemer vanaf 1 januari 2002 'bestraft' worden met een maatregel overeenkomstig art. 25 WAO. De hoogte en duur van de maatregelen op grond van art. 25 en 28 WAO kunt u vinden in het Maatregelenbesluit UWV van 9 augustus 2004, Stcrt. 2004 nr. 163.
Daarnaast kreeg UWV vanaf 1 januari 2002 de mogelijkheid om voorschriften te geven in het belang van behoud, herstel of bevordering van de arbeidsgeschiktheid in art. 24 WAO. Het gaat hierbij om concrete voorschriften, waardoor een betrokken werknemer onder andere zijn mogelijkheden om inkomensvormende arbeid te verrichten vergroot.

De WAO-aanvraag moet vergezeld gaan van een *reïntegratieverslag*, aldus het nieuwe *art. 34a WAO*. Door de koppeling van het reïntegratieverslag aan de WAO-aanvraag heeft de wetgever zeker gesteld dat het één niet los van het ander wordt beoordeeld. De werknemer die een WAO-aanvraag indient zonder reïntegratieverslag, doet een onvolledige aanvraag in de zin van art. 4:5 AWB en UWV kan in zo'n geval besluiten de aanvraag niet te behandelen. Voor de goede orde het gaat hier om werknemers die op of na 1 april

2002 arbeidsongeschikt zijn geworden en in januari 2003 terzake van deze arbeidsongeschiktheid een WAO-aanvraag hebben ingediend.

Aan de hand van het reïntegratieverslag beoordeelt UWV of de werkgever en werknemer in redelijkheid hebben kunnen komen tot het resultaat zoals het er ligt.

De kern van de Wet verbetering poortwachter met betrekking tot de WAO is neergelegd in het geheel *vernieuwde art. 71a WAO*. Het nieuwe art. 71a WAO fungeert als controle op de reïntegratie inspanningen van de werkgever en de werknemer in de wachttijd.

Het oude art. 71a WAO waarin de overlegging van de reïntegratieplannen aan de rechtsvoorgangers van UWV was geregeld, alsmede de boeteoplegging bij onder andere niet of niet tijdige overlegging van deze plannen is met de inwerkingtreding van de Wet verbetering poortwachter volledig vervangen.

Op grond van het huidige art. 71a WAO leden 1 t/m 6 is de werkgever/werknemer gehouden om:

a. Een logboek bij te houden van het ziekteverloop en reïntegratie van de werknemer.
b. Een plan van aanpak op te stellen, na te leven en te evalueren.
c. Een reïntegratieverslag op te stellen.
d. Zich te laten bijstaan door een persoon als bedoeld in art. 14 van de Arbeidsomstandighedenwet of een ARBO-dienst bij de taken onder a t/m c.
e. Medewerking te verlenen aan het opstellen van het plan van aanpak en het reïntegratieverslag.

Ad a: *Een logboek bijhouden van het ziekteverloop en reïntegratie van de werknemer*
Een logboek bijhouden van het ziekteverloop en de reïntegratie van de werknemer is waarschijnlijk de meest simpele verplichting van de werkgever op grond van de Wet verbetering poortwachter. Voorzover bekend gaat er in de praktijk niet veel mis op dit punt en loopt er hier iets mis dan is dat eenvoudig te herstellen door de werkgever of diens ARBO-dienst.

33

Ad b: *Een plan van aanpak opstellen, naleven en evalueren*
Het opstellen van een plan van aanpak is één, het tot een goed einde brengen van een plan van aanpak is iets anders. De oude praktijk van de reïntegratieplannen heeft de wetgever tot het inzicht gebracht, dat plannen van aanpak ook nageleefd en regelmatig geëvalueerd moeten worden anders gebeurt er op het reïntegratie front uiteindelijk niets.
De wetgever heeft met de Regeling procesgang eerste en tweede ziektejaar van 25 maart 2002, Stcrt. 2002 nr. 60 (verder de Regeling) een gedetailleerde beschrijving gegeven wat in geval van dreigend langdurig ziekteverzuim van een werkgever en een werknemer wordt verwacht en op welke termijn. De belangrijkste verplichtingen van de werkgever en werknemer genoemd in de Regeling zijn de volgende.

- De werkgever verlangt bij dreigend langdurig ziekteverzuim binnen 6 weken na de eerste arbeidsongeschiktheidsdag een oordeel van de ARBO-dienst over het betreffende ziektegeval. Mocht de dreiging van langdurig ziekteverzuim eerst blijken na 6 weken, dan verlangt de werkgever onverwijld een oordeel van de ARBO-dienst.
- Het oordeel van de ARBO-dienst kent 2 opties: (Nog) *geen benutbare mogelijkheden* of mogelijkheden tot *terugkeer naar arbeid* van de werknemer.
- Is dat laatste aan de orde dan stelt de werkgever in overeenstemming met de werknemer een plan van aanpak op en wel binnen 2 weken na het oordeel van de ARBO-dienst.
- Het plan van aanpak is schriftelijk en wordt gevolgd en eventueel geëvalueerd door de ARBO-dienst.
- Daarnaast wordt een zogenaamde case-manager benoemd, die de reïntegratie activiteiten begeleidt en de contacten verzorgt tussen werknemer, werkgever en ARBO-dienst. De tekst van de Regeling lijkt erop te wijzen dat de werkgever/leidinggevende van de zieke werknemer niet tevens de case-manager kan zijn. De praktijk is vaak anders, in die zin dat de direct leidinggevende tevens case-manager is in de zin van de Regeling.

De Regeling overziend kan de conclusie worden getrokken dat de wetgever een strak scenario heeft geschreven, indien er sprake is van een dreigend langdurig zieke werknemer. Aan de toelichting op de Regeling kan worden ontleend, dat de wetgever de Regeling ziet als een bodemvoorziening en dat het stipt volgen van de Regeling geen garantie biedt voor een werkgever tegen het opleggen van een loonsanctie door UWV. Met andere woorden, het gaat om de inhoud van de reïntegratie inspanningen en niet om de verpakking.

Ad c:
Uiterlijk 2 weken voordat een werknemer een WAO-aanvraag moet indienen (zie art. 34 WAO voor de aanvraagtermijn) moet de werkgever in overleg met de werknemer een reïntegratieverslag opstellen en de werknemer daarvan een afschrift verstrekken

Is er sprake geweest van een verlenging van de wachttijd op gezamenlijk verzoek van de werkgever en de werknemer op grond van art. 19 lid 7 WAO dan geeft het vierde lid van art. 71a WAO een regeling wanneer de werkgever in overleg met de werknemer een reïntegratieverslag moet opstellen en aan de werknemer een afschrift moet verstrekken.

Indien een werkgever in dubio verkeert over wat tenminste in het reïntegratieverslag moet staan dan biedt art. 6 van de Regeling een 'minimale' opsomming, waarover geen enkel misverstand kan bestaan.

Aanvankelijk was de wetgever zeer huiverig om voorschriften te (laten) geven aan werkgevers over hoe een plan van aanpak en een reïntegratieverslag er uit zou moeten zien. Hierbij speelde op de achtergrond de verwording van de oude reïntegratieplannen tot een papieren tijger een belangrijke rol, hetgeen de wetgever voor de toekomst koste wat kost wilde voorkomen. De vrees van de wetgever voor nadere regelgeving op dit gebied bleek in de praktijk ongegrond en het uitblijven van regelgeving werkte soms averechts. UWV ontving vanwege de aanvankelijke vormvrijheid vanaf begin 2003 soms omvangrijke en ongeordende pakken papier met als enig opschrift 'Reïntegratieverslag'.

Om deze uitwassen enigszins aan banden te leggen heeft UWV in overleg met het Ministerie van SZW Beleidsregels vorm- en herkenbaarheidsvereisten reïntegratieverslagen, Stcrt. 2003 nr. 117 opgesteld.

Blijkens deze beleidsregels staat vormvrijheid nog steeds voorop, echter een vormvrij reïntegratieverslag moet wel voldoen aan een aantal elementaire administratieve eisen, zoals neergelegd in de beleidsregels.

Ad d: *Verplichte bijstand door een ARBO-dienst*
Bij de verzuimbegeleiding en reïntegratie zoals bedoeld in art. 71a WAO laat de werkgever zich bijstaan door een ARBO-dienst. Deze verplichte winkelnering voor de werkgever behoort vanaf juli 2005 tot het verleden, daar de gewijzigde Arbeidsomstandighedenwet 1998 alsdan van kracht is.
De wijzigingen in de Arbeidsomstandighedenwet 1998 waren noodzakelijk geworden door het arrest van het Hof van Justitie EG te Luxemburg van 22 mei 2003 in de zaak C 441/01 (Europese Commissie vs. Nederland). Het Hof van Justitie EG achtte de gedwongen inschakeling van ARBO-diensten bij de risico-inventarisatie en evaluatie in strijd met de Kaderrichtlijn EG 1989 nr. 391.
Hoewel het arrest van het Hof van Justitie EG slechts zag op de regeling van de risico-inventarisatie en evaluatie in een bedrijf heeft de wetgever in het arrest tevens aanleiding gezien om het fenomeen ARBO-dienst nader te definiëren. Na invoering van de wijzigingen in de Arbeidsomstandigheden-wet 1998 is in art. 71a WAO geen sprake meer van een ARBO-dienst maar van 'gecertificeerde personen in de zin van art. 14 Arbeidsomstandigheden-wet 1998' of een ARBO-dienst. Deze gecertificeerde personen zullen veel-al een ARBO-dienst zijn maar het is niet meer persé noodzakelijk. Met het oog op de leesbaarheid en de gang van zaken in de praktijk spreken wij in dit boek nog steeds van een ARBO-dienst, waarmee uiteraard ook een gecertificeerde persoon in de zin van art. 14 Arbeidsomstandighedenwet 1998 wordt bedoeld.

Ad e: *Medewerking verlenen aan het opstellen van het plan van aanpak en het reïntegratieverslag.*
Voor de inwerkingtreding van de Wet verbetering poortwachter was niet nadrukkelijk geregeld, dat de zieke werknemer zijn medewerking moest verlenen aan zijn reïntegratie in het arbeidsproces. Vanaf 1 april 2002 is zowel in de WAO als in het BW vastgelegd, dat een zieke werknemer zijn medewerking moet verlenen aan de opstelling van een plan van aanpak. Voor het indienen van een WAO-claim geldt daarbij tevens dat de werkne-mer zijn medewerking moet verlenen aan de opstelling van het reïntegratie-verslag, waarin in ieder geval het plan van aanpak is opgenomen.
Blijkt bij de behandeling van de WAO-aanvraag van de werknemer dat het reïntegratieverslag niet is opgesteld of niet volledig is, dan wordt door UWV aan de werkgever een termijn (2 weken) gesteld om dit verzuim te herstellen.

1.3.5   De poortwachter toets door UWV op grond van art. 71a lid 9 WAO

Is de WAO-claim compleet dan gaat UWV eerst over tot een zogenaamde poortwachter toets alvorens de mate van arbeidsongeschiktheid van de werknemer te beoordelen.

De poortwachter toets wil zeggen dat UWV beziet of de werkgever zijn ver-plichtingen op grond van art. 71a WAO, alsmede de voorschriften van de Regeling, is nagekomen. Tevens velt UWV een inhoudelijk oordeel over de kwaliteit van de reïntegratie inspanningen van de werkgever.

Indien UWV op grond van het reïntegratieverslag en zonodig na een onder-zoek ter plaatse van oordeel is, dat de werkgever zonder deugdelijke grond zijn bovengenoemde plichten niet of niet volledig is nagekomen of onvol-doende reïntegratie inspanningen heeft verricht, dan stelt UWV gedurende een bepaald tijdvak een loonsanctie vast.

Gedurende dit tijdvak, maximaal 52 weken, heeft de werknemer recht op loon op grond van art. 7: 629 BW jegens zijn nalatige werkgever.

De loonsanctie is op grond van de laatste volzin in art. 71a lid 9 WAO repa-ratoir van aard, daar het tijdvak van loondoorbetaling wordt afgestemd op de aard en ernst van het verzuim en de periode die nodig wordt geacht voor de werkgever om alsnog voldoende reïntegratie inspanningen te verrichten.

In *art. 71a lid 10 WAO* wordt aangegeven, dat bij algemene maatregel van bestuur nadere regels kunnen worden gesteld met betrekking tot het negen-de lid van art. 71a WAO. Tot op heden zijn deze regels niet verschenen en heeft UWV zelf voorzien in deze lacune. Op 3 december 2002 verschenen de Beleidsregels beoordelingskader poortwachter, Stcrt. 2002 nr. 236 en op 12 maart 2003 de Beleidsregels verlenging loondoorbetaling poortwachter, Stcrt. 2003 nr. 54.

De Beleidsregels beoordelingskader poortwachter geven weer hoe UWV de reïntegratie inspanningen van de werkgever en de ARBO-dienst inhoudelijk beoordeeld. Deze beleidsregels zijn ontwikkeld en vastgesteld in de Stuurgroep verbetering poortwachter. In de Stuurgroep hebben alle bij de poortwachter betrokken organisaties zitting, waardoor het naast een beoor-delingskader tevens een breed gedragen richtsnoer is voor werkgevers en werknemers voor de te leveren reïntegratie inspanningen.

Zonder in te gaan op alle aspecten genoemd in deze beleidsregels vallen een aantal zaken op.

Bij de medische beoordeling van de werknemer door de ARBO-dienst en UWV ingeval van zogenaamde vangnetters, is aansluiting gezocht bij de begrippenkaders van het Schattingsbesluit 2000, de vigerende professionele standaarden en de werkwijze van UWV bij een beoordeling van een WAO-aanspraak. Met andere woorden, het is de bedoeling dat ook de ARBO-dienst gedurende de wachttijd een medische beoordeling uitvoert zoals UWV dat zal doen aan het einde van de wachttijd.

Bij de beoordeling door UWV van de reïntegratie-inspanningen staat het uiteindelijk reïntegratie resultaat voorop en niet de vraag of de werkgever stipt de voorgeschreven procedure heeft gevolgd.

Voorts is opvallend dat UWV het begrip passende arbeid die een werknemer moet accepteren en een werkgever moet aanbieden niet heeft gedefinieerd.

De passendheid van de aangeboden arbeid wordt afhankelijk gesteld van de aard en ernst van de beperkingen tot het verrichten van arbeid van de werknemer en de mogelijkheden van de werkgever. Wel wordt aangegeven, dat eerst onderzocht moet worden of het eigen werk aangepast kan worden alvorens overgegaan wordt tot herplaatsing in het eigen bedrijf in passende arbeid en indien dit laatste niet mogelijk is plaatsing bij een andere werkgever.

De grens voor een werknemer is naar het oordeel van UWV bereikt, indien de aangeboden werkzaamheden niet volgens de geldende CAO worden beloond of gewetensbezwaren bestaan tegen het aangeboden werk.

Voor de werkgever is de grens bereikt, indien de reïntegratie inspanningen het productieproces in gevaar zouden kunnen brengen of de bedrijfsvoering in financieel opzicht onevenredig wordt belast. De werkgever kan derhalve niet aankomen met het verhaal dat een bepaalde richting van reïntegreren duur is maar zal met een beter doortimmerd verhaal moeten komen om UWV te overtuigen dat hij op goede gronden heeft afgezien van een bepaalde richting in de reïntegratie van de werknemer.

Indien UWV op grond van haar onderzoek in het kader van de Wet verbetering poortwachter tot het oordeel komt, dat de reïntegratie inspanningen van de werkgever onvoldoende zijn dan komen de *Beleidsregels verlenging loondoorbetaling poortwachter* in beeld. Deze beleidsregels geven aan welke loonsanctie wordt opgelegd bij welk soort overtreding.

38

UWV heeft ervoor gekozen om de mogelijke verzuimen van de werkgever met betrekking tot zijn reïntegratie verplichtingen te verdelen in 4 categorieën, te weten *beperkte, ernstige, grove of uiterste nalatigheid* van de werkgever.

Een duidelijk minpunt van deze beleidsregels is, dat UWV enerzijds de duur van de loondoorbetalingsperiode afhankelijk stelt van de aard en ernst van het verzuim en de te verwachten herstelperiode conform art. 71a lid 9 WAO echter anderzijds de loondoorbetalingsperiode of loonsanctie tenminste stelt op 4 maanden. Een ander minpunt is, dat de loonsanctie eerst wordt opgelegd na het verstrijken van de wachttijd. Een werkgever die zijn fout reeds in de wachttijd hersteld, wordt na de wachttijd alsnog geconfronteerd met een loonsanctie, waardoor het herstelgedrag van de werkgever niet wordt beloond.

Een werkgever heeft in de optiek van UWV altijd 4 maanden nodig om zijn verzuim(en) te herstellen, hetgeen een ruim bemeten periode lijkt.

Een recidiverende werkgever kan rekenen op een nieuwe loondoorbetalingsperiode van tenminste 2 maanden met een maximum van in totaal 6 of 9 maanden afhankelijk van de duur van de eerste verlengde loondoorbetalingsperiode, tenzij sprake is van nieuwe feiten.

1.3.6 Vangnetters en de Wet verbetering poortwachter

Indien een werknemer een uitkering ontvangt van UWV, is UWV door wetduiding de werkgever. In het nieuw ingevoegde *art. 71b WAO* is bepaald, dat UWV bij ziekte van zo'n werknemer aantekening houdt van het ziekteverloop conform art. 71a lid 1 WAO en een plan van aanpak opstelt en evalueert in overleg met de werknemer. De overige leden van art. 71a WAO zijn niet van toepassing.

Niet onbelangrijk is *art. 71b lid 2 WAO* waarin is opgenomen, dat de werkgever, wiens werknemer recht heeft op ziekengeld in verband met orgaandonatie, zwangerschap of bevalling of vanwege zijn status van arbeidsgehandicapte *wel* verantwoordelijk blijft voor de reïntegratie van die werknemer, maar niet te maken kan krijgen met een loonsanctie ingevolge art. 71a lid 9 WAO.

Hoewel het niet met zoveel woorden staat in art. 71 b lid 2 WAO mag aangenomen worden, dat de uitzonderingssituatie van dit lid slechts gelding heeft voor de duur van de specifieke ziekteoorzaak, te weten de orgaandonatie of de zwangerschap of bevalling. De uitzondering van art. 71b lid 2 WAO doet recht aan het feit, dat UWV het ziekengeld verstrekt en verantwoordelijk is voor de controle op het ziekteverzuim en de te verrichten reïntegratie inspanningen.

1.3.7 Eigenrisicodragers ZW en de Wet verbetering poortwachter

Met de Wet eigenrisicodragen Ziektewet, Stcrt. 2002 nr. 584 is aan *art. 71b het huidige derde lid* toegevoegd.

De Wet eigenrisicodragen Ziektewet opent de mogelijkheid voor bijvoorbeeld uitzendbureau's om eigenrisicodrager Ziektewet te worden, van welke mogelijkheid bijna 30 werkgevers gebruik hebben gemaakt. Dit eigenrisicodragen beperkt zich tot de eerste twee ziektejaren. Deze werkgevers/eigenrisicodragers zonder plicht tot loondoorbetaling bij ziekte krijgen een normale reïntegratie taak ten opzichte van hun zieke werknemers. Indien zo'n werkgever zich zonder deugdelijke grond niet goed heeft gekweten van deze taak, stelt UWV een tijdvak vast gedurende welke de werknemer recht heeft op ziekengeld op grond van art. 29 Ziektewet. Het door UWV te verstrekken ziekengeld komt vervolgens ten laste van de nalatige eigenrisicodrager. Tenslotte heeft de wetgever voor alle duidelijkheid bepaald, dat art. 71a WAO ook geldt voor eigenrisicodragers WAO. Met andere woorden ook deze werkgevers zijn gehouden voldoende reïntegratie inspanningen te leveren in de zin van de Wet verbetering poortwachter.

1.3.8 Wijzigingen in de ZW door de Wet verbetering poortwachter

De Ziektewet is door de Wet verbetering poortwachter niet ingrijpend gewijzigd, daar het oorspronkelijk idee om het tijdstip van de ziekmelding aan UWV te vervroegen naar 6 weken is verlaten. Thans is de werkgever verplicht om aangifte van arbeidsongeschiktheid van een werknemer te doen bij UWV uiterlijk op de dag nadat de arbeidsongeschiktheid 13 weken heeft geduurd. Het gaat hierbij uiteraard om werkgevers, die ingeval van een zieke werknemer een loondoorbetalingsplicht hebben op grond van art. 7: 629 BW.

Eerder bij de behandeling van art. 7: 629 lid 11 BW is reeds aangegeven, dat de zin van de aangifte van arbeidsongeschiktheid van de zieke werknemer na 13 weken en 1 dag vanaf 1 januari 2004 ernstig kan worden betwijfeld. Hoe dit ook zij, de bepaling is tot op heden overeind gebleven.

1.3.9 De zieke werknemer werkzaam op een arbeidsovereenkomst voor bepaalde tijd of wiens dienstbetrekking eindigt tijdens de wachttijd en de Poortwachter

Met de invoering van de Wet verlenging loondoorbetalingverplichting bij ziekte 2003 heeft de wetgever van de gelegenheid gebruik gemaakt om *art. 38 lid 2 ZW te wijzigen en art. 39a ZW* nieuw leven in te blazen teneinde het functioneren van de Wet verbetering poortwachter te vervolmaken.

Tot 1 maart 2005 kon een werkgever een zieke werknemer wiens arbeidsovereenkomst expireerde tijdens ziekte 'gewoon' melden bij UWV, uiterlijk op de laatste werkdag voor het eindigen van de arbeidsovereenkomst. Direct na het einde van de arbeidsovereenkomst heeft de werknemer bij voortdurende arbeidsongeschiktheid recht op ziekengeld op grond van art. 29 lid 2 onderdeel c van de ZW.

Vanaf 1 januari 2004 gold daarbij voor de werkgever reeds de verplichting om in overleg met de werknemer een reïntegratieverslag op te stellen, indien tussen de eerste dag van arbeidsongeschiktheid en de laatste werkdag voor expiratie van de arbeidsovereenkomst tenminste 6 weken waren gelegen. Een toetsing van het reïntegratieverslag vond evenwel niet plaats.

Vanaf 1 maart 2005 gaat UWV aan de hand van het door de werknemer overgelegde reïntegratieverslag beoordelen of de werkgever en werknemer in redelijkheid hebben kunnen komen tot de reïntegratie inspanningen, zoals die zijn verricht. Het is dus uitdrukkelijk de bedoeling dat een werkgever overgaat tot reïntegratie inspanningen ten behoeve van een zieke werknemer wiens arbeidsovereenkomst op enig moment gaat expireren. Deze nieuwe verplichting voor de werkgever kan op verzet stuiten, daar de werkgever genoopt wordt te investeren in een zieke werknemer, die het bedrijf vrijwel zeker gaat verlaten.

Om tegemoet te komen aan dit bezwaar van de werkgever kan deze een verzoek aan UWV richten om bij te dragen in de kosten van reïntegratie. UWV heeft om een en ander te faciliteren de Beleidsregels beoordelingskader poortwachter uitgebreid met een apart hoofdstuk gewijd aan werknemers met een tijdelijk arbeidscontract. Dit laat onverlet dat de werkgever zelf het initiatief moet nemen tot de reïntegratie inspanningen. Doet de werkgever dat niet dan dreigt een verhaalsactie van het te verstrekken ziekengeld na het einde van de arbeidsovereenkomst.

In het nieuwe *art. 39a ZW*, in werking getreden met ingang van 1 maart 2005, is namelijk geregeld, dat UWV de mogelijkheid krijgt om het ziekengeld te verhalen op de ex-werkgever, indien deze laatste zonder deugdelijke grond niet of niet volledig heeft voldaan aan de volgende voorwaarden:
1. Het opstellen en verstrekken van een reïntegratieverslag.
2. Een logboek bijhouden van de arbeidsongeschiktheid en de reïntegratie van de werknemer.
3. Opstellen en naleven van het plan van aanpak, alsmede het evalueren daarvan.
4. Bijstand laten verlenen door een ARBO-dienst.
5. De regeling Procesgang eerste en tweede ziektejaar naleven en voldoende reïntegratie inspanningen verrichten.

Indien de werkgever naar het oordeel van UWV niet of in onvoldoende mate heeft voldaan aan bovengenoemde voorwaarden dan stelt UWV een tijdvak vast waarover het door UWV te verstrekken ziekengeld op de ex-werkgever wordt verhaald. Het tijdvak bedraagt maximaal 52 weken en vangt aan op de eerste dag van arbeidsongeschiktheid tot werken nadat de dienstbetrekking is geëindigd en wordt afgestemd op de periode waarin de ex-werkgever nalatig is geweest.
Dit laatste impliceert, dat het tijdvak door UWV niet langer kan worden vastgesteld dan de periode gedurende welke de werknemer arbeidsongeschikt is geweest bij de ex-werkgever voor expiratie van de arbeidsovereenkomst.

UWV heeft in dit verband inmiddels zijn Beleidsregels beoordelingskader poortwachter van 3 december 2002 aangepast aan de nieuwe situatie per 1 maart 2005 en heeft tevens het Besluit verhaal ziekengeld gepubliceerd in de Stcrt. 2005 nr. 18 na goedkeuring daarvan door de Minister van SZW.
Het Besluit verhaal ziekengeld is vrij summier van aard en komt erop neer, dat UWV de periodes van verzuim van de werkgever bij elkaar optelt en dusdoende een tijdvak voor het verhaal van ziekengeld vaststelt. Indien de werkgever het reïntegratieverslag, na

een verzoek van UWV, te laat indient heeft de werkgever sowieso een ver-haalstijdvak van 1 week ziekengeld aan zijn broek.

Op 20 juni 2006 deelde de Minister van SZW de Voorzitter van de Tweede Kamer mede, dat UWV de hiervoor beschreven verhaal van ziekengeld eerst met ingang van 1 september 2006 zal gaan uitvoeren, ergo ruim 1½ jaar na inwerking treding van de wetswijziging.

Samenvatting
Het hart van de Wet verbetering poortwachter wordt gevormd door de nieuw ingevoerde artikelen 7: 658a en 7: 660a BW en art. 71a WAO. De rechten en plichten van de werkgever en werknemer zijn middels de Wet verbetering poortwachter aanzienlijk aangescherpt en de controle op de geleverde reïntegratie inspanningen van de werkgever en de werknemer is in handen van UWV gelegd.

Werknemers ziek geworden na 1 april 2002 vallen onder het regime van het nieuwe art. 71a WAO, hetgeen betekent dat de werkgever en in diens kielzog de ARBO-dienst vanaf dat moment alles uit de kast moeten halen om te komen tot een zo goed mogelijk reïntegratie resultaat. Immers, drie maanden voor het einde van de wachttijd zullen zij verantwoording af moeten leggen aan UWV daar alsdan de werknemer een WAO-aanvraag moet doen en daarbij het reïntegratieverslag moet overleggen.

In het middelpunt van de UWV-belangstelling staat dit nieuw geïntroduceerde reïntegratieverslag, dat het voor UWV mogelijk maakt om een inhoudelijk oordeel te geven over de kwaliteit van de reïntegratie inspanningen.

UWV hanteert daarbij de Beleidsregels beoordelingskader poortwachter en bij een negatief oordeel over de geleverde reïntegratie inspanningen de Beleidsregels verlenging loondoorbetaling poortwachter.

Uit de door UWV gepubliceerde jaarcijfers met betrekking tot de instroom van arbeidsongeschikte werknemers in de WAO vanaf begin 2003 komt het beeld naar voren dat de Wet verbetering poortwachter een bruikbaar medicijn is tegen een te grote instroom van arbeidsongeschikte werknemers naar de WAO.

De instroomcijfers WAO zijn na de inwerkingtreding van de Wet verbetering poortwachter bijkans gehalveerd en deze halvering blijkt tot begin 2005 structureel van aard.

Met ingang van 1 maart 2005 is de poortwachter functie compleet gemaakt, daar vanaf deze datum ook werknemers wier arbeidsovereenkomst expireert tijdens de wachttijd en langer dan 6 weken arbeidsongeschikt zijn voorafgaand aan de expiratie van de arbeidsovereenkomst gereïntegreerd moeten worden door de werkgever. Indien de werkgever naar het oordeel van UWV onvoldoende reïntegratie inspanningen heeft verricht ten behoeve van deze werknemer, dan kan de werkgever geconfronteerd worden met een verhaalsactie van ziekengeld, zij het dat UWV eerst vanaf 1 september 2006 in staat bleek om dit verhaal van ziekengeld uit te voeren.

De uitgangspunten van de Wet verbetering poortwachter zijn in vrijwel ongewijzigde vorm terug te vinden in de wet WIA en wel in hoofdstuk 3 van de wet WIA.

Kortom ook na de inwerkingtreding van de wet WIA blijft het voor werkgevers en werknemers van het grootste belang om in voldoende mate reïntegratie inspanningen te verrichten.

1.3.10 Recente ontwikkelingen

Eind september 2005 is het wetsvoorstel Aanpassings- en verzamelwet Wet werk en inkomen naar arbeidsvermogen (verder AVWIA) ingediend bij de Tweede Kamer der Staten Generaal (Kamerstuk 30318 Vergaderjaar 2004/2005), welk voorstel van wet inwerking is getreden op 29 december 2005.

Middels een nota van wijziging op het wetsvoorstel AVWIA heeft de wetgever te kennen gegeven het bestaande systeem van loonsancties zoals ontwikkeld door UWV te willen wijzigen.

De wetgever is gelet op de toelichting bij de nota van wijziging van oordeel, dat de categorale tariefstelling van de op te leggen loonsancties in onvoldoende mate rekening houdt met het mogelijke herstelgedrag van de werkgever.

Om aan dat bezwaar tegemoet te komen stelt de wetgever een ander sanctiemodel voor om de duur van de loonsanctie te bepalen. Kern van dit nieuwe sanctiemodel is, dat de duur van de sanctie wordt afgestemd op de tijd die de werkgever *neemt* om de achterwege gebleven activiteiten alsnog te verrichten danwel bepaalde omissies te herstellen. In dit verband wordt gewezen op de doelstelling van de Wet verbetering poortwachter en de memorie van toelichting op deze wet, waar dit gedachtengoed eveneens is terug te vinden.

Het nieuwe model loonsancties WIA

Indien uit een aanvraag om in aanmerking te komen voor een WIA-uitkering blijkt dat de werkgever zijn rcïntegratie verplichtingen ingevolge de Wet verbetering poortwachter, welke verplichtingen ook zijn opgenomen in de wet WIA , niet of niet volledig is nagekomen verlengt UWV het tijdvak gedurende welke de werknemer recht heeft op loondoorbetaling jegens zijn werkgever op grond van art. 7: 629 BW danwel recht heeft op bezoldiging. De periode van verlenging is van onbepaalde duur en maximaal 52 weken. UWV zal in de beslissing aan de werkgever duidelijk moeten maken waar het naar haar oordeel aan schort en welke actie(s) van een werkgever worden verwacht, zodat de werkgever deze tekortkomingen kan herstellen.

De verlengingsbeschikking van UWV wordt 6 weken voor het einde van de wachttijd afgegeven. Is de WIA-aanvraag van de werknemer niet tijdig gedaan, dan wordt de loondoorbetalingsverplichting van de werkgever verlengd met de vertraging op grond van het eveneens nieuw in te voeren art. 7: 629 lid 11 onderdeel b BW (zie pagina 13) en dient UWV een verlengingsbeschikking af te geven voor het einde van de verlengde termijn van de loondoorbetalingsperiode.

Op deze wijze ontstaat er derhalve 6 weken voor het einde van de wachttijd of de verlengde loondoorbetalingsperiode duidelijkheid voor de werkgever over de door hem geleverde reïntegratie inspanningen.

Meent de werkgever dat hij zijn tekortkomingen heeft hersteld dan meldt hij dit aan UWV, waarbij op de werkgever de bewijslast rust. Het initiatief voor beëindiging van de verlengde loondoorbetalingsperiode ligt derhalve bij de werkgever.

Vervolgens geeft UWV een beschikking af of de tekortkomingen zijn hersteld en wel binnen 3 weken na ontvangt van de melding van de werkgever. De door UWV opgelegde loonsanctie wegens tekortkomingen met betrekking tot de reïntegratie verplichtingen eindigt vervolgens 6 weken later, nadat UWV heeft vastgesteld dat de werkgever zijn tekortkomingen heeft hersteld, hetgeen dient te geschieden door middel van een beschikking.

Indien UWV de 'herstelbeschikking' later afgeeft dan de voorgeschreven 3 weken na de herstelmelding van de werkgever dan worden de vertragingsweken afgetrokken van de eerder genoemde 6 weken.

Tenslotte is bepaald, dat UWV geen verlenging van de loondoorbetalingsverplichting meer kan opleggen, indien de beschikking dienaangaande niet
is afgegeven voor het einde van de (verlengde) wachttijd.

Commentaar

Enige punten van kritiek op deze wetswijziging zijn naar onze mening op
zijn plaats. Op het eerste gezicht heeft het er alle schijn van, dat het moment
van afgifte door UWV van de 'herstelbeschikking' bepalend is voor het
moment waarop de loonsanctie gaat eindigen. In art. 25 lid 14 wet WIA is
enerzijds vastgelegd, dat de loonsanctie eindigt 6 weken nadat UWV heeft
vastgesteld, dat de werkgever zijn tekortkomingen heeft hersteld. Anderzijds wordt in de volgende volzin van art. 25 lid 14 wet WIA gesteld, dat
indien UWV de 'herstelbeschikking' later afgeeft dan 3 weken na de melding van de werkgever deze overschrijding wordt afgetrokken van de
6 weken termijn. Dit is nogal merkwaardig, daar tussen de feitelijke vaststelling dat de werkgever zijn tekortkomingen heeft hersteld en het moment
van verzending van de beschikking enige tijd kan verstrijken. Ook deze
periode komt voor rekening van de werkgever, hetgeen niets meer van doen
heeft met de vastgestelde tekortkomingen van de werkgever.

In het 'flexibele' model van de wetgever kan een werkgever te maken krijgen met 6 + 3 = 9 weken loonsanctie, welke periode niet veel korter is dan
in het bestaande categorale sanctiemodel van UWV.

Voordeel van het voorgestelde model ten opzichte van het UWV-model is,
dat de werkgever de duur van de loonsanctie zelf in de hand heeft, hetgeen
in het sanctiemodel van UWV niet tot de mogelijkheden behoort. Daarnaast
behoeft de vraag aangaande de aard en de ernst van de overtreding en de
benodigde herstelperiode niet meer beantwoord te worden, hetgeen wellicht
het aantal conflicten zal verminderen.

Tenslotte zijn verlengingen van de loonsanctie niet meer mogelijk binnen de
tekst van art. 25 wet WIA. UWV zal in voorkomende gevallen waarschijnlijk oordelen, dat de reïntegratie inspanningen nog steeds onvoldoende zijn
te achten, uiteraard binnen de context van de oorsponkelijke beslissing tot
oplegging van een loonsanctie door UWV.

Overgangsrecht

Het gewijzigde loonsanctiemodel gaat gelden voor werknemers die arbeidsongeschikt zijn geworden op of na 15 augustus 2004, aldus art. 123b wet

WIA. Hetzelfde geldt voor de wijzigingen in onder andere artikel 7: 629 lid 3 onderdeel f en lid 11 onderdeel b van het BW. De latere inwerkingtreding van het gewijzigde loonsanctiemodel vindt zijn oorzaak in het feit, dat UWV deze tijd nodig heeft voor instructie van haar medewerkers en aanpassing van de bestaande systemen.

Jurisprudentie overzicht op de loonsanctie van art. 71a WAO
Vanaf eind 2004 zijn een aantal principiële uitspraken gepubliceerd van verschillende rechtbanken en de CRvB met als onderwerp de opgelegde loonsanctie op grond van art. 71a lid 9 WAO door UWV.
De uitspraken zijn qua onderwerp te onderscheiden in drie hoofdonderwerpen, te weten:
• de standaard sanctie van 4 maanden,
• overgangsrechtelijke problemen,
• in acht te nemen zorgvuldigheid bij de besluitvorming.

DE STANDAARD SANCTIE VAN 4 MAANDEN

In USZ 2004 nr. 326 en RSV 2004 katern nr. 9 hebben de rechtbanken Rotterdam en 's-Gravenhage de standaard sanctie van 4 maanden verworpen. In beide zaken ging het om een te laat ingediend reïntegratieverslag door de werkgever nadat deze door UWV was gemaand om dit verslag in te dienen conform art. 71a lid 8 WAO. De termijn-overschrijding bedroeg 2 dagen en ruim 2 weken. De rechtbanken komen beiden tot de slotsom, dat de standaardsanctie van 4 maanden onvoldoende rekening houdt met het voorschrift in art. 71a lid 9 WAO, dat bij de verlenging van de loondoorbetalingsplicht door UWV rekening dient te worden gehouden met de aard en de ernst van de overtreding en de tijd die nodig wordt geacht om alsnog voldoende reïntegratie inspanningen te verrichten.
Door dit na te laten schendt UWV naar het oordeel van beide rechtbanken het evenredigheidsbeginsel. De rechtbank Rotterdam is daarbij tevens van mening dat de loonsanctie punitief van aard is, voorzover deze sanctie geen rekening houdt met de aard en ernst van de overtreding. De rechtbank 's-Gravenhage meent dat een lichtere standaard sanctie, gelet op de uitvoerbaarheid voor UWV, acceptabel is te achten.

De rechtbank Assen is blijkens USZ 2005 nr. 117 van oordeel, dat een standaard sanctie van 4 maanden wel door de beugel kan. Ook in deze zaak vormde een te laat ingediend reïntegratieverslag (ingediend na het verstrijken van de wachttijd!!!) de basis voor de opgelegde sanctie. De rechtbank Assen volgt het betoog van UWV, dat art. 34a lid 4 onderdeel a WAO bijkans noopt tot het opleggen van een sanctie van 4 maanden, immers deze periode is voor UWV nodig om een WAO-claim te kunnen beoordelen. In art. 34a lid 4 onderdeel b WAO wordt evenwel gesproken van zo spoedig mogelijk beoordelen, hetgeen het betoog van UWV sterk aan kracht doet inboeten. Saillant detail in deze uitspraak is voorts, dat de rechtbank Assen accepteert, dat de verstrekte zwangerschaps- en bevallingsuitkering op grond van de WAZO tijdens de periode van de loonsanctie de opgelegde sanctieperiode opschort. Het is ons niet bekend of de werkgever in deze zaak hoger beroep heeft aangetekend.

In hoger beroep heeft de CRvB in USZ 2006 nr. 97 geoordeeld, dat de standaard loonsanctie van 4 maanden zoals neergelegd in de Beleidsregels verlenging loondoorbetaling Poortwachter in strijd is te achten met het bepaalde in art. 71a lid 9 van de WAO. In art. 71a lid 9 van de WAO is onder andere neergelegd, dat UWV de duur van de loonsanctie dient af te stemmen op de periode die de werkgever geacht wordt nodig te hebben om voldoende reïntegratie inspanningen te verrichten. Door categoraal een minimum sanctie op te leggen van 4 maanden, zonder rekening te houden met deze wettelijke voorwaarde, handelt UWV in strijd met voornoemde bepaling in de WAO. Het betoog van UWV, dat in de minimumsanctie van 4 maanden tevens de wettelijke beslistermijn van 13 weken is verwerkt kon de CRvB evenmin overtuigen. De CRvB stelt in dit verband vast, dat voor dit betoog geen enkel aanknopingspunt is te vinden in de tekst van art. 71a lid 9 van de WAO noch in de wetsgeschiedenis.

OVERGANGSRECHTELIJKE PROBLEMEN

In USZ 2004 nr. 283 en 2005 nr. 91 komen de rechtbanken Breda en Almelo beiden tot de conclusie, dat werkgevers geen externe reïntegratie verplichting hebben ten aanzien van de werknemer die voor 1 januari 2003 arbeidsongeschikt is geworden. In de relatie UWV/ werkgever is tot 29 december 2005 met name art. 8 REA van belang, welk artikel de reïntegratietaken van een werkgever regelt en niet de arbeidsrechtelijke tegenhanger in art. 7: 658a BW. De externe reïntegratie verplichting genoemd in art. 7: 658a BW heeft eerst werking met ingang van 1 januari 2004, hetgeen bij een WAO-claim wil zeggen op en na 1 januari 2003 vanwege de wachttijd van 52 weken.

Art. 8 REA zoals dit artikel met ingang van 1 januari 2002 luidt, kent naast de reïntegratie taak in het eerste spoor tevens zo'n taak in het tweede spoor voor de werkgever, dus externe reïntegratie van de zieke werknemer. Bij ministeriële Regeling SUWI, Stcrt. 2002 nr. 2 is een geleidelijke overgang tot stand gebracht voor de gewijzigde reïntegratie taken van de werkgever in art. 8 REA.

Het betreffende art. 7:10 van de Regeling SUWI is daartoe gewijzigd met ingang van 1 januari 2003, in die zin dat de reïntegratie taak in het tweede spoor voor een werkgever eerst van kracht wordt voor werknemers arbeidsongeschikt geworden op en na 1 januari 2003, aldus beide rechtbanken.

De CRvB heeft in USZ 2005 nrs. 289 en 319 de hierboven uiteengezette visie van de rechtbanken bevestigd. De CRvB neemt alle relevante bepalingen nog eens onder de loep en kan vervolgens niet anders oordelen dan dat ten aanzien van werknemers die vóór 1 januari 2003 arbeidsongeschikt zijn geworden er geen externe reïntegratieplicht geldt voor de werkgever, tenzij de werkgever zulks zelf heeft verzocht aan UWV. Een beroep door UWV op de bedoeling van de wetgever en de toelichting op de Regeling SUWI mag niet baten. De CRvB wijst er met betrekking tot dit argument op, dat de rechtszekerheid vereist, dat een met een sanctie te handhaven verplichting slechts kan worden gebaseerd op een kenbare wettelijke bepaling en niet op veronderstelde bedoelingen van de wetgever.

Het overgangrechtelijke probleem met betrekking tot de externe reïntegratie is in SV-land derhalve opgelost.

ZORGVULDIGHEID BIJ DE BESLUITVORMING

In USZ 2004 nr. 254 komt de voorzieningenrechter te Rotterdam tot het oordeel, dat UWV voorafgaand aan het opleggen van een loonsanctie voldoende onderzoek moet doen eventueel ter plaatse en schorst bij gebreke van voldoende onderzoek het primaire besluit. De werkgeefster kwam vooralsnog goed weg met deze uitspraak, daar op haar in ieder geval een externe reïntegratieplicht rustte en uit het feitelijk verloop in deze zaak niet blijkt van een gedegen externe reïntegratie inspanning vanwege de werkgeefster.

De rechtbank Roermond tenslotte had in USZ 2005 nr. 90 nu eens niet te maken met een boze werkgever maar met een verontwaardigde werknemer, die zich op het standpunt stelde dat per einde wachttijd ten onrechte geen loonsanctie was opgelegd aan zijn werkgever. UWV had in bezwaar de opgelegde loonsanctie ongedaan gemaakt, omdat de loonsanctie was opgelegd 1 dag na het verstrijken van de wachttijd, hetgeen in strijd is met een interne richtlijn van UWV. De gedachte achter deze interne richtlijn is, dat een loonsanctie reparatoir van aard is en dus opgelegd moet worden voor het einde van de wachttijd.

De rechtbank Roermond heeft enerzijds wel begrip voor het standpunt van UWV en meent dat het te laat opleggen van een loonsanctie gevolgen moet hebben voor de duur daarvan. Anderzijds is de rechtbank Roermond van oordeel, dat de geringe overschrijding en het deswege volledig afzien van een loonsanctie te ver gaat, zeker gelet op de belangen van de werknemer bij een gedegen reïntegratie inspanning van de werkgever, waaraan het, ook naar het oordeel van UWV, in casu had ontbroken.

Het probleem van de rechtbank Roermond is door de wijziging van art. 25 wet WIA opgelost in die zin, dat UWV ingeval van arbeidsongeschikt geworden werknemers op en na 15 augustus 2004 geen loonsanctie meer kan opleggen na de (verlengde) wachttijd.

SAMENVATTING

De tot nu toe gepubliceerde jurisprudentie van de rechters in eerste aanleg ten aanzien van de opgelegde standaard sanctie is interessant, de feitelijke achtergronden bij de opgelegde sancties zijn in feite bedroevend. Immers er wordt tot nu toe hoofdzakelijk geprocedeerd over een te laat ingediend reïntegratieverslag en niet over de reïntegratie inspanningen zelf.

Het heeft er in de gepubliceerde jurisprudentie alle schijn van, dat UWV nog niet los is van de wetteksten zoals deze luidden voor de inwerking treding van de Wet verbetering poortwachter. Het kan uiteraard ook zijn, dat werkgevers die een negatief inhoudelijk oordeel van UWV over hun reïntegratie inspanningen om hun oren hebben gekregen bakzeil halen en niet procederen tegen de opgelegde loonsanctie.

50

De overgangsrechtelijke problemen met betrekking tot de externe reïntegratie verplichtingen van de werkgever zijn door de CRvB opgelost.

UWV heeft na de uitspraak van de CRvB gepubliceerd in USZ 2006 nr. 97 (vernietiging van de standaard loonsanctie) te kennen gegeven geen nieuw sanctiebeleid op te stellen mede gelet op het feit, dat vanaf 15 augustus 2006 de wetgever in art. 25 leden 9 t/m 15 wet WIA hierin heeft voorzien. Met andere woorden UWV ziet af van het voeren van bezwaar- en beroepszaken betreffende de standaard loonsanctie opgelegd onder de werking van art. 71a van de WAO.

2 DE ZIEKTEWET

2.1 Historisch overzicht

De Ziektewet, Stb. 1913 nr. 204 (verder ZW) heeft het levenslicht gezien in 1913, het duurde echter tot 1930 voordat de ZW werd ingevoerd. Na de invoering in 1930 is de ZW vele malen gewijzigd. Vermeldenswaard is in dit verband, dat eerst in 1967 een gebrek gelijk werd gesteld met ziekte, gelijktijdig met de invoering van de WAO waarin deze gelijkstelling eveneens was opgenomen. Eind jaren tachtig begin jaren negentig komen de wijzigingen van de ZW in een stroomversnelling.

De oorzaak van deze wijzigingsdrift is voor een groot deel toe te schrijven aan de bevindingen van de eerder genoemde parlementaire enquêtecommissie onder leiding van de heer Buurmeijer.

Eén van de vondsten van de Cie. Buurmeijer in het kader van de ZW en de WAO was dat een éénmaal zieke werknemer vrijwel zeker de WAO in zou gaan en dat zowel werknemers- als werkgeversorganisaties, beiden betrokken bij de uitvoering van deze wetten, daarbij belang hadden.

Ten einde het tij voor de ZW te keren kwam de wetgever op 1 maart 1992 met de wet Terugdringing Arbeidsongeschiktheidsvolume, Stb. 1992 nr. 82 (wet TAV), welke wet als voorbode kan worden gezien van verdergaande ingrepen en een poging om te komen tot reïntegratie van arbeidsongeschikte werknemers.

De wet TAV maakte het onder meer mogelijk om een korting toe te passen op het uit te keren ziekengeld van een werknemer, die zonder deugdelijke grond weigerde aangeboden passende arbeid te verrichten. Nadien is art. 30 ZW, waarin deze kortingsregeling is opgenomen, nog enige malen gewijzigd echter de essentie van de wet TAV is gebleven.

Naast deze wijziging van art. 30 ZW opende de wet TAV ook de mogelijkheid tot gedifferentieerde premieheffing in het kader van de ZW.

Hoewel de naam van deze wet anders doet vermoeden leverde deze wet niet werkelijk een spectaculaire bijdrage aan het indammen van het aantal uitkeringsgerechtigden en kunnen wij ons evenmin een (geslaagde) procedure herinneren met betrekking tot de eerdergenoemde korting op het ziekengeld.

Dit werd anders met de wet Terugdringing Ziekteverzuim, Stb. 1993 nr. 750 (verder wet TZ) van 1 januari 1994.

Behoudens een beperkt aantal uitzonderingsgevallen werd op grond van deze wet geen ziekengeld meer uitgekeerd aan een zieke werknemer gedurende de eerste 6 weken van zijn of haar arbeidsongeschiktheid. Voor 'kleine' werkgevers was dit risico beperkt tot 2 weken. De wet TZ luidde bij de administratiekantoren van de verschillende uitvoerders van de sociale verzekeringen een leegloop in op de uitkeringsafdelingen ZW, daar het grootste en meest arbeidsintensieve deel van het werk, de claimbeoordeling voor kortdurende ziekteperiodes met alles erop en eraan, grotendeels verdween.

Gelijktijdig met de wet TZ werd de huidige Arbeidsomstandighedenwet 1998 (ARBO-wet) grondig gewijzigd en werd een werkgever verplicht om bij preventie, verzuimbegeleiding en reïntegratie een deskundige dienst in te schakelen, overigens niet direct in 1994 maar met een overgangsregeling tot 1998.

Bij de behandeling van de Wet verbetering Poortwachter in hoofdstuk I paragraaf 3 is vermeld, dat de verplichte bijstand door ARBO-diensten naar het oordeel van het Hof van Justitie EG te Luxemburg niet in overeenstemming was met de Europese Kaderrichtlijn van 1989 en dat de Arbeidsomstandighedenwet 1998 wat dit punt betreft is gewijzigd.

Bij de behandeling van een aantal bepalingen uit het BW is al aangeven dat de werkingssfeer van de ZW met ingang van 1 maart 1996 verder is ingeperkt daar alsdan WULBZ in werking is getreden.

De invoering van WULBZ verliep in politieke zin niet zonder slag of stoot en leidde tot het aftreden van de toenmalige staatssecretaris van het Ministerie van SZW dhr. Linschoten, na de historische woorden van het kamerlid mevr. Van Nieuwenhoven: 'Mijnheer de Voorzitter, dit (het antwoord van de staatssecretaris) is schuren langs de waarheid'.

Met ingang van 1 januari 2004 is WULBZ verder uitgebreid, in die zin, dat een werkgever jegens zijn zieke werknemer vanaf 1 januari 2004 gehouden is om 70% van het loon gedurende 104 weken door te betalen op grond van de Wet verlenging loondoorbetalingsverplichting bij ziekte 2003.

Deze wet heeft betrekking op werknemers arbeidsongeschikt geworden op of na 1 januari 2004. Er is slechts 1 uitzondering op dit uitgangspunt, te weten de werknemer die na 1 januari 2004 arbeidsongeschikt is geworden, welke arbeidsongeschiktheid kan worden samengevoegd met een periode van arbeidsongeschiktheid gelegen voor 1 januari 2004 op grond van de zogenaamde 4 weken-regeling (zie art. 214 Overgangswet nieuw BW).

2.2 Het begrip 'ziekte' of 'gebrek'

Om in aanmerking te komen voor ziekengeld dient uiteraard sprake te zijn van ongeschiktheid tot het verrichten van zijn arbeid in de zin van art. 19 ZW, het artikel waarin het arbeidsongeschiktheidscriterium voor de ZW is neergelegd.

De formulering van ongeschiktheid in de zin van de ZW is eerst bij wet van 21 december 1995, Stb. 1995 nr. 691 (een zgn. Veegwet) in overeenstemming gebracht met de overige arbeidsongeschiktheidswetten, zoals de destijds nog bestaande AAW en de WAO.

In plaats van het eenvoudige en duidelijke *'ongeschiktheid tot het verrichten van zijn arbeid wegens ziekte'* werd de formulering *'ongeschiktheid tot het verrichten van zijn arbeid als rechtstreeks en objectief medisch vast te stellen gevolg van ziekte'*.

Uit de parlementaire behandeling van de wet Terugdringing Beroep op de Arbeidsongeschiktheidsregelingen van 7 juli 1993, Stb. 1993 nr. 412 (verder wet TBA), de wet die het arbeidsongeschiktheidscriterium in de AAW en de WAO wijzigde, blijkt, dat de wetgever met de wijziging van het medisch arbeidsongeschiktheidsbegrip in de AAW en de WAO slechts beoogde om de jurisprudentie van de CRvB op dit punt te codificeren.

Aangenomen mag worden dat de latere wijziging van de ZW, identiek aan de wijzigingen in de AAW en de WAO, geen ander oogmerk had.

Wat codificeerde de wetgever nu eigenlijk?

Volgens een constante stroom jurisprudentie van de CRvB vanaf 1974 verstond de CRvB onder het begrip ongeschiktheid tot werken in de zin van de ZW *'het op medische gronden naar objectieve maatstaven gemeten niet kunnen of mogen verrichten van de in aanmerking komende arbeid'*.

De toevoeging *'rechtstreeks'* van de wetgever kwam niet voor in de formulering van de CRvB, hetgeen kan worden opgevat als een poging tot verdere inperking van de wetgever. In de praktijk is daarvan niet veel te merken geweest, zij het dat de CRvB in RSV 1999 nr. 7 liet weten, dat de poging tot codificatie van de wetgever in 1993 verdergaat dan haar constante jurisprudentie op onder andere art. 19 ZW.

55

Op het terrein van de medische beoordeling heeft het Lisv een aantal beleidsregels opgesteld, waaraan de toenmalige uitvoerders gebonden waren. Het Lisv was tot 1 januari 2002 opdrachtgever van de uitvoerders en beleidsorgaan en kon derhalve bindend aangeven op welke wijze zij de arbeidsongeschiktheidswetten uitgevoerd wenste te zien.

Het Lisv en haar voorganger het TICA hebben in de loop der jaren vele beleidsregels en nota's geproduceerd. Het grootste deel van de gepubliceerde beleidsregels heeft nog steeds rechtskracht, daar deze regels over zijn gegaan op de rechtsopvolger van het Lisv, het UWV.

Zolang UWV niet aangeeft een bepaalde beleidsregel niet langer te willen toe passen of een andere invulling wenst te geven aan de beleidsruimte, blijven de door het Lisv opgestelde beleidsregels hun rechtskracht behouden.

In het kader van de ZW en meer specifiek met betrekking tot het begrip arbeidsongeschiktheid zijn onder andere de volgende richtlijnen van het Lisv van belang:

- Medisch Arbeidsongeschiktheidscriterium bekend onder Lisv nr. M.96.122.
- De richtlijn ME van 1998.
- De VA-standaard communicatie met behandelaars bekend onder Lisv nr. M.97.04.

De richtlijn Medisch Arbeidsongeschiktheidscriterium (verder het MAOC) geeft gedetailleerd aan op welke wijze een verzekeringsarts een medische beoordeling in het kader van de arbeidsongeschiktheidswetten moet uitvoeren. In het MAOC is tevens neergelegd hoe een verzekeringsarts moet omgaan met moeilijk definieerbare ziektebeelden.

De richtlijn ME zegt niets meer of minder dan dat de uitvoerders ook bij deze veronderstelde ziekteoorzaak onverkort het MAOC dienen toe te passen.

De reden voor het opstellen van de richtlijn ME werd veroorzaakt door het volgende.

Uit een aantal uitspraken van de CRvB vanaf 1998 bleek, dat de uitvoerders het MAOC niet consequent toepasten en in procedures waarbij de diagnose ME een rol speelde het standpunt innamen, dat alsdan geen sprake was van

ziekte of gebrek in de zin van art. 19 ZW of art. 5 en 18 AAW respectievelijk WAO.
Naar het oordeel van de uitvoerders was geen objectiveerbare medische oorzaak voor de werkstaking te vinden en dus was er kort door de bocht geen sprake van ziekte of gebrek in de zin van de wet.
Met de richtlijn ME sloot het Lisv de ontstane uitvoeringspraktijk kort.
Verderop in deze paragraaf wordt nog uitgebreid stilgestaan bij de ME-problematiek en de huidige juridische stand van zaken dienaangaande.

De VA-standaard communicatie met behandelaars geeft duidelijke richtlijnen voor verzekeringsartsen, wanneer het opvragen van informatie bij de behandelend sector aangewezen is.

Op grond van de huidige tekst van art. 19 lid 1 ZW kan een drietal aandachtspunten worden onderscheiden die bij het aannemen van ongeschiktheid tot het verrichten van zijn arbeid ingevolge de ZW een essentiële rol spelen:
• het begrip 'rechtstreeks';
• objectief medisch gevolg van ziekte, gebreken, zwangerschap of bevalling;
• zijn arbeid.

2.2.1 Rechtstreeks

Er dient volgens de wetgever in 1993 een directe relatie te bestaan tussen de werkstaking en de aandoening. Het nieuwe rechtstreeks in de wettekst benadrukt, dat allerlei niet medische redenen tot werkstaking niet kunnen leiden tot de conclusie dat een werknemer deswege voldoet aan het criterium van art. 19 ZW.
Voorbeelden hiervan zijn een zuivere situationele ongeschiktheid tot het verrichten van arbeid tengevolge van de slechte werksfeer of een leidinggevende de blijkt geen leiding te kunnen geven en deswege de werkzaamheden staakt. Is er niets meer aan de hand, dan staat het sedert 1993 toegevoegde rechtstreeks er aan in de weg dat op deze gronden ongeschiktheid tot het verrichten van arbeid wordt aangenomen.
Het is overigens niet uit te sluiten dat beide voorbeelden toch tot ongeschiktheid in de zin van art. 19 ZW leiden, vanwege een medische com-

ponent die ervoor zorgt dat het zuivere functioneringsprobleem wordt overstegen.

2.2.2 Objectief medisch

Dit onderdeel van de formule in art. 19 ZW maakt het onmogelijk om een ruime interpretatie te geven van het begrip ziekte of gebrek. De objectiverings-eis staat eraan in de weg, dat de opinie van een verzekerde doorslaggevend kan zijn. Een advies van de curatieve sector is evenmin doorslaggevend echter wel vaak richtinggevend voor de verzekeringsarts.

Ook cultureel/sociale interpretaties van ziekte of gebrek worden door dit deel van de formule terzijde geschoven. Voorbeelden in de jurisprudentie van de CRvB op dit punt zijn bijv. RSV 1989 nr. 124 en 2004 nr. 65. De eis van de objectieve medische bevindingen werkt naar alle partijen. Naast de verzekeringsarts werkzaam bij een ARBO-dienst of UWV zijn ook de medisch deskundigen van de Arrondissements-rechtbanken en de Centrale Raad van Beroep gebonden aan deze wettelijke eis.

In een niet gepubliceerde uitspraak van de CRvB concludeerde een deskundige van de rechtbank tot ongeschiktheid tot het verrichten van arbeid op grond van de overweging, dat 'sprake was van een kwetsbare constitutie en langdurige overbelasting zonder fysieke of psychische pathologie'. De CRvB oordeelde in tegenstelling tot de rechtbank, dat in casu wegens het ontbreken van objectieve medische bevindingen geen sprake kon zijn van ongeschiktheid in de zin van art. 19 ZW.

Onder de ZW tot 1 maart 1996 heeft zich meermalen de vraag voorgedaan of esthetische ingrepen of behandelingen van para-medische aard konden leiden tot ongeschiktheid. De uitvoeringsorganen hadden voor de inwerkingtreding van WULBZ reeds besloten om geen zaken meer te voeren aangaande esthetische ingrepen en behandelingen van para-medische aard te accepteren, indien er een medische indicatie was afgegeven door de behandelend arts. Denk hierbij bijv. aan de (alternatieve) behandeling van psoriasis- en reumapatiënten.

Na de invoering van WULBZ is het in het merendeel van de gevallen aan de ARBO-diensten en de werkgevers om te beslissen of en zoja onder welke voorwaarden een werknemer voornoemde behandelingen kan ondergaan met behoud van loon op grond van art 7: 629 BW.

Kennelijk staan werkgevers niet in de rij om de ontstane praktijk binnen het huidige UWV met wortel en tak uit te roeien, daar er over dit onderwerp nauwelijks zaken worden gepubliceerd. Het kan ook zijn, dat de werkgever en de werknemer dit soort kwesties uit onderhandelen, waardoor er geen (loon)conflict ontstaat.

2.2.3 Zijn arbeid

De hoofdregel in het kader van de ZW is, dat een verzekeringsarts de medische beperkingen tot het verrichten van arbeid toetst aan de laatstelijk voor het intreden van de ongeschiktheid verrichte arbeid.

Ingeval van een hersteld verklaring door de verzekeringsarts is het derhalve van belang om naast de medische beoordeling na te gaan, welke belastende factoren het eigen werk meebrengt en of de werknemer dit werk met zijn beperkingen kan verrichten.

De ervaring leert, dat een besluit in primo en het daaraan ten grondslag liggende dossier met betrekking tot de aard en belastende factoren van het eigen werk nogal summier is. Het is dus zaak om dit aspect in een bezwaar- of beroepsprocedure te betrekken.

Nogmaals, uitgangspunt is het laatstelijk verrichte werk met alle belastende factoren.

De CRvB heeft in haar jurisprudentie een aantal nuances aangebracht op dit uitgangspunt, indien er sprake is van:
- Twee of meer dienstbetrekkingen.
- Een ZW-claim vanuit een langdurige werkloosheidssituatie.
- Een ZW-claim vanuit de Werkloosheidswet en daaraan voorafgaand een WAO-uitkering.

Twee of meer dienstbetrekkingen
Voor de oprichting van UWV werd de ZW uitgevoerd door een 5-tal uitvoerders, die niet altijd (goed) met elkaar communiceerden.

Vanwege dit gebrek aan communicatie kwam het nogal eens voor, dat een werknemer met 2 of meer dienstbetrekkingen voor iedere dienstbetrekking afzonderlijk hersteld werd verklaard door de verschillende uitvoerders.

Hierbij werd vanwege de non-communicatie geen rekening gehouden met de totale belasting van alle dienstbetrekkingen. De uitvoerder die het eerst

59

overgaat tot een hersteld verklaring kan op goede gronden aanvoeren, dat uitsluitend rekening behoeft te worden gehouden met de belasting in dat werk. Echter de latere beoordelaar(s) dienen rekening te houden met een optelsom van lichamelijke en/of geestelijke belasting in het totaal van de werkzaamheden.

Met de vorming van UWV behoort deze non-communicatie waarschijnlijk tot het verleden, echter enige waakzaamheid blijft geboden.

Vanaf 1995 eist de CRvB (zie bijvoorbeeld RSV 1995 nr. 179) bovengenoemde beoordelingswijze van de uitvoerder, welke zienswijze in USZ 2003 nr. 73 door de CRvB is herhaald. In laatstgenoemde uitspraak was sprake van een gedeeltelijk arbeidsongeschikte werknemer in de zin van de WAO, die part-time werkzaamheden had aanvaard en zich ziek had gemeld voor het part-time werk.

De CRvB oordeelde, dat de belastende factoren van de theoretische functies in de kader van de WAO en de belastende factoren van de feitelijke werkzaamheden gecombineerd moeten worden. Uitgaande van deze combinatie dient de verzekeringsarts vervolgens te beoordelen of de werknemer met zijn beperkingen tot het verrichten van arbeid in staat is te achten om te hervatten.

Met de invoering van WULBZ is in dit verband een merkwaardige situatie ontstaan, immers een werknemer met twee of meer werkgevers plaatst de ARBO-diensten voor een aardig dilemma.

Met welke omstandigheden moet de bedrijfsarts van werkgever A rekening houden en is het wel reëel om van werkgever B te eisen dat hij bij een hersteld verklaring rekening houdt met de andere werkzaamheden? Anders dan UWV, betaalt een werkgever slechts het loon tijdens ziekte door voor de bedongen arbeid.

Indien de geschetste situatie zich voordoet kan een werknemer eventueel een beroep doen op het deskundigenoordeel van UWV op grond van art. 30 lid 1 onder e SUWI.

Indien UWV een deskundigenoordeel afgeeft conform de juridische uitgangspunten van de ZW dan is de uitkomst redelijk voorspelbaar en zullen de ARBO-diensten van de werkgevers A en B met elkaar in overleg moeten treden, alvorens een definitief oordeel wordt gegeven over het voortduren van de ongeschiktheid tot werken van de werknemer.

ZW-claim vanuit een landurige werkloosheidssituatie
Het kabinet Balkenende II heeft overwogen om een werknemer die in aanmerking is gebracht voor een uitkering ingevolge de Werkloosheidswet (verder WW) niet langer verzekerd te laten zijn voor de ZW, ten einde het volume arbeidsongeschikten ook op deze wijze in te dammen.
Verder dan een vluchtige overweging van het kabinet is het tot nu toe niet gekomen, ergo de vraag wat in deze situatie de maatstaf zijn arbeid is, is nog steeds actueel.
Na de afschaffing van de vervolguitkering WW in augustus 2003, is vanaf dat moment voor nieuw instromende WW-gerechtigden de maximale uitkeringsduur WW 5 jaar. In deze periode kan de gezondheidstoestand van een WW-gerechtigde drastisch wijzigen, hetgeen voor hem of haar aanleiding kan vormen voor een ziekmelding. De vraag is dan welke maatstaf genomen moet worden voor het begrip zijn arbeid, immers hoe langer werkloos hoe verder een werknemer verwijderd is van zijn vroegere werk.

In USZ 2002 nr. 153 heeft de CRvB een principe uitspraak afgegeven met betrekking tot dit punt van geschil.
UWV had de zaak hard ingezet, door het standpunt in te nemen, dat de maatstaf zijn arbeid, alle arbeid was waarop de WW-gerechtigde ten tijde van de ziekmelding diende te solliciteren. In dat verband werd een beroep gedaan op de Richtlijn passende arbeid uit 1996.
Deze richtlijn koppelt het begrip passende arbeid in de zin van de WW aan de duur van de werkloosheid. Trapsgewijs, met tussenpozen van 6 maanden, wordt een WW-gerechtigde geconfronteerd met een steeds ruimer begrip passende arbeid en dient een WW-gerechtigde te solliciteren naar werkzaamheden, die steeds verder verwijderd zijn van zijn oorspronkelijk verrichte werkzaamheden.
De CRvB accepteerde het door UWV ingenomen standpunt niet.
De enkele omstandigheid dat de werknemer reeds 2½ jaar werkloos was rechtvaardigde naar het oordeel van de Raad niet, dat het voorheen uitgeoefende beroep niet meer als maatstaf kon dienen.
De CRvB zou de handelwijze van UWV wellicht (gedeeltelijk) hebben geaccepteerd, indien uit onderzoek was gebleken, dat de band met het oude werk geheel was verbroken of terugkeer naar de oude werkgever niet meer mogelijk was dan wel de afstand tot het oude werk te groot was geworden bijv. doordat het werk niet meer bestaat.

De deur voor UWV staat dus nog op een kier, echter gezien de voorwaarden gesteld door de CRvB lijkt het niet waarschijnlijk, dat UWV het door de CRvB vereiste onderzoek in het reguliere werkproces gaat opnemen.

ZW-claim vanuit de WW en daaraan voorafgaand een WAO-uitkering
Een zeer frequent voorkomende uitzondering op de hoofdregel 'de laatstelijk verrichte arbeid is de maatstaf voor het begrip zijn arbeid in de zin van de ZW' zijn ex-WAO'ers of WAO-gerechtigden met een gedeeltelijke arbeidsongeschiktheidsuitkering, die zich vanuit de WW ziekmelden. Het gaat in deze situatie om de groep uitkeringsgerechtigden die de wachttijd heeft volbracht en op en na de wachttijd ongeschikt zijn verklaard voor hun oude werk maar wel geschikt wordt geacht voor theoretische functies, de zogenaamde algemeen geaccepteerde arbeid. Alsdan doet de vraag zich voor welke arbeid ten grondslag moet worden gelegd aan een hersteld verklaring, indien zo'n uitkeringsgerechtigde zich vanuit de WW heeft ziek gemeld.

De uitvoeringspraktijk ging er in dit verband vanuit, dat de geduide functies in het kader van de WAO-beoordeling de nieuwe maatstaf zijn arbeid voor de ZW-beoordeling vormden, welk uitgangspunt werd bevestigd door de CRvB.

Met deze vaststelling zijn evenwel nog niet alle problemen opgelost. Bijv. vanwege een verslechtering van de medische toestand van de uitkeringsgerechtigde na de (her)beoordeling in het kader van de WAO-aanspraak zijn één of meer geduide functies niet langer geschikt voor hem of haar gedurende de WW-uitkering.

Bij een (her)beoordeling van de mate van arbeidsongeschiktheid ingevolge de WAO is één van de vereisten, dat UWV tenminste drie verschillende functies vindt, die geschikt zijn te achten voor de werknemer (zie art. 9 aanhef en onder a van het Schattingsbesluit Arbeidsongeschiktheidswetten, Stb. 2000 nr. 307).

De vraag doet zich dan voor of bij een ZW-toets tijdens de WW-uitkering alle aan de (her)beoordeling WAO ten grondslag gelegde functies geschikt moeten zijn voor de werknemer.

Medio 1998 heeft de CRvB in een aantal niet gepubliceerde uitspraken aangegeven, dat een werknemer niet arbeidsongeschikt was in de zin van de ZW, indien hij nog in staat was om het merendeel van de geduide functies te verrichten. De CRvB hield derhalve niet stringent vast aan de eisen

gesteld in het Schattingsbesluit Arbeidsongeschikt-heidswetten 2000. Het merendeel impliceerde evenwel tenminste 2 van de 3 geduide functies. In USZ 2003 nr. 121 gaat de CRvB nog een stap verder en oordeelt, dat ieder der geduide functies een hersteld verklaring ingevolge de ZW kan dragen. Deze uitspraak is bepaald ongunstig voor een uitkeringsgerechtigde echter er is nog wel enige hoop, zij het met een wachttijd.
Indien er slechts één geduide functie resteert die de werknemer nog kan verrichten dan is het de overweging waard om een nieuwe WAO-claim te leggen en afhankelijk van de ziekteoorzaak de keuze te maken tussen een 'klassieke' herziening of een AMBER-claim met een wachttijd van 4 weken (zie hiervoor hoofdstuk 3, paragraaf 8).
De hiervoor beschreven problematiek bij de vaststelling van het begrip zijn arbeid bij ex-WAO'ers en gedeeltelijk arbeidsongeschikten in de zin van de WAO blijft ook onder de werkingssfeer van de wet WIA bestaan, met uitzondering van volledig en duurzaam arbeidsongeschikten en gedeeltelijk arbeidsgeschikten in de zin van de wet WIA. Deze categorie uitkeringsgerechtigden wordt op grond van art. 21 jo. art. 8a ZW niet als verzekerde beschouwd.

2.2.4 Enige formele aspecten

Een hersteld verklaring in de zin van de ZW wordt namens UWV afgegeven door de verzekeringsarts. Deze functionaris is uiteraard gebonden aan de bepalingen in de AWB, daarnaast is hij gebonden aan allerlei beleidsregels. De verzekeringsarts is bij zijn eigen medisch oordeel onder andere gebonden aan het MAOC en de VA-standaard communicatie met behandelaars. In deze standaard is onder meer het uitgangspunt neergelegd, dat een verzekeringsarts mag uitgaan van zijn eigen bevindingen en oordeel en onder welke omstandigheden de verzekeringsarts informatie dient in te winnen bij de curatieve sector.
Het inwinnen van informatie bij de curatieve sector betekent overigens niet dat de verzekeringsarts gebonden is aan deze informatie, hij of zij kan deze informatie gemotiveerd weerleggen. De verzekeringsarts kan zelfs afzien van het inwinnen van informatie, bijv. ingeval van gedateerde informatie. Ook in deze situatie dient de verzekeringsarts een motivering te geven waarom hij of zij geen informatie heeft ingewonnen.

De CRvB onderschrijft de uitgangspunten van de Standaard en waakt er uiteraard over, dat het medisch oordeel in overeenstemming is met de AWB (bijv. art. 3:2 AWB).

Afzonderlijke vermelding verdient nog de situatie, dat UWV overgaat tot het inwinnen van informatie tijdens de bezwaarschriftprocedure ten einde deze onvolkomenheid in de primaire besluitvorming te herstellen. Het inwinnen van medische informatie is soms een tijdrovende bezigheid. De beslistermijn in bezwaar bij een enkelvoudige ZW-zaak, een hersteld verklaring dus, bedraagt evenwel slechts 4 weken, waardoor UWV in de verleiding kan komen om hangende het verzoek tot informatie toch een beslissing op bezwaar af te geven ten einde aldus een tijdige beslissing op bezwaar af te geven.

De CRvB heeft deze handelwijze in RSV 97 nr. 126 verworpen met een beroep op het motiveringsbeginsel neergelegd in art. 3:46 van de AWB. De CRvB ging zelfs zover, dat dit gebrek in beroep niet meer valt te herstellen ook al vormde de inmiddels verkregen informatie van de behandelend sector een bevestiging van het standpunt zoals neergelegd in de beslissing op bezwaar. Slot van het liedje was dat UWV werd veroordeeld in de kosten van de procedure en een nieuwe beslissing op bezwaar moest afgeven.

2.2.5 Specifieke ziekteoorzaken en de CRvB

De vaststelling van een medische diagnose is in feite irrelevant voor de beantwoording van de vraag of een werknemer arbeidsongeschikt is in de zin van de ZW. Het gaat er om of vanwege de beperkingen tot het verrichten van arbeid een werknemer niet of slechts gedeeltelijk in staat is zijn of haar eigen werk te verrichten. De beperkingen tot het verrichten van arbeid dienen wel medisch van aard te zijn. De link naar de medische aard van de beperkingen tot het verrichten van arbeid brengt in de praktijk vaak mee, dat via deze weg de diagnose van een medicus de hoofdrol gaat spelen in een arbeidsongeschiktheidsbeoordeling. De rechtspraktijk in arbeidsongeschiktheidszaken gaat hierin mee. In dit verband kan gewezen worden op vele kopjes en zelfs annotaties bij uitspraken van de CRvB met het onderwerp ziekte of gebrek.

Aansluitend bij deze niet te vermijden praktijk worden een aantal specifieke oorzaken van ziek zijn behandeld aan de hand van de jurisprudentie van de CRvB.

Op deze wijze wagen wij een poging om het begrip *ongeschiktheid tengevolge van ziekte of gebrek* duidelijk te maken, waarbij telkenmale bedacht moet worden dat het in wezen gaat om de beperkingen tot het verrichten van arbeid die een werknemer ondervindt tengevolge van het ziek zijn. De oorzaak van het ziek zijn (lees de diagnose) is niet doorslaggevend. Dat laatste is maar goed ook, daar de oorzaak van veel ziektes (nog) niet bekend is. Een praktisch voorbeeld om dit te verduidelijken.

Een werknemer staakt zijn werkzaamheden door de bank genomen vanwege klachten, op grond waarvan hij meent niet te kunnen werken. Vervolgens is het aan de verzekeringsarts om te bepalen of deze klachten in voldoende mate verband houden met ziekte of gebrek en zoja of deze klachten zodanige beperkingen met zich meebrengen dat een werknemer deswege zijn arbeid niet kan verrichten. Stelt de verzekeringsarts vast, dat de werknemer lijdt aan diabetes dan is dat wellicht verhelderend voor de werknemer in kwestie. Deze vaststelling brengt niet in een automatisme mee, dat deswege sprake is van ongeschiktheid tot het verrichten van arbeid.

De hieronder aangehaalde uitspraken van de CRvB aangaande het begrip ziekte of gebrek spelen zowel in het kader van de ZW als in het kader van de WAO. Een wezenlijk verschil is er met betrekking tot de medische component niet, daar beide wetten (evenals de WAZ en de Wajong) een vrijwel identieke formulering kennen voor het begrip arbeidsongeschiktheid. Anders dan de WAO, WAZ en Wajong is het bij een ZW-beoordeling een alles of niets kwestie namelijk wel of niet geschikt voor het verrichten van zijn arbeid. Er is met andere woorden bij een ZW-beoordeling geen tussenweg.

Specifieke ziekteoorzaken
• Pijnklachten en meer pijnklachten.
• Karakterstructuur/karakterneurose.
• Myalgische encephalomyelitis.
• Fibromyalgie.
• Whiplash.
• RSI.

Pijnklachten en meer pijnklachten

Pijn en de beleving daarvan is sterk subjectief en het zal per individu verschillen of een werknemer deswege zijn of haar werkzaamheden staakt.

Deze sterke subjectieve en individuele inkleuring van pijn maakt het in juridische zin niet eenvoudig om deswege arbeidsongeschikt te zijn in de zin van de ZW,WAO,WAZ of Wajong.

Zoals eerder aangegeven hanteert de CRvB vanaf 1974 de formule 'arbeidsongeschikt is hij of zij die op medische gronden naar *objectieve maatstaven* gemeten de in aanmerking komende arbeid niet kan of mag verrichten'.

Het heeft lang geduurd eer de CRvB klip en klaar het idee accepteerde, dat zonder objectief medisch substraat voor de pijnklachten een werknemer arbeidsongeschikt kan zijn in de zin van de wet.

In RSV 1986 nr. 201 was het zover, waarbij de CRvB (kort weergegeven) de terminologie hanteert, dat in casu sprake was van een ernstige tot zeer ernstige pijnstoornis of pijnsyndroom. Hiermee was het eerste schaap over de dam, echter anders dan het spreekwoord veronderstelt er volgden er niet veel.

Probleem in dit soort zaken bleef en blijft, dat geprocedeerd dient te worden tot en met de CRvB, daar het huidige UWV net zoals zijn rechtsvoorgangers pijnklachten en deswege volledige arbeidsongeschiktheid niet snel accepteert.

Na 1986 is er nog één zuivere pijnklachten-zaak in RSV 1995 nr. 129 gepubliceerd, waarbij deze klachten eveneens werden gehonoreerd door de CRvB. De werknemer in kwestie had zich exploratief laten opereren ten einde te achterhalen waar de pijnklachten vandaan kwamen, echter zonder resultaat. De handelwijze van de werknemer overtuigde de CRvB van het realiteitsgehalte van zijn pijnbeleving.

Samenvattend kan gesteld worden, dat de CRvB in exceptionele gevallen de objectiveerbaarheid van de klachten laat voor wat het is. Een dergelijke zaak tot een goed einde brengen is voor beide partijen moeizaam en meestal langdurig.

Karakterstructuur/karakterneurose

Een bepaald karakter heeft een ieder en dat levert op zichzelf geen ziekte of gebrek op. Immers een ieder heeft in meer of mindere mate een bepaalde gebruiksaanwijzing in de omgang, tot zover dus niets bijzonders. Anders wordt het indien een werknemer geen of onvoldoende vat heeft op zijn karakter eigenschappen en de situatie ontaard in een karakterneurose of een ernstige persoonlijkheidsstoornis. Mocht sprake zijn van laatstgenoemde situaties, dan schiet de jurisprudentie van de CRvB de werknemer sedert 1983 te hulp. In RSV 1999 nr. 6 herhaalt de CRvB het standpunt, dat een (ernstige) persoonlijkheidsstoornis 'gewoon' is op te vatten als een ziekte of gebrek, dit in tegenstelling tot de procesgemachtigde van UWV. In USZ 2005 nr. 144 wordt het standpunt van UWV dat een aanpassingstoornis vanwege een onderliggende persoonlijkheidsstoornis niet is terug te voeren op een ziekte of gebrek gelet op de uitspraak in RSV 1999 nr. 6 uiteraard verworpen.

Myalgische encephalomyelitis of het chronisch vermoeidheidssyndroom (ME of CVS)
Tot op heden is de diagnose ME en de daaruit voortvloeiende beperkingen tot het verrichten van arbeid omstreden in de medische wereld en met name de verzekeringsartsen zijn zeer terughoudend om beperkingen tot het verrichten van arbeid aan te nemen op grond van ME-gerelateerde klachten.
De verzekeringsartsen werden daarbij lange tijd gesteund door de CRvB, die op een enkele uitzondering na tot eind 2000 vrijwel systematisch een beroep op dit ziektebeeld afwees als fundering voor beperkingen tot het verrichten van arbeid. Hierbij werd vrijwel altijd de claim van een werknemer afgewezen op grond van het feit, dat de klachten onvoldoende objectiveerbaar waren.
Wat opvalt in ME-gerelateerde zaken is, dat het dossier dikwijls goed gevuld is met rapportages van medisch deskundigen, die op hun specifieke vakgebied geen aanwijsbare oorzaak kunnen vinden voor het klachtenpatroon van de patiënt. In feite ontstaat er op die manier weliswaar een objectieve maar voor de werknemer negatieve diagnose, die de betrokken werknemer niet veel verder helpt eerder het tegendeel.

De jurisprudentie van de CRvB met betrekking tot deze ziekteoorzaak heeft veel stof doen opwaaien en dito pennen cq. toetsenborden in beweging gezet, van zowel annotatoren als de Steungroep ME en Arbeidsongeschiktheid op haar website. De patiënten-vereniging ME is zeer actief, hetgeen volgens flauwe grappenmakers haaks staat op het ziektebeeld hetgeen zij beschrijven.

Het juridisch gevecht begint in RSV 1996 nr. 161, waarin de CRvB een overigens bedekte ME-claim honoreert. Het ziektebeeld ME werd in deze zaak omgebogen naar de psychiatrie, te weten een ernstige pijnstoornis of pijnsyndroom, waardoor de link met RSV 86 nr. 201 snel was gelegd. In RSV 1998 nr. 46 volgt een tweede uitspraak van de CRvB op dit punt, echter met een negatief resultaat voor de werknemer. De CRvB was in deze zaak van oordeel, dat objectiveerbare beperkingen ontbraken en dat er geen toereikende verklaring was gevonden voor de extreme vermoeidheid van de werknemer. En passant achtte de CRvB zich niet gebonden aan het MAOC, daar de datum waar het in deze zaak om ging ruim voor de inwerkingtreding van deze richtlijn lag.

Deze uitspraak (in samenhang met RSV 1998 nr. 47) leidde tot vragen in de Tweede Kamer, daar de nieuwsrubriek NOVA uitgebreid aandacht had besteed aan deze zaken. Eén van de betrokken werknemers zat inmiddels in een rolstoel en nota bene het hoogste rechtscollege in SV-zaken had geoordeeld, dat geen sprake was van arbeidsongeschiktheid. Gemakshalve ging het journaille eraan voorbij, dat een actuele gezondheidstoestand niet zoveel te maken hoeft te hebben met de datum in geschil, welke datum gelet op de gemiddelde behandelingsduur van bezwaar, beroep en hoger beroep soms in een ver verleden ligt.

Gevolg van alle opwinding was, dat het Lisv de richtlijn ME uitvaardigde, welke richtlijn de toenmalige uitvoerders nogmaals attendeerde op het bestaan van het MAOC en dat deze richtlijn ook nageleefd diende te worden.

In RSV 1999 nr. 7 (met noot mr. M.J.P.M. Kieviet) schoof de CRvB de unanieme betogen van 2 medisch deskundigen terzijde, vanwege de niet-objectiveerbaarheid van de ME gerelateerde klachten. De twee deskundigen hadden hun conclusies vrijwel uitsluitend gebaseerd op de door betrokkene verwoorde klachten. Een bijzondere omstandigheid zoals in RSV 1996 nr. 161 werd evenmin aanwezig geacht eveneens vanwege het gebrek aan objectiveerbaarheid van de klachten.

Na RSV 1999 nr. 7 is het bijna twee jaar vrij rustig op het ME-front. Slechts twee 'ME-uitspraken' zien in 1999 het licht in RSV 1999 nrs. 74 en 86.

Het duurt tot augustus 2000 voordat de SV-wereld weer wordt 'opgeschrikt' door een aantal uitspraken van de CRvB met een duidelijke ME-component.

De opwinding was zelfs zo groot, dat het dagblad Trouw op haar voorpagina melding maakt van een mogelijke miljardenclaim van ME-patiënten richting de uitvoerders.

De Steungroep ME en Arbeidsongeschiktheid meent dat de CRvB helemaal om is en dat de diagnose ME automatisch leidt tot een arbeidsongeschiktheidsuitkering.

Alle commotie noopt de CRvB tot het uitbrengen van een persbericht op 6 oktober 2000, waarin op niet mis te verstane wijze wordt uiteengezet wat de richting is van de CRvB in zaken waarin een niet opgehelderde ziekteoorzaak speelt.

De kern van het bericht van de CRvB is, dat het geven van een naam aan het 'ziektebeestje' niet doorslaggevend is net zomin als de aangegeven klachten van een betrokkene dat zijn voor het aannemen van arbeidsongeschiktheid. Voldoende is, dat een werknemer naar objectieve maatstaf op grond van ziekte of gebrek beperkingen heeft, die aan het verrichten van arbeid in de weg staan.

In feite stelt de CRvB in haar persbericht, dat er, ondanks alle commotie, wat haar betreft niets nieuws onder de zon is.

Wat was er wel nieuw aan de uitspraken van de CRvB in o.a. USZ 2000 nrs. 234 en 275.

Nieuw was, dat de CRvB in arbeidsongeschiktheidszaken met een datum in geschil op en na 1 maart 1997 de beoordeling van een verzekeringsarts toetst aan het MAOC en dat de in het MAOC verwoorde uitgangspunten bij een medische beoordeling niet in strijd zijn met art. 18 WAO, art. 3:2 AWB noch met enige andere geschreven of ongeschreven rechtsregel.

De datum 1 maart 1997 is de datum met ingang waarvan het Lisv de door het TICA uitgevaardigde richtlijn MAOC heeft overgenomen in het kader van haar taakstelling op grond van de Organistatiewet Sociale Verzekeringen, de voorganger van SUWI. Anders dan het TICA had het Lisv wel regelgevende taken toegedeeld gekregen van de wetgever, waardoor de CRvB kon oordelen dat de uitvoerders gebonden waren aan de richtlijnen van het Lisv.

Tevens herhaalt de CRvB in haar uitspraak USZ 2000 nr. 234 nog eens haar uitgangspunten te weten:

- Er kan slechts sprake zijn van arbeidsongeschiktheid, indien een verzekerde op medische gronden naar objectieve maatstaven gemeten de in aanmerking komende arbeid niet kan of mag verrichten.
- In bijzondere gevallen mag hiervan worden afgeweken, indien niet (geheel) duidelijk is aan welke ziekte of aan welk gebrek het onvermogen om arbeid te verrichten valt toe te schrijven.
- Een (minimum) eis voor zo'n bijzonder geval is wel, dat bij de (onafhankelijk) medisch deskundigen een vrijwel éénduidige, consistente en naar behoren medisch gemotiveerde en verantwoorde opvatting bestaat, dat een verzekerde als gevolg van ziekte of gebrek niet in staat is om de in aanmerking komende arbeid te verrichten.

In USZ 2000 nr. 234 liep de nietsvermoedende verzekeringsarts tegen de lamp vanwege zijn standpunt 'ME is geen ziekte of gebrek' en dus speelt ME geen rol bij de vaststelling van beperkingen tot het verrichten van arbeid zonder enige toetsing aan het MAOC en met name paragraaf 4.6 van deze richtlijn.

Dat verzekeringsartsen ook volgens de regels kunnen werken blijkt o.a. uit de uitspraken gepubliceerd in USZ 2000 nr. 235, 2002 nr. 278 en RSV 2004 nr. 4.

In laatstgenoemde uitspraak wordt nog eens duidelijk naar voren gebracht, dat het MAOC getoetst dient te worden door de verzekeringsarts maar dat dit nog niet meebrengt, dat de eis van de objectiveerbaarheid van de klachten is verlaten.

Toetst een verzekeringsarts helemaal niet aan het MAOC dan krijgt hij de klappen waarom hij vraagt, zoals eerder bleek uit USZ 2000 nr. 234 en nadien uit RSV 2004 nr. 3.

Samenvattend kan met betrekking tot ME-gerelateerde zaken gesteld worden, dat het voeren van een ME-zaak ook na de uitspraken in 2000 van de CRvB een heikele onderneming blijft. De vermoeidheidsklachten van de werknemer zijn vrijwel per definitie subjectief van aard en deze klachten moeten op grond van de jurisprudentie van de CRvB op de een of andere manier geobjectiveerd worden.

Na de uitspraken in 2000 is wel duidelijk, dat UWV bij zijn beoordeling een toetsing moet verrichten aan de hand van het MAOC en dat aan de hand van die bevindingen bepaald wordt in hoeverre de klachten van een werknemer aannemelijk zijn. De werkwijze van een verzekeringsarts is hierdoor een stuk inzichtelijker geworden.

Is de verzekeringsarts niet overtuigd van het realiteitsgehalte van de klachten van de werknemer, dan komt in een procedure als vanzelf de vraag van de aannemelijkheid van de klachten naar voren.

Tenslotte kan nog worden vermeld, dat voor het aannemen van een bijzonder geval in de zin van de jurisprudentie van de CRvB niet is vereist, dat de ingeschakelde deskundigen éénduidig zijn over de beantwoording van de vraag aan welke ziekte of aan welk gebrek het onvermogen om arbeid te verrichten is toe te schrijven. Dit zou overigens een vrijwel onmogelijke eis zijn, daar de medisch deskundigen nu juist niet weten waaraan het onvermogen in een bijzonder geval is toe te schrijven (zie RSV 2001 nr. 115).

Fibromyalgie

Bij fibromyalgie is door de bank genomen sprake van soms ernstige pijnklachten van reumatische aard, echter er zijn in tegenstelling tot reuma geen afwijkingen te constateren door middel van röntgen apparatuur. Mede hierdoor staat een verzekerde vaak met lege handen en is hij aangewezen op de rechtspraak van de CRvB zoals weergegeven onder het kopje pijnklachten en meer pijnklachten.

Enige hoop is er ondertussen wel, daar de jurisprudentie met als onderwerp fibromyalgie dateert van voor 2000 (de ME-jurisprudentie). Ook in fibromyalgie-zaken ergo pijnklachten zonder duidelijke oorzaak, komt het ons voor dat UWV gebonden is aan de werking van het MAOC. Immers het MAOC paragraaf 4.6 is niet beperkt tot een bepaald ziektebeeld, maar geschreven voor moeilijk objectiveerbare aandoeningen in het algemeen.

Whiplash

Het zal gezien het voorgaande geen verbazing wekken, dat de diagnose whiplash niet automatisch leidt tot het aannemen van arbeidsongeschiktheid. In RSV 1995 nr. 2 en 1998 nr. 47 is dit expliciet uitgesproken door de CRvB.

In tegenstelling tot de verzekerde met de diagnose ME of fibromyalgie wordt in de uitvoeringspraktijk sneller rekening gehouden met whiplash-gerelateerde klachten, zoals beperkingen aan de nek, rug en schouder.

71

RSI

Zonder al te veel woorden vuil te maken aan de diagnose RSI veegt de CRvB in USZ 2001 nr. 222 de vloer aan met het standpunt van UWV, dat in casu geen sprake meer zou zijn van beperkingen tot het verrichten van arbeid, wegens onduidelijke pijnklachten.

Voornoemd standpunt stond haaks op een eerder ingenomen standpunt van de uitvoerder en diverse rapportages vanuit de behandelende sector. Opvallend aan deze uitspraak is, dat de CRvB in deze zaak doorslaggevende betekenis hecht aan medische rapportages, ingebracht door de verzekerde zelf, hetgeen tamelijk zeldzaam is.

SAMENVATTING

Het veld van de diagnoses overziend (wij hebben de meest in het oog springende uitspraken als voorbeeld genomen), kan geen andere conclusie getrokken worden dan dat de jurisprudentie van de CRvB op het punt van ziekte of gebrek ontwikkeld vanaf 1974 in feite nog steeds fier overeind staat, ondanks enige stormen in het spreekwoordelijke glas water en een aantal verfijningen van de CRvB met betrekking tot het aannemen van een bijzonder geval.

Voor rechtshulpverleners is er sedert de ME-uitspraken van eind 2000 een hulpmiddel bijgekomen, te weten het MAOC waaraan verzekeringsartsen van UWV gebonden zijn bij hun medische beoordeling. Een medische rapportage van een verzekeringsarts waarbij sprake is van een moeilijk objectiveerbare aandoening zal op grond van het MAOC in ieder geval inzichtelijk moeten maken welke keuzes de verzekeringsarts heeft gemaakt en op grond waarvan.

Vanaf 26 juli 2000 is het MAOC als toetsingsinstrument wettelijk verankerd in het Schattingsbesluit 2000 (Stb. 2000 nr. 307), waardoor deze richtlijn een wettelijke status heeft verkregen in WAO- en vanaf 29 december 2005 WIA-zaken.

Een waarschuwing voor rechtshulp verleners is hier evenzeer op zijn plaats. Stel u nooit op het standpunt ' mijn cliënt heeft ... en is dus arbeidsongeschikt'. Velen voor u hebben dit al geprobeerd en deze soms principiële houding heeft vaak tot desastreuze resultaten geleid. Het gaat niet om de diagnose (is gemakkelijk meer niet) maar om het onvermogen tot werken, dat is terug te voeren op een ziekte of gebrek, hetgeen naar objectief medische maatstaven moet worden vastgesteld.

Zoals hiervoor met vele voorbeelden uit de jurisprudentie is aangegeven schuilt met name in de objectiveerbaarheid van de aandoening het gevaar.

2.3   Recht op ziekengeld en de vangnetters

Wordt een verzekerde ingevolge de ZW arbeidsongeschikt bevonden, dan doet zich vervolgens de vraag voor of hij of zij recht heeft op verstrekking van ziekengeld. Sedert de invoering van WULBZ is het aantal uitkeringsgerechtigden op grond van de ZW sterk beperkt.

Art. 29 lid 1 en onderdeel a ZW brengt het uitgangspunt van WULBZ tot uitdrukking door degenen met een doorlopend dienstverband tijdens ziekte en deswege in principe een recht op loondoorbetaling ex art. 7:629 BW uit te sluiten van het recht op uitkering van ziekengeld. In art. 29 lid 1 onderdeel b ZW worden kort door de bocht alle ambtenaren van het recht op uitkering van ziekengeld uitgesloten, daar zij tijdens ziekte recht hebben op bezoldiging.

Orgaandonoren, vrouwen met zwangerschaps- en bevallingsklachten en arbeidsgehandicapten kunnen het recht op ziekengeld wel effectueren, ondanks het feit dat de arbeidsovereenkomst doorloopt tijdens ziekte. De wetgever heeft bij de invoering van WULBZ aangegeven het ongewenst te achten, dat werkgevers de rekening gepresenteerd krijgen ingeval van arbeidsongeschiktheid wegens orgaandonatie of zwangerschap en bevalling. Voor arbeidsgehandicapten luidt de wetgevende overweging, dat de loondoorbetalingsverplichting van de werkgever op grond van art. 7: 629 BW een doeltreffende reïntegratie van arbeidsgehandicapten in de weg kan staan.

In *het tweede lid van art. 29 ZW* worden limitatief de verzekerden genoemd die wel in aanmerking kunnen komen voor ziekengeld, de zogenaamde *vangnetters*.

Het gaat hier om de volgende categorieën verzekerden.
* *de fictieve dienstbetrekkingen* van art. 4 en 5 van de ZW vanaf de derde dag van arbeidsongeschiktheid. Met fictieve dienstbetrekkingen worden arbeidsverhoudingen bedoeld, die naar hun aard niet als dienstbetrek-

73

king worden beschouwd op grond van het BW, waardoor er geen recht op loondoorbetaling bij ziekte ontstaat op grond van art. 7:629 BW. De scheidslijn tussen een echte dienstbetrekking en een fictieve dienstbetrekking is overigens niet altijd eenvoudig te trekken. De artikelen 4 en 5 van de ZW lossen dit probleem op door voor de aldaar genoemde categorieën verzekerden ziekengeld zeker te stellen.

- de verzekerden die hun aanspraak op ziekengeld ontlenen aan *de nawerking van de ZW-verzekering (zie art. 46 ZW)*. Komt er een einde aan de dienstbetrekking dan is de werknemer niet langer verzekerd op grond van de ZW. In art. 46 van de ZW worden de voorwaarden benoemd waaronder een ex-verzekerde nog enige tijd verzekerd blijft voor de ZW. Wordt de ex-verzekerde in de periode van de nawerking van de ZW-verzekering arbeidsongeschikt dan heeft hij alsnog recht op ziekengeld en wel vanaf de derde dag van arbeidsongeschiktheid.

- degenen van wie *de dienstbetrekking eindigt* binnen de wachttijd van 104 weken vanaf de eerste dag nadat de dienstbetrekking is geëindigd, echter niet eerder dan de derde dag van arbeidsongeschiktheid. Met betrekking tot deze categorie uitkeringsgerechtigden verdient vermelding, dat de werknemers werkzaam op een arbeidsovereenkomst voor bepaalde tijd en werknemers werkzaam op een arbeidsovereenkomst voor onbepaalde tijd geen (voortijdig) einde moeten maken aan hun arbeidsovereenkomst. Doen zij dat toch dan lopen zij een gerede kans op weigering van ziekengeld daar zij door deze handeling UWV kunnen benadelen. De benadeling bestaat eruit, dat UWV ziekengeld moet betalen daar de werknemer (vroegtijdig) afstand doet van zijn recht op loondoorbetaling op grond van art. 7:629 BW. De benadelingshandeling op grond van de ZW wordt in paragraaf 8 van dit hoofdstuk behandeld.

- de *zieke werkloze* vanaf de eerste dag van arbeidsongeschiktheid.

- de *orgaandonor* vanaf de eerste dag van arbeidsongeschiktheid.

- de vrouwelijke verzekerde i.v.m. *zwangerschaps- of bevallingsgerelateerde* arbeidsongeschiktheid vanaf de eerste dag van die arbeidsongeschiktheid.

- de *werknemer* bedoeld in art. 29b ZW.

Na de invoering van WULBZ bestond de vrees, dat werkgevers en werknemers en masse bezwaar en beroepszaken zouden gaan voeren ten einde te bewerkstelligen dat alsnog een recht op ziekengeld werd geopend in plaats

74

van recht op loondoorbetaling op grond van het BW. In de praktijk is dit erg meegevallen en zijn de (gepubliceerde) uitspraken van de CRvB met als kenmerk WULBZ/ZW op de vingers van 2 handen te tellen. Vermeldenswaard zijn in dit verband de volgende uitspraken met een korte verwijzing naar het punt van geschil.

USZ 2002 nr. 74 – insolventie werkgever en deswege niet kunnen effectueren van het recht op loondoorbetaling opent geen recht op arbeidsongeschiktheidsuitkering, in dit geval een WAO-uitkering. De loondoorbetalingsverplichting van de werkgever was verlengd in verband met een te late aangifte van arbeidsongeschiktheid op grond van art. 38 ZW. In deze situatie komt de WAO-uitkering niet tot uitbetaling op grond van art. 43d van de WAO.

USZ 2002 nr. 314 – uitzendkrachten en het fasesysteem. De werknemer ingedeeld in fase 3 valt onder de werkingssfeer van art. 7:629 BW. Nietbetalen werkgever is een civielrechtelijke kwestie en kan niet lijden tot een recht op ziekengeld. Voor de duidelijkheid merken wij hier op, dat vrijwel alle uitzendbureau's werken met het zogenaamde fasesysteem om te bepalen of een werknemer bij ziekte al dan niet in dienst blijft van het uitzendbureau. De indeling in een bepaalde fase is onder meer afhankelijk van het aantal gewerkte uren voor een uitzendbureau.

USZ 2003 nrs. 118 en 119 – uitbreiding werkzaamheden ondergebracht in een 2e tijdelijk dienstverband en art. 29 lid 2 onderdeel c ZW. Geen 2e dienstbetrekking aanwezig, indien werkzaamheden in extra uren niet wezenlijk verschillen van het werk in de contractuele uren voor onbepaalde tijd. Geen ziekengeld maar recht op loondoorbetaling op grond van art. 7:629 BW.

USZ 2003 nr. 120 – ingeval van onbetaald verlof loopt de dienstbetrekking gewoon door. Ziekengeld op grond van art 29 lid 2 onder c ZW komt niet aan de orde.

USZ 2004 nr. 153 – de facto niet betalen van loon tijdens ziekte door werkgever betekent niet dat deswege arbeidsovereenkomst is beëindigd.

USZ 2004 nr. 292 – voorovereenkomst. Indien de werking van art. 7:668a BW niet wordt uitgesloten, ontstaat bij de 4e oproep een arbeidsovereenkomst voor onbepaalde tijd. Geen recht op ziekengeld maar recht op loondoorbetaling o.g.v. art. 7:629 BW.

USZ 2004 nr. 325 – oproepovereenkomst blijkt bij nader inzien een arbeidsovereenkomst voor onbepaalde tijd te zijn, dus staat art. 7:629 BW aan verstrekking van ziekengeld in de weg.
USZ 2005 nr. 166 – Hervat een arbeidsongeschikte werknemer zijn werkzaamheden niet geheel of staakt hij zijn werkzaamheden binnen 4 weken,
dan loopt de wachttijd van art. 7:629 BW door. UWV had zich in casu ten
onrechte op het standpunt gesteld, dat de wachttijd van art. 7:629 BW nog
niet was verstreken.
USZ 2005 nr. 167 – Arbeidsovereenkomst met uitgestelde prestatieplicht en
ten minste 3 maal stilzwijgende verlengingen van deze overeenkomst. Op
grond van o.a. art. 7:668a BW ontstaat een arbeidsovereenkomst voor onbepaalde tijd en een loondoorbetalingsverplichting bij ziekte voor de werkgever. In verband met het verbod van reformatio in peius (art. 8:69 AWB) laat
CRvB de rechtsgevolgen van het onjuiste ZW-besluit van UWV in stand.

Gezien de hoeveelheid uitspraken van de CRvB op art. 29 lid 1 ZW is er
sedert 1 maart 1996 niet uitbundig geprocedeerd door werkgevers en werknemers over de vraag of er recht op ziekengeld bestaat danwel recht op loondoorbetaling ingevolge art. 7:629 BW. De CRvB tast primair de arbeidsrechtelijke verhouding van partijen af op de voor haar kenmerkende wijze.
Niet slechts formeel maar ook een feitelijk onderzoek naar de onderliggende (rechts)verhoudingen van partijen maakt deel uit van het onderzoek door
de CRvB.

Het huidige 5e lid van art. 29 ZW regelt, dat terzake van arbeidsongeschiktheid slechts éénmaal 104 weken ziekengeld kan worden verstrekt. Perioden
van arbeidsongeschiktheid, die elkaar opvolgen binnen een periode van 4
weken mogen bij elkaar worden geteld, waarbij een langere onderbreking
van de 4 weken periode wegens zwangerschaps- of bevallingsverlof op
grond van art. 3:1 lid 2 en 3 WAZO niet meetelt. Ook in art. 29 lid 5 ZW is
de samentellingsregeling met ingang van 1 september 2005 gewijzigd. Net
zoals in art. 7:629 lid 10 BW blijft de 4 weken regeling bestaan, echter
indien sprake is van een onderbreking vanwege zwangerschaps- en bevallingsverlof dan vindt geen samentelling meer plaats, indien de arbeidsongeschiktheid direct voorafgaand aan en aansluitend aan het zwangerschaps- en
bevallingsverlof redelijkerwijs niet geacht kan worden voort te vloeien uit
dezelfde oorzaak.

Art. 29 lid 5 ZW leverde voorafgaand aan WULBZ in de praktijk nog wel eens problemen op, indien er na de maximale uitkeringstermijn ZW werd hervat in hetzelfde of ander werk, waarbij het andere werk qua belastende factoren nagenoeg identiek was aan het oude werk. Indien vervolgens wederom arbeidsongeschiktheid ontstaat moet de vraag beantwoord worden of een nieuw recht op ziekengeld is ontstaan.

Is sprake van hervatting van de oude werkzaamheden dan ligt de zaak simpel, geen recht op ziekengeld ten tweede male. Hierbij moet wel de kanttekening worden gemaakt, dat in zo'n geval sprake moet zijn van doorlopende arbeidsongeschiktheid voor het oude werk.
Hervat een werknemer in ander werk, welk werk qua belastende factoren nagenoeg gelijk is aan het oude werk, dan ligt de zaak gecompliceerder, daar de CRvB in RSV 1994 nr. 224 de eis stelt, dat in zo'n situatie tevens sprake moet zijn van uitval vanwege dezelfde ziekteoorzaak waarvoor eerder 104 weken ziekengeld is genoten.
Na 1 maart 1996 is het aantal zaken aangaande dit onderwerp sterk afgenomen, hetgeen waarschijnlijk wordt veroorzaakt door het feit, dat UWV sedertdien een beperkt aantal uitkeringsgerechtigden ZW tot haar klantenkring mag rekenen, die gelet op de aard van hun dienstverband ook nog vaak wisselen van werkzaamheden.

UWV heeft op 22 juni 2004 beleidsregels met betrekking tot de toepassing van art. 29 lid 5 ZW opgesteld.
Op grond van deze beleidsregels vindt weigering van ziekengeld op grond van art. 29 lid 5 ZW uitsluitend plaats, indien door de werknemer hervat wordt in *dezelfde arbeid* waarvoor hij eerder 52 danwel 104 weken ongeschikt is geweest, *doorlopend arbeidsongeschikt* is gebleven voor deze arbeid *en* zijn werkzaamheden staakt vanwege *dezelfde ziekteoorzaak* terzake waarvan hij eerder ongeschikt is geweest.
Onder dezelfde arbeid wordt door UWV het volgende verstaan:
De arbeid in de oorspronkelijke omvang, verricht bij dezelfde werkgever en waarvoor hij eerder gedurende 52 of 104 weken ziek is geweest.
Gedeeltelijke werkhervatting bij dezelfde of een andere werkgever in het oude werk leidt in principe tot verstrekking van ziekengeld, tenzij de werknemer van aanvang af ongeschikt is gebleven voor dit werk en hij dit ook had kunnen of moeten weten.

De beleidsregels met betrekking tot art. 29 lid 5 ZW zijn inwerking getreden met ingang van 1 juni 2004.
De beleidsregels van UWV ten aanzien van de toepassing van art. 29 lid 5 ZW bieden voor een hervattende werknemer meer mogelijkheden dan het arrest van het Hof 's-Hertogenbosch gepubliceerd in JAR 2004 nr. 274 in het kader van art. 7: 629 lid 10 BW, zoals besproken in hoofdstuk I, paragraaf 2.
De overige leden van art. 29 ZW spreken voor zich en leiden in de praktijk niet tot problemen.

2.4 Zwangerschaps- en bevallingsuitkering

2.4.1 Inleiding

Het recht op ziekengeld tengevolge van zwangerschap en bevalling is geregeld in art. 29a ZW. Het recht op uitkering in verband met het zwangerschaps- en bevallingsverlof gedurende 16 weken is geregeld in hoofdstuk III van de WAZO.
Zoals eerder aangegeven is het recht op ziekengeld vanwege zwangerschap en bevalling in de ZW gehandhaafd, dit ondanks het feit dat in principe recht bestaat op loondoorbetaling ingevolge art. 7:629 BW.
De wetgever wilde hiermee voorkomen, dat werkgevers opdraaien voor de kosten van ziekte in verband met deze ziekteoorzaak. Zonder de regeling in art. 29a ZW is het bepaald niet denkbeeldig, dat de arbeidsparticipatie van met name jonge vrouwen wordt belemmerd, hetgeen door de wetgever onwenselijk werd geacht.

2.4.2 Tekst en jurisprudentie

Art. 29a lid 1 ZW bestrijkt de periode voorafgaand aan het zwangerschaps-verlof en art. 29a lid 4 ZW opent een recht op ziekengeld voor de periode na het einde van het bevallingsverlof van hoofdstuk III WAZO.
Op een tijdlijn ziet de regeling van art. 29a ZW er als volgt uit:

A	B	C	D	10 of 12 weken	E
x	x......x		x		x
aanvang	6 of 4		vermoedelijke		einde
zwangerschap	weken		bevallingsdatum		bevallingsverlof

Vanaf punt A tot punt B is art. 29a lid 1 ZW van toepassing.
Vanaf punt B of C (afhankelijk van de keuze van de werkneemster) tot punt
E is hoofdstuk III WAZO van toepassing.
Vanaf punt E is art. 29a lid 4 ZW van toepassing.

De hoogte van het ziekengeld op grond van art. 29a ZW en hoofdstuk III
WAZO is gesteld op het dagloon en niet op 70% daarvan. In het gros van de
gevallen betekent dit, dat een werkneemster op grond van art. 29a ZW ziekengeld van UWV ontvangt ter hoogte van haar laatst genoten loon. Een
werkneemster die meer verdient dan het maximumdagloon genoemd in art.
17 lid 1 Wfsv kan zich voor het meerdere eventueel wenden tot haar werkgever, immers de loondoorbetalingsverplichting van art. 7: 629 BW blijft
gewoon bestaan en het ziekengeld bedraagt niet meer dan het maximumdagloon.
Met betrekking tot het vierde lid verdient nog opmerking, dat de periode
waarover ziekengeld na het einde van het bevallingsverlof kan worden
genoten is vastgesteld op 104 weken en dat daarbij geen samentelling van
eerdere ziekteperiodes plaatsvindt daar op grond van art. 29a lid 5 ZW de
werking van art. 29 lid 5 ZW is uitgesloten.
Na het einde van het bevallingsverlof gaat voor een vrouwelijke uitkeringsgerechtigde dus een nieuwe wachttijd van 104 weken lopen, indien en voorzover er arbeidsongeschiktheid bestaat tengevolge van de zwangerschap of
bevalling.
Deze wachttijd dient te worden onderscheiden van de wachttijd in art. 19
van de WAO en art. 23 wet WIA, daar voor de berekening van de laatstgenoemde wachttijden alle perioden van arbeidsongeschiktheid meetellen met
uitzondering van de periode van zwangerschap- en bevallingsverlof
genoemd in hoofdstuk III WAZO.

Het is derhalve zeer goed mogelijk, dat een vrouwelijke verzekerde in de
periode van art. 29a lid 4 ZW (ziekteperiode na het einde van het bevallingsverlof) wordt opgeroepen voor een WAO- of WIA beoordeling en dat

79

zij daarbij te horen krijgt dat zij weer geschikt is te achten voor algemeen geaccepteerde arbeid. Zolang de arbeidsongeschiktheid tengevolge van de zwangerschap of bevalling voortduurt vindt effectuering van de WAO- of WIA beoordeling niet plaats daar zij niet hoeft te hervatten in passende werkzaamheden op grond van art. 29a lid 6 ZW, in welk artikellid art. 30 ZW (het trachten te vinden en aanvaarden van passende arbeid) buiten toepassing is verklaard.

Vanaf het moment dat de werkneemster door UWV niet langer arbeidsongeschikt wordt geacht vanwege de zwangerschap of bevalling dient zij zich weer te wenden tot haar werkgever. Het is hierbij niet onmogelijk dat zij nog recht heeft op loondoorbetaling op grond van art. 7:629 BW, daar zij nog steeds arbeidsongeschikt is, echter niet langer vanwege zwangerschap of bevalling en de wachttijd nog niet heeft volbracht.

Bij de berekening van de wachttijd mag het arrest van het Hof van Justitie te Luxemburg in de zaak Mary Brown van 30 juni 1998 gepubliceerd in onder andere JAR 1998 nr. 198 niet onvermeld blijven. Mevr. Brown was door haar (Engelse) werkgever Rentokil na 26 weken arbeidsongeschiktheid ontslagen, welke arbeidsongeschiktheid werd veroorzaakt door de zwangerschap van mevr. Brown.

Mevr. Brown deed in de ontslagprocedure een beroep op de non-discriminatie richtlijn van de Europese Gemeenschap nr. 76/207, welk beroep door het Hof van Justitie werd gehonoreerd onder het motto 'ziekte tengevolge van zwangerschap kan tot op heden slechts een vrouw overkomen en arbeidsongeschiktheid daaruit voortvloeiend mag geen aanleiding vormen voor ontslag'. Doet een werkgever dat toch, dan handelt de werkgever in strijd met de richtlijn 76/207.

Genoemde richtlijn richt zich op de arbeidsvoorwaarden echter de non-discriminatie Richtlijn nr. 79/7 inzake sociale zekerheid is vrijwel identiek aan de Richtlijn nr. 76/207, zodat het in de rede ligt om consequenties te verbinden aan het arrest Mary Brown in de sociale zekerheid.

Na enig geharrewar tussen het Lisv, het Ministerie van Justitie en het Ministerie van SZW, besloot het Ministerie van SZW uiteindelijk blijkens een persbericht van 7 juli 2000, dat het arrest Mary Brown geen gevolgen behoefde te hebben voor de sociale zekerheidswetten en dat vanaf de inwerkingtreding van de WAZO (1 december 2001) het probleem van het zwangerschaps- en bevallingsverlof in de wachttijd was opgelost. Impliciet gaf het Ministerie hiermee al aan, dat het probleem voorafgaand aan de inwerkingtreding van de WAZO niet was opgelost.

De CRvB heeft in RSV 2003 nr. 208 de knoop voor het Ministerie van SZW doorgehakt en voor recht verklaard, dat de 16 weken zwangerschaps- en bevallingsverlof niet mogen worden meegeteld bij de wachttijd WAO,WAZ en Wajong. Met name werkgevers, denk bijvoorbeeld aan een dreigende premiedifferentiatie hadden belang bij deze uitspraak, immers het einde van de wachttijd is minder snel in zicht. In mindere mate hadden ook werknemers belang bij deze uitspraak. Te denken valt aan het bepaalde in art. 21a WAO en het tijdstip waarop de WAO-uitkering ingaat, daar de duur van de loongerelateerde WAO-uitkering afhankelijk is van de leeftijd van de werknemer op het moment van toekenning van de WAO-uitkering. Hetzelfde geldt voor de wet WIA, daar ook deze wet een loongerelateerde periode kent en tot 1 januari 2008 de duur van de loongerelateerde WIA-uitkering afhankelijk is van de leeftijd van de werknemer op het moment van toekenning van de WIA-uitkering.

Met de inwerkingtreding van de wet van 3 februari 2005, Stb. 2005 nr. 65 met ingang van 1 september 2005 heeft de wetgever bijna 7 jaar na dato naar eigen zeggen de laatste consequenties van het arrest Mary Brown in de wetgeving verwerkt (zie de aanpassingen van art. 7:629 lid 10 BW en art. 29 lid 5 ZW).

Op grond van de bepalingen in hoofdstuk III WAZO kan een vrouwelijke verzekerde ervoor kiezen om tijdens de zwangerschap door te werken tot 6 respectievelijk 4 weken voor de vermoedelijke bevallingsdatum alvorens zij haar zwangerschaps- en bevallingsverlof laat ingaan. Heeft zij ervoor gekozen om door te werken tot 4 weken voor de vermoedelijke bevallingsdatum en wordt zij eerder ziek in de periode vanaf de 6e week voorafgaand aan de vermoedelijke bevallingsdatum dan heeft zij direct recht op ziekengeld op grond van art. 29a lid 2 ZW. De oorzaak van de arbeidsongeschiktheid in deze periode speelt geen enkele rol. Deze ziektedagen worden afgetrokken van de periode van het bevallingsverlof, waardoor dit verlof korter wordt dan de oorspronkelijk beoogde 12 weken (zie art. 3:8 leden 3 en 4 WAZO).

Met WULBZ in het achterhoofd zou ook hier de gedachte kunnen ontstaan, dat er een rijke jurisprudentie bestaat over de vraag wanneer sprake is van arbeidsongeschiktheid gerelateerd aan de zwangerschap en bevalling. Het tegendeel is waar. Er zijn op dit punt slechts een beperkt aantal uitspraken van de CRvB gepubliceerd, waarbij de CRvB een zeer restrictieve uitleg geeft van het begrip arbeidsongeschiktheid tengevolge van zwangerschap of bevalling.

Wij wijzen u in dit verband op de uitspraken van de CRvB gepubliceerd in RSV 1999 nr. 200, RSV 2000 nr. 117 en USZ 2002 nr. 277. Het geringe aantal gepubliceerde zaken kan wellicht verklaard worden door een zekere mate van terughoudendheid van de verzekeringsartsen werkzaam bij UWV en de standaard zwangerschap en bevalling als oorzaak van ongeschiktheid voor haar arbeid bij de Lisv-mededeling M 99.47 van 29 april 1999.

Deze standaard bij de Lisv-mededeling uit 1999 heeft nog steeds gelding en kent ook het begrip het voordeel van de twijfel, welk voordeel de CRvB overigens in RSV 2000 nr. 117 niet wenste te geven aan de werkneemster.

In de loop van de zwangerschap kan zich het probleem voordoen van een vroeggeboorte. Conform de eerder genoemde standaard van het Lisv zal UWV spreken van een bevalling, indien er een menselijke vrucht ter wereld komt na een zwangerschapsduur van 24 complete weken, ongeacht of de menselijke vrucht wel of geen tekenen van leven heeft vertoond.

Dat de periode van 24 complete weken niet door iedereen wordt geaccepteerd moge blijken uit een uitspraak gepubliceerd in USZ 2004 nr. 34. De rechtbank Utrecht komt in haar uitspraak onder andere tot de slotsom, dat het begrip partus/bevalling in de medische wereld wordt gedefinieerd als 'het einde van een zwangerschap die tenminste 16 complete weken heeft geduurd sedert de eerste dag van de laatste menstruatie, gevolgd door de uitdrijving van het kind uit het moederlichaam'.

UWV heeft geen hoger beroep aangetekend tegen de uitspraak van de rechtbank Utrecht. Waarschijnlijk heeft UWV sterk laten meewegen, dat in deze zaak de zwangerschap 23 weken en 3 dagen had geduurd, welke duur de arbitraire grens van 24 weken wel zeer dicht nadert en heeft UWV gebruik gemaakt van de hardheidsclausule in de Lisv-mededeling van 1999.

In USZ 2005 nr. 221 heeft de CRvB zich uitgelaten over de grens van 24 weken zoals bedoeld in standaard bij de Lisv-mededeling van 1999. De CRvB deelt de opvatting van UWV, dat het een onder medisch deskundigen breed gedragen opvatting is, dat kinderen geboren na een zwangerschap van minder dan 24 weken niet levensvatbaar zijn. Consequentie van deze breed gedragen opvatting is, dat in voorkomende situaties niet gesproken kan worden van een bevalling bij een zwangerschap van minder dan 24 weken en dat er dus geen recht op uitkering rond de bevalling ontstaat. Het standpunt van de rechtbank Utrecht, dat sprake is van een bevalling na 16 weken zwangerschap is door middel van deze uitspraak van de CRvB kort gesloten. Het is overigens niet uitgesloten dat vanwege de voortschrijdende ontwikkelingen in de medische wereld de grens van 24 weken op enig moment door UWV naar beneden wordt bijgesteld.

2.5   De no-risk polis van art. 29b ZW

2.5.1   Inleiding

Ten einde arbeidsgehandicapten, door sommige parlementariërs ten onrechte ex-WAO'ers genoemd, een steun in de rug te geven bij het vinden van werk, heeft de wetgever reeds in 1992 art. 29b in de ZW geïntroduceerd, zij het dat destijds art. 29b ZW als tijdelijke maatregel was bedoeld. De geschiedenis heeft inmiddels geleerd dat tijdelijk erg definitief kan worden. Hoewel de redenen van de introductie enigszins verschilden met het huidige gebruiksdoeleinden, is art. 29b ZW in de loop der jaren een steeds prominentere rol gaan spelen in het kader van de reïntegratie van arbeidsgehandicapten. Art. 29b ZW is sedert de invoering van WULBZ, de Wet verbetering poortwachter en de Wet verlenging loondoorbetalingsverplichting bij ziekte 2003 in feite niet meer weg te denken. Men spreekt thans van een 'no-risk polis', indien een werkgever een arbeidsgehandicapte in dienst neemt.

Het Lisv begreep de doelstelling van art. 29b ZW goed en wijdde aan dit artikel een tweetal mededelingen, te weten M. 99.027 en M. 99.106.

Het Lisv ging in haar mededelingen zelfs zo ver, dat de uitvoerders ambtshalve toepassing dienden te geven aan art. 29b ZW. De uitvoerders dienden tevens de verhoging van het ziekengeld tot het bedrag van de loondoorbetalingsverplichting van de werkgever spontaan uit te keren.

De ambtshalve toetsing op art. 29b ZW-aspecten bij een ziekmelding van een werknemer lag zeer gevoelig bij de uitvoerders daar dezen de toetsing en de gevolgen daarvan in strijd achtten met de privacy van de werknemer. Niet uitgesproken gedachte was daarbij, dat zo'n ambtshalve toetsing 'veel' werk met zich meebracht en daar zat de uitvoering niet op te wachten.

De ambtshalve verhoging van het ziekengeld tot het bedrag van de loondoorbetalingsverplichting van de werkgever was in strijd met de tekst van de wet en is na aandrang van de rechtsvoorganger van de Inspectie Werk en Inkomen ingetrokken door het Lisv.
Het huidige art. 29b lid 6 ZW spreekt namelijk van *een verzoek van de werkgever* tot verhoging van het ziekengeld, hetgeen bezwaarlijk kan worden omgebogen tot een ambtshalve plicht.
Navraag bij UWV leerde dat de ambtshalve toekenning niet meer wordt uitgevoerd. Dit is in juridische zin merkwaardig, daar de mededelingen van het Lisv met betrekking tot art. 29b ZW niet zijn ingetrokken of gewijzigd door UWV.
Bij de behandeling van de problemen die kunnen ontstaan bij een te late melding van een arbeidsongeschikte werknemer door de werkgever aan UWV komt het de facto afschaffen van de ambtshalve toekenning van art. 29b ZW-betalingen aan de orde.
Naast de stimulerende werking van art. 29b ZW voor de werknemer beschermt art. 29b ZW de nieuwe werkgever tegen de financiële gevolgen van WULBZ. Er is met andere woorden nauwelijks een financiële reden te bedenken voor een werkgever om een arbeidsgehandicapte niet in dienst te nemen. In theorie is er derhalve een prima wettelijke regeling, die werkgevers zou moeten stimuleren om arbeidsgehandicapten in dienst te nemen.
Echter, blijkens een eind 2004 uitgebracht rapport op verzoek van het Ministerie van Sociale Zaken en Werkgelegenheid is het bestaan van dit soort stimuleringsregelingen niet of nauwelijks bekend bij werkgevers. Ten einde dit manco aan kennis te ondervangen heeft het Ministerie besloten tot het openen van de site 'Eerste Hulp Bij Werk' kortweg EHBW. Recente onderzoeken vertonen helaas nog steeds hetzelfde beeld.

Voorwaarden no-risk polis tot 29 december 2005
Indien art. 29b lid 1 ZW nader wordt bezien dan zijn er een drietal voorwaarden te onderscheiden, waaraan moet zijn voldaan alvorens een werknemer in aanmerking komt voor ziekengeld op grond van deze bepaling.

De voorwaarden:
1. onmiddellijk voorafgaand aan de dienstbetrekking,
2. arbeidsgehandicapte zijn in de zin van de wet REA of

3. werkzaam zijn als werknemer in de zin van de Wet sociale werkvoorziening (verderWSW) of op een arbeidsovereenkomst ingevolge art. 7 van deze wet.

Voorwaarde 1

Deze voorwaarde sluit de oude werkgever uit van de werking van art. 29b ZW ten aanzien van zijn arbeidsgehandicapt geworden werknemers, die vervolgens aangepaste werkzaamheden in zijn bedrijf gaan verrichten. Bij het aangaan van de dienstbetrekking waren deze werknemers nog geen arbeidsgehandicapte in de zin van de wet. De CRvB heeft dit uitgangspunt, hetgeen door UWV beleidsmatig altijd is gevoerd, bevestigd in de uitspraak gepubliceerd in USZ 2004 nr. 3.

Voorwaarde 2

De werknemer moet arbeidgehandicapte zijn in de zin van de wet REA.
De vraaf doet zich dan voor, op welke wijze wordt een persoon arbeidsgehandicapte in de zin van de wet REA?
Enerzijds van rechtswege op grond van art. 2 lid 1 wet REA en anderzijds op verzoek op grond van art. 2 lid 3 wet REA.
Kort samengevat is iedereen met een uitkering op grond van de WAO, WAZ of Wajong arbeidsgehandicapte door wetduiding, alsmede degenen die een voorziening hebben gekregen gericht op behoud, herstel of bevordering van de mogelijkheid tot het verrichten van arbeid of een daarmee verband houdende kosten-subsidie ontvangen.
Tevens zijn degenen die middels een (her)indicatiestelling op grond van de WSW behoren tot de doelgroep voor de WSW door wetduiding arbeidsgehandicapte.
Indien er een einde komt aan het wettelijk kenmerk, dan behouden deze personen de status van arbeidsgehandicapte nog gedurende 5 jaar na de beëindiging.

De personen die op verzoek de status van arbeidsgehandicapte wensen te krijgen dienen in ieder geval op grond van een medisch-arbeidskundige beoordeling een belemmering te hebben bij het verkrijgen of verrichten van arbeid.
Voorts krijgt deze categorie personen te maken met het Arbeidsgehandicaptenbesluit, Stcrt. 1998 nr. 488. Op grond van de doelstelling van de wet REA

85

en de memorie van toelichting op deze wet ligt een ruimhartige toepassing van de wet REA en besluiten op grond van deze wet in de rede. Blijkens de uitspraken gepubliceerd in USZ 2002 nr. 342 en 2003 nr. 132 is ook de CRvB van oordeel, dat art. 2 REA en het Arbeidsgehandicapten- besluit niet te eng geïnterpreteerd dient te worden. Kortom UWV mag bij de beoordeling of een persoon op diens verzoek arbeidsgehandicapte is te ach- ten niet te krap door de bocht.
Ook de persoon die op verzoek arbeidsgehandicapte is geworden behoudt deze status gedurende 5 jaar.

Voorwaarde 3
De vaststelling of een persoon werkzaam is geweest als werknemer in de zin van de WSW of op een arbeidsovereenkomst op grond van art. 7 van deze wet voorafgaand aan de dienstbetrekking is simpel vast te stellen, daar de gemeente dit normaliter expliciet vermeld in de arbeidsovereenkomst.
Voldoet een in dienst genomen persoon aan de voorwaarden, dan heeft de werknemer in ieder geval gedurende 5 jaar na aanvang van de dienstbetrek- king recht op ziekengeld. De periode van 5 jaar kan worden verlengd op grond van art. 8 lid 1 van het Arbeidsgehandicaptenbesluit met nogmaals 5 jaar. Om voor deze verlenging in aanmerking te komen moet sprake zijn van een aanzienlijk verhoogd risico op ernstige gezondheidsklachten binnen 5 jaar na beoordeling van de arbeidshandicap.

Hoogte van het ziekengeld
De hoogte van het ziekengeld op grond van art. 29b ZW bedraagt 70% van het dagloon van de verzekerde. Scherpslijpers kunnen op grond van deze bepaling staande houden, dat art. 29b ZW niet helemaal een no-risk polis is, daar de verstrekking van ziekengeld uiteraard is gekoppeld aan de dagloon- regelen Ziektewet. De dagloonregelen kennen nogal wat uitzonderingen op het loonbegrip. Eén van de meest in het oog springende uitzonderingen op het dagloonbegrip is de vakantietoeslag. Toegegeven, no-risk is niet hele- maal juist, echter vrijwel iedere no-risk polis kent een eigen risico en inge- val van een niet arbeidsgehandicapte werknemers moet de werkgever alles betalen. Het voordeel van art. 29b ZW voor een werkgever blijft evident.
Op verzoek van de werkgever wordt gedurende het eerste tijdvak van 52 weken het ziekengeld gesteld op het dagloon, met de begrenzing dat niet meer wordt betaald dan de loonaanspraak van de werknemer jegens de

86

werkgever. UWV zal gelet op deze bepaling na een verzoek van de werkgever bezien in hoeverre de werkgever gedurende het eerste ziektejaar gehouden is om meer aan de werknemer te betalen dan gelet op het bepaalde in art. 7:629 lid 1 BW is voorgeschreven. In het najaarsakkoord 2004 zijn de sociale partners en het kabinet Balkenende II overeengekomen, dat ingeval van arbeidsongeschiktheid niet meer wordt gesuppleerd dan 170% te rekenen over 2 jaar. Naar het oordeel van de wetgever anticipeert het derde lid van art. 29b ZW oud hierop, door de verhoging van het ziekengeld slechts toe te staan gedurende de eerste 52 weken van ziekte.

Dit betekent niet dat een werkgever niet meer gehouden zou zijn om gedurende het tweede ziektejaar te suppleren aan de arbeidsgehandicapte. Het betekent slechts dat UWV tijdens het tweede ziektejaar niet meer betaalt dan 70% van het dagloon.

Uitgesloten van ziekengeld
Op grond van art. 29b ZW zijn werknemers werkzaam in een WSW-dienstverband en niet zijnde een arbeidsovereenkomst op grond van art. 7 van de WSW uitgesloten van de werking van art. 29b ZW. Voor de goede orde, in art. 7 van de WSW is sprake van gedeeltelijk gesubsidieerd en begeleid werken.

De uitsluiting van werknemers werkzaam in een WSW-dienstverband komt wellicht merkwaardig over gezien de voorwaarden voor het recht op de norisk polis. U moet daarbij bedenken, dat de voorwaarde zodanig is geformuleerd dat het daar gaat om een WSW-dienstverband *voorafgaand* aan een gewoon dienstverband.

Tot 1 maart 2003 waren ook bijv. flexwerkers en uitzendkrachten uitgesloten van de werking van art. 29b ZW. De wetgever heeft met ingang van 1 maart 2003 de mogelijkheid geopend van eigen risiscodragen ZW voor werkgevers in deze branche. Indien de uitsluiting van bijv. flexwerkers en uitzendkrachten was gehandhaafd, dan waren deze eigen risicodragers ZW slechter af dan gewone werkgevers hetgeen niet de bedoeling van de wetgever was. De introductie van het fenomeen eigen-risicodragen ZW voor deze categorie werkgevers heeft overigens geen hoge vlucht genomen.

De wet maximering van de ziekengeldlasten voor de uitzendbranche is daarvan een exponent, immers indien veel uitzendwerkgevers eigen-risicodrager ZW waren geworden dan was de lobby voor deze wet aanzienlijk geringer geweest.

87

Tenslotte wijzen wij u nog op het fenomeen concern-registratie. Concern-registratie diende ter voorkoming van art. 29b ZW aanspraken, indien een arbeidsgehandicapte werknemer in dienst van een (werk)B.V. tewerk werd gesteld bij een andere (werk)B.V. en beide (werk)B.V.'s waren ondergebracht in een houdstermaatschappij. In zo'n situatie werd tot 1 januari 2000 geen nieuw dienstverband in de zin van art. 29b lid 1 ZW aangenomen. Op 6 november 1998 deelde het Ministerie van SZW aan het Lisv mede dat de uitvoeringspraktijk aangaande de concern-registratie niet in overeenstemming met de wet was te achten en werd het Lisv verzocht om deze praktijk met ingang van 1 januari 2000 ongedaan te maken.

Het heeft er alle schijn van, dat dit herderlijk schrijven van het Ministerie en de gewenste ingangsdatum samenhangt met het feit, dat ambtenaren onder de werkingssfeer van de SV-wetten zijn gebracht.

Een Ministerie of een andere grote ambtelijke organisatie is qua organisatiestructuur vergelijkbaar met een houdstermaatschappij en zou hierdoor niet kunnen profiteren van de regeling in art. 29b ZW.

Onbedoeld effect van de missive van het Ministerie is wel, dat zonder concern-registratie arbeidsgehandicapten binnen grote bedrijven kunnen worden 'rondgepompt', ten einde het voordeel van art. 29b ZW te maximaliseren. Kleinere bedrijven worden in vergelijkbare situaties na een geslaagde reïntegratie en nadien intredende arbeidsongeschiktheid wederom geconfronteerd met de loondoorbetalingsverplichting van art. 7:629 BW. De wet WIA en de Invoeringswet WIA maakt een einde aan deze rechtsongelijkheid daar art. 29b ZW onder voorwaarden ook open wordt gesteld voor de oude werkgever.

Onbeperkte duur no-risk polis voor Wajong-gerechtigden
Met ingang van 1 mei 2005 is de werking van art. 29b ZW voor (ex)Wajong-gerechtigden qua duur onbeperkt. De wetgever heeft daartoe bij besluit van 12 april 2005, Stb. 2005 nr. 221 art. 8 van het Arbeidsgehandicaptenbesluit gewijzigd.

De redactie van het gewijzigde art. 8 van het Arbeidsgehandicaptenbesluit is vanaf 1 mei 2005 zodanig ruim, dat (ex)Wajong-gerechtigden tot het einde van hun arbeidszaam leven bij ziekte recht hebben op art. 29b ZW betalingen. Hoewel het niet met zoveel woorden staat in het wijzigingsbesluit nemen wij aan, dat het moet gaan om ziektegevallen ontstaan in dienstbetrekking na 1 mei 2005.

2.5.2 De no-risk polis van art. 29b ZW vanaf 29 december 2005

Met ingang van 29 december 2005 heeft art. 29b ZW een complete face lift ondergaan. In IWIA is onder andere de afschaffing van de wet REA opgenomen, waardoor de wetgever was genoodzaakt om art. 29b ZW volledig te herschrijven daar met het verdwijnen van de wet REA tevens het begrip arbeidsgehandicapte verdwijnt. Na de parlementaire behandeling van de wetsontwerpen WIA en IWIA in de Tweede Kamer der Staten Generaal is de oorspronkelijke tekst van art. 29b in het wetsontwerp IWIA fors gewijzigd.

Middels de AVWIA is art. 29b ZW nogmaals aangepast en is de huidige tekt ontstaan.

Uitgaande van AVWIA komen vanaf 29 december 2005 de volgende categorieën werknemers (en dus werkgevers) in aanmerking voor de nieuwe no-risk polis van art. 29b ZW:

1. De werknemer, die onmiddellijk voorafgaand aan de dienstbetrekking recht had op een uitkering op grond van de wet WIA. Door deze formulering vallen alle uitkeringsvarianten in de wet WIA onder deze bepaling. Met een dienstbetrekking bedoelt de wetgever de dienstbetrekkingen van de artikelen 3,4 en 5 van de ZW. De wetgever heeft dusdoende gekozen voor een ruim begrip dienstbetrekking.

2. De werknemer, die onmiddellijk voorafgaand aan de dienstbetrekking met de werkgever een indicatiebeschikking had in de zin van art. 11 WSW. Het gaat hierbij om een werknemer die in beginsel in aanmerking komt voor WSW-arbeid maar die ondanks de indicatiebeschikking niet als zodanig gaat werken. De werkgever maakt in deze situatie geen gebruik van begeleid werken in de zin van art. 7 van de WSW, deze categorie komt later aan bod.

3. De werknemer ten aanzien van wie in een arbeidskundig onderzoek is vastgesteld, dat hij op de eerste dag na afloop van de wachttijd van de wet WIA of na een verlengde loondoorbetalingsperiode:
   - Minder dan 35% arbeidsongeschikt is alsmede,
   - Op de eerste dag van 13 weken voorafgaand aan het einde van de wachttijd (of de verlengde periode) geen dienstbetrekking had met

een andere dan zijn eigen werkgever, (indien de Verzamelwet SV 2007 tot wet wordt verheven, wordt hieraan nog toegevoegd, tenzij de dienstbetrekking met die andere werkgever reeds bestond op de eerste dag van de wachttijd),
- niet in staat is tot het verrichten van eigen of andere passende arbeid bij de eigen werkgever en
- binnen 5 jaar na het einde van de wachttijd (of de verlengde periode) werkzaamheden gaat verrichten bij *een* werkgever.

De formulering van de onder punt 3 genoemde gerechtigden op de no-risk polis is tamelijk ingewikkeld. Bedoeld is om niet arbeidsongeschikte werknemers in de zin van de wet WIA (minder dan 35% arbeidsongeschikt) toch in aanmerking te laten komen voor de no-risk polis, conform de wens van de Tweede Kamer der Staten Generaal. De laatste voorwaarde onder 3 impliceert, dat een werknemer/werkgever ook in aanmerking komt voor de no-risk polis indien de werknemer binnen 5 jaar aangepast werk aanvaardt bij zijn oude werkgever. Bedenk in dit verband tevens, dat het toetsingsmoment van de voorwaarden is gelegen op de eerste dag na afloop van de wachttijd of na een verlengde loondoorbetalingsperiode. Het is dus goed mogelijk, dat de oude werkgever na ommekomst van deze periode de werknemer weer tewerkstelt in passend werk en aanspraak maakt op ziekengeld op grond van art. 29b ZW.

4. De jongere onder de 18 jaar, die wegens ziekte of gebrek een belemmering ondervindt of heeft ondervonden bij het volgen van onderwijs en binnen 5 jaar na afronding van dat onderwijs gaat werken.
5. De niet Wajong-gerechtigde 18 jaar of ouder die de belemmeringen heeft ondervonden genoemd onder punt 4 en binnen 5 jaar na afronding van dat onderwijs gaat werken.
6. De werknemer, die onmiddellijk voorafgaand aan de dienstbetrekking naar het oordeel van het CWI een structurele functionele beperking had en voor wiens ondersteuning bij de arbeidsinschakeling het college van B & W onmiddellijk voorafgaand aan de dienstbetrekking verantwoordelijk was.
7. De werknemer die recht heeft op een uitkering op grond van de wet WIA en wiens dienstbetrekking bij de eigen werkgever wordt voortgezet, nadat het recht op WIA-uitkering is vastgesteld.

8. De werknemer die voorafgaand aan zijn dienstbetrekking recht heeft of had op een uitkering op grond van de Wajong of een arbeidsovereenkomst heeft gesloten met een werkgever als bedoeld in artikel 7 van de WSW (het begeleid en deels gesubsidieerd werken). Indien de Verzamelwet SV 2007 tot wet wordt verheven, wordt hieraan nog toegevoegd degene wiens dienstbetrekking is aangevangen voordat recht ontstond op een Wajong-uitkering, omdat de dienstbetrekking reeds was aangevangen voordat hij 18 jaar werd. Voor deze werknemer ontstaat het recht op ziekengeld niet eerder dan zijn recht op een Wajong-uitkering. Nadat het recht op Wajong-uitkering is vastgesteld, is het recht op ziekengeld onbeperkt van duur.

De werknemers genoemd onder 4 en 5 kunnen, nadat de Verzamelwet SV 2007 tot wet is verheven, aan UWV een verklaring vragen, dat zij voldoen aan de voorwaarden om in aanmerking te komen voor ziekengeld op grond van art. 29b ZW.
De werknemers genoemd onder 1 t/m 6 hebben recht op ziekengeld bij ziekte gedurende 5 jaar na aanvang van de dienstbetrekking.
De werknemer genoemd onder punt 7 heeft dit recht gedurende 5 jaar na de vaststelling van het recht op WIA-uitkering.
De werknemers genoemd onder punt 8 hebben onbeperkt recht op ziekengeld bij ongeschiktheid tot werken aangevangen na aanvang van de dienstbetrekking.
Net zoals onder de 'oude' regeling bedraagt het ziekengeld 70% van het dagloon en kan dit percentage op verzoek van de werkgever gedurende de eerste 52 weken worden gesteld op het dagloon, echter niet meer dan de loonaanspraak van de werknemer jegens zijn werkgever.
Werknemers die werkzaam zijn in een dienstbetrekking op grond van art. 2 van de WSW zijn evenals in de 'oude' regeling uitgesloten van het recht op ziekengeld op grond van artikel 29b ZW.

Overgangsrecht
In het nieuwe artikel 90 ZW worden alle bestaande gevallen van voor 29 december 2005 voorzien van de noodzakelijke bescherming. De regeling van artikel 90 ZW komt erop neer, dat de bestaande arbeidsgehandicapten (door wetduiding of op verzoek) gedurende 5 jaar aanspraak blijven houden op ziekengeld ingevolge artikel 29b ZW.

91

Er moet in dit verband telkenmale worden bezien op grond van welke omstandigheid de betreffende werknemer zijn status van arbeidsgehandicapte heeft gekregen om de werkingsduur van 5 jaar te bepalen. Voor werknemers met een gedeeltelijke WAO-uitkering, die van rechtswege arbeidsgehandicapte zijn en blijven voor de duur van de gedeeltelijke WAO-uitkering, blijft artikel 90 ZW nog lang van betekenis.

Tenslotte is in artikel 91 ZW bepaald, dat degenen die voor 29 december 2005 recht hebben op ziekengeld ingevolge artikel 29b ZW, dit recht blijven behouden onder het oude recht.

Ontstaat er op en na 29 december 2005 opnieuw recht op ziekengeld op grond van artikel 29b ZW, met of zonder toepassing van artikel 90 ZW, dan wordt dit ziekengeld uitgekeerd op grond van de nieuwe tekst van artikel 29b ZW.

Hoewel daaromtrent in de memorie van toelichting niet wordt gerept, betekent artikel 91 ZW in de praktijk, dat op en na 29 december 2005 het ziekengeld wordt berekend aan de hand van de dagloonregels zoals deze na deze datum luiden.

SAMENVATTING

Na aandrang vanuit de Tweede Kamer heeft de wetgever besloten om de niet gedeeltelijk arbeidsgeschikte werknemer in de zin van de wet WIA (minder dan 35%) alsnog recht op ziekengeld ingevolge artikel 29b ZW te verlenen. Aanvankelijk was de wetgever van mening, dat de arbeidsorganisatie in samenhang met de Wet verbetering poortwachter hiervoor een adequate oplossing bood.

De vernieuwde regeling van artikel 29b ZW met ingang van 29 december 2005 betekent geen wezenlijke verslechtering van de positie van de (arbeids)gehandicapte werknemers. De oude werkgevers zijn in de vernieuwde regeling van art. 29b ZW aanzienlijk beter af.

De tekst van artikel 29b ZW voor degenen die niet gedeeltelijk arbeidsgeschikt zijn in de zin van de wet WIA (zie onder punt 3) is helaas tamelijk gecompliceerd vanwege de vele voorwaarden waaraan deze werknemer moet voldoen wil hij in aanmerking komen voor de no-risk polis.

2.6   (Tijdige) melding van arbeidsongeschiktheid

De werkgever met een loondoorbetalingsverplichting jegens zijn zieke werknemer heeft ingevolge art. 38 lid 1 ZW de verplichting om uiterlijk op de dag na de 13e week van arbeidsongeschiktheid, aangifte te doen van deze arbeidsongeschiktheid bij UWV. De 13e weeks melding is ook na de Wet verlenging loondoordoorbetalingsverplichting bij ziekte 2003 gehandhaafd. Komt een werkgever zijn verplichting van art. 38 lid 1 ZW niet na, dan zal UWV de loondoorbetalingsverplichting verlengen met de periode dat te laat aangifte is gedaan, dit op grond van art. 7:629 lid 11 onderdeel a BW.

In het tweede lid van art. 38 ZW is een meldingsregeling opgenomen voor de werkgever in de situatie, dat de arbeidsovereenkomst van de werknemer eindigt tijdens de arbeidsongeschiktheid. Deze werkgever dient aangifte van arbeidsongeschiktheid te doen bij UWV op de laatste werkdag voordat de dienstbetrekking eindigt. Doet deze werkgever te laat aangifte van arbeids-ongeschiktheid aan UWV dan riskeert de werkgever een boete van € 454,00 op grond van art. 38 lid 4 ZW.

Bij de behandeling van art. 39a ZW (zie hoofdstuk I paragraaf 2) heeft u kunnen zien dat de werkgever in voorkomende gevallen in overleg met de betreffende werknemer een reïntegratieverslag moet opstellen. Vervolgens is het aan de werknemer om dit reïntegratieverslag te overleggen aan UWV. Indien de werknemer is hersteld, dan dient de werkgever dit wederom te melden aan UWV en wel in principe op de 28e dag van arbeidsgeschiktheid. Ligt deze 28e dag voor de 13e weeksmelding van art. 38 lid 1 ZW dan is herstelmelding tijdig op de laatste dag van de 13e weeksmelding.

Is de werkgever in verzuim met een tijdige hersteld melding, dan kan hem dat wederom komen te staan op een bestuurlijke boete van maximaal € 454,00 op grond van art. 38 lid 4 ZW.

Of werkgevers zich altijd stipt houden aan voornoemde plichten kan in twij-fel worden getrokken. Werkgevers hebben de neiging volledig te vertrou-wen op de door hen ingeschakelde ARBO-diensten en de prognoses aan-gaande het herstel van de werknemer die door deze diensten worden afge-geven.

Geeft een werkgever op grond van zo'n prognose geen 13e-weeks melding af aan UWV, dan heeft dit als bijkomend voordeel dat hij nadien evenmin de hersteld melding kan vergeten.

93

Blijkt achteraf dat de prognose van de ARBO-dienst onjuist was en heeft de werkgever te laat melding gemaakt van de arbeidsongeschikte werknemer, dan zal UWV het tijdvak van loondoorbetaling verlengen met de periode van de te late melding. Deze verlenging door UWV heeft uiteraard uitsluitend consequenties, indiende werknemer arbeidsongeschikt blijft gedurende de gehele wachttijd.

Gelet op de vergaande consequenties voor een werkgever ingeval van te late melding van arbeidsongeschiktheid aan UWV is het naar onze mening een must, dat de werkgever en diens ARBO-dienst daaromtrent sluitende afspraken maken.

De verplichtingen van werkgevers zonder loondoorbetalingsverplichting zijn neergelegd in art. 38a leden 1,2,4 en 5 ZW.

De verplichtingen van deze werkgevers zijn vrijwel identiek aan de werkgevers van art. 38 ZW, zij het dat de termijnen voor ziek en hersteld meldingen aanzienlijk korter zijn. Ook voor werkgevers zonder loondoorbetalingsverplichting geldt de dreiging van een boete van €454,00 bij een te late hersteld melding. De sanctie op de te late melding van arbeidsongeschiktheid ontbreekt hier voor de werkgever. Dat is logisch (om met de heer Cruijff te spreken) daar de werknemer rechtstreeks aanspraak maakt op ziekengeld en geen recht heeft op loondoorbetaling jegens zijn werkgever. Met andere woorden heeft de verzekerde geen werkgever meer dan dient hij of zij zelf tijdig aangifte van arbeidsongeschiktheid te doen bij UWV.

2.6.1   Vreemde eend in de bijt is het derde lid van art. 38a ZW

In dit derde lid verschijnen de werkgevers met een loondoorbetalingsverplichting van art. 7: 629 BW weer ten tonele aan wie de eis wordt gesteld, dat indien zij zij in aanmerking willen komen voor ziekengeld ten behoeve van een zieke werknemer, zij uiterlijk op de 4e dag van arbeidsongeschiktheid daarvan melding moeten maken bij UWV.

Het gaat hier om werkgevers die in aanmerking willen komen voor ziekengeld op grond van art. 29a, 29b ZW of in het geval van arbeidsongeschiktheid tengevolge van orgaandonatie.

Voldoet deze werkgever niet aan de verplichting van art. 38a lid 3 ZW, dan wordt eerst ziekengeld betaald met ingang van de datum van de ziekmelding aldus de letterlijke tekst.

Zo op het eerste gezicht is er niets aan de hand met de gedachten van de wetgever in art. 38a lid 3 ZW, afgezien van de plaatsing van dit artikellid in art. 38a ZW. Immers van een werkgever mag verwacht worden, dat hij tijdig aangifte doet van arbeidsongeschiktheid wil hij in aanmerking komen voor ziekengeld.

Problemen doen zich echter voor bij een werkgever die van niets weet, in die zin dat hij onwetend is van de aard van de klachten van de vrouwelijke werknemer of de status (van arbeidsgehandicapte) van zijn werknemer. Weet de werkgever van niets dan betaalt hij bij ziekte gewoon het loon door conform art. 7:629 BW. Krijgt de werkgever later wetenschap van de aard van de klachten danwel de status van zijn werknemer dan zal de werkgever trachten alsnog ziekengeld te verkrijgen van UWV.

UWV kan in zo'n geval niet veel anders dan art. 38a lid 3 ZW toepassen en ziekengeld weigeren tot het moment van de datum van melding door de werkgever.

Met betrekking tot arbeidsgehandicapten is er nog een complicerende factor, daar UWV op grond van de mededelingen M. 99.027 en M. 99.106 van het Lisv de plicht heeft om ambtshalve onderzoek naar art. 29b ZW-aspecten te doen, waardoor de schade van de werkgever beperkt blijft tot maximaal 13 weken, immers een zieke werknemer moet sowieso gemeld worden op uiterlijk de dag na 13 weken van arbeidsongeschiktheid.

Ingeval van zwangerschapsklachten loopt de werkgever een groter risico, daar UWV in zo'n geval geen ambtshalve onderzoeksplicht heeft.

De CRvB heeft in RSV 2002 nr. 288 een creatieve oplossing gevonden voor dit door de wetgever gecreëerde vraagstuk.

De CRvB slechtte evenals de rechter in eerste aanleg ten eerste de hobbel van de ontvankelijkheid van de werkgever in dit soort zaken. UWV had deze hobbel voor de werkgever opgeworpen hangende het beroep in eerste aanleg, onder het motto 'loondoorbetaling op grond van art. 7: 629 BW hangt niet rechtstreeks samen met art. 38a lid 3 ZW maar is een afgeleid belang veroorzaakt door de contractuele relatie werkgever/werknemer'.

Een procespartij moet in bestuursrechtzaken op grond van art. 1:2 van de AWB een rechtstreeks belang hebben om aangemerkt te worden als belanghebbende in de zin van de AWB. Heeft een procespartij slechts een afgeleid belang dan is hij in zijn bezwaar of beroep niet-ontvankelijk.

95

De CRvB overweegt in dit verband kort weergegeven, dat het wettelijk stelsel van inkomensbescherming voor zieke werknemers sedert 1 maart 1996 (invoering van WULBZ) dwingend rechtelijk van aard is overeenkomstig het te beschermen belang. De wet (het BW en de ZW) is hierbij de bron van de loondoorbetalingsverplichting en niet de contractsvrijheid van werkgever en werknemer. Het weigeren of toekennen van ziekengeld raakt de werkgever rechtstreeks, waardoor de werkgever is aan te merken als belanghebbende in de zin van art. 1:2 van de AWB.

De CRvB maakte in dit verband nog wel een uitzondering voor art. 2a ZW (al dan niet bestaan of voortbestaan van arbeidsongeschiktheid), echter dit artikel is met ingang van 1 maart 2003 geschrapt, waardoor ook voor een werkgever in deze zaken het belanghebbende begrip van art. 1:2 AWB geldt. Ten einde de privacy van een werknemer te beschermen is vanaf 1 maart 2003 een medische besluiten regeling opgenomen in de artikelen 75 ev. van de ZW.

Inhoudelijk kon de CRvB zich verenigen met het oordeel van de rechtbank Utrecht. De rechtbank had als haar oordeel uitgesproken, dat een redelijke wetsuitleg met zich meebrengt dat de verplichting tot tijdige ziekmelding op grond van art. 38a lid 3 ZW eerst ontstaat op het moment dat het de werkgever redelijkerwijs duidelijk kan zijn dat de betrokken werkneemster aanspraak op ziekengeld heeft. In casu had de werkgever aangifte gedaan van arbeidsongeschiktheid op dezelfde dag dat hem duidelijk werd dat er aanspraak op ziekengeld bestond.

Hierbij is nog van belang, dat de wetenschap van de ARBO-dienst wordt toegerekend aan de werkgever, met andere woorden de 4 dagen termijn van art. 38a lid 3 ZW gaat voor de werkgever in op het moment dat de ARBO-dienst op de hoogte is van de ziekteoorzaak of de status van de zieke werknemer. In USZ 2006 nr. 43 herhaalt de CRvB dit standpunt.

Dat een werkgever, zodra hij weet of kan weten dat er recht op ziekengeld bestaat, niet moet dralen met de melding aan UWV conform art. 38a lid 3 ZW moge blijken uit de uitspraak van de CRvB in RSV 2004 nr. 352. Blijkens deze uitspraak is art. 38a lid 3 ZW onverkort van toepassing, indien een werkgever later dan 4 dagen, nadat de oorzaak van de arbeidsongeschiktheid bij hem bekend is geworden, melding maakt van arbeidsongeschiktheid tengevolge van bijv. zwangerschap.

Aardig detail in deze zaak is, dat de werkgever tevens echtgenoot was van de zieke werkneemster, waardoor een beroep van de werkgever op onbekendheid met de ziekteoorzaak (zwangerschapsklachten) op het eerste gezicht niet bijster sterk lijkt.

Samenvattend kan gesteld worden, dat de CRvB de rigide werking van art. 38a lid 3 ZW voor een groot deel terzijde heeft geschoven. De vraag doet zich derhalve voor wat doet UWV met deze juridische stand van zaken.

Met betrekking tot ziekte tengevolge van zwangerschap en orgaandonatie zijn er niet of nauwelijks problemen te verwachten en zal UWV de lijn van de jurisprudentie van de CRvB volgen. Ergo UWV zal (summier) nagaan wanneer de werkgever redelijkerwijs op de hoogte kon zijn van de ziekteoorzaak en of de geclaimde arbeidsongeschiktheid plausibel is en aan de hand van de resultaten van dit onderzoek een besluit nemen.

Bij de beoordeling van te late ziekmeldingen van arbeidsgehandicapten, vergelijkbaar met de hiervoor beschreven situatie, ligt de zaak gecompliceerder, daar UWV formeel nog steeds gebonden is aan de ambtshalve toetsing op art. 29b ZW aspecten op grond van de mededelingen van het Lisv dienaangaande.

Navraag bij UWV leerde, dat UWV de uitspraak van de CRvB in RSV 2002 nr. 228 overeenkomstig toepast bij claims van een werkgever op ziekengeld terzake van een zieke arbeidsgehandicapte.

Wel deelde men aldaar mede, niet langer toepassing te geven aan de ambtshalve toetsing onder meer vanwege de privacy van de betrokken werknemer. Ten einde de werkgever tegemoet te komen en onnodige bezwaar- en beroepszaken op grond van art. 38a lid 3 ZW in samenhang met art. 29b ZW te voorkomen, heeft UWV (intern) besloten om summier onderzoek te doen naar het moment van wetenschap van de werkgever omtrent de status van arbeidsgehandicapte van de werknemer. Voorts zal UWV een summier onderzoek doen naar het realiteitsgehalte van de geclaimde arbeidsongeschiktheid.

Voor de vaststelling of er sprake is van arbeidsongeschiktheid zullen er vrijwel altijd rapportages van de ARBO-dienst voorhanden zijn. Aan de hand van de uitkomsten van dit onderzoek neemt UWV vervolgens een besluit omtrent de ziekmelding van de werkgever.

Voor de goede orde, binnen dit (interne) beleid behoort het tot de mogelijkheden, dat een werkgever met terugwerkende kracht ziekengeld kan claimen en ontvangen terzake van een zieke arbeidsgehandicapte. Immers de

97

arbeidsgehandicapte kan lang over zijn status hebben gezwegen met als gevolg dat ook de werkgever lange tijd van niets wist en loon op grond van art. 7:629 BW heeft betaald.

De interne uitgangspunten van UWV lijken op het eerste gezicht gunstig voor een werkgever en werknemer/arbeidsgehandicapte. Immers mogelijke schending van de privacy is niet langer aan de orde, de werkgever wordt in het merendeel van de gevallen op zijn wenken bediend in lijn met de bedoeling van art. 29b ZW en UWV is van de 'tijdrovende' ambtshalve toets af. Problemen kunnen zich echter nog steeds voordoen, indien UWV op grond van haar onderzoek overgaat tot weigering van ziekengeld aan de werkgever en deze weigering heeft een langere duur dan 13 weken.

Een werkgever zou zich met recht en reden op het standpunt kunnen stellen, dat UWV nog steeds gehouden is tot een ambtshalve toets op 13 weken (aangenomen dat de werkgever correct heeft gemeld conform art. 38 lid 1 ZW) en dat de weigering die deze termijn overschrijdt in strijd is met het gepubliceerde beleid van UWV.

Immers na uiterlijk 13 weken en 1 dag had UWV de toets uit moeten voeren op art. 29b ZW aspecten en was er dan achter gekomen dat sprake is van een arbeidsgehandicapte werknemer met recht op ziekengeld.

Intern heeft UWV weliswaar de Lisv mededelingen M. 99 027 en M. 99 106 deels afgeschaft, de mededelingen zelf zijn niet aangepast.

2.6.2 IWIA en de tijdige meldingsplicht van de werkgever

Met IWIA heeft de wetgever de problematiek van de te late ziekmelding gepoogd op te lossen. Op grond van het nieuw ingevoegde artikel 38b ZW informeert de werknemer op verzoek diens werkgever over zijn mogelijke aanspraken op ziekengeld op grond van artikel 29b ZW, echter niet eerder dan 2 maanden na aanvang van de dienstbetrekking.

Door middel van deze meldingsplicht op verzoek poogt de wetgever een onwetende werkgever tegemoet te komen. De wetgever gaat er hierbij gemakshalve vanuit, dat een werknemer op de hoogte is van zijn status, hetgeen betekent dat UWV de werknemer grondig op de hoogte moet stellen van diens wettelijke mogelijkheden.

Voor de werkgever blijft staan dat deze een tijdige meldingsplicht heeft van de arbeidsongeschikte werknemer.

98

Het tijdstip waarop de werkgever deze meldingsplicht heeft is door de wetgever genuanceerd, dit in afwijking van art. 38a lid 3 ZW.

De werkgever is op grond van het nieuw ingevoegde artikel 38b ZW verplicht om de melding van arbeidsongeschiktheid aan UWV zo spoedig mogelijk te doen en in elk geval niet later dan de 4e dag, nadat hij redelijkerwijs op de hoogte kon zijn van de aanspraken van de werknemer op ziekengeld op grond van artikel 29a en 29b ZW. Door het aanbrengen van deze nuance heeft de wetgever de regelgeving in overeenstemming gebracht met de jurisprudentie van de CRvB (zie bijvoorbeeld RSV 2002 nr. 288).

UWV kent in voorkomende gevallen met terugwerkende kracht ziekengeld toe, echter de mate van terugwerkende kracht gaat niet verder dan 1 jaar. Voor deze beperking is geen hardheidsclausule opgenomen in de wet. Een werkgever, die buiten zijn schuld pas na een jaar de wettelijke mogelijkheden van zijn werknemer ontdekt, wordt derhalve vanaf 29 december 2005 niet meer geheel gecompenseerd.

Indien een werkgever niet voldoet aan de voorwaarden van het nieuwe artikel 38b ZW met betrekking tot de tijdige melding van arbeidsongeschiktheid dan is op grond van het derde lid van art. 38b ZW de hoofdregel van art. 38a lid 3 ZW weer op hem van toepassing, conform de jurisprudentie van de CRvB.

2.7   De benadelingshandeling ZW

2.7.1 Inleiding

Vanaf het moment dat WULBZ op 1 maart 1996 zijn intrede deed in de sociale verzekeringswereld werd het voor een werkgever interessant om te bezien of de arbeidsovereenkomst kon worden verbroken tijdens ziekte. Immers de arbeidsovereenkomst vormt de basis voor de loondoorbetalingsverplichting op grond van art. 7:629 BW. Valt deze basis weg dan ontstaat als vanzelf een recht op ziekengeld op grond van art. 29 lid 2 onderdeel c ZW, één van de vangnetbepalingen.

Ten einde deze 'vlucht' naar ziekengeld te voorkomen heeft de wetgever gelijktijdig met de invoering van WULBZ art. 44 lid 1 onderdeel j ZW ingevoerd. Op straffe van geheel of gedeeltelijk, tijdelijk of blijvend verlies van het recht op ziekengeld dient de werknemer zich te onthouden van een doen of laten waardoor hij of zij *de fondsen benadeelt.*

99

Tot 1 augustus 1996 was deze bepaling nog een discretionaire bepaling, dus de uitvoerder van de ZW had de bevoegdheid om ziekengeld te weigeren. Vanaf 1 augustus 1996 werd deze bevoegdheid een plicht en verhuisde deze bepaling naar art. 45 eerste lid onderdeel j ZW.

De plicht van art. 45 lid 1 onderdeel j ZW is nader uitgewerkt in het Maatregelenbesluit UWV van 9 augustus 2004, Stcrt. 2004 nr. 163.

Volgens de bijlage bij het Maatregelenbesluit UWV is een benadelingshandeling ZW ingedeeld in de de 5e categorie ten tweede en ten derde.

Gelet op art. 7 van het Maatregelenbesluit UWV staat de indeling in de 5e categorie voor forse maatregelen, variërend van een blijvend gehele weigering voor de duur van de aanspraak tot 10% korting op het ziekengeld gedurende 16 weken afhankelijk van de mate van verwijtbaarheid van de gedraging of nalatigheid van de werknemer.

2.7.2 Tekst en jurisprudentie

De nieuw in de ZW geïntroduceerde benadelingshandeling is qua tekst identiek aan de benadelingshandeling in de WW (zie art. 24 lid 6 WW).

Voor de uitvoerders van de ZW was de introductie van het huidige art. 45 lid 1 onder j ZW het sein om zeer stringent om te gaan met deze nieuwe bepaling.

Het kon derhalve niet uitblijven dat de CRvB eraan te pas moest komen ten einde hierop enige nuanceringen aan te brengen.

Voor alle duidelijkheid de uitvoerders hanteerden het beleid, dat sprake kon zijn van een benadelingshandeling ZW indien:

1. actief of passief door de werknemer werd meegewerkt aan beëindiging van het dienstverband tijdens arbeidsongeschiktheid of
2. gesproken kon worden van verwijtbare werkloosheid en nadien ingetreden arbeidsongeschiktheid.

De opvatting onder punt 2 steunde met name op de drie woorden 'zou kunnen benadelen' in de tekst van art. 45 lid 1 onderdeel j ZW, hetgeen er naar het oordeel van de uitvoerders niet op duidde, dat reeds sprake moest zijn van arbeidsongeschiktheid ten tijde van de benadelingshandeling.

Probleem bij deze laatste opvatting is wel, dat het oorzakelijk verband tussen de gedraging en het ontvangen van ziekengeld soms ver verwijderd is.

In RSV 1999 nr. 51 doet de CRvB haar eerste uitspraak over deze problematiek. De voortekenen in deze zaak waren niet bemoedigend voor de uitvoerders, daar in voorlopige voorziening door de Voorzitter van de CRvB was gelast, dat ziekengeld diende te worden toegekend aan de werknemer, zij het met een sanctie van 30% gedurende 26 weken.

In de bodemprocedure komt de CRvB met een beroep op de wetshistorie tot de slotsom, dat de wetgever bij de introductie van de benadelingshandeling ZW in het bijzonder het oog heeft gehad op situaties, waarin de werknemer zijn recht op loon prijsgeeft, terwijl de arbeidsongeschiktheid reeds is ingetreden.

Met andere woorden is een werknemer nog niet arbeidsongeschikt en neemt hij of zij ontslag zonder aansluitend dienstverband, dan kan bij nadien ingetreden arbeidsongeschiktheid geen benadelingshandeling worden tegengeworpen in het kader van de ZW-aanspraken. Voor een ruimere uitleg is naar het oordeel van de CRvB gezien de wetsgeschiedenis geen plaats. De verwijzing door de uitvoerders naar de redactie van de identieke bepaling in de WW mocht niet baten, alleen al vanwege het verschil in risico waarvoor deze wet dekking biedt. In essentie eist de CRvB een sterk oorzakelijk verband tussen de gedraging en het ontvangen van ziekengeld.

De CRvB is in haar latere uitspraken op art. 45 lid 1 onderdeel j ZW niet meer teruggekomen op het principe 'eerst arbeidsongeschiktheid dan ontslag' alvorens er sprake kan zijn van een benadelingshandeling in de zin van de ZW. Wel heeft de CRvB een aantal nuances aangebracht op dit uitgangspunt. De nuances zijn overigens beperkt in aantal en de zaken waarin zij werden aangebracht nogal uitzonderlijk van aard.

Nuance 1
In RSV 1999 nr. 133 komt de CRvB met *het leerstuk van de onherroepelijkheid van het ontslag*. Uitgaande van het principe 'eerst arbeidsongeschiktheid dan ontslag' alvorens sprake kan zijn van een benadelingshandeling ZW moet vaststaan, dat het ontslag onherroepelijk is voorafgaand aan het moment waarop de arbeidsongeschiktheid intreedt.
Een bevestiging van deze uitspraak is te vinden in RSV 2004 nr. 32. In deze uitspraak deed zich de vraag voor of een werkaanbod nog steeds geldig was ten tijde van het intreden van de arbeidsongeschiktheid. Kan de werknemer nog een keuze maken tussen ontslag en aanvaarding van het werkaanbod en

de arbeidsongeschiktheid is reeds ingetreden dan is het gevaar van toepassing van art. 45 lid 1 onderdeel j ZW levensgroot aanwezig. Indien het ontslag onherroepelijk is en er treedt nadien arbeidsongeschiktheid op, dan treedt de hoofdregel van RSV 1999 nr. 51 in werking. In USZ 2005 nr. 220 vindt u nogmaals een bevestiging van dit door de CRvB ontwikkelde leerstuk.

Nuance 2
De leer van de dubbele causaliteit. In RSV 2000 nr. 16 opent de CRvB de mogelijkheid voor UWV om de benadelingshandeling ZW toch toe te passen, indien het ontslag vooraf is gegaan aan het intreden van de arbeidsongeschiktheid. In deze situatie moet de oorzaak voor de arbeidsongeschiktheid en het ontslag dezelfde is, hetgeen in de praktijk niet veelvuldig zal voorkomen. Het maakt in deze situatie derhalve niet uit dat het ontslag is gegeven en nadien arbeidsongeschiktheid intreedt. Bevestiging van deze nuance is te vinden in RSV 2000 nr. 88. In deze uitspraak kon overigens niet gestaafd worden dat de reden voor het ontslag dezelfde was als de reden voor de arbeidsongeschiktheid. Voorspelbaarheid van het intreden van arbeidsongeschiktheid is in dit verband onvoldoende, aldus de CRvB.
In RSV 2004 nr. 31 vindt u nogmaals een bevestiging van de nuance onder nr. 2. Blijkens deze uitspraak raakt een werknemer betrokken bij een vechtpartij op de werkvloer, waartegen de werkgever altijd streng optreedt. De werknemer wordt wegens zijn deelname aan de vechtpartij op staande voet ontslagen en meldt zich nadien vanwege zijn verwondingen arbeidsongeschikt. In casu is wel de goede volgorde voor de werknemer aanwezig (eerst ontslag dan arbeidsongeschiktheid), echter de nuance 2 uit RSV 2000 nr. 16 staat aan verstrekking van (volledig) ziekengeld in de weg.
De uitspraak gepubliceerd in RSV 2004 nr. 31 heeft overigens nog een ander geestig trekje. UWV stelde zich in deze zaak op het standpunt, dat de werknemer onvoldoende zijn best had gedaan om het ontslag op staande voet ongedaan te maken en dat hij deswege een benadelingshandeling ZW had gepleegd. Begrijpen wij de overweging(en) van de CRvB goed (pag. 109 linkerkolom bovenaan), dan mag UWV deze reden voor de benadelingshandeling ZW niet stellen, in de situatie 'eerst ontslag dan arbeidsongeschiktheid'.

SAMENVATTING

De rigide toepassing van de benadelingshandeling ZW door de uitvoerders is door de CRvB grotendeels ongedaan gemaakt.

De benadelingshandeling ZW kan in principe door UWV gehanteerd worden, indien de ZW-verzekerde gebeurtenis al heeft plaatsgevonden en de werknemer nadien zijn loonaanspraken op grond van art. 7: 628 BW prijsgeeft.

Dit uitgangspunt van de CRvB doet voldoende recht aan de doelstelling van de wetgever om vanaf 1 maart 1996 een 'vlucht' naar ziekengeld te voorkomen.

Op dit uitgangspunt worden door de CRvB een tweetal nuanceringen aangebracht zoals hiervoor aangegeven.

Mocht u als rechtshulpverlener onverhoopt geconfronteerd worden met toepassing van art. 45 lid 1 onderdeel j ZW in de voor u onjuiste volgorde bedenk dan, dat UWV de op te leggen maatregel dient af te stemmen op de ernst van de gedraging en de mate van verwijtbaarheid van de werknemer.

Deze toets heeft vanaf 1 januari 2004 aan belang gewonnen daar een integrale weigering van ziekengeld neerkomt op een weigering van inkomensvervangende uitkering gedurende 104 weken bij voortdurende arbeidsongeschiktheid.

3 DE WET OP DE ARBEIDSONGESCHIKTHEIDS-VERZEKERING

3.1 Inleiding

Op 1 juli 1967 is de WAO in werking getreden en met een beetje geduld haalt de WAO op 1 juli 2007 haar 40-jarig jubileum.

De WAO is een werknemersverzekering tegen het risico van inkomensverlies als gevolg van langdurige arbeidsongeschiktheid. Qua dekking is er 1 minpuntje te noteren. De WAO kent geen aparte regeling voor beroepsziekten en arbeidsongevallen, waardoor een getroffen werknemer in voorkomende gevallen een civiele procedure dient aan te spannen tegen diens werkgever of een derde.

De WAO zoals die er op 1 juli 1967 uitzag is in de loop der jaren sterk gewijzigd, welke wijzigingen wij in de paragraaf Arbeidsongeschiktheidscriteria nader zullen belichten. In de inleiding zullen wij ons beperken tot een kort historisch overzicht van de meest in het oog springende wijzigingen van de WAO.

Tot 1987 blijft de oorspronkelijke WAO bijna ongewijzigd. Er zijn in ieder geval geen majeure wetgevingsoperaties te ontdekken. Wat niet onvermeld kan blijven, is dat op 1 oktober 1976 naast de WAO de AAW in werking trad. De AAW, de naam zegt het al, was een ingezetene wet dus in principe voor iedereen toegankelijk.

De toegankelijkheid van de AAW voor iedere ingezetene kende evenwel één merkwaardige uitzondering, te weten gehuwde vrouwen. Deze uitzondering had de wetgever pontificaal in de wet gezet en geen enkele volksvertegenwoordiger die er destijds (1976) een opmerking over maakte.

Dit discriminerende uitgangspunt in de AAW is in feite nimmer goed opgelost en zorgde ervoor, dat de AAW tot het einde van haar bestaan op 1 januari 1998 onder vuur lag in procedures bij de bestuursrechter. In dit boek zullen wij niet ingaan op de AAW maar ons beperken tot de WAO.

De eerste grondige wijziging van de WAO vond plaats op 1 januari 1987 gelijktijdig met de invoering van een veel eenvoudiger Werkloosheidswet, althans dat stond te lezen in de Memorie van Toelichting op de wijzigingswet.

Het overgangsrecht bij deze operatie staat in de Invoeringswet Stelselher-ziening Sociale Zekerheid van 6 november 1986, Stb. 1986 nr. 567 en heeft tot op heden betekenis, zoals u verderop zult zien.

De wetgever had kennelijk de smaak te pakken want nog geen 7 jaar later achtte de wetgever de tijd wederom rijp om de WAO te wijzigen en wel met ingang van 1 augustus 1993. Deze wetgevende operatie staat bekend onder de naam wet TBA oftewel wet Terugdringing Beroep op de Arbeidsonge-schiktheidsregelingen, Stb. 1993 nr. 412.

Vanaf de inwerkingtreding van TBA gaat het Ministerie van SZW zich meer en meer bemoeien met de feitelijke gang van zaken bij de beoordeling van de mate van arbeidsongeschiktheid, hetgeen tot op heden heeft geresulteerd in 4 Schattings-besluiten en 1 ingrijpende wijziging van het Schattings-besluit met ingang van 1 oktober 2004.

De verhoogde regelgevende activiteiten van het Ministerie van SZW vanaf het begin van de jaren 90 vallen niet toevallig samen met de bevindingen van de parlementaire enquête commissie in de sociale verzekering onder lei-ding van de heer Buurmeijer.

Aangezien de laatste wijziging van het Schattingsbesluit met ingang van 1 oktober 2004 gepaard gaat met een complete herbeoordelingsoperatie, ver-gelijkbaar met de herbeoordelingsoperatie tengevolge van de invoering van de wet TBA,vormt deze wijziging van het Schattingsbesluit voor ons aan-leiding om vanaf 1 oktober 2004 te spreken over het criterium TBA-plus of zo u wilt TBA-min.

3.2 De arbeidsongeschiktheidscriteria

In de inleiding hebben wij reeds aangegeven, dat de WAO vanaf 1 juli 1967 diverse malen ingrijpend is gewijzigd. Deze wijzigingen in de WAO hadden en hebben doorgaans 2 doelstellingen, te weten het reduceren van het aantal bestaande uitkeringsgerechtigden en beperking van de instroom van nieuwe uitkeringsgerechtigden. Daarnaast speelt (ordinaire) bezuinigingsdrift vrij-wel altijd een rol. Met name het terugdringen van het aantal bestaande uit-keringsgerechtigden brengt mee, dat er overgangsrecht gecreëerd dient te worden ten einde de grenzen van de ingreep te bepalen. Immers de wetge-ver wijzigt éénzijdig de polisvoorwaarden van de WAO, terwijl voor de

106

bestaande uitkeringsgerechtigden de verzekerde gebeurtenis zich al heeft voorgedaan.

Wij zullen u in dit hoofdstuk laten zien of en in hoeverre de wetgever het beginsel van eerbiedigende werking heeft gehanteerd bij de verschillende grote wijzigingen van de WAO. Eerbiedigende werking van nieuwe wetgeving wil zeggen, dat deze wetgeving slechts gelding heeft voor nieuwe gevallen en de reeds bestaande gevallen ongemoeid laat.

Wij hanteren bij de vraag of er sprake is van een nieuw arbeidsongeschiktheidscriterium de volgende uitgangspunten:
- Wordt er ingrijpend gesleuteld aan het bestaande rechtssysteem?
- Is er sprake van herbeoordelingen van reeds bestaande rechten?

Op grond van deze uitgangspunten zijn er tot op heden 4 verschillende arbeidsongeschiktheidscriteria WAO te onderscheiden:
1. Het criterium vanaf 1 juli 1967 tot 1 januari 1987.
2. Het criterium vanaf 1 januari 1987 tot 1 augustus 1993.
3. Het criterium vanaf 1 augustus 1993 tot 1 oktober 2004.
4. Het criterium vanaf 1 oktober 2004 tot heden.

3.2.1 Het arbeidsongeschiktheidscriterium WAO tot 1 januari 1987

Dit criterium ook wel het 'oude criterium' genoemd is in vergelijking met de huidige gang van zaken bij een arbeidsongeschiktheidsbeoordeling een zeer soepel criterium.

De soepele beoordeling schuilt niet zozeer in de tekst van art. 18 lid 1 WAO daar de tekst van art. 18 lid 1 WAO, een enkele uitzondering daargelaten, vrijwel identiek is aan de huidige tekst. De ruimhartige beoordeling zat 'm met name in de arbeidsdeskundige benadering van het begrip arbeidsongeschiktheid, enerzijds veroorzaakt door de wet en anderzijds door de beleidsregels opgesteld door de toenmalige Gemeenschappelijke Medische Dienst (verder de GMD) en de Federatie van Bedrijfsverenigingen (verder de FBV).
Naast de tekst van art. 18 lid 1 (tekst tot 1 januari 1987) noopte art. 21 (tekst tot 1 januari 1987) de uitvoerders tot een uitvoerige arbeidsdeskundige inspanning alvorens een arbeidsongeschikte werknemer in de zin van de

107

WAO aan de hand van theoretische functies kon worden (her)beoordeeld. U dient hierbij te bedenken, dat een werknemer die de wachttijd had volbracht destijds vrijwel automatisch een WAO-uitkering kreeg toegekend berekend naar de mate van arbeidsongeschiktheid van 80-100% (soms zelfs ambtshalve) en dus voor een herbeoordeling van de mate van arbeidsongeschiktheid in aanmerking kwam.

De volgende punten waren bij een herbeoordeling van de mate van arbeidsongeschiktheid in ieder geval van belang:
1. Verdiscontering van werkloosheid.
2. Het ter plaatse waar criterium.
3. Het arbeidsniveau van de theoretische functies.
4. A-specifieke selectie van de theoretische functies.
5. Toetsing op vacatures van de theoretische functies.
6. 5 verschillende theoretische functies met ongeveer 50 arbeidsplaatsen.
7. Begeleiding van de arbeidsongeschikte werknemer door een arbeidsdeskundige bij het zoeken van passend werk.

Ad 1: *Verdiscontering van werkloosheid*
Tot 1 januari 1987 bestond op grond van art. 21 lid 2 aanhef en onderdeel a van de WAO voor de uitvoerders de plicht om 'zoveel doenlijk rekening te houden met door de arbeidsongeschiktheid veroorzaakte verminderde gelegenheid tot het verkrijgen van arbeid'. In de praktijk werd deze bepaling ruim uitgelegd, in die zin, dat zodra een (relevante) mate van arbeidsongeschiktheid werd vastgesteld een uitkeringsgerechtigde in aanmerking werd gebracht voor een volledige WAO-uitkering. De verminderde gelegenheid tot het verkrijgen van arbeid ook wel werkloosheid genoemd, werd volledig toegerekend aan de soms geringe handicap.

De CRvB had en heeft een eigen opvatting met betrekking tot het begrip verdiscontering van werkloosheid tengevolge van de arbeidshandicap. De CRvB geeft een verzekerde in voorkomende gevallen een zogenaamd 'opstapje'. Dit opstapje bestaat eruit, dat een uitkeringsgerechtigde 1 of 2 arbeidsongeschiktheidsklasse(n) 'cadeau' krijgt afhankelijk van de veronderstelde ernst van de verminderde gelegenheid tot het verkrijgen van werk tengevolge van de handicap. Recent gaf de CRvB op 24 september 2004 LJN AR 3463 er nog blijk van, dat indien geen sprake is van zware beperkingen tot het verrichten van arbeid het niet in de rede ligt om over te gaan tot verdiscontering van werkloosheid ook niet door middel van een opstapje.

Hoewel de verdiscontering van werkloosheid aan een termijn gebonden kon worden kwam daar in de praktijk niet veel van terecht met uitzondering van een tijdelijk experiment in de regio Tilburg, waar de verdiscontering van werkloosheid aan een termijn van 2 jaar werd gebonden, de zogenaamde administratieve termijnstelling. Hand in hand met de verdiscontering van werkloosheid ging door de bank genomen de begeleiding van de arbeidsongeschikte werknemer door een arbeidsdeskundige van de GMD bij het zoeken naar passend werk. De arbeidsdeskundige werkzaam bij de GMD was in feite een voorloper van de huidige reïntegratiebedrijven.

In de ideale situatie ondersteunde de arbeidsdeskundige de uitkeringsgerechtigde met raad en daad om te komen tot werkhervatting in passend werk.

Een reden om af te zien van verdiscontering en begeleiding was een negatieve houding van de cliënt bij het aanvaarden van passend werk. Zo'n houding kon derhalve verstrekkende gevolgen hebben, immers in dat geval werd een uitkeringsgerechtigde na een uitlooptermijn ingedeeld in de echte arbeidsongeschiktheidsklasse.

Ad 2: *Het ter plaatse waar criterium*

De uitvoerders hanteerden op grond van de tekst van art. 18 lid 1 van de WAO tot 1 januari 1987 het uitgangspunt, dat de te duiden functies betrekkelijk dicht bij de woon- of werkplaats van de uitkeringsgerechtigde dienden te liggen. Gevolg van deze opvatting was, dat in sommige delen van Nederland relatief veel volledig arbeidsongeschikten voorkwamen vanwege het feit, dat er onvoldoende theoretische functies te vinden waren in de directe woon- of werkomgeving. Randstedelingen profiteerden minder van dit wettelijk criterium dan soortgelijk gehandicapten in de provincie.

Ad 3: *Het arbeidsniveau van de theoretische functies*

De te duiden theoretische functies mochten qua niveau niet verder dan 2 zogenaamde ARBI-niveau's beneden het oorspronkelijk niveau van de werknemer liggen. Een ARBI-niveau komt vrijwel overeen met een afgeronde opleiding. Hoger opgeleiden waren met deze eis goed af, daar de destijds voorhanden zijnde theoretische functies grotendeels een laag opleidingsniveau kenden, met als gevolg dat voor een hoger opgeleide arbeids-ongeschikte werknemer onvoldoende functies te duiden waren.

Ad 4: *A-specifieke selectie van de functies*
Het tot begin 1990 functionerende systeem Arbeidscomplexen-documentatie (ACD), de verre voorloper van het huidige CBBS was weliswaar enigszins geautomatiseerd echter dit systeem eiste wel een aantal handmatige acties van de arbeidsdeskundige. Voorafgaand aan de ACD maakte de arbeidsdeskundige gebruik van een regionaal gevulde kaartenbak om functies te selecteren die min of meer passend waren voor de uitkeringsgerechtigde. Bij de selectie van functies met behulp van het systeem ACD hield de arbeidsdeskundige in ieder geval geen rekening met de verdiensten in de functies. De ACD was destijds niet geprogrammeerd om functies te duiden met de hoogste loonwaarde. Daarbij moet u tevens bedenken, dat de GMD de mening was toegedaan, dat een uitkeringsgerechtigde genoeg problemen zou ondervinden op zijn pad van reïntegratie. Een herbeoordeling van de mate van arbeidsongeschiktheid op grond van de hoogste loonwaarde vond men mede op deze grond onjuist.

Ad 5: *Toetsing op vacatures*
Net zo min als tegenwoordig vertegenwoordigden de theoretische functies vacatures waarop een uitkeringsgerechtigde kon solliciteren. Tot 1987 dienden de te duiden theoretische functies evenwel regelmatig te worden gecontroleerd op de vraag of er in deze functies vacatures bestonden. Ons is dat in de praktijk eens geweldig opgebroken toen bleek, dat de Voorzitter van de Raad van Beroep 1 fors verlonende functie eigenhandig had gecontroleerd op vacatures. Het bedrijf waar deze functie was geënquêteerd was al enige jaren voor de beoordeling van de mate van arbeidsongeschiktheid failliet verklaard. Kortom met het schaamrood op de kaken weer terug naar kantoor. Regelmatige toetsing op vacatures was, enige incidenten daargelaten, een beleidsuitgangspunt van de GMD.

Ad 6: *5 verschillende functies met ongeveer 50 arbeidsplaatsen*
Aan deze eis werd niet strikt de hand gehouden in die zin, dat het aantal arbeidsplaatsen een vooraanstaande rol speelde bij een schatting. Er werd veeleer gekeken naar het karakter van de functies en de vraag of deze functies vrij algemeen van aard waren. Zoja, dan accepteerde een rechter soms

110

minder functies en soms minder theoretische arbeidsplaatsen. De hoeveelheid arbeidsplaatsen werd dan aanwezig geacht gezien het algemene karakter van de geduide functies. In het hierna te bespreken 'middencriterium' heeft de CRvB dit standpunt ook enige malen ingenomen, op grond waarvan de conclusie kan worden getrokken, dat het getalscriterium niet doorslaggevend is te achten in het oude- en middencriterium zoals dat wel het geval is onder de werking van de Schattingsbesluiten. Dat laatste ligt ook voor de hand, daar in de Schattingsbesluiten expliciet is aangegeven hoeveel arbeidsplaatsen de drie verschillende functie-codes dienen te vertegenwoordigen.

Ad 7: *Begeleiding door een arbeidsdeskundige bij het zoeken naar passend werk*
Onder 1 is al aangegeven dat deze eis samengaat met de verdiscontering van werkloosheid in de arbeidsongeschiktheidsuitkering. De facto begeleiding bij het zoeken naar passend werk is tegenwoordig een specialisatie van het reïntegratie-bedrijf en niet langer een taak van UWV laat staan dat deze begeleiding plaatsvindt met een volledige WAO-uitkering. Hoe vreemd deze praktijk u wellicht voorkomt tot 1987 was deze handelwijze gangbaar en beleid van de uitvoerders en dus heeft een uitkeringsgerechtigde onder het oude recht in principe recht op begeleiding bij het zoeken naar passend werk.

De hierboven uiteengezette uitgangspunten bij een herbeoordeling van de mate van arbeidsongeschiktheid onder het oude recht zijn voor een deel terug te voeren op de tekst van de WAO tot 1 januari 1987 en voor een deel zijn deze uitgangspunten gebaseerd op niet gepubliceerd beleid van de destijds met de uitvoering belaste organisaties zoals de GMD en de bedrijfsverenigingen.
U moet hierbij nog bedenken, dat tot 1987 WAO-beoordelingen aan het einde van de wachttijd ook ambtshalve werden verricht, conform de destijds geldende wettekst. Een claim van een arbeidsongeschikte was derhalve niet noodzakelijk. Voeg hierbij nog het gegeven, dat de GMD normaliter een redelijke werkachterstand had en er is een verklaring gevonden voor het fenomeen ambtshalve volledig arbeidsongeschikt zonder voorafgaande medische beoordeling door de GMD, uiteraard wel voorzien van medische beoordelingen door de verzekeringsarts in de voorafgaande ZW-periode.

111

Het was onder andere dit fenomeen dat door de Cie. Buurmeijer werd blootgelegd en welk fenomeen zorgde voor een slechte beeldvorming van de uitvoerders. Dat dit beeld tot op heden leeft moge blijken uit een recent gestelde kamervraag. Een kamerlid vroeg de Minister van SZW in 2005 of het mogelijk was dat een werknemer ongevraagd een WAO-uitkering toegekend kon krijgen. De Minister van SZW kon volstaan met te wijzen op art. 34 WAO, zoals dit artikel sedert 1 augustus 1993 luidt.

3.2.2 Het arbeidsongeschiktheidscriterium WAO vanaf 1 januari 1987 tot 1 augustus 1993

De wet van 6 november 1986, Stb. 1986 nr. 561 wijzigde de WAO en de AAW grondig voor alle nieuwe instromers. Dit zogenaamde midden-criterium bracht nogal wat wijzigingen in de tot dan bestaande arbeidsongeschiktheidswetgeving.

Zo werd de verdiscontering van werkloosheid in de WAO-uitkering afgeschaft evenals de begeleiding door een arbeidsdeskundige bij het zoeken naar passend werk. Begeleiding kon nog wel echter niet meer met een volledige arbeidsongeschiktheids-uitkering.

Het strikte 'ter plaatse waar' criterium werd afgeschaft en de uitveringspraktijk ging zoeken naar theoretische functies aanwezig binnen 2 à 3 regiokantoren van de GMD, waardoor er aanzienlijk meer te duiden functies voorhanden kwamen. Het kwam erop neer, dat een arbeidsongeschikte werknemer ongeveer in dezelfde positie kwam te verkeren als een vergelijkbare werkloze werknemer. Passend werk werd werk waarbij een (enkele) reistijd van 1½ uur acceptabel was.

De toetsing op regelmatige vacatures in de theoretische functies verdween geruisloos.

Wat bleef staan was de a-specifieke selectie van functies (kon niet anders vanwege het verouderde selectie-systeem) dus ook in dit criterium geen selectie van functies op de hoogste loonwaarde.

Er dienden tenminste 5 verschillende functies geduid te worden met ongeveer 50 arbeidsplaatsen en het niveau van de geduide functie mocht niet verder verwijderd zijn dan 2 ARBI-niveau's onder het niveau van het oude werk. Indien de theoretische functies vrij algemeen van aard zijn, kan een herbeoordeling van de mate van arbeidsongeschiktheid ook gebaseerd zijn op minder dan 50 arbeidsplaatsen. Zie in dit verband de uitspraak van de

CRvB van 17 december 2004 LJN AR 8154. Tandenknarsend legt de CRvB zich neer bij het standpunt van de gemachtigde van UWV!!!!, dat 31 arbeidsplaatsen onvoldoende is om de beoordeling van de mate van arbeidsongeschiktheid op te baseren onder de werkingssfeer van het midden-criterium.

Vanaf 1 oktober 1976 was in art. 18 WAO een delegatie bepaling opgenomen ten einde nadere en zonodig afwijkende regelingen te kunnen treffen. Van deze bevoegdheid is onder het midden-criterium geen gebruik gemaakt. Deze delegatie bepaling werd destijds opgenomen teneinde te kunnen bewerkstelligen, dat de beoordeling van de mate van arbeidsongeschiktheid in de AAW en de WAO niet teveel zou gaan verschillen. Vanaf 10 augustus 1994 vormt deze delegatiebepaling de basis voor de Schattingsbesluiten.

Bij gebreke van nadere regelgeving voorzag de Federatie van Bedrijfsverenigingen (verder FBV) in de leemte met de circulaire nr. C 783 van 16 april 1987 aangaande de te duiden functies ten einde een dam op te werpen tegen al te theoretische schattingen.

Probleem met de circulaires van de FBV was, dat de FBV wel kon adviseren maar de afzonderlijke Bedrijfsverenigingen niet kon binden. De verschillende bedrijfsverenigingen bleven vaak trouw aan eigen adviseurs en besturen, waardoor er een lappendeken bleef bestaan van regels en uitvoeringspraktijken. Dat sommige aanbevelingen van de Federatie een lang leven zijn beschoren moge evenwel blijken uit het volgende.

Onder punt 2.1 van de circulaire van 16 april 1987 worden een aantal randvoorwaarden genoemd waaraan een te duiden theoretische functie moet voldoen. Tot op heden zijn een aantal van deze voorwaarden nog steeds van kracht en opgenomen in art. 9 van het Schattingsbesluit van 8 juli 2000, Stb. 2000 nr. 307.

Voor de goede orde de uitkeringsgerechtigden die hun WAO-recht ontlenen aan het oude- of middencriterium vallen niet onder de werkingssfeer van enig Schattingsbesluit.

Bij de ingreep in de WAO met ingang van 1 januari 1987 heeft de wetgever in vergelijking met recente ingrepen een zeer gematigd overgangsrecht gecreëerd, in die zin dat werknemers met een recht op WAO-uitkering ingegaan voor de wetswijziging grotendeels werden ontzien.

In art. 52 lid 1 van de Invoeringswet Stelselherziening Sociale Zekerheid van 6 november 1986, Stb. 1986 nr. 567 is geregeld, dat de oude bepalingen blijven gelden voor degene die op 31 december 1986 recht had op een arbeidsongeschiktheidsuitkering (AAW of WAO) en op die dag de leeftijd had bereikt van 35 jaar.

In lid 2 van genoemd artikel is hetzelfde bepaald voor de jong-gehandicapte evenwel zonder leeftijdsgrens. Jong-gehandicapten hadden destijds een uitkering ingevolge de AAW.

Alle anderen dienden derhalve herbeoordeeld te worden aan de hand van de gewijzigde AAW en WAO. Deze herbeoordeling heeft niet of nauwelijks tot resultaten geleid in die zin, dat veel uitkeringsgerechtigden de hen toegekende arbeidsongeschiktheidsuitkering vanwege de herbeoordeling verloren. Voor de liefhebbers, de adviezen inzake deze herbeoordelingen werden afgedrukt op groen papier (een advies van de GMD was normaliter afgedrukt op geel papier) met de tekst 'advies: onveranderd volledig arbeidsongeschikt'.

SAMENVATTING

De beoordeling van de mate van arbeidsongeschiktheid heeft onder het midden-criterium vanaf 1 januari 1987 een sterk theoretisch karakter gekregen en de uitkeringsgerechtigde is vanaf 1 januari 1987 veel meer op zichzelf aangewezen bij het zoeken en vinden van passend werk.

Het heeft tot 1 juli 1998 geduurd alvorens de wetgever op de gedachte kwam om arbeidsgehandicapten te helpen bij hun reïntegratie door middel van de wet REA.

3.2.3 Het arbeidsongeschiktheidscriterium WAO vanaf 1 augustus 1993

Eind 1992 begin 1993 maakte het toenmalige Kabinet Lubbers III duidelijk, dat de steeds maar hoger wordende premiedruk van de arbeidsongeschiktheidswetten een belemmering vormde voor economisch herstel en dat er dus ingegrepen diende te worden in de toegangsvoorwaarden tot de WAO. Tevens werd daarbij aangegeven, dat er in Nederland veel te veel arbeidsongeschikten/inactieven rondliepen en dat daaraan een halt diende te worden toegeroepen. Zo gezegd, zo gedaan en medio januari 1993 werd ten huize van de toenmalige Minister van SZW, de heer De Vries, een vergade-

ring belegd, waaraan naast de heren De Vries en Lubbers (beiden CDA), tevens de heren Kok en Wöltgens (beiden PvdA) deelnamen. Deze heren sloten een akkoord, welk akkoord uitmondde in de wet Terugdringing Beroep op de Arbeidsongeschiktheidsregelingen (verder wet TBA) van 7 juli 1993, Stb. 1993 nr. 412.
Voornoemd akkoord is ook bekend onder de naam 'Bami-akkoord'. Deze naam is ontleend aan het gerecht dat de hongerige vergadertijgers voorgeschoteld kregen, met dank aan de kinderen van de heer De Vries. Zij kwamen terug met bami in plaats van de bestelde nasi.
De invoering van de wet TBA ging niet zonder slag of stoot. Met name in PvdA-kringen was er luidruchtig verzet tegen de voorgenomen plannen. Uiteindelijk heeft mevr. Adelmund (PvdA) in 1997 een scherp kantje van het overgangsrecht TBA weggeslepen en slaagde de heer Van Dijke (huidige CU) er eind 1995 in om de herzienings- en heropeningsbepalingen aanzienlijk te verruimen (Wet Amber van 2 november 1995, Stb. 1995 nr. 560 inwerking getreden op 29 december 1995).

Wat was nu de essentie van de wijzingen tengevolge van de wet TBA?

Ten eerste wijzigde de wetgever het medisch arbeidsongeschiktheidscriterium in die zin, dat aan de reeds bestaande formule *'rechtstreeks en objectief medisch vast te stellen gevolg'* werd toegevoegd. De formulering objectief medisch werd al sedert 1974 gehanteerd door de CRvB (naar objectieve medische maatstaven gemeten) echter *rechtstreeks* kwam in de terminologie van de CRvB niet voor en kan derhalve worden opgevat als een aanscherping van de bestaande juridische situatie. Voor een fraaie uiteenzetting van de CRvB op dit punt is RSV 1999 nr. 6 een mooi voorbeeld.

Ten tweede introduceerde de wet TBA het begrip vervolguitkering in de WAO (zie de artikelen 21a en 21b van de WAO). De loongerelateerde WAO-uitkering, die in principe tot het 65e levensjaar kon doorlopen, werd in duur beperkt. Na afloop van de loongerelateerde WAO-uitkering komt de arbeidsongeschikte werknemer in aanmerking voor een vervolguitkering. De hoogte van de vervolguitkering is gelijk aan het minimumloon met een geleidelijke opbouw afhankelijk van het aantal verstreken jaren tussen het 15e levensjaar en de leeftijd op het moment van toekenning van de WAO-uitkering. Een uitkeringsgerechtigde jonger dan 33 jaar op het moment van toekenning van de WAO-uitkering wordt direct in aanmerking gebracht voor een vervolguitkering WAO.

Door deze ingreep in de hoogte van de WAO-uitkering ontstaat het zogenaamde WAO-hiaat, immers er kan een aanmerkelijk verschil zitten tussen de loongerelateerde uitkering en de vervolguitkering. Het toenmalige kabinet onderkende dit probleem en meende, dat een werknemer dit maar zelf moest oplossen door middel van een private verzekering van het WAO-hiaat. Een groot deel van de werknemers heeft het WAO-hiaat herverzekerd vaak middels afspraken in de CAO of individuele arbeidsovereenkomsten.

Ten derde, meende het toenmalige kabinet, dat iedereen jonger dan 50 jaar met een reeds toegekende WAO-uitkering herkeurd moest worden volgens het nieuwste arbeidsongeschiktheidscriterium. Van belang was daarbij, dat de wetgever gebruik ging maken van de delegatiebepaling in het huidige art. 18 lid 8 WAO om Schattingsbesluiten te produceren. Het is met name deze ingreep met terugwerkende kracht die de wet TBA beroemd en berucht heeft gemaakt. Als inkomenscompensatie voor degenen die herbeoordeeld waren en de eerder toegekende WAO-uitkering geheel of gedeeltelijk verloren, verscheen op 7 februari 1996 de tijdelijke wet beperking inkomensgevolgen arbeidsongeschiktheidscriteria, Stb. 1996 nr. 93 kortweg de wet BIA in het Staatsblad ten einde te voorkomen dat herbeoordeelde arbeidsongeschikten in de destijds nog bestaande Algemene Bijstandswet terecht kwamen.

De wet BIA biedt, kort samengevat, een inkomensgarantie tot 70% van het minimumloon voor een herbeoordeelde arbeidsongeschikte tengevolge van de wet TBA en is vergelijkbaar met een WW-uitkering. De einddatum van de wet BIA is voorzien op 1 december 2016.

De herbeoordelingen op grond van de wet TBA werden minutieus geregeld in een zogenaamd Cohortenbesluit. In dit besluit werd exact aangegeven wanneer een bepaalde leeftijdsgroep uitkeringsgerechtigden voor herbeoordeling aan de beurt was.

Ten vierde werd met de wet TBA de systematiek van de periodieke herbeoordelingen ingevoerd (na 1 jaar en na 5 jaar WAO-uitkering) alsmede de voorwaarde, dat een arbeidsongeschikte (tijdig) zelf een aanvraag voor een WAO-uitkering moest indienen. Deze nadere voorwaarden waren een rechtstreeks gevolg van de aanbevelingen van de Cie. Buurmeijer.

116

Voor wie ging de wet TBA gelden oftewel hoe zit het met het overgangs-recht?

Op grond van het algemene uitgangspunt dat een nieuwe wet eerbiedigend werkt vallen alle nieuwe uitkeringsgerechtigden WAO vanaf 1 augustus 1993 onder het nieuwe arbeidsongeschiktheidcriterium.
Tot 1997 (de motie van mevr. Adelmund) stond in het overgangsrecht wet TBA, dat een persoon die op de dag van inwerkingtreding van de wet TBA (1 augustus 1993) de leeftijd van 50 jaar had bereikt en op de dag voor inwerkingtreding (31 juli 1993) recht had op een WAO-uitkering beoordeeld diende te worden aan de hand van het recht voorafgaand aan de wet TBA.
Met andere woorden, ouderen dan 50 jaar op 1 augustus 1993 en alsdan in het genot van een WAO-uitkering hadden niets te vrezen van de wetswijzi-ging.
De leeftijd 50 jaar op 1 augustus 1993 is zoals eerder aangegeven in 1997 gewijzigd in 45 jaar, echter niet in alle bepalingen (zie bijv. art. XVI lid 2 overgangsrecht wet TBA). Deze 'omissie' van de wetgever met betrekking tot de herkeuringen ed. heeft geen ernstige gevolgen voor een betreffende uitkeringsgerechtigde, daar zijn of haar recht op een WAO-uitkering ge-borgd is in art. XVI lid 1 overgangsrecht TBA.

Aangezien de wet TBA ook ingreep in de duur van de loongerelateerde WAO-uitkering moest ook hiervoor een overgangsregeling komen.
In art. XVII overgangsrecht wet TBA is hiervoor een regeling getroffen.
Een ieder die voor 1 augustus 1993 (dus onafhankelijk van de leeftijd) een WAO-uitkering had werd sowieso uitgezonderd van de vervolguitkering.
De tweede categorie zijn degenen die op 25 januari 1993 arbeidsongeschikt waren (danwel binnen 1 maand nadien werden na een eerdere hersteld ver-klaring) en vervolgens 52 weken arbeidsongeschikt bleven *en* aansluitend recht kregen op toekenning van een WAO-uitkering.
Deze wellicht merkwaardige bepaling kan als volgt verklaard worden. De toenmalige Minister President de heer Lubbers slaagde er iets voor 25 janu-ari 1993 in om een akkoord te sluiten met private verzekeraars omtrent de verzekering van het WAO-hiaat. De private verzekeraars hadden evenwel bedongen, dat indien de verzekerde gebeurtenis zich had voorgedaan tot en met 25 januari 1993 zij niet gehouden zouden zijn om zo'n werknemer te

accepteren, vandaar de wat merkwaardige datum 25 januari 1993 in deze bepaling.

Deze overgangsrechtelijke bepaling heeft nogal vergaande en soms verwarrende consequenties. In art. XVII overgangsrecht TBA worden domweg de hiervoor genoemde peildatum genoemd alsmede enige voorwaarden. Voldoet een werknemer aan deze voorwaarden, dan heeft hij of zij tot in lengte van dagen bescherming tegen art. 21a en 21b van de WAO, de artikelen die de duur en het hoogte van de WAO-uitkering regelen vanaf 1 augustus 1993. Wordt bijvoorbeeld de WAO-uitkering van zo'n werknemer nadien beëindigd en hervat hij weer, dan is het goed mogelijk dat hij bij hernieuwde uitval zowel recht heeft op een private aanvulling op zijn WAO-uitkering vanwege een te zijnen gunste afgesloten hiaat-verzekering en de garantie heeft van art. XVII overgangsrecht wet TBA.

Alle goede bedoelingen ten spijt, deze regeling gaat uit van een geweldig geheugen en dito kennisniveau van een uitkeringsgerechtigde.

Tenslotte wijzigde de wetgever gelijktijdig met de invoering van de wet TBA art. 52 IWS, in die zin dat daaraan een derde lid werd toegevoegd.

In dit derde lid wordt uitsluitend een peildatum genoemd, te weten 1 augustus 1993. Consequentie van deze wetgevende ingreep is, dat indien een uitkeringsgerechtigde voldoet aan de voorwaarde van bijv. het eerste lid van art. 52 IWS, het op 1 augustus 1993 niet meer noodzakelijk is, dat hij of zij alsdan nog steeds in het genot is van een WAO-uitkering.

Een voorbeeld ter verduidelijking van het probleem.

Stel dat een WAO-gerechtigde die op 1 januari 1987 ouder was dan 35 jaar en op 1 augustus 1993 ouder was dan 45 jaar, na 1 januari 1987 maar voor 1 augustus 1993 werk heeft aanvaard waardoor deze uitkering na 1 januari 1987 is beëindigd.

Eind 2004 klopt deze inmiddels 56-jarige aan de poort van UWV met het verzoek om in aanmerking te worden gebracht voor een WAO-uitkering. Vrijwel niemand weet meer dat de goede man of vrouw beoordeeld dient te worden aan de hand van het recht geldend tot 1 januari 1987 en toch is dat wat er staat in art. 52 lid 3 IWS.

Mocht u denken dat de redactie van art. 52 lid 3 IWS op een vergissing berust, dan wijzen wij u op art. XIV lid 1 onder a van de Invoeringswet nieuwe en gewijzigde arbeidsongeschiktheidswetten van 24 april 1997, Stb. 1997 nr. 178 (de wet Inga). De wet Inga bevat overgangsrechtelijke bepalingen met betrekking tot de afschaffing van de AAW en de invoering van de WAZ en Wajong. In genoemde bepaling is art. 52 lid 3 IWS exact herhaald, hetgeen niet het vermoeden doet rijzen dat er sprake is van een wetgevende vergissing.

Samenvattend kan gesteld worden, dat de wet TBA diep heeft ingegrepen in de rechten van reeds arbeidsongeschikte werknemers. Voorts is de toegang tot de WAO sedert 1 augustus 1993 fors beperkt en komt het vaker dan voorheen tot een gedeeltelijke arbeidsongeschiktheidsuitkering. Met de invoering van de vervolguitkering heeft de wet TBA ertoe geleid, dat het uitgave niveau in verband met de WAO sterk is gedaald. Volgens gegevens van het CBS zit Nederland wat uitgaven ten behoeve van de WAO betreft ongeveer op het niveau van het midden van de jaren 80. In discussies over de WAO wordt dit feit vrijwel nooit door de media belicht.

3.2.4   Het arbeidsongeschiktheidscriterium WAO vanaf 1 oktober 2004

Na de implementatie van de wet TBA en een 4-tal Schattingsbesluiten werd het kennelijk wederom tijd voor een nieuwe herbeoordelingsoperatie. Ten einde verder te bezuinigen en het aantal WAO-gerechtigden in te perken heeft het Ministerie van SZW met ingang van 1 oktober 2004 het tot dan vigerende Schattingsbesluit fors aangescherpt. Ten einde een groot aantal bestaande uitkeringsgerechtigden onder te brengen in het nieuwe recht had het Ministerie van SZW aanvankelijk bedacht, om iedereen die een WAO-uitkering had en na 1 juli 1949 geboren was te herkeuren aan de hand van het vernieuwde Schattingsbesluit 2000.

De geboortedatum 1 juli 1949 is gewijzigd in 1 juli 1954, hetgeen betekent dat degenen die op 1 juli 2004 50 jaar of ouder zijn en een WAO-uitkering hebben gevrijwaard blijven van een nadere beoordeling van de mate van arbeidsongeschiktheid aan de hand van het vernieuwde Schattingsbesluit 2000.

Wat zijn per 1 oktober 2004 de belangrijkste wijzigingen ten opzichte van het daarvoor geldende Schattingsbesluit?
* Aanscherping van het begrip 'onvermogen tot persoonlijk en sociaal functioneren' in art. 2 lid 5 onder d van het SB 2000 door de toevoeging als *gevolg van een ernstige psychische stoornis.*

119

- Introductie van het begrip maatmaninkomensgarantie.
- Wijziging wijze van indexeren van het maatmaninkomen.
- Beperking van de urenomvang van de maatman.
- Wijzigingen in de functieduiding.
- Wijziging van de berekening van de resterende verdiencapaciteit.

Met uitzondering van de introductie van het begrip maatmaninkomensgarantie zijn alle andere wijzigingen een verslechtering van de rechtspositie van de WAO-verzekerde. Het verschil met de eerdere ingrepen in de WAO is, dat met ingang van 1 oktober 2004 uitsluitend het Schattingsbesluit 2000 is gewijzigd en niet de wet in formele zin, de wijzigingen zijn er evenwel niet minder ingrijpend door.

Voor een uitgebreide bespreking van de wijzigingen van het Schattingsbesluit 2000 met ingang van 1 oktober 2004 verwijzen wij u naar paragraaf 4 van dit hoofdstuk waar onder andere de totstandkoming van de resterende verdiencapaciteit behandeld wordt.

Late aanvraag en de arbeidsongeschiktheidscriteria
Het kan voorkomen dat een werknemer heeft verzuimd om een WAO-uitkering aan te vragen, terwijl daar wel recht op bestaat of bestond. De WAO en ook de andere arbeidsongeschiktheidswetten kennen het begrip verjaring van aanspraken niet en dus kan het voorkomen, dat een werknemer na jaren alsnog met succes een WAO-claim legt bij UWV. Indien de eerste arbeidsongeschiktheidsdag is gelegen in een ver verleden kan de vraag opkomen aan de hand van welk criterium UWV deze claim moet beoordelen. In USZ 2000 nr. 289 oordeelde de CRvB, dat de datum van toekenning van de WAO-uitkering in deze beslissend is te achten. Kent UWV de WAO-uitkering toe met een jaar terugwerkende kracht zoals in principe is neergelegd in art. 35 WAO dan zal een thans gelegde WAO-claim beoordeeld worden aan de hand van de juridische stand van zaken zoals die nu is. Recent heeft de CRvB in USZ 2005 nr. 143 wederom een uitspraak gedaan over deze materie. De CRvB toets blijkens deze uitspraak de eventuele aanspraken van de betrokken werknemer aan alle overgangsrechtelijke bepalingen en komt tot de slotsom dat de werknemer niet beschermd zou worden door deze bepalingen gelet op zijn leeftijd. Deze toetsing is nogal verschillend met de toetsing in USZ 2000 nr. 289, echter het resultaat is hetzelfde. Vooralsnog houden wij het erop, dat de mate van terugwerkende kracht die door UWV

wordt gegeven aan de toekenning van de WAO-uitkering beslissend is te achten voor het juridisch regime waaronder beoordeeld moet worden. Immers het genieten van een WAO-uitkering is in alle overgangsrechtelijke bepalingen een beslissende factor naast de leeftijd van een betrokkene.

SAMENVATTING

Er zijn thans 4 verschillende criteria met betrekking tot de vaststelling van de mate van arbeidsongeschiktheid in de zin van de WAO actief. Op grond van de peildatum 1 augustus 1993 gekoppeld aan de leeftijd van 45 jaar per die datum zal het oude- en middencriterium verdwijnen in 2013, immers in 2013 zullen die uitkeringsgerechtigden de leeftijd van 65 jaar bereiken.

Het SB 2000 zoals gewijzigd per 1 oktober 2004 zal in verband met de peildatum 1 oktober 2004 en de geboortedatum 1 juli 1954 tot en met het jaar 2019 actief zijn.

De kans dat u een oud- of middencriterium als zaak op uw bureau zult aantreffen is niet groot, het is echter evenmin uit te sluiten. Deze categorie uitkeringsgerechtigden kan met een WAO-zaak bij u komen tot en met het jaar 2013. Wij adviseren u in ieder geval om zeer gespitst te blijven op deze zaken en tevens op het door UWV gehanteerde juridisch regime bij de herbeoordeling van de mate van arbeidsongeschiktheid op en na 1 oktober 2004.
Het is onze ervaring, dat na verloop van tijd de kennis van het recht van voor 1 oktober 2004 wegzakt en dat iedere uitkeringsgerechtigde beoordeeld wordt aan de hand van het recht zoals het geldt ten tijde van de beoordeling. Het is niet zozeer moedwil maar veeleer een gevolg van procesmatig denken bij UWV en de hoeveelheid beoordelingen die de revue passeren. Het is mede aan u om de krenten uit de pap te halen en correct af te (laten) wikkelen.

3.3 Maatmannen en maatvrouwen

3.3.1 Inleiding

Hiervoor hebben wij u laten zien, dat er 4 verschillende arbeidsongeschikt-heidscriteria te onderscheiden zijn in de WAO en dat deze criteria nog steeds actief zijn.

Bij de behandeling van de WAO gaan wij in het vervolg van dit boek uit van de juridische situatie vanaf 1 augustus 1993, kortom vanaf de invoering van de wet TBA, tenzij anders aangegeven.

Wij zullen de vanaf 1 augustus 1993 doorgevoerde wijzigingen in ieder geval aanstippen en indien van belang voor de rechtspraktijk uitvoerig bespreken.

Kenmerkend voor de WAO was en is dat deze (verplichte) werknemersverzekering het systeem kent van inkomenscompensatie tengevolge van de arbeidshandicap veroorzaakt door ziekte of gebrek, zwangerschap of bevalling en dat er sprake is van een zeer beperkte risico-selectie. Deze kenmerken kunnen ertoe leiden, dat een verzekerde op de eerste werkdag arbeidsongeschikt wordt en vervolgens tot zijn 65e levensjaar een WAO-uitkering blijft genieten, tenzij er een uitsluitingsgrond op hem of haar van toepassing is. Op dit laatste aspect komen wij in paragraaf 8 terug. Wij zullen eerst de systematiek van de inkomenscompensatie onder de loep nemen.

Net zoals in de ZW wordt ook in de WAO bezien in hoeverre een werknemer beperkingen heeft tot het verrichten van arbeid in medische zin. Aangezien art. 19 van de ZW en art. 18 van de WAO qua medische component identiek zijn, is de jurisprudentie van de CRvB aangaande het begrip arbeidsongeschiktheid in medische zin onderling uitwisselbaar. In de WAO wordt evenwel bezien of en zoja in welke mate een werknemer met zijn arbeidshandicap nog in staat is te achten om algemeen geaccepteerde arbeid te verrichten, terwijl in de ZW in beginsel wordt gekeken naar de laatstelijk verrichte arbeid. De totale arbeidsongeschiktheidsbeoordeling in de ZW is dus aanzienlijk beperkter dan in de WAO.

Indien een werknemer na het vervullen van de wachttijd ongeschikt is voor zijn eigen werk en met theoretische functies (invulling van het begrip algemeen geaccepteerde arbeid) minder kan verdienen dan met zijn vroegere werkzaamheden spreekt men van een verlies aan verdiencapaciteit. Dit verlies aan verdiencapaciteit wordt vastgesteld door een arbeidsdeskundige en deze deskundige werkt met de volgende formule:

$$\frac{Maatman \ -/- \ Resterende \ verdiencapaciteit}{Maatman} \times 100\%$$
$$= \% \ arbeidsongeschiktheid$$

Voor alle duidelijkheid de begrippen maatman en resterende verdiencapaciteit worden door de arbeidsdeskundige nader geconcretiseerd in geldbedragen. Op deze wijze wordt op een exacte wijze vastgesteld hoeveel het verlies aan verdiencapaciteit bedraagt en welk bedrag als inkomstenderving betaald dient te worden in de vorm van een WAO-uitkering.

Deze door de wetgever in 1967 gekozen systematiek leidt er toe, dat werknemers met gelijke beperkingen tot het verrichten van arbeid in medische zin, bij de vaststelling van de mate van arbeidsongeschiktheid zeer verschillend kunnen uitkomen. Immers ingeval van een gelijk bedrag aan resterende verdiencapaciteit leidt een (fors) verschil in het maatmaninkomen tot een (fors) verschil in de mate van arbeidsongeschiktheid.

Op het eerste gezicht lijkt dit onrechtvaardig, echter u moet hierbij wel bedenken dat degene met een hoog maatmaninkomen ook een hoog inkomensverlies heeft, waarvoor de WAO compensatie biedt.

Waar ligt de juridische basis voor het hanteren van deze formule en hoe stelt UWV de maatman en de resterende verdiencapaciteit vast?

De juridische basis voor de maatman ligt besloten in art. 18 lid 1 van de WAO en met name in de formulering 'soortgelijk gezonde personen met soortgelijke opleiding en ervaring'.

Strikt juridisch bezien zou UWV bij iedere maatmanvaststelling op zoek moeten gaan naar de soortgelijk gezonde en uit moeten zoeken wat die soortgelijk gezonde verdient. In de praktijk omzeilt UWV deze wettelijke verplichting door het inkomen van de verzekerde zelf als maatmaninkomen te nemen onder het motto 'er is niemand zo soortgelijke als jezelf'.

Slechts indien wordt afgeweken van de laatstelijk verrichte arbeid als zijnde de maatman gaat UWV op zoek naar een soortgelijk gezonde.

123

De resterende verdiencapaciteit vloeit voort uit de formulering 'niet in staat is om met arbeid te verdienen' in art. 18 lid 1 van de WAO, welk begrip nader is uitgewerkt in art. 18 lid 5 van de WAO. Voorts kunnen op grond van art. 18 lid 8 van de WAO bij of krachtens algemene maatregel van bestuur *nadere en zonodig afwijkende regels* worden gesteld met betrekking tot art. 18 WAO in zijn geheel.

Deze delegatie bepaling is in 1976 in de WAO terecht gekomen. Het duurde echter tot 10 augustus 1994 eer het Ministerie van SZW gebruik maakte van deze bepaling. Op 10 augustus 1994 trad namelijk het eerste Schattingsbesluit in werking, welk Schattingsbesluit nadien viermaal is vervangen en laatstelijk met ingang van 1 oktober 2004 vrij ingrijpend is gewijzigd.

Ondanks alle regeldrift van het Ministerie van SZW na 1 augustus 1993 (invoering wet TBA) heeft men zich aldaar nooit gewaagd aan een gedetailleerde beschrijving van (de inkomsten van) de maatman.

Om deze hoeksteen van de WAO goed te begrijpen moeten wij dus teruggrijpen op de wet en de jurisprudentie van de CRvB dienaangaande om van daaruit te komen tot een begrijpelijk geheel.

Na lezing van deze paragraaf zult u wellicht begrijpen waarom met Ministerie van SZW zich tot op heden niet heeft gewaagd aan regulering van het begrip maatman en diens inkomen in de Schattingsbesluiten.

3.3.2 Maatmannen en maatvrouwen

In de inleiding is reeds aangegeven dat de wetgever het begrip de verdiensten van een soortgelijk gezonde met soortgelijke opleiding en ervaring hanteert en dat de uitvoering normaliter de verdiensten van de verzekerde zelf als de verdiensten van de soortgelijk gezonde neemt. Door de bank genomen gaat dan de volgende stelling op: de maatman dat is de verzekerde zelf en het laatstelijk verdiende salaris van de verzekerde is het uitgangspunt voor de vaststelling van het maatmaninkomen.

Op dit uitgangspunt, welk uitgangspunt ook door de CRvB wordt gehanteerd, zij het deftiger geformuleerd, zijn evenwel een aantal uitzonderingen. Ten einde op een verantwoorde wijze te functioneren op het terrein van arbeidsgeschiktheid is kennis van de mogelijke uitzonderingen op de hoofdregel onontbeerlijk.

De meest frequent voorkomende uitzonderingen op de hoofdregel zijn de volgende:
1. Bij aanvang van de WAO-verzekering of baanwisseling reeds ongeschikt voor de laatstelijk verrichte arbeid.
2. Beroepswisseling tengevolge van ziekte of gebrek.
3. Langdurig werkloos voorafgaand aan de eerste arbeidsongeschiktheidsdag.
4. Leeftijd gebonden werkzaamheden.
5. Nieuw verkregen bekwaamheden tijdens arbeidsongeschiktheid.
6. Niet gerealiseerde toekomst verwachtingen vanwege ingetreden arbeidsongeschiktheid.
7. Ontwikkeling van het maatmaninkomen.
8. Nevenfuncties.
9. Excessieve deelname aan het arbeidsproces.
10. Overwerkverdiensten in het maatmaninkomen.
11. Pré-pensioen en het maatmaninkomen.

Ad 1: *Bij aanvang van de WAO-verzekering of baanwisseling reeds bestaande ongeschiktheid voor de laatstelijk verrichte arbeid*
Indien op grond van medisch en/of arbeidskundig onderzoek komt vast te staan, dat de verzekerde de aanvaarde werkzaamheden niet aankon en dit probleem reeds bestond ten tijde van het aanvaarden van deze werkzaamheden dan ligt het in de rede dat UWV deze laatste werkzaamheden niet als maatstaf neemt voor de beoordeling van de mate van arbeidsongeschiktheid. Wat oudere voorbeelden uit de jurisprudentie betreffen ongeschiktheid voor het verrichten van ploegendienst of het ten enenmale missen van bepaalde kwaliteiten noodzakelijk voor het verrichten van de aanvaarde werkzaamheden. Te denken valt onder meer aan het in onvoldoende mate aanwezig zijn van commerciële kwaliteiten voor een sales-medewerker of organisatorische kwaliteiten voor een nieuwbakken manager.
Probleem voor UWV bij het innemen van dit standpunt bij de maatmanvaststelling is, dat het niet functioneren van een verzekerde niet eenvoudig op een overtuigende wijze aannemelijk is te maken.
Voorts schuurt deze uitzondering in het kader van de maatmanvaststelling dicht langs de geheel of gedeeltelijke uitsluitingsbepalingen zoals genoemd in art. 18 lid 2 en art. 30 van de WAO.

Deze bepalingen, welke in paragraaf 8 worden behandeld, kennen vrij strikte juridische kaders, waaraan voldaan moet zijn wil UWV met succes deze bepalingen een verzekerde kunnen tegenwerpen.

De CRvB heeft bijvoorbeeld in het kader van de gehele of gedeeltelijke uitsluitingen van het recht op een arbeidsongeschiktheidsuitkering geoordeeld, dat het niet meer voor de hand ligt om deze bepalingen te gebruiken, indien een verzekerde tenminste 6 maanden onafgebroken heeft gefunctioneerd, tenzij sprake is van overtuigend bewijs van het tegendeel. De termijn van 6 maanden functioneren is recent verder bekort door UWV in beleidsregels. UWV hanteert voor de uitsluitingsgronden thans een termijn van 3 maanden onafgebroken functioneren.

Het kan gezien het voorgaande zeker de moeite lonen, om een beroep te doen op deze regels, indien UWV zich op het standpunt stelt dat een andere maatman dient te worden gehanteerd op grond van ongeschiktheid voor de laatstelijk verrichte werkzaamheden. Immers het juridisch karakter van het standpunt in het kader van de maatmanvaststelling is vrijwel identiek aan het hanteren van een uitsluitingsgrond door UWV, zodat het alleszins in de rede ligt om de juridische kaders van de uitsluitingsgronden eveneens te hanteren in dit (maatman)verband.

Een recent voorbeeld van een werknemer die van meet af aan ongeschikt was voor zijn laatstelijk verrichte werkzaamheden en waarbij teruggegrepen wordt op de eerder verrichte werkzaamheden voor de maatmanvaststelling is te vinden in USZ 2006 nr. 200. De CRvB overweegt in deze uitspraak nogmaals, dat de ongeschiktheid voor de laatstelijk uitgeoefende werkzaamheden niet uitsluitend behoeft te berusten op uit ziekte of gebrek voortvloeiende beperkingen. Deze beperkingen kunnen ook zijn gelegen in het karakter van de werknemer en/of de vooropleiding.

Ad 2: *De beroepswisseling tengevolge van ziekte of gebrek*
Het klassieke voorbeeld is de kapitein op de grote vaart, die ten tijde van dat werk arbeidsongeschikt is geraakt. Stoere zeelui maken daarvan geen melding en de kapitein gaat ander werk zoeken aan de wal. Dat laatste lukt ook, echter arbeidsongeschiktheid is dikwijls een voortschrijdend proces en uiteindelijk moeten de werkzaamheden aan wal definitief gestaakt worden vanwege arbeidsongeschiktheid. Bij het einde van de wachttijd blijkt dan dat onze stoere kapitein qua werkniveau en verdiensten aan lager wal is

geraakt. In jargon noemt men deze verzekerden ook wel een afzakker of Svr-afzakker, genoemd naar de regels van de Sociale verzekeringsraad dienaangaande, de verre voorloper van de huidige Inspectie Werk en Inkomen (IWI).

Wat nu te doen?

Indien er aanwijzingen in het dossier aanwezig zijn om te veronderstellen, dat de arbeidsongeschiktheid reeds eerder aanwezig was kan UWV de eerste arbeidsongeschiktheidsdag verzetten naar een datum in het verleden. Vaak doet UWV dit eigener beweging en mocht dat niet het geval zijn dan kan erom worden verzocht. Gevolg van deze manoeuvre is dat uitgaande van de eerder vastgestelde arbeidsongeschiktheidsdag ook een andere maatman in beeld komt, immers bij een verschuiving van de eerste arbeidsongeschiktheidsdag hanteert UWV weer de hoofdregel, te weten de werkzaamheden voorafgaand aan de eerste arbeidsongeschiktheidsdag zijn de grondslag voor de maatmanvaststelling.

Enige waakzaamheid is hierbij wel geboden, daar het ook zo kan zijn dat de eerste arbeidsongeschiktheidsdag valt in een periode van niet verzekerd zijn of uitkomt in een zeer ongunstig tijdvak qua aard en niveau van de alsdan verrichte werkzaamheden.

Bijkomend voor- of nadeel is tevens, dat UWV bij de berekening van het dagloon WAO uit zal gaan van de werkzaamheden voorafgaand aan de nieuw vastgestelde eerste arbeidsongeschiktheidsdag.

In de dagelijkse praktijk zal deze klassieker niet zo vaak voorkomen echter uitgesloten is het zeker niet.

Een vaker voorkomend en meer versluierd voorbeeld is de part-timer ten tijde van het intreden van de arbeidsongeschiktheid. Werknemers die fulltime werkzaamheden vanwege ziekte of gebrek niet meer aankunnen, denken dit probleem op te lossen door minder te gaan werken. De werklast wordt weliswaar evenredig verminderd maar blijft vaak onverminderd hoog, zodat het probleem niet wordt opgelost met part-time werken.

Het is een kleine moeite om te informeren naar de redenen van het part-time werken. Mochten die bij nader inzien zijn gelegen in het feit dat de verzekerde het full-time werken niet meer aankon op grond van medische redenen, dan is het de moeite waard om dit standpunt te laten toetsen door UWV.

Gaat UWV mee dan betekent dit zowel bij een latere herbeoordeling als bij de dagloonvaststelling een gunstige uitgangspositie van de betreffende werknemer.

Indien de eerste arbeidsongeschiktheidsdag in tijd naar achteren wordt geschoven, dan doet zich bij toekenning van de WAO-uitkering nog een laatste probleem voor en dat is de ingangsdatum van de uitkering. In principe gaat op grond van art. 35 van de WAO de toe te kennen WAO-uitkering niet eerder in dan 1 jaar voor de dag waarop de aanvraag werd ingediend. UWV heeft de bevoegdheid om op grond van de tweede volzin in art. 35 lid 2 van de WAO voor bijzondere gevallen af te wijken van deze hoofdregel. In dit soort zaken kan er soms een grote tijdspanne zitten tussen de eerste arbeidsongeschiktheidsdag en de dag van de aanvraag, waardoor er een groot financieel belang ontstaat.

De jurisprudentie van de CRvB op art. 35 lid 2 van de WAO is niet bijzonder talrijk echter op grond van het gelijkluidende artikel 25 lid 2 van de AAW komt u in de vakliteratuur aanzienlijk meer uitspraken van de CRvB tegen.

Zonder diepgaand op art. 35 van de WAO in te gaan, iedere claim met terugwerkende kracht heeft zo zijn eigenaardigheden, kan in het algemeen gesteld worden, dat geen bijzonder geval wordt aangenomen zolang een verzekerde nog in staat is geweest om zijn eigen belangen adequaat te behartigen. Onbekendheid met de wet- en regelgeving maakt niet dat deswege sprake is van een bijzonder geval in de zin van art. 35 lid 2 van de WAO.

Was een verzekerde niet in staat om zijn eigen belangen adequaat te behartigen en had hij destijds evenmin een ander in zijn omgeving die zijn belangen adequaat kon behartigen, dan is een bijzonder geval in de zin van art. 35 lid 2 van de WAO nabij. De omvang van het financieel belang is op zichzelf geen sta in de weg voor het aannemen van een bijzonder geval in de zin van art. 35 van de WAO.

Ad 3: *Langdurig werkloos voorafgaand aan de eerste arbeidsongeschiktheidsdag*

Bij de behandeling van het begrip 'zijn arbeid' in de zin van de ziektewet heeft u gezien, dat de CRvB niet snel wenst af te stappen van het principe dat de laatstelijk verrichte arbeid voorafgaand aan het intreden van de

128

arbeidsongeschiktheid de maatstaf is voor het begrip 'zijn arbeid' in de zin van art. 19 van de ZW.

In het kader van een WAO-beoordeling liggen de zaken wat dit betreft anders.

De CRvB hanteert vanaf 1994 het uitgangspunt, dat een langdurig werkloze zijn echte maatman verliest, indien hij tenminste 2 jaar werkloos is *en ten tijde van de ziekmelding geen loongerelateerde uitkering meer ontvangt*. In zo'n geval is het naar het oordeel van de CRvB gerechtvaardigd, dat als maatman wordt genomen degene die werkzaam is op het niveau van het minimumloon. Dit standpunt van de CRvB opent voor UWV perspectieven, daar het FIS en thans het CBBS rijkelijk gevuld is met functies op het minimumloonniveau, waardoor de kans klein is dat een langdurig werkloze op arbeidskundige gronden geheel of gedeeltelijk arbeidsongeschikt wordt geacht.

Met betrekking tot het onderwerp langdurige werkloosheid voorafgaand aan de eerste arbeidsongeschiktheidsdag is vanaf 1 april 2002 van belang het Besluit uniformering loonkundige component arbeidsongeschiktheidsbeoordeling, Stcrt. 2002 nr. 169 van het Lisv, in welk besluit bovengenoemde jurisprudentie is gecodificeerd. Dit besluit heeft sedert haar inwerkingtreding niet geleid tot nadere jurisprudentie van de CRvB op dit punt. Dit wordt waarschijnlijk veroorzaakt door het besluit zelf, daar er vanaf 1994 ook uitspraken van de CRvB te vinden zijn, die met betrekking tot dit onderwerp meer ruimte bieden aan UWV dan het Besluit uniformering loonkundige component arbeidsongeschikt-heidsbeoordeling toestaat. Een wellicht onbedoeld neveneffect van het Besluit uniformering loonkundige component arbeidsongeschiktheidsbeoordeling is, dat oudere arbeidsongeschikten met een lang (deels fictief) arbeidsverleden WW een betere rechtsbescherming genieten tegen een maatmanwisseling bij langdurige werkloosheid dan jongere arbeidsongeschikten met identieke beperkingen tot het verrichten van arbeid. Immers de oudere arbeidsongeschikte heeft op grond van art. 42 WW veel langer recht op een loongerelateerde uitkering dan de soortgelijke jongere.

De jurisprudentie van de CRvB omtrent dit onderwerp is onder andere te vinden in RSV 1994 nr. 85, 1996 nr. 120, 2005 nr. 53 en USZ 1998 nr. 236.

Een verzekerde die tijdens de kortdurende werkloosheidsuitkering (art. 52a e.v. WW) arbeidsongeschikt wordt, heeft nog steeds als maatman zijn laatstelijk verrichte werk ook al is deze WW-uitkering niet loongerelateerd,

immers deze verzekerde is nog niet aan te merken als een langdurig werkloze werknemer.
In RSV 2006 nr. 126 bevestigt de CRvB nogmaals de hoofdregel, dat de maatman in beginsel dient te worden bepaald op de functie die een verzekerde laatstelijk verrichtte voor het intreden van de arbeidsongeschiktheid. Werkloosheid voorafgaand aan het intreden van arbeidsongeschiktheid rechtvaardigt doorgaans geen uitzondering op deze regel, tenzij sprake is van langdurige werkloosheid waarvoor geen loongerelateerde uitkering meer wordt ontvangen. En passant deelt de CRvB in deze zaak mede, dat gedeeltelijke werkhervatting vanuit de WW evenmin leidt tot een maatmanwisseling. De Raad wijst er in dit verband op, dat de verzekerde aanspraak behield op een gedeeltelijke WW-uitkering en zijn maximale verdiencapaciteit (full-time werk) niet invulde.

Ad 4: *Leeftijd gebonden werkzaamheden*
Sommige WAO-verzekerde werkzaamheden zijn vanwege hun aard sterk gebonden aan een bepaalde leeftijd. De vraag doet zich dan voor wat de maatman is van zo'n uitkeringsgerechtigde na verloop van tijd, immers een soortgelijk gezonde zou deze werkzaamheden op een bepaalde leeftijd evenmin meer verrichten.
De voorbeelden van dit maatman-leerstuk in de jurisprudentie zijn talrijk en soms exotisch van aard. De werkzaamheden, waar deze maatman problematiek speelt, variëren van ballerina's tot professionele voetballers echter het leerstuk is niet beperkt tot deze beroepen. Ieder leeftijd gebonden beroep komt in beginsel in aanmerking voor deze maatmantoets.
Met betrekking tot professionele voetballers heeft de CRvB in RSV 1997 nr. 282 uitgemaakt, dat het omslagpunt ongeveer ligt op het moment dat de uitkeringsgerechtigde 35 jaar wordt. Heeft de uitkeringsgerechtigde voetballer die leeftijd bereikt dan staat het UWV vrij om aan de hand van opleiding en (werk)ervaring vast te stellen, wat de soortgelijk gezonde zou verdienen en door de bank genomen is dat inkomensniveau aanzienlijk lager.
In RSV 1998 nr. 241 gaf de CRvB als zijn oordeel, dat de maatman van doelverdedigers in het professionele voetbal een langere houdbaarheidsdatum heeft dan 35 jaar, zonder overigens aan te geven welke.
Volgens diezelfde CRvB kan de maatvrouw van een nachtclubdanseres ongeveer mee tot haar 38e levensjaar en is voor ballerina's arbitrair vastge-

steld dat het 40e levensjaar het omslagpunt is (zie RSV 1978 nr. 280 en RSV 81 nr. 65).
Er is ook een keerzijde aan deze problematiek. Indien er sprake is van een jonge WAO-gerechtigde, dan dient UWV de maatman van deze jonge uitkeringsgerechtigde (soms jaarlijks) te verhogen totdat het loon niveau van een volwassene is bereikt (zie USZ 1998 nr. 273).

Ad 5: *Nieuw verworven bekwaamheden tijdens arbeidsongeschiktheid*
Heeft een eerste arbeidsongeschiktheidsbeoordeling plaatsgevonden en de claim van de verzekerde is geheel of gedeeltelijk gehonoreerd, dan staat in beginsel vanaf het moment van toekenning de maatman vast, normaliter de werkzaamheden direct voorafgaand aan de eerste arbeidsongeschiktheidsdag.
Het inkomen van deze éénmaal vastgestelde maatman wordt vervolgens geïndexeerd conform het huidige art. 8 van het Schattingsbesluit van 8 juli 2000 Stcrt. (2000 nr. 307), verder het Schattingsbesluit 2000. Gewoonlijk levert dit uitgangspunt geen problemen op. Dit wordt anders indien een uitkeringsgerechtigde met behoud van zijn uitkering gaat studeren. Na het behalen van een diploma of universitaire graad doet zich de vraag voor wat vanaf dat moment de maatman is en het daarbij behorende inkomen. De achterliggende gedachte bij het rekening houden met nieuw verworven bekwaamheden is de veronderstelling, dat een werknemer zonder arbeidsongeschikt te zijn geworden deze nieuwe bekwaamheden ook zou hebben verworven en wellicht te gelde gemaakt.
Indien uitsluitend naar het Schattingsbesluit 2000 wordt gekeken, dan zou op grond van art. 7 van het Schattingsbesluit 2000 de conclusie kunnen worden getrokken dat geen rekening meer wordt gehouden met latere wijzigingen in het maatmaninkomen, anders dan via de indexeringen van art. 8 Schattingsbesluit 2000.
Een goed argument tegen deze stelling is gelegen in art. 6 van het Schattingsbesluit 2000 en dan met name het 4e lid.
In dit artikellid is een bijzondere regeling opgenomen voor jonggehandicapten, die nieuwe bekwaamheden verwerven voor of tijdens de toegekende arbeidsongeschiktheids-uitkering. Wat voor jonggehandicapten met een gefixeerd maatmaninkomen op het minimumloon-niveau geldt, geldt a fortiori voor de WAO-populatie.

131

Een ander, zeker zo valide, argument is te vinden in art. 21 lid 3 van de WAO, waarin klip en klaar wordt aangegeven, dat 'bij de vaststelling van de mate van arbeidsongeschikt-heid zoveel doenlijk rekening wordt gehouden met verkregen nieuwe bekwaamheden'.

In dit artikel is geen delegatie bepaling opgenomen waardoor daarvan kan worden afgeweken, zoals dit wel het geval is in art. 18 lid 8 van de WAO.

Juridisch gezien zijn er derhalve geen beletselen om na de eerste vaststelling van de maatman nieuw verworven bekwaamheden mee te nemen, in die zin dat het maatmaninkomen verhoogt dient te worden tot het niveau van verdiensten behorend bij de nieuwe maatman.

In USZ 2000 nr. 56 heeft de CRvB klip en klaar aangegeven, dat art. 5 (thans art. 8) van het Schattingsbesluit 2000 er niet aan in de weg staat om bij een latere maatmanvaststelling rekening te houden met nieuw verworven bekwaamheden. De CRvB wees daarbij met name op de nota van toelichting bij het Schattingsbesluit van 10 augustus 1994.

Op grond van een enigszins bejaarde uitspraak van de CRvB in RSV 1972 nr. 169 behoeft de nieuw verworven bekwaamheid niet in de praktijk gebracht te zijn alvorens daarmede rekening moet worden gehouden. In het algemeen vereenvoudigd dat uiteraard wel een te voeren procedure.

Blijkens de uitspraak gepubliceerd in USZ 2003 nr. 156 kunnen nieuw verworven bekwaamheden gerealiseerd in WSW-verband ook leiden tot een maatmanwisseling in positieve zin, ondanks het feit dat WSW-werkzaamheden niet worden beschouwd als 'algemeen geaccepteerde arbeid' in de zin van art. 18 lid 5 van de WAO.

Daarentegen kan niet met succes een beroep worden gedaan op een maatmanwisseling op grond van nieuw verworven bekwaamheden zolang een verzekerde in de positie blijft van volledig arbeidsongeschikte (zie USZ 2004 nr. 182). Dit item speelt derhalve uitsluitend, indien UWV wenst over te gaan tot herbeoordeling van de mate van arbeidsongeschikt-heid of indien sprake is van gedeeltelijke arbeidsongeschiktheid.

Laat UWV een volledig arbeidsongeschikte met rust dan gebeurt er ook op het maatman-front niets.

Algemeen vormende opleidingen en opgedane werkervaring zullen niet snel leiden tot een maatmanwisseling, alleen al vanwege het probleem om aan te geven waar nu de wijziging in schuilt en wat daarmee meer verdient zou kunnen worden.

132

Een waarschuwing is hier ook op zijn plaats. Indien een beroep wordt gedaan op het leerstuk nieuw verworven bekwaamheden, dan dient daarbij tevens aannemelijk gemaakt te worden, dat de verzekerde daarmee meer zou kunnen verdienen dan zijn oude maatman zonder de nieuw verworven bekwaamheden. Voorts staat het UWV uiteraard vrij om in deze situatie bij de bepaling van de resterende verdiencapaciteit rekening te houden met het nieuwe niveau van de verzekerde. Gaat UWV over tot herziening van de WAO-uitkering in verband met de voltooide scholing of opleiding, dat mag deze herziening van de mate van arbeidsongeschiktheid niet eerder ingaan dan één jaar na de voltooiing van de scholing of opleiding, aldus art. 42 lid 4 van de WAO.

Ad 6: *Niet gerealiseerde toekomstverwachtingen vanwege ingetreden arbeidsongeschiktheid*
Dit leerstuk bij de maatmanvaststelling is nauw verbonden aan het leerstuk van de nieuw verworven bekwaamheden, echter in het geval van niet gerealiseerde toekomstverwachtingen speelt het verdere verloop van de carrière van de werknemer een hoofdrol bij de beantwoording van de vraag of deswege sprake kan zijn van een maatmanwisseling. Net zoals bij nieuw verworven bekwaamheden speelt ook bij niet gerealiseerde toekomstverwachtingen, de vraag of de respectievelijke Schattingsbesluiten niet haaks staan op een maatmanwisseling vanwege deze reden. Niet gerealiseerde toekomstverwachtingen kunnen in ieder geval niet bogen op een wettelijke status zoals nieuw verworven bekwaamheden. Zonder zich uit te spreken over deze vraag heeft de CRvB een aantal uitspraken gedaan over dit onderwerp, welke uitspraken speelden onder het juridisch regime van het Schattingsbesluit van 10 augustus 1994.
De CRvB gaat er blijkens deze uitspraken impliciet vanuit, dat de huidige artikelen 7 en 8 van het Schattingsbesluit er niet aan in de weg staan om over te gaan tot een maatmanwisseling op grond van niet gerealiseerde toekomstverwachtingen. De CRvB is evenwel bij het aannemen van een maatmanwisseling op deze grond relatief streng.
Zo gold onder de jurisprudentie van voor de Schattingsbesluiten reeds het uitgangspunt, dat sprake moest zijn van een redelijke mate van zekerheid danwel gezien het arbeidsverleden een redelijke mate van aannemelijkheid dat de toekomstverwachting zich zou gaan realiseren.

133

Blijkens een niet gepubliceerde uitspraak van de CRvB van 18 november 2003 dient zelfs sprake te zijn van een aan zekerheid grenzende waarschijnlijkheid ten aanzien van de toekomst verwachting.

Ondanks deze drempels voor het aannemen van een maatmanwisseling bij een niet gerealiseerde toekomstverwachting zijn er enige recente positieve voorbeelden van dit verschijnsel.

Onder andere in USZ 1999 nr. 205 en RSV 2001 nr. 91 kwam de CRvB tot een voor de uitkeringsgerechtigde positief oordeel.

In USZ 1999 nr. 205 is sprake van een zich ontwikkelende maatman in de kleine handelsvaart. Deze zaak schuurt dicht langs het onderwerp nieuw verworven bekwaamheden daar de uitkeringsgerechtigde in kwestie een tweetal diploma's behaalde na de ingetreden arbeidsongeschiktheid.

In RSV 2001 nr. 91 haalde een werkneemster van het huidige UWV de vakliteratuur met een aanpassing van haar maatman. De medewerkster in kwestie maakte ondanks haar arbeidsongeschiktheid carrière na het einde van de wachttijd, met welke carrière haar werkgever tevens uitvoerder geen rekening wenste te houden. Sterker nog, de uitvoerder koppelde aan haar standpunt een terugvordering, daar zij van mening was dat op grond van de oorspronkelijke maatmanvaststelling teveel aan arbeidsongeschiktheidsuitkering betaalbaar was gesteld. Het is zo bezien niet altijd een onverdeeld genoegen om dicht bij de bron werkzaam te zijn. De CRvB herinnerde de uitvoerder aan het leerstuk van de niet gerealiseerde toekomstverwachtingen bij de vaststelling van het maatvrouwinkomen en vernietigde de besluiten van UWV.

In RSV 2005 nr. 144 tenslotte oordeelde de CRvB, dat de werknemer in kwestie in staat was te achten om te functioneren op het niveau van zijn afgeronde studie. Echter de CRvB was eveneens van oordeel, dat niet met een redelijke mate van zekerheid kon worden gesteld dat het nieuwe academische niveau van de werknemer ook een hoger inkomen zou vertegenwoordigen dan zijn laatstelijk verrichte werkzaamheden.

Het is dus zaak om beide voorwaarden goed te onderbouwen alvorens sprake kan zijn van een maatmanwisseling vanwege niet gerealiseerde toekomstverwachtingen.

Onder deze laatste uitspraak van de CRvB staat een lezenswaardige noot van de hand mr. P.G. (Peter) Koch.

Ad 7: *Ontwikkeling van de maatman*

Het is zeer goed mogelijk en zeker sedert de invoering van de Wet verbetering Poortwachter met ingang van 1 april 2002 met een versterkte focus op de reïntegratie inspanningen van de werknemer en werkgever, dat een uitkeringsgerechtigde passende werkzaamheden gaat verrichten in het eigen of een ander bedrijf. Deze werkzaamheden kunnen na verloop van tijd een zekere ontwikkeling doormaken qua niveau en beloning. Juist vanwege de loonontwikkeling kan UWV tot het oordeel komen, dat de toegekende gedeeltelijke WAO-uitkering beëindigd of verlaagd moet worden daar er niet langer of een lager verlies aan verdiencapaciteit bestaat vanwege de inkomsten uit arbeid.

Ten einde te voorkomen dat een uitkeringsgerechtigde zijn toegekende WAO-uitkering om deze reden verliest moet de maatman van de uitkeringsgerechtigde gewijzigd worden.

In USZ 2002 nr. 280 doet de CRvB uit de doeken hoe dit probleem eventueel kan worden opgelost, hoewel de uitkeringsgerechtigde er in casu niets mee opschoot. De CRvB verwijst naar haar vaste jurisprudentie aangaande de ontwikkeling van de maatman onder andere gepubliceerd in RSV 1993 nr. 317. Onder ontwikkeling van de maatman wordt verstaan 'de omstandigheid dat in geval van gedeeltelijke arbeidsongeschiktheid van een verzekerde *de nog verrichte werkzaamheden en het daarmee verdiende inkomen* een zodanige ontwikkeling doormaken dat de per dag ontvangen beloning uitstijgt boven het loon dat verdiend werd voor het intreden van de arbeidsongeschiktheid. In zo'n geval dienen die hogere verdiensten als maatstaf te worden gehanteerd bij de bepaling van de mate van arbeidsongeschiktheid'. Voorwaarde voor de aanpassing van de maatman vanwege deze reden is derhalve, dat zowel het werk in kwalitatieve zin en het inkomen zich ontwikkeld ten opzichte van de vroegere werkzaamheden en verdiensten.

Een positief voorbeeld van de ontwikkeling van de maatman is de gedeeltelijk arbeidsongeschikte garage-medewerker vanwege een arbeidsduurbeperking, die hervat in aangepaste werkzaamheden in de garage en in na enige jaren meewerkend voorman wordt tegen een hogere beloning zonder zijn arbeidsuren uit te breiden. De garage-medewerker zou zonder de jurisprudentie van de CRvB zijn gedeeltelijke arbeidsongeschiktheidsuitkering verlaagd of beëindigd zien.

Ad 8: *Nevenfuncties*

De maatschappelijke realiteit laat zich niet altijd gemakkelijk vangen, in die zin dat deze realiteit op een eenvoudige wijze is vast te leggen in abstracte regelgeving, waarvan de maatmanvaststelling een onderdeel is. Persoonlijke arbeidspatronen met 2 of 3 verschillende werkgevers leveren problemen op bij de maatmanvaststelling, daar zich vrijwel onmiddellijk de vraag voordoet, wat de soortgelijk gezonde doet. In het geval van nevenfuncties zal UWV in beginsel uitgaan van een optelsom van de verzekerde arbeid. Is geen sprake van een overschrijding van een normale dagtaak dan ligt het niet in de rede, dat UWV ingrijpt in de urenomvang van de maatman. Ook een overschrijding van de normale dagtaak kan acceptabel zijn, zolang de overschrijding maar niet zodanig is, dat gesproken kan worden van excessieve deelname aan het arbeidsproces. UWV zal in het geval van nevenfuncties wel kritisch bezien of de uitbreiding van de arbeidsdeelname zelf niet heeft geleid tot arbeidsongeschiktheid en hoelang de verzekerde de combinatie van functies heeft verricht alvorens arbeidsongeschikt te worden.

De wijzigingen in het Schattingsbesluit 2000 met ingang van 1 oktober 2004 leiden er overigens toe, dat een uitkeringsgerechtigde met een maatmanurenomvang van meer dan 38 uur herbeoordeeld zal worden met de fictie van een maatmanurenomvang van 38 uur. Bij de behandeling van de resterende verdiencapaciteit komen wij hierop uitgebreid terug.

Ad 9: *Excessieve deelname aan het arbeidsproces*

De negatieve zijde van een forse deelname qua duur aan het arbeidsproces is dat UWV zich op het standpunt stelt, dat sprake is van excessieve deelname aan het arbeidsproces en dat deswege de werkelijke urenomvang niet de maatstaf zal vormen bij de vaststelling van de maatman. Wat dan wel de urenomvang van de maatman moet zijn is vervolgens niet zo eenvoudig op te lossen.

In USZ 2002 nr. 223 (meest recente voorbeeld) stelde de procesgemachtigde van UWV zich bij de CRvB op het standpunt, dat 50 uur per week acceptabel was te achten en deed daarbij een beroep op (zeer oud) GMD-beleid overigens zonder dit beleid te kunnen produceren. De werknemer in kwestie had de facto 69 uur per week gewerkt in drie functies op verschillende locaties en gedurende 7 dagen per week.

Door een procesrechtelijke vergissing kon de 69 uur an sich niet meer in hoger beroep ter discussie staan, daar de rechtbank in eerste aanleg had aangegeven dat 69 uur per week werken niet maatgevend kon zijn tegen welk oordeel geen zelfstandig hoger beroep was aangetekend. Hoger beroep door één van de procespartijen betekent niet dat daardoor de gehele zaak weer open ligt, aldus de CRvB.

De CRvB kon derhalve niet veel anders dan vaststellen, dat in casu sprake was van een excessieve deelname aan het arbeidsproces. Aan het slot van de uitspraak geeft de Raad aan de opvatting van de rechtbank te delen.

De reden om te komen tot het oordeel van excessieve deelname aan het arbeidsproces is voor de CRvB de zeer geringe mogelijkheid tot recuperatie voor de werknemer.

Op grond van de voorhanden zijnde gegevens komt de CRvB vervolgens tot een Salomon's oordeel en laat daarbij het volgende meewegen.

Hoofdregel bij de maatmanvaststelling is de soortgelijk gezonde die dezelfde arbeid verricht in dezelfde omvang. Deze regel lijdt uitzondering indien de omvang van de verrichte arbeid als excessief moet worden aangemerkt. Alsdan dient een zekere mate van objectivering plaats te vinden. Excessieve deelname aan het arbeidsproces wordt gerelateerd aan gelijksoortige werknemers hier te lande. Voorts speelt de aard, intensiteit en productiviteit van de arbeid een rol alsmede de leeftijd van de werknemer. Slotsom is, dat de CRvB uitkomt op maatgevende arbeid in de omvang van 53 uur per week, 40 uur full-time en 13 uur part-time, hetgeen naar het oordeel van de CRvB een meer normale combinatie is in bijvoorbeeld de schoonmaakbranche. Er zijn overigens uitspraken van de CRvB te vinden, waar sprake is van meer dan 53 werkuren per week zonder dat sprake is van excessieve deelname aan het arbeidsproces.

Zoals ook onder het kopje nevenfuncties is aangegeven, heeft de wetgever de urenomvang van de maatman bij de arbeidsongeschiktheidsbeoordeling aan banden gelegd en deze vanaf 1 oktober 2004 gesteld op 38 uur per week. Dit geldt ook voor het volgende onderwerp met betrekking tot de maatmanvaststelling. Gelet op het overgangsrecht bij de wijziging van het Schattingsbesluit 2000 met ingang van 1 oktober 2004 blijft het oude recht evenwel gelden voor een grote groep werknemers, zodat kennis van deze onderwerpen vooralsnog geboden blijft.

137

Hierbij merken wij nog op, dat de maximering van de urenomvang van de maatman zoals sedert 1 oktober 2004 neergelegd in het Schattingsbesluit 2000 bepaald niet onomstreden is.

Ad 10: *Overwerkverdiensten in het maatmaninkomen*
In beginsel doet overwerk gewoon mee bij de maatmanvaststelling, tenzij de soortgelijk gezonde ook niet meer overwerkt. Voorts dient er volgens RSV 1999 nr. 266 sprake te zijn van regelmatig verricht overwerk. Laatstgenoemde uitspraak is tevens reuze verhelderend voor de manier waarop de overwerkverdiensten berekend dienen te worden kortom een echte aanrader in een voorkomend geval. Indien overwerkverdiensten in het maatmaninkomen zijn opgenomen dan dient er bij een beoordeling van de mate van arbeidsongeschiktheid rekening mee gehouden te worden, dat UWV bij de vaststelling van de resterende verdiencapaciteit zal zoeken naar functies met gelijkwaardige verdiensten inclusief overwerkverdiensten. Op deze wijze worden geen appels met peren vergeleken. Het voorgaande impliceert wel, dat de werknemer in medische zin nog steeds in staat is te achten om overwerk te verrichten.
Ook voor dit onderwerp bij de maatmanvaststelling geldt, dat het Schattingsbesluit 2000 zoals gewijzigd met ingang van 1 oktober 2004 gewerkte uren boven de 38 uur aan banden legt.

Ad 11: *Pré-pensioen en het maatmaninkomen*
In de reglementen van de pré-pensioenen is meestal een bepaling opgenomen, dat een pré-pensioengerechtigde niet arbeidsongeschikt mag zijn op het moment dat hij of zij gebruik wenst te maken van het pré-pensioen, hetgeen waarschijnlijk het geringe aantal zaken over dit onderwerp bij de maatmanvaststelling verklaart.
Indien een pensioengerechtigde kort voor of kort na het moment dat gebruik gemaakt wordt van de pré-pensioen regeling arbeidsongeschikt wordt, dan doet zich de vraag voor welke maatman voor deze werknemer gekozen moet worden. Is dat zijn vroegere werk (voorafgaand aan het pré-pensioen) of is dat de vroeggepensioneerde die niet meer werkzaam is of is dat wellicht een mengvorm van beide opties.
Zoals gebruikelijk bij de maatmanvaststelling is het de CRvB, die hieromtrent het voortouw heeft genomen, daar de procespartijen met te sterk uiteenlopende standpunten komen opdraven.

138

In USZ 2004 nr. 4 heeft de CRvB mede naar aanleiding van het door UWV ingediende hoger beroepschrift een uitvoerige uitspraak gedaan aangaande de maatman van de vroeg-gepensioneerde.

Blijkens oudere jurisprudentie (zie RSV 1976 nr. 201 en RSV 1979 nr. 72) kan bij de maatmanvaststelling ingeval van vroegtijdige pensionering niet zonder meer worden uitgegaan van degene die niet meer werkzaam is. Bezien moet worden of en zoja in welke mate een verzekerde concreet heeft aangegeven, dat hij na zijn pensionering werkzaamheden wil blijven verrichten danwel daaromtrent reeds afspraken heeft gemaakt. Hierbij is tevens de hoogte van zijn inkomen na pensionering van belang, immers vroegtijdige pensionering kan een forse inkomensachteruitgang betekenen, welke achteruitgang wellicht gecompenseerd moet worden met inkomsten uit arbeid. In zo'n geval zal bij de maatmanvaststelling in meer of mindere mate rekening gehouden moeten worden met de beoogde werkzaamheden. Dit is de hoofdregel voor de maatmanvast-stelling van vroeggepensioneerden.

UWV was in de zaak in USZ 2004 nr. 4 bij de maatmanvaststelling primair uitgegaan van het eigen werk van de werknemer, welk standpunt in bezwaar werd verlaten en vervangen door de gepensioneerde werknemer die zich presenteert op de arbeidsmarkt. Als maatman koos UWV een functie uit het FIS, welke functie het meest aansloot bij de opleiding, ervaring en leeftijd van de werknemer.

De bezwaararbeidsdeskundige paste dusdoende in wezen de hoofdregel toe bij de maatmanvaststelling van een vroeg-gepensioneerde.

De CRvB oordeelde, dat in casu een uitzondering op de hoofdregel gerecht-vaardigd was door te stellen dat het voor de ex-werknemer in kwestie, met 35 dienstjaren en dito pensioenopbouw, niet voor de hand lag dat hij na zijn pensionering werkzaamheden zou gaan verrichten. De ex-werknemer had dienaangaande ook geen afspraken of concrete voornemens kenbaar gemaakt. Geconcludeerd werd, dat als maatman moest worden genomen de door pensionering niet meer in loondienst werkende (ex)-werknemer.

In het verlengde daarvan stelt de CRvB het maatmaninkomen vast op € 0,00 waardoor er gelet op het inkomensdervingskarakter van de WAO geen wettelijke grondslag meer is voor een uitkering.

3.3.3   Het maatmaninkomen

In verband met de gehanteerde formule bij de arbeidsongeschiktheidsbeoordeling wordt na de vaststelling van de maatman vervolgens vastgesteld wat de verdiensten zijn van die maatman. Bij toepassing van de hoofdregel bij de maatmanvaststelling volstaat een blik op de salarisspecificatie, zij het dat vervolgens een berekening plaats moet vinden om vast te stellen wat het uurloon van de maatman is.

Vanaf 1 januari 1998 zijn de Schattingsbesluiten zodanig geredigeerd, dat een beoordeling van de mate van arbeidsongeschiktheid voor de doelgroep vallend onder het juridisch regime van TBA (zie paragraaf 2 m.b.t. de verschillende arbeidsongeschiktheidscriteria) dient plaats te vinden aan de hand van een uurloonvergelijking en niet meer aan de hand van maandlonen.

Wat dient nu verstaan te worden onder het inkomen van de maatman? Het antwoord op deze vraag is in beginsel, alle voordelen genoten uit de dienstbetrekking. Bij de vaststelling van het maatmaninkomen zijn dus de dagloonregelen WAO in ieder geval niet van toepassing. Men neme dus simpelweg het feitelijk genoten loon, ook al is dat loon lager dan het in een CAO overeengekomen loon (zie USZ 2004 nr. 156). Tot het feitelijk genoten loon behoort ook loon in natura. Is er sprake van loon in natura dan dient UWV de waarde daarvan vast te stellen conform de waarde in het economisch verkeer. Een mooi voorbeeld daarvan is te vinden in USZ 2000 nr. 118. In die zaak had de werknemer bijna het genot van vrij wonen vanwege zijn dienstbetrekking, welk voordeel naar het oordeel van de CRvB meegenomen diende te worden bij de vaststelling van de hoogte van het maatmaninkomen. Ook de waarde van het privé-gebruik van een auto (USZ 1998 nr. 93) dient te worden meegenomen bij de bepaling van het maatmaninkomen. Bij de bepaling van de waarde van het privé-gebruik van de auto wordt door UWV een afschrijvingsperiode gehanteerd conform de handelwijze van de belastingdienst.

Een heet hangijzer in dit verband is de werkgeversbijdrage in de pensioenpremie. In veel arbeidsovereenkomsten of CAO's zijn hierover afspraken gemaakt en niet zelden neemt de werkgever de bijdragen voor de pensioenpremie van zijn werknemers geheel voor zijn rekening. Indien bij de bepaling van de mate van arbeidsongeschiktheid de uitkomst zeer dicht bij een naastliggende klasse komt, is het in ieder geval interessant om te bezien op welke wijze werknemer en werkgever de betaling van de pensioenpremie hebben geregeld. Immers een kleine verhoging van het maatmaninkomen kan voldoende zijn om een overschrijding te bewerkstelligen naar de naast hogere arbeidsongeschiktheidsklasse.

De CRvB heeft lange tijd geworsteld met de vraag of de werkgeversbijdrage in de pensioenpremie onderdeel was van het maatmaninkomen. Het ging zelfs zover dat de CRvB tot medio 1990 volstrekt verschillende standpunten innam. In RSV 1994 nr. 204 nam de CRvB het standpunt in, dat er niet langer aan ontkomen kon worden, dat de door de werkgever ten behoeve van een werknemer betaalde pensioen- en verzekeringspremies meegenomen moesten worden bij de vaststelling van het maatmaninkomen. Vrij kort daarop verliet de CRvB dit standpunt schijnbaar weer, echter vanaf de uitspraken gepubliceerd in RSV 1996 nr. 186 en USZ 1998 nr. 88 is er een vaste lijn bij de CRvB te ontdekken aangaande het al dan niet meenemen in het maatmaninkomen van door de werkgever afgedragen bijdrage in de pensioenpremie.

Er dient naar het oordeel van de CRvB sprake te zijn van een meer dan gemiddelde, een meer dan in de bedrijfstak gebruikelijke of een meer dan evenredige werkgeversbijdrage in de pensioenpremie (zie oa. RSV 1996 nr. 186, USZ 1998 nr. 88 en USZ 2000 nr. 56). Deze vereisten komen met een zekere regelmaat terug, zodat het erop gehouden kan worden dat deze vereisten de toetssteen zijn voor de CRvB. Het Lisv sloot zich blijkens het Besluit uniformering loonkundige component arbeidsongeschiktheidsbeoordeling (Stcrt. 2002 nr. 113 verder BULCA) aan bij de jurisprudentie van de CRvB, welk besluit op 1 april 2002 inwerking trad. Eén van de eerste gepubliceerde beleidsdaden van UWV bestond er evenwel uit, dat BULCA met ingang van 1 juli 2002 werd gewijzigd.

Vanaf 1 juli 2002 is UWV van oordeel, dat helemaal geen rekening meer behoeft te worden gehouden met de werkgeversbijdrage in de pensioenpremie bij de vaststelling van het maatmaninkomen van een werknemer.

De achterliggende gedachte van UWV bij deze wijziging was, dat bij de vaststelling van de hoogte van de resterende verdiencapaciteit evenmin rekening wordt gehouden met deze bijdragen, zodat een werknemer per saldo niet wordt benadeeld. Dit standpunt van UWV lijkt te kort door de bocht. De werkgeversbijdragen in de pensioenpremie zijn door de bank

141

genomen afhankelijk van het door de werknemer verdiende loon en het eigen loon is meestal hoger dan de theoretisch vastgestelde verdiensten waardoor er een aanmerkelijk verschil kan ontstaan. Voorts staat niet vast of in de theoretische functies de werkgever de te betalen pensioenpremie voor zijn rekening neemt.

Tot op heden zijn er geen uitspraken van de CRvB bekend, welke spelen onder het regime van BULCA, de voortekenen zijn evenwel niet gunstig voor het standpunt van UWV dienaangaande sedert 1 juli 2002.

In RSV 2004 nr. 209 en 210 heeft de CRvB haar eerder ingenomen standpunt met betrekking tot het meenemen van de werkgeversbijdrage in de pensioenpremie bij de vaststelling van het maatmaninkomen herhaald.

De CRvB lijkt in RSV 2004 nr. 210 zelfs iets verder te gaan, daar de werkgever in deze zaak geen invloed had op het premievrije pensioen (het pensioenfonds NS had zulks besloten) en er geen vergelijking met de vervoersbranche plaatsvond.

Gezien de huidige stand van de jurisprudentie van de CRvB aangaande het al dan niet meenemen van de werkgeversbijdrage in de pensioenpremie bij de vaststelling van het maatmaninkomen blijft het interessant om dit aspect in voorkomende gevallen te bezien.

Tenslotte nog een aantal loonemolumenten, welke *niet* meegenomen worden bij de vaststelling van het maatmaninkomen.

In USZ 2000 nr. 56 heeft de CRvB het standpunt ingenomen, dat automatische periodieken, gratis kranten en het voordeel van een gunstige lening niet kunnen worden meegenomen bij de vaststelling van het maatmaninkomen. Aan het meenemen van automatische periodieken staat volgens de CRvB het huidige art. 7 van het Schattingsbesluit 2000 in de weg. De gratis kranten werden door de CRvB gezien als onkostenvergoeding aan de werknemer in verband met zijn werkzaamheden als journalist, welke kosten hij na het intreden van de arbeidsongeschiktheid niet meer hoefde te maken. Het rentevoordeel in verband met de gunstige lening werd niet in het maatmaninkomen opgenomen, daar dit voordeel niet kon worden aangemerkt als een voordeel uit dienstbetrekking.

Het standpunt van de CRvB aangaande de eerste twee loonemolumenten is alleszins begrijpelijk en past in de theorie van het maatmaninkomen. Het standpunt van de CRvB aangaande het rentevoordeel is naar onze mening voor discussie vatbaar in een zaak waarin sprake is van een medewerk(st)er bij een bankbedrijf. Deze medewerk(st)ers kunnen uitsluitend vanwege hun werkzaamheden bij een bank onder andere hypothecaire leningen afsluiten tegen zeer gunstige voorwaarden. In zo'n situatie valt niet goed in te zien dat het (rente)voordeel niet rechtstreeks voortvloeit uit het dienstverband met de bank, waardoor dit voordeel gewoon mee zou moeten doen bij de vaststelling van het maatmaninkomen.

SAMENVATTING

Hiervoor heeft u kennisgemaakt met de wijze waarop invulling wordt gegeven aan het wettelijk begrip 'soortgelijk gezonde personen met soortgelijke opleiding en ervaring' en de (vele) uitzonderingen op dit begrip. Het lijkt er wellicht op, dat de uitzonderingen de regel vormen, in de praktijk van alledag valt dit reuze mee.
In verreweg het merendeel van de arbeidsongeschiktheidsclaims wordt de hoofdregel toegepast, te weten de maatman dat is de cliënt zelf en zijn laatstelijk verrichte werkzaamheden met het daarbij behorende loon vormt het maatmaninkomen. De uitzonderingen op de hoofdregel zijn doorgaans conflictueus en leiden deswege tot een gang naar de (hoogste) bestuursrechter en vorming van jurisprudentie. De uitzonderingen op de hoofdregel krijgen hierdoor de meeste publiciteit.

3.4   De resterende verdiencapaciteit

3.4.1 Inleiding

Vanaf de invoering van de wet TBA met ingang van 1 augustus 1993 is het Ministerie van SZW zich meer en meer gaan bemoeien met de vaststelling van de mate van arbeidsongeschiktheid en met name de resterende verdiencapaciteit. Anders dan bij de maatmanvaststelling is de CRvB zeker niet leidend bij de vaststelling van de resterende verdiencapaciteit.
Op 10 augustus 1994 (Stb. 1994 nr. 596) ruim een jaar na de inwerkingtreding van de wet TBA verscheen het eerste Schattingsbesluit. De Schattingsbesluiten regelen vrij gedetailleerd op welke wijze een (her)beoordeling van de mate van arbeidsongeschiktheid dient plaats te vinden. Het eerste Schattingsbesluit richtte zich uitsluitend op het arbeidskundige deel van de arbeidsongeschiktheidsbeoordeling.

In de oorspronkelijke versie van dit Schattingsbesluit behoorde het tot de mogelijkheden om een beoordeling van de mate van arbeidsongeschiktheid te baseren op 1 Functie Belastingcode (FB-code) thans SBC-code (Standaard Beroepen Classificatie-code), welke FB-code overigens 30 arbeidsplaatsen moest vertegenwoordigen.

Ruim voor de officiële inwerkingtreding van het eerste Schattingsbesluit anticipeerden de rechtsvoorgangers van het huidige UWV reeds op de inhoud van het Schattings-besluit 1994, welk gedrag door de CRvB werd gesanctioneerd.

Het enige onderdeel van het Schattingsbesluit van 10 augustus 1994 en alle daarop volgende Schattingsbesluiten, dat voor *alle uitkeringsgerechtigden* (ook het oude- en middencriterium) gelding heeft is de indexering van het maatmaninkomen zoals destijds neergelegd in de artikelen 5 en 6 (thans de artikelen 7 en 8 van het Schattingsbesluit 2000). De CRvB heeft dit in USZ 1997 nr. 67 en RSV 2000 nr. 232 uitdrukkelijk uitgesproken. Dit betekent dat het gestelde in de Schattingsbesluiten (met uitzondering van de indexering) slechts geldt voor uitkeringsgerechtigden waarop het TBA-criterium van toepassing is. Voor het antwoord op de vraag of een verzekerde valt onder het TBA-criterium verwijzen wij u naar art. XVI lid 1 overgangsrecht wet TBA en paragraaf 2 van dit hoofdstuk.

Met ingang van 1 januari 1994 gingen de uitvoerders van de WAO naast de invoering van het Schattingsbesluit van 10 augustus 1994 bij de beoordeling van de mate van arbeidsongeschiktheid werken met een uurloonvergelijking in plaats van een maandloonvergelijking. Een zuivere uurloonvergelijking bij de vaststelling van de mate van arbeidsongeschiktheid werkt met name ongunstig voor werknemers met een grotere urenomvang dan 38 uur, immers het uurloon wordt niet hoger vanwege meer gewerkte uren. Indien daartegenover een resterende verdiencapaciteit per uur wordt berekend aan de hand van een 36- of 38-urige werkweek is het zonneklaar, dat destijds veel (her)beoordelingen ongunstig uitpakten voor bestaande en nieuwe WAO-gerechtigden.

Op 2 april 1997 greep de CRvB in met betrekking tot de uurloonvergelijking en sprak zij uit, dat een uurloonvergelijking geen juridische basis had in het Schattingsbesluit van 10 augustus 1994. Indien een (her)beoordeling van de mate van arbeidsongeschiktheid plaatsvond van een full-time maatman en de resterende verdiencapaciteit was gebaseerd op een urenomvang die kleiner was dan de urenomvang van de maatman dan diende de uitvoerder een vergelijking te maken op grond van maandlonen en niet op grond van uurlonen. Bij een maandloonvergelijking wordt in vrijwel alle gevallen een inkomensverlies gecompenseerd met een gedeeltelijke WAO-uitkering, indien een verzekerde voor het intreden van de arbeidsongeschiktheid meer uren heeft gewerkt dan het aantal werkuren die de theoretische functies vertegenwoordigen.

Bedenk wel dat deze uitspraak van de CRvB slechts gelding had voor werknemers met een full-time maatman!! Ingeval van part-timers uit eigen verkiezing accepteerde de CRvB ruim voor 1994 een uurloonvergelijking bij de vaststelling van de mate van arbeidsongeschiktheid.

De uitspraak van de CRvB van 2 april 1997 met betrekking tot de uurloonvergelijking zat het Ministerie van SZW kennelijk niet lekker, want met ingang van 1 januari 1998 werd het Schattingsbesluit 1994 vervangen door een tweetal nieuwe Schattingsbesluiten (Stb. 1997 nrs. 801 en 802). Het Schattingsbesluit onder nr. 802 is uitsluitend gemaakt ten einde te ondervangen, dat uitkeringsgerechtigden ingevolge de Wajong en de WAZ met een recht op uitkering voorafgaand aan 1 januari 1998 (dus nog onder de AAW maar wel een TBA-recht) beoordeeld bleven op maandlonen. Zie in dit verband tevens het geformuleerde overgangsrecht in de Invoeringswet nieuwe en gewijzigde arbeidsongeschiktheidswetten (Stb. 1997 nr. 178).

Het Schattingsbesluit 1998 nr. 801 waar normaliter mee werd gewerkt, werd gepresenteerd als een nieuw Schattingsbesluit. Het besluit behelsde echter niet meer dan een tekstuele aanpassing van het Schattingsbesluit 1994 in die zin, dat vanaf 1998 arbeidsongeschiktheidsbeoordelingen dienden plaats te vinden aan de hand van een uurloonvergelijking. Voorts was in het overgangsrecht bij dit besluit voorzien, dat beoordelingen van de mate van arbeidsongeschiktheid vallend onder het juridisch regime van TBA en uitgevoerd met toepassing van een maandloonvergelijking conform de uitspraak van de CRvB van 2 april 1997, in de toekomst alsnog uitgevoerd moesten worden met behulp van een uurloonvergelijking.

Het Schattingsbesluit 1998 was derhalve een directe en voor wetgevende begrippen snelle reactie op de uitspraak van de CRvB van 2 april 1997. Juist vanwege de snelheid kan niet ontkend worden dat de Schattingsbesluiten van 1998 een signaal waren naar alle spelers op het veld van de arbeidsongeschiktheidsbeoordelingen.

Het Lisv was nog het minst onder de indruk van het wetgevend 'geweld' van het Ministerie van SZW, daar het Lisv met ingang van 1 april 1999 het Besluit Uurloonschatting, Stcrt. 1999 nr. 40 in werking liet treden, welk besluit een verkapte maandloonvergelijking in een aantal situaties in ere herstelde. Op het Besluit Uurloonschatting van het Lisv komen wij verderop nog uitgebreid terug.

Bij besluit van 8 juli 2000 (Stb. 2000 nr. 307) is het Schattingsbesluit 1998 nr. 801 alweer ingetrokken, met uitzondering van art. 10 van dat besluit (overgangsrechtelijke bepaling).

Het Schattingsbesluit 2000 (verder SB 2000) is het besluit waarmee u bij de behandeling van een arbeidsongeschiktheidszaak in beginsel te maken heeft, tenzij u in (hoger) beroep nog een 'bejaarde' arbeidsongeschiktheidszaak te behandelen heeft.

Het SB 2000 geeft in tegenstelling tot de eerdere besluiten een vrij compleet beeld van een arbeidsongeschiktheidsbeoordeling. In 2000 is het Ministerie van SZW er bijvoorbeeld toe overgegaan om naast de werkzaamheden van een arbeidsdeskundige tevens de werkzaamheden van een verzekeringsarts te regelen. Voorts heeft het Ministerie van SZW enige hardnekkige onvolkomenheden uit de voorafgaande besluiten opgeruimd en jurisprudentie van de CRvB op bepaalde punten kortgesloten.

Samenvattend kan gesteld worden dat eerst vanaf 26 juli 2000 een vrij compleet Schattingsbesluit arbeidsongeschiktheidswetten in werking is getreden. Dit Schattingsbesluit richt zich overigens net zoals zijn voorgangers hoofdzakelijk op de vaststelling van de resterende verdiencapaciteit en geeft geen gedetailleerde regeling over de wijze waarop een maatman en diens inkomen moet worden vastgesteld.

Met ingang van 1 oktober 2004 is het Schattingsbesluit 2000 ingrijpend gewijzigd (Wijzigingsbesluit van 18 augustus 2004 Stb. 2004 nr. 434) en zijn de voorwaarden om in aanmerking te komen voor een WAO-uitkering verder aangescherpt. De aanscherping van het Schattingsbesluit met ingang van 1 oktober 2004 geldt niet voor degenen die reeds een WAO-uitkering genoten voor of op 1 oktober 2004 en geboren zijn voor of op 1 juli 1954. Tenslotte is bij besluit van 15 december 2005, Stb. 2005 nr. 690 het SB 2000 voor het laatst aangepast en heeft de wetgever het SB 2000 geschikt gemaakt voor gebruik onder de wet WIA. Eén wijzigingen om in de gaten te houden is het nieuwe art. 6a SB 2000, waarin is opgenomen dat bij ministeriële regeling nadere regels kunnen worden gesteld met betrekking tot het maatmaninkomen. Tot op heden is nog geen ministeriële regeling dienaangaande verschenen, echter de basis voor wetgevende bemoeienis is gelegd. Voor het overige bevat het besluit van 15 december 2005 slechts tekstuele aanpassingen zonder inhoudelijke consequenties.

Wij zullen in het kader van de vaststelling van de resterende verdiencapaciteit het SB 2000 eerst grondig bespreken, omdat dit besluit de juridische basis vormt voor de beoordeling van de mate van arbeidsongeschiktheid. Wij gaan daarbij primair uit van de tekst van het SB zoals dit luidde tot 1 oktober 2004 en zullen telkenmale aangegeven of en zoja op welke wijze het SB 2000 is gewijzigd met ingang van 1 oktober 2004.
Er is gekozen voor deze werkwijze, omdat er nog een zeer groot aantal uitkeringsgerechtigden blijven bestaan die bij een herbeoordeling van de mate van arbeidsongeschiktheid in de zin van de WAO vallen onder het juridisch regime van het SB 2000 zoals dit luidde tot 1 oktober 2004. Voorts kunt u op een eenvoudige manier het 'oude' en het vernieuwde SB 2000 met elkaar vergelijken.

3.5 Schattingsbesluit Arbeidsongeschiktheidwetten 2000 Stb. 2000 nr. 307

3.5.1 Inleiding

Anders dan de voorgaande Schattingsbesluiten stelt het Schattingsbesluit 2000 (verder te noemen SB 2000) voorop, dat een arbeidsongeschiktheidsbeoordeling het resultaat is van verzekeringsgeneeskundig en arbeidsdes-

147

kundig onderzoek. De wetgever wenste hiermede duidelijk te maken, dat volledige arbeidsongeschiktheid op uitsluitend medische gronden niet meer vanzelfsprekend was maar veeleer een uitzondering. Ten einde UWV en haar arbeidsdeskundigen niet te belasten met zinloos werk, zijn op voornoemd uitgangspunt een vijftal uitzonderingen gemaakt. Zo is het bijvoorbeeld niet noodzakelijk om een arbeidsdeskundige aan het werk te zetten, indien een uitkeringsgerechtigde nog wel benutbare mogelijkheden heeft maar deze mogelijkheden binnen afzienbare tijd zal verliezen wegens een terminale ziekte. Het voorbeeld ontleent aan de tekst van het SB 2000 zelf geeft aan, dat de wetgever zeer strenge uitgangspunten heeft geformuleerd om af te zien van een volledig onderzoek naar de arbeidsmogelijkheden van een betrokkene. Inhoudelijk is de verzekeringsarts vanaf de inwerkingtreding van het SB 2000 onder andere gehouden om de uitgangspunten van het Medisch Arbeidsongeschiktheidscriterium (verder MAOC) te toetsen en zijn kwaliteitseisen geformuleerd waaraan een verzekeringsgeneeskundig onderzoek moet voldoen.

Het SB 2000 stelt klip en klaar, dat het besluit uitsluitend toepasbaar is voor de uitkeringspopulatie, die valt onder het juridisch regime in de WAO, WAZ en Wajong zoals dat geldt vanaf 1 augustus 1993, de invoeringsdatum van de wet TBA.

In hoofdstuk 3 van het SB 2000 vindt u de arbeidsdeskundige component van de arbeidsongeschiktheidsbeoordeling terug. Ten opzichte van het Schattingsbesluit 1998 zijn in het SB 2000 met betrekking het arbeidsdeskundig onderzoek geen ingrijpende wijzigingen doorgevoerd. Wel heeft de wetgever een 'technische aanpassing' aangebracht in het SB 2000 ten aanzien van de eisen die kunnen worden gesteld aan de te duiden functies met toeslagen voor afwijkende arbeidstijden. Deze aanpassing is een reactie van de wetgever op de jurisprudentie van de CRvB gebaseerd de tekst van de Schattingsbesluiten voorafgaand aan het SB 2000. De wetgever heeft er derhalve wel enige tijd voor nodig gehad om deze jurisprudentie van de CRvB kort te sluiten, dit in tegenstelling tot de uitspraak van de CRvB met betrekking tot de uurloon/maandloon problematiek.

Tenslotte is eerst in het SB 2000 geregeld dat functies met een functionele leeftijdsgrens, die nog niet is bereikt, niet kunnen worden gehanteerd ter vaststelling van de resterende verdiencapaciteit. Functies met een functionele leeftijdsgrens die reeds was overschreden door de betrokkene waren reeds eerder uitgesloten. Opname van deze voorwaarde heeft meer publicitaire dan praktische waarde, daar dit soort functies niet of nauwelijks worden gebruikt door UWV bij de vaststelling van de resterende verdiencapaciteit.

Het SB 2000 overziend kan gesteld worden dat dit besluit een goede afspiegeling vormt van de werkwijze van UWV bij een arbeidsongeschiktheidsbeoordeling en dat het na 2000 niet of nauwelijks hiaten meer vertoont.

3.5.2 Het verzekeringsgeneeskundig onderzoek

Zoals hiervoor aangegeven gaat de wetgever er vanaf 2000 in principe vanuit, dat een arbeidsongeschiktheidsbeoordeling bestaat uit een verzekeringsgeneeskundig en een arbeidsdeskundig onderzoek. Van arbeidsdeskundig onderzoek kan blijkens art. 2 lid 2 en lid 6 SB 2000 worden afgezien indien:
1. Uit verzekeringsgeneeskundig onderzoek blijkt dat er geen benutbare mogelijkheden aanwezig zijn.
2. Er wel benutbare mogelijkheden zijn echter naar verwachting zal de betrokkene deze mogelijkheden binnen 3 maanden verliezen. Dit verlies vast te stellen door de verzekeringsgeneeskundige.
3. Er benutbare mogelijkheden zijn echter deze mogelijkheden zullen binnen afzienbare tijd verloren gaan vanwege een terminale ziekte en deswege een slechte levensverwachting. Dit verlies vast te stellen door de verzekeringsgeneeskundige.
4. Sprake is van zodanig wisselende belastbaarheid van de betrokkene, dat deswege geen benutbare mogelijkheden aanwezig zijn, uiteraard vast te stellen door de verzekeringsarts.
5. Indien naar het oordeel van de verzekeringsarts sprake is van geschiktheid voor de laatstelijk uitgeoefende arbeid.

Een aantal kanttekeningen bij deze voorwaarden zijn naar onze mening op zijn plaats. Op grond van bovenstaande lijst kan de indruk ontstaan, dat de verzekeringsarts werkzaam bij UWV almachtig is. Deze indruk is slechts ten dele juist. Bij de medische beoordeling is de verzekeringsarts gebonden aan een veelheid van protocollen en standaarden waaraan zijn rapportages en bevindingen kunnen worden getoetst. Eén daarvan is de Standaard geen duurzaam benutbare mogelijkheden, welke standaard door middel van het SB 2000 tot wet is verheven. Deze standaard opgesteld door de rechtsvoor-

149

ganger van het Lisv, het TICA, dateert uit 1996. Nadien zijn er nog vele richtlijnen en protocollen gepubliceerd waarvan het Medisch Arbeidsongeschiktheidscriterium (verder MAOC) van 12 september 1996 één van de belangrijkste is. Ook deze richtlijn is met de inwerkingtreding van het SB 2000 tot wet verheven. De essentie van het MAOC is neergelegd in art. 3 van het SB 2000.

Naast deze regels en richtlijnen kennen verzekeringsartsen werkzaam bij UWV een onderlinge toetsing, waarbij hun rapportages en bevindingen in medische zin getoetst worden. Deze onderlinge toetsing werpt een dam op tegen lichtvaardige conclusies van een individuele verzekeringsarts. Tenslotte heeft UWV vanaf medio 2004 een dubbele beoordeling in verzekeringsgeneeskundige zin geïntroduceerd, indien bijvoorbeeld sprake is van zogenaamde 'zachte' diagnoses en de daaraan gekoppelde conclusie van volledige arbeidsongeschiktheid of een arbeidsduurbeperking.

De introductie van de dubbele medische beoordeling is gebaseerd op de bevindingen neergelegd in de eindrapportage 'Intensivering Beoordeling Arbeidsgeschiktheid' van augustus 2004.

Daarnaast is de druk van 'buiten' op de verzekeringsarts van UWV sterk toegenomen. Een werkgever is per definitie belanghebbende bij een toekenning van een arbeidsongeschiktheidsuitkering. Immers bij toekenning van een arbeidsongeschiktheidsuitkering aan een werknemer dreigt voor de werkgever een premiedifferentiatie danwel de werkgever/eigen risicodrager dient een aantal jaren de toegekende WAO of WIA-uitkering te betalen. De werkgever en in diens voetspoor de ARBO-dienst zullen de verrichtingen van de verzekeringsarts van UWV vanuit hun invalshoek derhalve met argusogen volgen en kunnen deze desnoods bestrijden bij de bestuursrechter.

Last but not least heeft de wetgever zelf ingegrepen door in art. 2 leden 3,4 en 5 van het SB 2000 op te nemen wat verstaan moet worden onder niet benutbare mogelijkheden en wisselende belastbaarheid en deswege geen benutbare mogelijkheden. Zo moet een wisselende belastbaarheid en deswege geen benutbare mogelijkheden tenminste drie maal worden vastgelegd in een verzekeringsgeneeskundig onderzoek. Een termijn waarbinnen deze rapportages moeten worden opgesteld is evenwel niet gegeven. Er kan voorts slechts sprake zijn van niet benutbare mogelijkheden, indien:

1. betrokkene is opgenomen in een ziekenhuis of AWBZ-instelling,
2. sprake is van bedlegerigheid,
3. een betrokkene er lichamelijk of psychisch zodanig slecht aan toe is dat hij deswege niet zelfredzaam is.

Het moge duidelijk zijn de opinie van de verzekeringsarts werkzaam bij UWV is zeker niet meer beslissend voor de beantwoording van de vraag of een betrokkene volledig arbeidsongeschikt is te achten en in het merendeel van de zaken zal naast het medisch onderzoek een onderzoek volgen door de arbeidsdeskundige.

De door de wetgever gecreëerde mogelijkheid voor de verzekeringsarts om af te zien van arbeidsdeskundig onderzoek bij geschiktheid voor de laatstelijk uitgeoefende arbeid is weinig gelukkig. In het oorspronkelijk ontwerp van het SB 2000 was deze mogelijkheid zelfs imperatief gesteld, waarop de wetgever bij de definitieve vaststelling van het SB 2000 is teruggekomen. Probleem bij deze mogelijkheid is, dat een verzekeringsarts door de bank genomen onvoldoende zicht heeft op de aard en belasting van de eigen werkzaamheden om zelfstandig een oordeel te kunnen vellen over de geschiktheid van een betrokkene voor dat werk. Het is uit een oogpunt van zorgvuldige besluitvorming verstandiger om een onderzoek door een arbeidsdeskundige te laten verrichten naar de aard en belasting van het eigen werk alvorens de verzekeringsarts van UWV een besluit neemt in deze. Dit klemt temeer daar in enkelvoudige ZW-zaken, waarbij uitsluitend in geschil is of een betrokkene arbeidsongeschikt is voor het eigen werk, vrijwel standaard een praktisch werkrapport wordt verlangd door de bestuursrechter alvorens deze een oordeel velt over het (voort)bestaan van de arbeidsongeschiktheid in de zin van de ZW.

Jurisprudentie op art. 2 SB 2000
De reikwijdte van de Standaard geen duurzaam benutbare mogelijkheden stond éénmaal centraal bij de CRvB.

In USZ 2004 nr. 351 was UWV in hoger beroep van oordeel, dat ook een medisch deskundige van de rechtbank slechts kan rapporteren aan de hand van de Standaard geen duurzaam benutbare mogelijkheden en niet los van de Standaard kan oordelen tot volledige arbeidsongeschiktheid.

151

De CRvB komt tot een ander oordeel. De CRvB wijst erop dat de Standaard geen duurzaam benutbare mogelijkheden richtlijnen bevat voor het handelen van een verzekeringsarts en dus het karakter heeft van een (uitvoerige) werkinstructie. De Standaard geen duurzaam benutbare mogelijkheden is zo bezien aan te merken als een beleidsregel van UWV ten behoeve van een zorgvuldige vaststelling van de medische feiten door de (bezwaar)verzekeringsartsen van UWV.

Een bestuursrechter dient vervolgens de besluitvorming van UWV te toetsen aan o.a. de Standaard geen duurzaam benutbare mogelijkheden, waarbij zowel de inhoud als wijze van toepassing van de Standaard ter discussie staat. Dat betekent dat bij de vaststelling van de (medische) feiten de bestuursrechter noch de door hem ingeschakelde deskundige gebonden zijn aan de Standaard geen duurzaam benutbare mogelijkheden. Hoewel deze zaak speelde voor de inwerkingtreding van het SB 2000 is het onwaarschijnlijk, dat de CRvB hieromtrent anders zal oordelen indien art. 2 SB 2000 wel van toepassing was geweest.

Immers art. 2 SB 2000 richt zich gelet op haar bewoordingen volledig op de verzekeringsarts werkzaam bij UWV en de door hem te volgen werkwijze en niet op de bestuursrechter of de door de bestuursrechter ingeschakelde medisch deskundige.

Voorts is art. 2 SB 2000 niet meer dan een codificatie van de Standaard geen duurzaam benutbare mogelijkheden, waardoor het evenmin in de rede lijkt te liggen dat de CRvB in de toekomst anders gaat oordelen over de reikwijdte van art. 2 SB 2000.

In USZ 2004 nr. 327 stond art. 2 SB 2000 inhoudelijk ter discussie en wel tengevolge van een hoger beroep door de werkgever. De verzekeringsarts van UWV had het standpunt ingenomen, dat in casu sprake was van een depressie met elementen van een posttraumatische stress stoornis en dat deswege naar zijn oordeel geen sprake was van duurzaam benutbare mogelijkheden in de zin van art. 2 SB 2000. De bevindingen van de verzekeringsarts waren voornamelijk gebaseerd op verkregen informatie van de behandelend psychiater. In feite meende de verzekeringsarts, dat geen sprake was van duurzaam benutbare mogelijkheden tot het verrichten van arbeid, daar de werknemer in psychische zin niet zelfredzaam was.

De werkgever daarentegen stelde zich op het standpunt, dat onvoldoende medische onderbouwing aanwezig was voor dat standpunt en deed een beroep op de eisen gesteld in art. 2 van het SB 2000. De CRvB oordeelde dat de verzekeringsarts art. 2 lid 5 aanhef en onder d SB 2000 onvoldoende had getoetst. Genoemde bepaling eist een verzekeringsgeneeskundig onderzoek op drie verschillende niveau's, te weten zelfverzorging, samenlevingsverband en sociale contacten en daarvan was in casu niet gebleken.

Eerder, in USZ 2001 nr. 124 stelde de CRvB op grond van de Standaard geen duurzaam benutbare mogelijkheden hoge eisen aan de motivering van een verzekeringsarts. De verzekeringsarts meende dat een werknemer geen duurzaam benutbare mogelijkheden had bij aanvang van de verzekering mede op grond van de Standaard. In deze zaak had de Standaard nog geen wettelijke status verkregen, de eisen van de CRvB waren er echter niet minder streng om.

3.5.3 Wijzigingen in het SB 2000 met ingang van 1 oktober 2004

- Ten einde 'misbruik' door verzekeringsartsen (aldus de nota van toelichting) tegen te gaan is aan art. 2 lid 5 onderdeel d van het SB 2000 de zinsnede toegevoegd 'als gevolg van een ernstige psychische stoornis'. Voorts is aan art. 2 een zevende lid toegevoegd, die de mogelijkheid opent om bij ministeriële regeling nadere regels te stellen.

Blijkens de nota van toelichting wordt met de introductie van het causaal verband in art. 2 lid 5 onderdeel d SB 2000 beoogd om voor een verzekeringsarts verdere duidelijkheid te verschaffen en dat het onvermogen om te functioneren op de drie niveau's van dit artikel onderdeel gerelateerd dient te zijn aan een ernstig psychisch defect.
Er wordt nogmaals benadrukt dat het onvermogen om te functioneren door de verzekeringsarts vastgesteld moet worden op alle niveau's. Is dat niet het geval dan kan niet gesproken worden van onvermogen tot persoonlijk en sociaal functioneren in de zin van art. 2 lid 5 onderdeel d SB 2000. De consequentie is dan dat ook een arbeidsdeskundige de zaak moet beoordelen aan de hand van de functionele mogelijkhedenlijst opgesteld door de verzekeringsarts.

Om verschillen in interpretatie zoveel mogelijk uit te bannen is een delegatiebepaling in het zevende lid van art. 2 SB 2004 opgenomen. Het is de bedoeling van het Ministerie van SZW, dat UWV een centrale landelijke commissie gaat instellen ten einde met betrekking tot deze materie in individuele gevallen een definitief oordeel te vellen. Deze centrale landelijke commissie heeft naast haar toetsende taak tevens tot doel om objectieve beoordelingscriteria te ontwikkelen, in jargon van de nota van toelichting 'mediprudentie'.

Door middel van deze werkwijze kunnen toekomstige casus getoetst worden aan de ontwikkelde mediprudentie en kan tevens de basis vormen voor te ontwikkelen beleid. Tenslotte ziet het Ministerie een taak weggelegd voor de centrale landelijke commissie om te beschrijven wanneer een (onafhankelijke) psychiater dient te worden ingeschakeld.

Teneinde de nieuwe procedure juridisch vorm te geven is de delegatiebepaling opgenomen.

De nieuw te vormen centrale landelijke commissie en haar taakstelling heeft enige overeenkomsten met de Beslissingsautoriteit, zoals genoemd in het huidige art. 30c SUWI (tekst sedert 29 december 2005) en de taak van de Gezondheidsraad bij het opstellen van wetenschappelijke inzichten in de zin van art. 6 lid 6 wet WIA.

De Beslissingsautoriteit moet beoordelen of op goede gronden een betrokkene *'volledig en duurzaam'* arbeidsongeschikt wordt geacht in de zin van de wet WIA. De Beslissingautoriteit is overigens geen medicus maar een jurist werkzaam bij UWV.

De Gezondheidsraad heeft in dit verband onder ander tot taak om (beoordelings)protocollen op te stellen ten behoeve van de verzekeringsartsen werkzaam bij UWV.

Overgangsrecht
Het gewijzigde art. 2 lid 5 onderdeel d van het SB 2000 treedt in werking met ingang van 1 oktober 2004 en is niet van toepassing op de betrokkene met een recht op uitkering vóór of op 1 oktober 2004 en die vóór of op 1 juli 1954 is geboren.

In *art. 3 van het SB 2000* is de essentie van het MAOC neergelegd en daarmede is ondubbelzinnig vastgelegd, dat verzekeringsartsen werkzaam bij UWV niet meer om deze richtlijn heen kunnen. U heeft in het jurisprudentie overzicht in hoofdstuk 2 paragraaf 2 (specifieke ziekteoorzaken) kunnen zien, dat de CRvB de uitgangspunten neergelegd in het MAOC accepteert en het handelen van een verzekeringsarts in voorkomende gevallen aan deze richtlijn toetst.

De kwaliteitseisen van het verzekeringsgeneeskundig onderzoek zijn neergelegd in *art. 4 SB 2000*. Deze bepalingen spreken voor zich en in essentie komen de bepalingen van art. 4 lid 1 SB 2000 erop neer dat een verzekeringsgeneeskundig onderzoek toetsbaar, reproduceerbaar en consistent moet zijn.

Met betrekking tot het tweede lid van art. 4 SB 2000 kan nog worden opgemerkt, dat het verzekeringsgeneeskundig onderzoek op een verantwoorde wijze tot stand is gekomen, indien een onderzoeksmethodiek wordt gehanteerd die algemeen aanvaard is bij artsen en paramedische deskundigen.

Op grond van deze bepaling zullen beperkingen tot het verrichten van arbeid vastgesteld op een niet in de reguliere geneeskunst gebruikelijke wijze, niet snel geaccepteerd worden door UWV of de bestuursrechter. In dit verband kan gewezen worden op bijvoorbeeld de uitspraken van de CRvB gepubliceerd in RSV 2002 nr. 161 en 2004 nr. 2. Ook inschakeling van een transculturele psychiater is niet snel aan de orde zo blijkt uit RSV 2004 nr. 65, welke uitspraak een variant lijkt op de uitspraak gepubliceerd in RSV 1989 nr. 150, waar de gemachtigde van de werknemer de CRvB (tevergeefs) verzocht om over te gaan tot inschakeling van een ethno-psychiater.

3.5.4 Het arbeidsdeskundig onderzoek

Inleiding
Nadat de verzekeringsarts zijn onderzoek heeft voltooid en een rapportage heeft gemaakt conform de artikelen 2 t/m 4 van het SB 2000 stelde de verzekeringsarts tot april 2002 handmatig een belastbaarheidspatroon op, welk belastbaarheidspatroon door de arbeidsdeskundige gedigitaliseerd diende te worden. Digitalisering van het belastbaarheidspatroon was noodzakelijk voor de arbeidsdeskundige om op een geautomatiseerde wijze te kunnen bezien of er arbeidsmogelijkheden in het computersysteem aanwezig waren passend bij de beperkingen tot het verrichten van arbeid van de betrokkene. De digitalisering kende wel enige risico's daar een foutje bij het inbrengen van de gegevens vrij ongemerkt kon plaatsvinden, waardoor het in de prak-

155

tijk niet onverstandig was om de score op het oorspronkelijk belastbaarheidspatroon van de verzekeringsarts te vergelijken met de geprinte versie van de arbeidsdeskundige. Immers een verschuiving in de belastbaarheid van de betrokkene kan verstrekkende gevolgen hebben bij de selectie van geschikte functies.

Tot april 2002 bediende de arbeidsdeskundige zich bij de vaststelling van de resterende verdiencapaciteit van het computersysteem genaamd FIS (Functie Informatie Systeem).

Het FIS is vanaf april 2002 vervangen door een nieuw ontwikkeld systeem luisterend naar de naam CBBS (Claimbeoordelings- en Borgingssysteem). Dit systeem is evenals FIS bedoeld om aan de hand van de door de verzekeringsarts opgestelde belastbaarheid het resterende verdienvermogen van de betrokkene vast te stellen. Het CBBS is een gemoderniseerde versie van het FIS en kent voor de verzekeringsarts aanzienlijk meer keuze mogelijkheden bij de weergave van de beperkingen tot het verrichten van arbeid. Op de verschillen tussen beide beoordelingssystemen komen wij later terug en zullen wij tevens aangeven welke gedingstukken voor u van belang zijn bij de arbeidsdeskundige beoordeling.

Het resultaat van de inspanningen van de arbeidsdeskundige is een zogenaamde functionele mogelijkhedenlijst waarop verkort de arbeidsmogelijkheden van de betrokkene zijn weergegeven en de daarbij behorende theoretische verdiensten. Deze verdiensten, de resterende verdiencapaciteit, worden vergeleken met de inkomsten van de maatman, waarna de arbeidsdeskundige de mate van arbeidsongeschiktheid vaststelt en de betrokkene op de hoogte stelt van zijn bevindingen.

De bevindingen van de arbeidsdeskundige en de verzekeringsarts worden vaak eerst bij brief meegedeeld aan de betrokkene en vervolgens bij besluit in primo. Het besluit in primo is het startpunt voor het werk van rechtshulp verleners en juristen op de afdelingen Bezwaar en Beroep bij UWV, indien de betrokkene zich niet kan verenigen met de resultaten van de voorafgaande onderzoeken. In de bezwaarprocedure, ingevoerd voor arbeidsongeschiktheidszaken op 1 maart 1997 en specifiek beschreven in hoofdstuk 7 afdeling 7.1 en 7.2 van de Algemene Wet Bestuursrecht (Stb. 1992 nr. 315), kunnen alle aspecten van de (her)beoordeling van de mate van arbeidsongeschiktheid aan de orde worden gesteld.

Ten einde beslagen ten ijs te komen worden hierna de arbeidsdeskundige aspecten van een arbeidsongeschiktheidsbeoordeling besproken en daarbij tevens de wijzigingen van het SB 2000 met ingang van 1 oktober 2004 betrokken.

Doel van het arbeidsdeskundige onderzoek
Het arbeidsdeskundig onderzoek heeft tot doel om de mate van arbeidsongeschiktheid vast te stellen. Dit uitgangspunt is uitdrukkelijk vastgelegd in art. 5 van het SB 2000, waarbij wellicht ten overvloede is aangegeven, dat de mate van arbeidsongeschiktheid vastgesteld moet worden door een vergelijking te maken tussen het maatmaninkomen enerzijds en de resterende verdiencapaciteit anderzijds. In art. 5 SB 2000 is voorts expliciet aangegeven, dat het arbeidsdeskundig onderzoek zoals beschreven in het SB 2000 zich beperkt tot het juridisch regime met betrekking tot de vaststelling van de mate van arbeidsongeschiktheid zoals dit luidt met ingang van 1 augustus 1993. Degenen vallend onder het oude- en middencriterium hebben bij de vaststelling van de mate van arbeidsongeschiktheid dus niets te maken met het arbeidskundige deel van het SB 2000 noch met de voorafgaande Schattingsbesluiten, met uitzondering van de indexering van het maatmaninkomen (art. 8 SB 2000), zoals onder andere blijkt uit RSV 2000 nr. 232.

Het maatmaninkomen
Voor de WAO en de WAZ beperkt art. 6 van het SB 2000 zich tot een algemene formule inzake de maatman en diens inkomen, zoals die ook voorkomt in art. 18 lid 1 WAO en art. 2 lid 1 van de WAZ met de kanttekening, dat het inkomen van de maatman in het SB 2000 per uur berekend dient te worden.
Een uitgebreide behandeling van het begrip maatman en diens inkomen voor de WAO-gerechtigde is in Hoofdstuk 3 paragraaf 3 gegeven.
De wetgever heeft in art. 6 lid 2 SB 2000 (de nummering van de leden in art. 6 was tot 1 oktober 2004 onjuist) wel aandacht geschonken aan het maatmaninkomen van jong-gehandicapten en dit inkomen in beginsel gesteld op het minimumloon (inclusief vakantietoeslag) per uur op grond van de Wet op het minimumloon en de minimumvakantiebijslag, indien de jonggehandicapte niet werkzaam is.

Werkt de jong-gehandicapte en heeft hij deswege inkomsten uit arbeid, dan wordt het maatmaninkomen per uur van de jonggehandicapte gesteld op het uurloon van de soortgelijk gezonde, die het feitelijk werk van de jonggehandicapte verricht. Hiermede wordt voorkomen, dat een jonggehandicapte die part-time gaat werken zijn Wajong-uitkering onevenredig ziet dalen of zelfs verliest vanwege de fixatie van het maatmaninkomen op het minimumloon. De feitelijke verdiensten kunnen namelijk aanzienlijk hoger zijn dan het minimumloon.

Blijkens het vierde lid van art. 6 SB 2000 is UWV verplicht, om het maatmaninkomen van de jonggehandicapte te verhogen tot tenminste 1½ maal het minimumloon, indien:

1. de jonggehandicapte arbeidsongeschikt is geworden binnen 1 jaar onmiddellijk voorafgaand aan het behalen van een diploma aan een beroepsgerichte opleiding; danwel
2. de jonggehandicapte na het behalen van het diploma aan een beroepsgerichte opleiding arbeidsongeschikt wordt *en* het aanvangssalaris in dat beroep tenminste gelijk is aan 1½ maal het minimumloon geldend voor een werknemer van dezelfde leeftijd;
3. de jonggehandicapte tijdens arbeidsongeschiktheid en voor zijn 30e levensjaar een diploma behaalt aan een beroepsgerichte opleiding *en* het aanvangssalaris in dat beroep tenminste gelijk is aan 1½ maal het minimumloon geldend voor een werknemer van dezelfde leeftijd.

Gelet op de tekst van art. 6 lid 4 SB 2000 is variant 1 niet gekoppeld aan de voorwaarde, dat het aanvangssalaris in het beroep van de opleiding ligt op tenminste 1½ maal het minimumloon voor een werknemer van dezelfde leeftijd. Dit verschil in benadering door de wetgever kan worden verklaard uit het maatman leerstuk niet gerealiseerde toekomstverwachtingen. Bij de variant 1 is het realiteitsgehalte van de verwachting in principe het hoogst zeker gezien de door de wetgever gestelde voorwaarde, dat het diploma behaald moet zijn één jaar onmiddellijk voorafgaande aan het intreden van de arbeidsongeschiktheid.

Het hoogste maatmaninkomen geldt zo blijkt uit art. 6 lid 5 SB 2000. Normaliter zal het het maatmaninkomen van de jonggehandicapte op grond van lid 4 altijd hoger zijn dan het maatmaninkomen van lid 3, tenzij sprake is van feitelijk inkomsten. Immers dit feitelijk maatmaninkomen kan hoger zijn dan het maatmaninkomen van het vierde lid.

Uit de uitvoerige regeling van het maatmaninkomen van de jonggehandicapte in het SB 2000 blijkt nogmaals, dat met name de leerstukken niet gerealiseerde toekomstverwachtingen en verkregen nieuwe bekwaamheden eveneens toegepast kunnen te worden bij de maatmanvaststelling van een WAO of WAZ-gerechtigde.

Het eenmaal vastgestelde maatmaninkomen wordt bij latere gelegenheden niet meer getoetst aan opgetreden wijzigingen in het inkomen van de soortgelijk gezonde, met andere woorden een eenmaal vastgestelde maatman is gefixeerd vanaf de eerste dag na het einde van de wachttijd ingevolge art. 19 WAO. De fixatie van het maatmaninkomen moet wel met een korrel zout worden genomen. Immers in hoofdstuk 3 (maatvrouwen en maatmannen) is meerdere malen gebleken, dat de maatman en diens inkomen ook anders dan middels indexeringen kan worden verhoogd.

Ten tijde van de inwerkingtreding van de Wet TBA en bij de introductie van het eerste Schattingsbesluit (10 augustus 1994) werd de fixatie van het maatmaninkomen door de wetgever gerechtvaardigd met de stellingname, dat niet het verleden maar de toekomst van belang was voor een uitkeringsgerechtigde en dat zoveel mogelijk de oude banden doorgesneden moesten worden bij een beoordeling van de arbeidsongeschiktheid.

Als doekje voor het bloeden is in art. 8 SB 2000 de indexeringsregeling opgenomen. Zodra sprake is van een herbeoordeling van de mate van arbeidsongeschiktheid dient het maatmaninkomen aangepast te worden aan de wijziging van de 'algemene loonindex', zoals gepubliceerd door het CBS. De indexering van het maatmaninkomen geldt eveneens voor het maatmaninkomen van een jonggehandicapte. Dit kan tot merkwaardige en waarschijnlijk onbedoelde gevolgen leiden, daar de index van het CBS soms sneller gaat dan de verhogingen van het minimumloon, waardoor het in theorie mogelijk is dat de mate van arbeidsongeschiktheid van een jonggehandicapte stijgt uitsluitend vanwege de indexering van art. 8 SB 2000.

In de dagelijkse praktijk is de indexering iets om in de gaten te houden, daar de arbeidsdeskundige in het primaire beoordelingsproces de CBS-index hanteert op het moment van zijn beoordeling, terwijl een verlaging van een toegekende WAO-uitkering 2 maanden na de aanzegging wordt geëffectueerd.

Indien de mate van arbeidsongeschiktheid is vastgesteld op bijvoorbeeld 14,99% dan kan het moeite lonen om de index-cijfers van het CBS te bezien. Omgekeerd is het UWV niet toegestaan om de resterende verdiencapaciteit eveneens met de index van het CBS te verhogen. De CRvB heeft in USZ 1999 nr. 271 uitgesproken dat deze handelwijze van UWV onder het arbeidsongeschiktheidscriterium vanaf 1 augustus 1993 niet meer kan worden aanvaard.

De CRvB wijst in dit verband op het Schattingsbesluit, waarin wel een indexering is geregeld van het maatmaninkomen maar niet van de resterende verdiencapaciteit. Voorts kan het heel goed zijn dat de beloning in een geduide functie feitelijk niet is gewijzigd, waardoor indexering van de theoretische beloning een slag in de lucht is. Het staat UWV uiteraard vrij om de facto te bezien of en zoja in welke mate de beloning van de geduide functies is gewijzigd na de laatste actualisering van de geduide functies maar vóór de effectuering van het bestreden besluit. Deze geboden optie voor UWV lijkt aardig maar is voor een procesgemachtigde van UWV in de praktijk niet of nauwelijks te realiseren.

3.5.5 Wijzigingen met betrekking tot het maatmaninkomen met ingang van 1 oktober 2004

• Aan art. 6 SB 2000 worden twee nieuwe leden toegevoegd en wordt het reeds bestaande 'derde' lid voorzien van de aanduiding 3.

De nieuwe leden 6 en 7 van art. 6 SB 2004 zijn een reactie van de wetgever op de uitspraak van de CRvB gepubliceerd in RSV 2002 nr. 164. Kort weergegeven lag de zaak als volgt. Een betrokkene meende dat hij toegenomen arbeidsongeschikt was en verzocht UWV om de beëindigde WAO-uitkering opnieuw toe te kennen. Toekenning na beëindiging van de WAO-uitkering is gedurende 5 jaar na beëindiging mogelijk, indien de toename voortkomt uit dezelfde ziekteoorzaak. Het is in dit verband niet noodzakelijk, dat een betrokkene ten tijde van de toename van de arbeidsongeschiktheid verzekerde arbeid verricht.

De CRvB was van oordeel, dat de opnieuw toe te kennen WAO-uitkering op grond van art. 43a WAO in voorkomende gevallen getoetst moet worden aan een gewijzigd maatmaninkomen, in casu het minimumloon vanwege het ontbreken van een maatmaninkomensgarantie. De CRvB was in feite van mening, dat de betrokkene in kwestie was aan te merken als een langdurig werkloze en dat deswege zijn maatmaninkomen gesteld diende te worden op het minimumloon.

Door middel van de aan art. 6 toegevoegde leden 6 en 7 wordt dit probleem ten voordele van een betrokkene opgelost.

Het nieuwe lid 6 bepaalt, dat bij toepassing van art. 43a WAO, art. 20 WAZ en art. 19 Wajong het maatmaninkomen niet lager wordt gesteld dan het maatmaninkomen gehanteerd bij de eerdere vaststelling van de mate van arbeidsongeschiktheid. Deze garantie geldt tevens indien de hiervoor genoemde artikelen niet kunnen worden toegepast vanwege het feit dat art. 29b ZW toepassing kan vinden en indien aan het einde van de wachttijd geen arbeidsongeschiktheidsuitkering is toegekend.

Kortom een betrokkene die een claim legt terzake van een toename van arbeidsongeschiktheid en valt onder de genoemde bepalingen van de WAO, WAZ of Wajong heeft sedert 1 oktober 2004 een maatmaninkomensgarantie.

De uitspraak van de CRvB in RSV 2002 nr. 164 die geleid heeft tot deze wijziging van het SB 2000 is een zaak uit de bouwwereld en gevoerd door de uitvoerder Sfb.

Een juridisch medewerker werkzaam voor de UVI Gak Nederland zou zo'n zelfde zaak waarschijnlijk nooit gevoerd hebben en eigener beweging teruggevallen zijn op de eerder vastgestelde maatman.

Binnen de UVI Gak Nederland bestond het beleidsmatig uitgangspunt, dat ingeval van toepassing van o.a. art. 43a WAO werd teruggegrepen op de 'oude' maatman en diens geïndexeerde inkomen. De achterliggende gedachte was daarbij dat toepassing van art. 43a WAO bijkans neerkwam op een heropening van de oude uitkering (beëindigd of niet toegekend) en dat het deswege in de rede lag om terug te grijpen op de 'oude' maatman. Dit standpunt deed naar het oordeel van de beleidsmakers van de UVI Gak Nederland ook het meeste recht aan de motie Van Dijke c.s., welke motie ten grondslag lag aan de totstandkoming van o.a. art. 43a WAO. Wat hier ook verder van zij de wetgever heeft thans ingegrepen en het probleem voor de toekomst opgelost.

Het zevende lid maakt duidelijk dat indien teruggevallen wordt op de eerder vastgestelde maatman, het inkomen van deze maatman opgehoogd moet worden alsof de uitkering nimmer was ingetrokken of eerder was toegekend. De bedoeling van het zevende lid is dat de 'oude' maatman zo snel mogelijk wordt geïndexeerd conform art. 8 SB 2004 en dat UWV niet genoopt wordt tot actualisering van de soms zeer oude maatman.

Overgangsrecht
De nieuwe leden 6 en 7 van art. 6 SB 2000 treden in werking met ingang van 1 oktober 2004 en zijn niet van toepassing op de betrokkene met een recht op uitkering vóór of op 1 oktober 2004 en indien de betrokkene vóór of op 1 juli 1954 is geboren.

De opname van art. 6 SB 2000 in art. 12a SB 2000 (de overgangsrechtelijke bepaling in het SB 2000) is merkwaardig, daar niet goed valt in te zien waarom de beschermde groep uitkeringsgerechtigden niet mag profiteren van de maatmaninkomensgarantie en bij toepassing van art. 43a WAO geconfronteerd kan worden met de consequenties van de uitspraak van de CRvB in RSV 2002 nr. 164.

Een voorbeeld om dit te verduidelijken.
Een betrokkene voldoet aan de voorwaarde dat hij is geboren voor of op 1 juli 1954 en hij heeft op 1 oktober 2004 een WAO-uitkering. In deze situatie blijft de betrokkene gevrijwaard van alle wijzigingen in het SB 2000 met ingang van 1 oktober 2004. Het is evenwel goed mogelijk dat de betrokkene in kwestie zijn WAO-uitkering verliest vanwege een herbeoordeling van de mate van arbeidsongeschiktheid op grond van de regelgeving van vóór 1 oktober 2004. De herbeoordeling van de mate van arbeidsongeschiktheid vindt evenwel plaats na 1 oktober 2004 de peildatum in het overgangsrecht van art. 12a SB 2000. Na verloop van tijd legt de betrokken werknemer bij UWV een claim vanwege een toename van de mate van arbeidsongeschiktheid gebaseerd op art. 43a WAO. In deze situatie wordt de betrokkene wel beschermd tegen de nadelige wijzigingen in het SB 2000 sedert 1 oktober 2004 maar kan hij geconfronteerd worden met de uitspraak van de CRvB in RSV 2002 nr. 164 terzake van zijn verzoek tot hernieuwde toekenning van een WAO-uitkering.

Het hiervoor geschetste probleem had eenvoudig kunnen worden vermeden door in art. 12a lid 1 SB niet het gewijzigde art. 6 SB 2000 op te nemen dan-

162

wel in art. 12a lid 2 SB 2000 eveneens art. 6 leden 6 en 7 op te nemen. Dusdoende had ook de beschermde groep uitkeringsgerechtigden kunnen profiteren van de enige positieve wijziging in het SB 2000 met ingang van 1 oktober 2004.

3.5.6 Wijzigingen van het maatmaninkomen na de eerste vaststelling

Middels het wijzigingsbesluit van 15 december 2005, Stb. 2005 nr. 690 is aan het SB 2000 art. 6a toegevoegd.

Het nieuwe art. 6a SB 2000 opent voor de wetgever de mogelijkheid om nadere regels te stellen in verband met de vaststelling van het maatmaninkomen. Aan de nota van toelichting bij het wijzigingsbesluit kan worden ontleend, dat deze delegatie bepaling is opgenomen om te komen tot een verdere vereenvoudiging van het werkproces bij een arbeidsongeschiktheidsbeoordeling. Het is met name de bedoeling dat het SV-loon, het loon waarover premie verschuldigd is, uit dezelfde loonemolumenten bestaat als het maatmaninkomen en het feitelijk verdiende inkomen. Aangezien het SV-loon is opgenomen in de polisadministratie van UWV, hoeft UWV in de toekomst geen uitvraag meer te doen bij werkgevers over het maatmaninkomen, hetgeen zal leiden tot een lastenverlichting voor werkgevers en verlaging van de uitvoeringskosten van UWV. Het is voorts de bedoeling, dat het loon van de theoretische functies in CBBS wordt gelijkgeschakeld met het SV-loon, zodat een evenwichtige loonvergelijking kan plaatsvinden ingeval van ingetreden arbeidsongeschiktheid.

De nadere regels voor de vaststelling van het maatmaninkomen zullen uitsluitend gelden voor nieuwe gevallen.

Voor alle duidelijkheid er is tot op heden (augustus 2006) geen ministeriële regeling in de zin van art. 6a SB 2000.

Nadat voor de eerste maal het maatmaninkomen is vastgesteld, normaliter per einde wachttijd, wordt nadien geen rekening meer gehouden met wijzigingen in het maatmaninkomen, aldus art. 7 SB 2000. De regeling van art. 7 SB 2000 bewerkstelligt, dat UWV bij latere beoordelingen van de mate van arbeidsongeschiktheid na het einde van de wachttijd niet meer verplicht is om te bezien of en zoja in welke mate het inkomen van de maatman van de werknemer is gewijzigd na het einde van de wachttijd.

163

In art. 8 SB 2000 is namelijk de bepaling opgenomen, dat UWV in afwijking van art. 7 SB 2000 het maatmaninkomen van de werknemer dient te indexeren met de cijfers zoals bekend gemaakt door het Centraal Bureau voor de Statistiek. Deze in de artikelen 7 en 8 SB 2000 neergelegde werkwijze is een stuk minder arbeidsintensief voor UWV dan het telkenmale uitvragen van de loongegevens van de maatman bij de laatste werkgever van de betreffende werknemer.

De tekst van *art. 8 SB 2000* is in overeenstemming gebracht met de gewijzigde werkwijze van het CBS.
Het gewijzigde art. 8 SB 2004 heeft geen noemenswaardige consequenties voor de uitvoeringspraktijk.

Overgangsrecht
Het gewijzigde art. 8 SB 2000 heeft onmiddellijke werking vanaf 1 oktober 2004 en geldt voor alle uitkeringsgerechtigden.

3.5.7 De resterende verdiencapaciteit

Inleiding
Anders dan onder het oude- en middencriterium is in de Schattingsbesluiten vanaf 1994 de gedachte opgenomen, dat de resterende verdiencapaciteit dient te worden vastgesteld op de hoogste loonwaarde van de theoretische functies. Vanaf 1990 waren de toenmalige uitvoerders daartoe ook in staat, daar de te duiden functies waren opgenomen in een computersysteem. Een kleine applicatie zorgde er vanaf 10 augustus 1994 voor, dat het systeem primair ging zoeken naar geschikte functies met de hoogste beloning.
De wetgever had vanaf 1 augustus 1993 tevens in de wet opgenomen, dat *in billijkheid op te dragen arbeid* werd vervangen door *algemeen geaccepteerde arbeid* berekend naar de krachten en bekwaamheden van de werknemer. Algemeen geaccepteerde arbeid wordt ook wel gangbare arbeid genoemd, welke terminologie afkomstig is uit de nota van toelichting bij het eerste Schattingsbesluit van 1994. In billijkheid op te dragen arbeid impliceerde volgens de wetgever, dat bij een beoordeling van de mate van arbeidsongeschiktheid te veel gekeken werd naar het verleden, terwijl een arbeidsongeschikte in de optiek van de wetgever juist toekomstgericht moet zijn en moet gaan uitzien naar algemeen geaccepteerde arbeid.

Vanaf 1993 behoort het in theorie tot de mogelijkheden om een arbeidson-geschikte, chique directeur van een BV de functie van loempia-vouwer te duiden, zijnde algemeen geaccepteerde arbeid in de zin van art. 18 lid 5 WAO. Voor 1 augustus 1993 zou dat onmogelijk zijn geweest, namelijk niet in billijkheid op te dragen. Afhankelijk van het maatmaninkomen van de betreffende directeur zal de functie van loempia-vouwer effect hebben op diens mate van arbeidsongeschiktheid.

De in aanmerking te nemen arbeid
Alvorens in te gaan op de theoretische functieduiding van art. 9 SB 2000 zullen wij eerst stilstaan bij de voorwaarden voor een beoordeling van de mate van arbeidsongeschiktheid, die is gebaseerd op het standpunt dat de werknemer weer geschikt is voor zijn eigen werk.

De schatting op eigen werk
In de Schattingsbesluiten die tot nu toe zijn gepubliceerd heeft de wetgever nooit aandacht besteedt aan dit verschijnsel. Kennelijk ligt dit zo voor de hand, dat de wetgever hieraan deswege geen aandacht heeft geschonken.
Indien een werknemer weer geschikt is voor zijn eigen werkzaamheden dan is er geen sprake meer van een relevante mate van arbeidsongeschiktheid, immers de betreffende werknemer kan weer zijn vroegere salarisniveau halen.
Er zijn met betrekking tot de geschiktverklaring voor het eigen werk wel enige kanttekeningen te plaatsen.

In hoofdstuk II heeft u gezien, dat UWV voorafgaand aan de WAO-claim-beoordeling een poortwachtertoets uitvoert. Indien blijkt dat een werknemer aan het einde van de wachttijd weer geschikt is te achten voor zijn eigen werk, dan is dat een 'gevaarlijke' vaststelling voor de werkgever en diens ARBO-dienst. Immers, indien de betrokken werknemer ten tijde van de poortwachtertoets nog niet heeft hervat dan heeft het er alle schijn van, dat de reïntegratie inspanningen onvoldoende zijn geweest met als logisch gevolg een verlenging van de loondoorbetalingsverplichting voor de werk-gever ten einde alsnog voldoende reïntegratie inspanningen te verrichten.
Indien de betrokken werknemer na verloop van tijd, dus na de toekenning van een WAO-uitkering weer geschikt geacht wordt voor zijn eigen werk, dan heeft UWV met een aantal specifieke problemen van doen.

- De werknemer is geschikt voor zijn eigen werk en het dienstverband bestaat nog.

Het eigen werk heeft sowieso zijn eigenaardigheden en specifieke belasting en daarvoor moet de betreffende werknemer wel geschikt zijn te achten. UWV is derhalve in deze situatie verplicht om een grondig onderzoek te doen naar de aard en belasting in de betreffende functie.
Zolang het dienstverband bestaat moet tevens sprake zijn van geschiktheid voor het eigen werk in volle omvang dus met alle belastende factoren. Een schatting op eigen werk met het daarbij behorende salaris gedurende een beperkter aantal uren dan voorheen is in principe niet toegestaan. Dit standpunt heeft de CRvB in USZ 2002 nr. 222 ingenomen, waaraan de CRvB nog toevoegde dat dit slechts anders wordt indien de werknemer de facto hervat in het eigen werk met een beperkte arbeidsduur.
Het de facto gedeeltelijk hervatten in het eigen werk zal onder de werking van de Wet verbetering poortwachter meer gaan voorkomen zo is onze verwachting.
In RSV 2006 nr. 125 herhaalt de CRvB nogmaals, dat bij geschiktverklaring voor het eigen werk of de maatgevende arbeid acht moet worden geslagen op alle specifieke, zich bij de werkgever voordoende omstandigheden. In casu betrof het de functie van treinmachinist waarvoor de werknemer na een doorgemaakt herseninfarct weer geschikt werd geacht. In medische zin leek de treinmachinist volledig hersteld. De veiligheidsvoorschriften van de NS bepalen echter, dat een dienstdoende treinmachinist geen herseninfarct mag hebben doorgemaakt. De betrokken werknemer mocht dan ook op grond van medisch objectiveerbare gronden zijn maatmanfunctie niet meer vervullen.

- De werknemer is geschikt voor het eigen werk, echter het dienstverband bestaat niet meer.

Ook in deze situatie moet UWV een gedegen feitelijk onderzoek doen naar de aard en belasting van de eigen werkzaamheden, echter specifieke belastingen in het oude bedrijf kunnen daarbij buiten beschouwing worden gelaten. De werknemer in kwestie kan in de situatie dat de relatie met de oude werkgever is verbroken toch geconfronteerd worden met het standpunt van UWV, dat hij weer geschikt is te achten voor zijn vroegere werkzaamheden.

De CRvB heeft in RSV 1999 nr. 54 aangegeven, dat arbeidsmarktfactoren an sich geen rol spelen bij de beoordeling van de mate van arbeidsongeschiktheid. Met andere woorden ook al kan een werknemer het oude werk de facto niet meer hervatten, dit werk mag wel de basis vormen voor een herbeoordeling van de mate van arbeidsongeschiktheid.

Wel meent de CRvB in zo'n situatie, dat de betrokken uitkeringsgerechtigde een normale uitlooptermijn van 2 maanden na de aanzegging van geschiktheid door UWV moet worden gegund ten einde om te gaan zien naar soortgelijk eigen werk.

Voor alle duidelijkheid, bestaat er wel een mogelijkheid tot terugkeer naar het eigen werk dan ligt een normale uitlooptermijn van 2 maanden niet voor de hand, daar de werknemer 'gewoon' bij zijn werkgever kan aankloppen met de mededeling 'daar ben ik weer'.

Is het dienstverband verbroken en het eigen werk was zo specifiek dat soortgelijke arbeid met dezelfde belasting en beloning als het oude werk niet of nauwelijks op de arbeidsmarkt voorhanden is dan kan men spreken van een zogenaamde 'witte ravenbaan'.

De CRvB neemt dan een andere positie in en meent, dat zich dan één van de uitzonderingssituaties voordoet op de regel 'geschiktheid voor eigen werk dus geen sprake van arbeidsongeschiktheid'.

UWV werd in USZ 2001 nr. 67 in deze situatie verplicht om een herbeoordeling van de mate van arbeidsongeschiktheid uit te voeren op grond van een theoretische schatting dus met behulp van functies uit het CBBS. Dat laatste wilde UWV nu juist niet, omdat de functies uit het CBBS vaak lager verlonen dan het eigen werk en er een relevante mate van arbeidsongeschiktheid kan ontstaan vanwege het soms forse inkomensverschil.

Pogingen van UWV om met behulp van het CBBS soortgelijke functies te zoeken en deswege aan te tonen dat in casu geen sprake is van een 'witte ravenbaan' stranden dikwijls vanwege te grote loonverschillen en opleidingseisen.

Een recent voorbeeld van de hierboven geschetste situatie is te vinden in USZ 2005 nr. 223. In deze zaak was sprake van een werknemer die van zijn oude werkgever een salarisgarantie ontving uit coulance overwegingen terzake van plaatsing in een andere qua salaris lager ingeschaalde functie. UWV had daaraan de consequentie verbonden dat de werknemer geschikt was voor zijn eigen werk (het lager ingeschaalde werk) met een gedeeltelijke WAO-uitkering (15-25%) ter compensatie van de salarisgarantie.

167

Dat laatste accepteerde de CRvB niet en wees erop, dat een gedeeltelijke arbeidsongeschiktheid op grond van geschiktheid voor eigen (maatgevend) werk binnen het bestek van de WAO niet mogelijk is. UWV zal dus ook in deze zaak moeten omzien naar functies uit het CBBS, hetgeen met een hoge mate van waarschijnlijkheid een hogere mate van arbeidsongeschiktheid met zich mee zal brengen.

Samenvatting
Herbeoordelingen van de mate van arbeidsongeschiktheid op grond van de overweging dat de betrokken werknemer weer geschikt is te achten voor zijn eigen of maatgevende werk is zeer goed mogelijk. Zolang het dienstverband met de werkgever nog bestaat doen zich in dat verband nauwelijks problemen voor, aangenomen dat de werknemer in medische zin in staat is om deze werkzaamheden te verrichten.

Problemen kunnen zich wel voordoen, indien het dienstverband niet meer bestaat en het eigen werk was zodanig specifiek van aard qua belasting of beloning, dat dit werk niet of nauwelijks voorkomt op de arbeidsmarkt. In zo'n situatie moet UWV een herbeoordeling van de mate van arbeidsongeschiktheid uitvoeren met behulp van de functies voorkomend in het CBBS en mag het eigen (zeldzame) werk niet langer de basis vormen voor de vaststelling van de mate van arbeidsongeschiktheid.

Is het eigen werk een gepasseerd station, in die zin dat een werknemer daartoe gelet op zijn beperkingen tot het verrichten van arbeid niet meer in staat is, dan komen de theoretische functies van het CBBS eveneens aan de orde.

Voorwaarden gesteld aan de theoretische functies

Art. 9 aanhef en onderdelen a en b SB 2000

Uit art. 9 aanhef en onderdeel a SB 2000 blijkt, dat UWV de opdracht heeft om een zo laag mogelijke arbeidsongeschiktheiduitkering toe te kennen, immers UWV moet op grond van dit artikel onderdeel op zoek naar die functies waarmee de betrokkene het meest per uur kan verdienen. Deze taak voor UWV is niet nieuw daar de rechtsvoorgangers van UWV deze taak reeds op grond van art. 2 van het SB 1994 hadden.

De functies, in Nederland uitgeoefend, worden omschreven in tenminste 3 verschillende functies (lees FB- of SBC-codes) en vertegenwoordigen tezamen tenminste 30 arbeidsplaatsen. Let wel, dit zijn weliswaar bestaande arbeidsplaatsen maar geen vacatures.

In het SB 1994 behoorde het tot de juridische mogelijkheden, dat een beoordeling van de mate van arbeidsongeschiktheid mocht plaatsvinden op 1 functie met 30 arbeidsplaatsen. Deze bepaling is met terugwerkende kracht tot 1 augustus 1993 gewijzigd via de wet van 1 februari 1996 Stb. 1996 nr. 75 beter bekend onder de naam Heroperatie Linschoten I, kortweg HOL I. Anders dan onder het oude- en middencriterium mogen de functies worden gezocht in heel Nederland.

Ten einde te voorkomen, dat ook functies worden geduid met zeer weinig arbeidsplaatsen is in *art. 9 aanhef en onderdeel b SB 2000* opgenomen, dat dit soort functies buiten beschouwing blijven. De vraag is dan wel wat moet worden verstaan onder een functie die geen of nauwelijks arbeidsplaatsen vertegenwoordigt.

De uitvoerders hebben deze vraag zelf beantwoord door bij de CRvB het standpunt in te nemen, dat FB- of SBC-codes met minder dan 7 arbeidsplaatsen niet voldoen aan de eis, dat deze voldoende arbeidsplaatsen vertegenwoordigen (zie USZ 1998 nr. 91). De formulering vertegenwoordigen tezamen 30 arbeidsplaatsen betekent overigens niet dat iedere FB- of SBC-code tenminste 10 arbeidsplaatsen moet vertegenwoordigen, zie RSV 1997 nr. 27.

De eis van tenminste 30 arbeidsplaatsen en 3 verschillende functies is absoluut en een zaak, waarbij sprake is van een herbeoordeling van de mate van arbeidsongeschiktheid gebaseerd op 29 arbeidsplaatsen of 2 verschillende functies met honderden arbeidsplaatsen zal door UWV niet worden gevoerd of doorgezet.

UWV bedient zich bij een (her)beoordeling van de mate van arbeidsongeschiktheid van FB- of SBC-codes, waarbij verschillende functiebeschrijvingen worden geclusterd tot 1 code. Onder het FIS heetten deze codes Functionele Belastingcodes en onder het CBBS gebruikt UWV de aanduiding Standaard Beroepen Classificatie. De functiebeschrijvingen binnen deze code's kunnen zeer verschillend zijn qua benaming, zij hebben echter gemeen dat zij qua aard en belastende factoren voor tenminste 65% overeenkomen. Het doel van deze clustering in FB- of SBC-codes is om te voldoen aan de arbeidsplaatseneis. Het is goed mogelijk dat een functiebeschrijving slechts 1 arbeidsplaats vertegenwoordigd, maar binnen een code door clustering met andere functiebeschrijvingen uiteindelijk tenminste 7 arbeidsplaatsen worden gegenereerd, waardoor de code acceptabel is in de zin van art. 9 aanhef en onderdeel b SB 2000.

In een procedure kan een proces-gemachtigde van UWV in de verleiding komen om een code te splitsen en dusdoende beweren, dat er weer tenminste 3 verschillende functies ten grondslag liggen aan de beoordeling van de mate van arbeidsongeschiktheid. Deze verleiding doet zich bijvoorbeeld voor, indien een ingeschakelde deskundige van de rechtbank of de CRvB een aantal FB- of SBC-codes danwel functiebeschrijvingen ongeschikt acht voor de betrokken werknemer, waardoor niet meer wordt voldaan aan het getalscriterium van art. 9 aanhef onderdeel b SB 2000. Deze handelwijze wordt niet door de CRvB geaccepteerd. De CRvB wees in USZ 1997 nr. 206 op de hoge mate van overeenkomsten van de functiebeschrijvingen binnen een FB-code, waardoor er geen sprake is van verschillende functies in de zin van art. 9 aanhef en onderdeel a SB 2000.

Clustering in verschillende FB- of SBC-codes is toegestaan. Nadien kan UWV evenwel niet meer met vrucht betogen, dat sprake is van verschillende functies binnen een FB- of SBC-code, tenzij UWV aannemelijk maakt dat de functie zodanig gewijzigd is, dat deze niet meer in de betreffende code hoort.

3.5.8 Wijzigingen met betrekking tot de hoeveelheid arbeidsplaatsen met ingang van 1 oktober 2004

- *Art. 9 onderdeel a en b SB 2000* is met ingang van 1 oktober 2004 grondig op de schop gegaan. Onderdeel a is fors herzien en onderdeel b is geheel gewijzigd.

Aan onderdeel a van art. 9 SB 2000 zijn met ingang van 1 oktober 2004 een tweetal fictieve bekwaamheden toegevoegd, te weten tenminste mondelinge beheersing van de Nederlandse taal en eenvoudig computergebruik. De wetgever gaat er daarbij vanuit, dat deze algemeen gebruikelijke bekwaamheden kunnen worden verworven binnen 6 maanden. In de nota van toelichting (artikelsgewijs) wordt ten aanzien van het verwerven van deze vaardigheden geabstraheerd van de individuele werknemer. Een escape voor de betrokkene is gelegen in het feit, dat hij de veronderstelde bekwaamheden niet heeft en deze bekwaamheden vanwege een rechtstreeks en objectief medisch vast te stellen gevolg van ziekte of gebrek ook niet kan verwerven.

170

In de Regeling nadere invulling algemeen gebruikelijke bekwaamheden van 15 september 2004 (Stcrt. 2004 nr. 182) worden de begrippen mondelinge beheersing van de Nederlandse taal en eenvoudig computergebruik nader toelicht.

Het blijkt dan te gaan om veronderstelde bekwaamheden op zeer eenvoudig niveau bij functies waarvoor geen opleiding danwel een opleidingsniveau van afgerond basisonderwijs vereist is. Bij eenvoudig computergebruik wordt daaraan nog toegevoegd, dat schriftelijke taalbeheersing niet nodig is.

De eis dat een beoordeling van de mate van arbeidsongeschiktheid voldoende realiteitswaarde heeft in die zin, dat de geduide functies voldoende arbeidsplaatsen vertegenwoordigen is fors naar beneden bijgesteld. Vanaf 1 oktober 2004 geldt, dat ieder der geduide functiecodes tenminste 3 arbeidsplaatsen vertegenwoordigt.

In de nota van toelichting wordt hieromtrent opgemerkt, dat de beoordeling van de mate van arbeidsongeschiktheid niet louter theoretisch mag zijn en dat de regering dit uitgangspunt nog steeds deelt.

Het CBBS is naar het oordeel van de wetgever zodanig gevuld, dat daarin geen 'witte raven-banen' voorkomen noch functies kent met extreme loonwaarden of uitsluitend op één plaats in Nederland voorkomen. Het CBBS is naar het oordeel van de wetgever in de nota van toelichting een uitstekend instrument.

Het wekt dan enige verbazing, dat de hoeveelheid arbeidsplaatsen naar beneden wordt bijgesteld. Men zou, bij zo'n de hemel in geprezen systeem, eerder het tegenovergestelde verwachten.

De wetgever wenst echter een te hoge arbeidsongeschiktheidsuitkering louter op arbeidsdeskundige gronden uit te sluiten. Dit leidt volgens haar slechts tot inactiviteit bij de betrokkene in plaats van het inzicht dat er mogelijkheden zijn tot het verrichten van arbeid.

Tenslotte is in onderdeel a van art. 9 SB 2000 met ingang van 1 oktober 2004 opgenomen, dat de gegevens van de geduide functies niet ouder mogen zijn dan 24 maanden. Het gaat hierbij om specifieke gegevens van de belasting, beloning en opleidingseisen in de geduide functies.

Met deze aanvulling beoogt de wetgever om de uitspraak van de CRvB gepubliceerd in RSV 2002 nr. 37 kort te sluiten. De CRvB had in deze uitspraak overwogen, dat gegevens van de functies, die ten grondslag liggen aan de vaststelling van de mate van arbeidsongeschiktheid niet ouder mogen zijn dan 18 maanden. Nog voor de inwerkingtreding van de wijzigingen in het SB 2000 met ingang van 1 oktober 2004 was de CRvB weer teruggekomen op dit standpunt, daar in USZ 2004 nr. 105 wordt overwogen dat de grens van 18 maanden niet te strikt moet worden genomen.

In een lopende bezwaar- of beroepsprocedure komt het nogal eens voor, dat de procesgemachtigde van UWV ontdekt dat één of meer van de geduide functies niet actueel genoeg meer zijn. Er zal dan gepoogd worden om dit gebrek hangende de procedure op te lossen. Let wel, het mag niet zo zijn, dat de actualisering van de functie(s) heeft plaatsgevonden op een tijdstip gelegen na de datum in geschil (zie de uitspraak van de CRvB in LJN AV 5287).

• *Onderdeel b van art. 9 SB 2000* is in zijn geheel vervangen.

De oude tekst van onderdeel b kon uiteraard niet langer worden gehandhaafd nu in onderdeel a van art. 9 SB 2000 de arbeidsplaatseneis is verlaagd van 10 naar 3 arbeidsplaatsen per functie.

1. Het nieuwe onderdeel b van art. 9 SB 2000 begint met de stelling, dat de functies van onderdeel a qua urenomvang groter mogen zijn dan de urenomvang van de in art. 6 SB 2000 bedoelde soortgelijk gezonde. Dit uitgangspunt geldt niet, indien betrokkene voor een geringer aantal uren belastbaar is m.a.w een medische arbeidsduurbeperking heeft. In dat geval mogen de geduide functies niet groter zijn dan de urenbeperking.
2. Voorts is in het nieuwe onderdeel b van art. 9 SB 2000 opgenomen, dat indien de urenomvang van de maatman groter is dan de voor een voltijdse aanstelling gebruikelijke 38 uur per week voor de vaststelling van de in aanmerking te nemen arbeid uitgegaan wordt van 38 uur per week.

Ad 1
De bedoeling van de eerste volzin van het nieuwe onderdeel b van art. 9 SB 2000 is om het voor UWV gemakkelijker te maken betrokkenen met een kleine maatman qua urenomvang toch met succes te onderwerpen aan een herbeoordeling van de mate van arbeidsongeschiktheid.

In de praktijk was het voor UWV zeer problematisch, om een betrokkene met een maatman urenomvang van 10 uur of minder, functies te duiden, omdat functies met zo'n urenomvang slechts mondjesmaat voorkomen in

CBBS. Daar komt nog bij dat UWV in deze gebonden is aan het Besluit Uurloonschatting van het Lisv (Stcrt. 1999 nr. 40). Ook dit besluit maakt het voor UWV niet eenvoudiger om voor dit type betrokkenen over te gaan tot een herbeoordeling van de mate van arbeidsongeschiktheid. Gesteld kan worden dat deze bepaling is opgenomen ten einde een hiaat in de uitvoeringspraktijk en met name het CBBS op te vullen. De consequentie van deze nieuwe bepaling is, dat betrokkenen met een kleine maatman qua urenomvang vanaf 1 oktober 2004 geconfronteerd gaan worden met een herbeoordeling van de mate van arbeidsongeschiktheid. Hierbij kunnen full-time functies worden gehanteerd, er is namelijk geen bovengrens opgenomen in de gewijzigde tekst.

In Nederland is het een maatschappelijke realiteit, dat aanzienlijk meer vrouwen dan mannen in deeltijd werken. Vanwege deze realiteit zou gesteld kunnen worden dat art. 9 onderdeel b eerste volzin sedert 1 oktober 2004 indirect discriminatoir van aard is, daar door deze bepaling getalsmatig aanzienlijk meer vrouwen dan mannen getroffen worden. In het kader van de sedert 1 januari 1998 ingetrokken Algemene Arbeidsongeschiktheidswet (AAW) is tegen deze vorm van discriminatie vaak en met succes geageerd bij het Europese Hof van Justitie te Luxemburg. Het voert in het kader van dit boek te ver om dit punt diepgaand te behandelen, wij volstaan ermee u onder andere te wijzen op de jurisprudentie op art. 10 van de AAW in de Grijze Kluwer en dan met name de internationale jurisprudentie op het punt van de individuele grondslag. Ook het overgangsrecht AAW is vele malen onderwerp geweest van dit soort procedures daar de wetgever vrouwen niet hetzelfde overgangsrecht gunde zoals dat voor mannen was vastgesteld.

Een grotere urenomvang in de geduide functies dan de maatman mag niet gehanteerd worden, indien er sprake is van een arbeidsduurbeperking in medische zin. Alsdan mag de urenomvang van de geduide functies niet groter zijn dan de arbeidsduurbeperking. De stelligheid van dit uitgangspunt lijkt weinig ruimte te bieden voor UWV om in zo'n geval functies te duiden met een grotere omvang dan de arbeidsduurbeperking, tenzij de verzekeringsarts van UWV van aanvang af heeft gesteld dat de arbeidsduurbeperking niet absoluut is. In de praktijk stelt de verzekeringsarts in zijn afzonderlijke rapportage dikwijls een aantal uren vast, die de betrokkene nog zou kunnen werken zonder enige clausulering. Zo'n al dan niet bewuste keuze

173

van de verzekeringsarts biedt naderhand weinig ruimte voor relativering van de arbeidsduurbeperking.

Ad 2

De laatste volzin van het gewijzigde onderdeel b van art. 9 SB 2000 is misschien wel het meest heikele punt van de wijzigingsoperatie met ingang van 1 oktober 2004. In de laatste volzin wordt de urenomvang van de maatman gemaximeerd op 38 uur, indien de werkelijke urenomvang van de maatman groter is dan de voor een voltijdse aanstelling gebruikelijke 38 uur. De vraag doet zich sowieso voor waarom deze bepaling is opgenomen in art. 9, welk artikel de vaststelling van de resterende verdiencapaciteit regelt. Het ligt meer voor de hand om deze bepaling op te nemen in art. 6 SB 2000, welk artikel de maatman/maatvrouw problematiek regelt. De maximering van de maatman op 38 uur is in tegenstelling tot alle andere wijzigingsvoorstellen blijkens de adviesaanvraag dd. 19 november 2003 niet voorgelegd aan de SER ter advisering.

Voor de juridische houdbaarheid van de wijzigingen in het SB 2000 is dit niet doorslaggevend, merkwaardig is het wel. Kennelijk is de wetgever te elfder ure tot het inzicht gekomen, dat maximering van de maatman op 38 uur ook een prima middel is om de hoeveelheid gedeeltelijke arbeidsongeschiktheiduitkeringen fors in te perken. Opname van de maximering van de urenomvang van de maatman is des te opmerkelijker, daar de SER het oorspronkelijk voorstel van het Ministerie van SZW in de adviesaanvrage van 19 november 2003 om het *maatmaninkomen* te maximeren heeft afgewezen wegens strijd met het principe van de inkomensderving in de WAO. Dit wordt uiteraard niet anders, indien, zoals thans, de urenomvang van de maatman wordt gemaximeerd. In de nota van toelichting bij het wijzigingen in het SB 2000 wordt betoogd, dat de maximering van de urenomvang van de maatman is bedoeld om het fenomeen van de *excessieve maatmanurenomvang* aan banden te leggen. Van een excessieve maatmanurenomvang is naar het oordeel van het Ministerie van SZW reeds sprake, indien een betrokkene meer werkt dan wat in Nederland gebruikelijk is bij een full-time aanstelling. Indien het Ministerie van SZW gepoogd heeft om met deze bepaling de jurisprudentie van de CRvB met betrekking tot de excessieve maatmanurenomvang te codificeren, dan heeft zij de plank volledig misgeslagen. Wij verwijzen u voor een correcte weergave van deze problematiek naar paragraaf 2 (Maatmannen en Maatvrouwen).

174

Opmerkelijk is voorts, dat het Ministerie van SZW bij haar interventie in het SB 2000 met ingang van 1 oktober 2004 aangaande dit onderdeel kennelijk geen specifieke doelstelling voor ogen heeft gehad. Immers, oorspronkelijk wilde het Ministerie van SZW het maatmaninkomen maximeren tot een bepaald bedrag. Dit uitgangspunt impliceert, dat het Ministerie het oog had op uitkeringsgerechtigden die relatief veel verdienden voorafgaand aan het intreden van de arbeidsongeschiktheid. Na afwijzing van dit voorstel door de SER heeft het Ministerie van SZW de maximering van de urenomvang van de maatman opgenomen in het SB 2000. Dit nieuwe uitgangspunt raakt vooral uitkeringsgerechtigden, die al dan niet noodgedwongen, meer uren werkten voorafgaand aan het intreden van de arbeidsongeschiktheid ten einde een inkomen te verwerven op een acceptabel niveau.

In voorkomende gevallen lijkt het zinvol om in bezwaar en beroep het standpunt in te nemen, dat deze bepaling iedere grondslag mist in de jurisprudentie van de CRvB en in flagrante strijd is te achten met het dervingsprincipe van de WAO. Immers er wordt op deze wijze een deel van het verzekerd object uitgesloten zonder enige compensatie. Van premie-restitutie danwel maximering van de verschuldigde WAO-premie is vooralsnog geen sprake, waardoor een en ander des te klemmender wordt. Het betalen van (hoge) premie verschaft weliswaar geen recht op uitkering, dit uitgangspunt mag er evenwel niet toe leiden, dat premie verschuldigd is voor iets wat nimmer tot een arbeidsongeschiktheidsuitkering kan leiden.

Voorts kan er op worden gewezen, dat de wetgever oneigenlijk gebruik maakt van de delegatiebepaling in art. 18 lid 8 WAO. Deze delegatiebepaling is in de WAO terecht gekomen met de invoering van de AAW op 1 oktober 1976. De reden voor de qua tekst zeer ruime delegatie bevoegdheid was destijds, dat zulks onder meer noodzakelijk kon zijn ten einde de arbeidsongeschiktheidsbeoordelingen ingevolge de AAW en de WAO op één lijn te houden. Op grond van de op 1 oktober 1976 ingevoerde AAW kregen zelfstandigen eveneens recht op een arbeidsongeschiktheidsuitkering. Deze categorie uitkeringsgerechtigden verwerft op een geheel andere wijze inkomen dan werknemers, hetgeen de wetgever destijds tot het inzicht leidde om de mogelijkheid te openen van *nadere en zonodig afwijkende regelgeving.* Deze nadere en zonodig afwijkende regelgeving zag, gelet op de wetsgeschiedenis van art. 18 lid 8 WAO op situaties, dat rechtsvoorgangers van UWV problemen zouden ondervinden bij de maatman vaststelling van onder andere zelfstandigen en samenloop met WAO-rechten.

Met deze redengeving in het achterhoofd was er iets voor te zeggen om een zeer ruime delegatiebepaling in de wet op te nemen.

Het heeft er naar onze mening alle schijn van, dat de wetgever haar oude bevoegdheid om nadere en zonodig afwijkende regels te stellen, zoals thans in het kader van het SB 2000, gebruikt voor een heel ander doel dan waarvoor de bevoegdheid destijds is verleend. De rechtbank Breda komt in haar uitspraak gepubliceerd in RSV 2006 nr. 130 tot het oordeel, dat artikel 9 onderdeel b en art. 10 lid 1 onderdeel a SB 2000 onverbindend is te achten op grond van de hierboven ontvouwde gedachtengang. Een aantal rechtbanken hebben het voorbeeld van de rechtbank Breda inmiddels gevolgd, zie bijvoorbeeld de uitspraak van de rechtbank Rotterdam in RSV 2006 nr. 227 en de uitspraak van de rechtbank Alkmaar op LJN AY 4183. Laatstgenoemde rechtbanken proberen een toetsing van de wet in formele zin, art. 18 lid 8 van de WAO, aan de algemene rechtsbeginselen te voorkomen danwel te omzeilen. Dusdoende komen zij niet in conflict met het Harmonisatie-arrest van de Hoge Raad, waaruit blijkt dat zo'n toetsing niet is toegestaan. Het dictum in de uitspraken van de rechtbanken Rotterdam en Alkmaar is overigens gelijk dan dat van de rechtbank Breda.

De niet uitgesproken gedachte voor opname van de maximering van de urenomvang van de maatman is, dat UWV met behulp van het CBBS niet in staat is om functies te duiden met een urenomvang die groter is dan 38 uur per week. Ook hier speelt derhalve een aanpassing van de wet- en regelgeving in verband met uitvoeringsproblemen.

Bij de behandeling van het Besluit Uurloonschatting 1999 van het Lisv (de combi-schatting) komen wij hierop terug.

Tenslotte is het niet uitgesloten, dat het vernieuwde art. 9 onderdeel b SB 2000 slechts een specifieke groep werknemers raakt, waardoor deze bepaling ook nog discriminatoir van aard is.

Werknemers met een urenomvang van meer dan 38 uur, die in hun reguliere dienstbetrekking van 38 uur het minimumloon verdienen zien zich vaak genoodzaakt om meer uren te gaan werken ten einde een acceptabel inkomen te verwerven.

Overgangsrecht
Het gewijzigde art. 9 onderdelen a en b SB 2000 treedt in werking met ingang van 1 oktober 2004 en is met uitzondering van de laatste volzin van onderdeel a (de eis dat de gegevens van de functies niet ouder mogen zijn dan 24 maanden) niet van toepassing op de betrokkene met een recht op uitkering vóór of op 1 oktober 2004 en indien de betrokkene vóór of op 1 juli 1954 is geboren.

Art. 9 aanhef en onderdeel c SB 2000

Arbeid waarvoor zodanige voorzieningen voor de betrokkene noodzakelijk zijn, dat het accepteren van deze toepassingen in redelijkheid niet van een werkgever kan worden gevergd, blijven bij de functieduiding buiten beschouwing.

Onderdeel c van art. 9 SB 2000 richt zich op de werkgever en wat van hem in redelijkheid geëist kan worden. Een betrokkene, die voor zijn woon-werkverkeer een vervoersvoorziening nodig heeft, kan geen beroep kan doen op deze bepaling daar zo'n voorziening niet in de risico-sfeer ligt van de werkgever, aldus de CRvB in RSV 1999 nr. 135.
Een individuele betrokkene kan in dit verband een beroep doen op de Wet op de (re)ïntgratie van arbeidsgehandicapten van 23 april 1998 Stb. 1998 nr. 290 (verder de wet REA) en vanaf 29 december 2005 op de betreffende bepalingen in de WAO en de wet WIA. In USZ 1998 nr. 188 meent de CRvB, dat het aanschaffen van een auto met automatische transmissie ten behoeve van een gehandicapte werknemer in redelijkheid gevergd kan worden van een werkgever ook al is er geen voorschrift te duiden waarop deze plicht gebaseerd kan worden.

Art. 9 aanhef en onderdeel c SB 2000 komt wel in beeld, indien blijkt dat een collega bijkans vrijgesteld moet worden van zijn eigen werkzaamheden ten einde een arbeidsgehandicapte bij te staan en in staat te stellen het geduide werk te verrichten.
Zulks kan naar het oordeel van de CRvB in RSV 1997 nr. 73 niet in redelijkheid geëist worden van een werkgever.
Op 15 december 2004 (LJN: AR8044) heeft de CRvB geoordeeld, dat het aanbrengen van een zogenaamde 'til-lus' ten einde een éénarmige arbeids-

177

gehandicapte in staat te stellen om werkzaamheden te verrichten, een zodanige verstoring van het productieproces betekent, dat zulks evenmin in redelijkheid gevergd kan worden van een werkgever. De functies waarbij deze voorziening noodzakelijk waren dienden derhalve buiten beschouwing te blijven.

In dit verband wordt regelmatig geprocedeerd over de vraag van aanwezigheid of plaatsing van een invalidentoilet en of dit in redelijkheid gevergd kan worden van een werkgever. De CRvB laat bij de beantwoording van deze vraag de specifieke omstandigheden van de zaak sterk meewegen zo is de indruk.

Enerzijds kijkt de CRvB naar de omvang van de bedrijven waar de geduide functies zijn geënquêteerd, anderzijds betrekt de CRvB de mate van urgentie voor de betrokkene bij zijn oordeel. Zie bijvoorbeeld de uitspraken gepubliceerd in RSV 2003 nr. 136 en LJN AR 8160.

Anders dan de juridische situatie voorafgaand aan de Schattingsbesluiten is het onder het juridisch regime van de Schattingsbesluiten niet meer noodzakelijk dat vaststaat dat de benodigde voorzieningen zijn of worden getroffen.

Art. 9 aanhef en onderdeel d SB 2000

Sedert de inwerkingtreding van het SB 2000 geldt bij het duiden van functies met een functionele leeftijdsgrens neergelegd in de wet of CAO zowel een ondergrens als een bovengrens. De praktische betekenis van deze bepaling is gering daar dit soort functies voorzover ons bekend niet in FIS of CBBS worden gebruikt.

Art. 9 aanhef en onderdeel e SB 2000

Een betrokkene met zodanige kenmerken, dat van een werkgever in redelijkheid niet verlangd kan worden hem in bepaalde arbeid te werk te stellen blijft eveneens buiten toepassing.

De wetsgeschiedenis biedt een aantal voorbeelden wat 'zodanige kenmerken van een betrokkene' zijn. De wetgever wijst op de receptionist bij een groot hotel met een door brandwonden ernstig verminkt uiterlijk of personen met een langzaam progressief ziektebeeld en deswege een hoog ziekteverzuim.

Met name in verband met dit laatste voorbeeld van de wetgever is veelvuldig betoogd, dat een werknemer nimmer in dienst zal worden genomen vanwege het te verwachten ziekteverzuim en dat voor hem deswege geen functies te duiden zijn.

De CRvB is gelet op de wetsgeschiedenis van deze bepaling nogal terughoudend in die zin, dat niet snel wordt aangenomen dat een betrokkene zodanige kenmerken heeft, dat hij deswege niet door een werkgever tewerkgesteld zal worden.

Analfabetisme en gebrekkige kennis van het Nederlands worden door de CRvB in RSV 1997 nr. 168 gezien als arbeidsmarktfactoren en blijven op deze grond buiten beschouwing bij de beoordeling in het kader van art. 9 aanhef en onderdeel e SB 2000. Beide kenmerken van een betrokkene spelen uiteraard wel een rol bij de arbeidsdeskundige beoordeling in het algemeen. Immers het is niet goed denkbaar dat een betrokkene geschikt wordt geacht voor een functie waar leesvaardigheid of spreekvaardigheid wordt geëist, indien hij analfabeet is of gebrekkig Nederlands spreekt.

In het gewijzigde art. 9 onderdeel a SB 2000 wordt deze problematiek voor een groot deel opgelost door middel van de geïntroduceerde fictieve vaardigheden.

Het hebben van een armprothese vormt geen beletsel voor aanname in functies als gastheer, surveillant en objectbewaker, aldus de CRvB in USZ 1998 nr. 188 net zo min als langdurig toiletbezoek en deswege mogelijke stagnatie van het arbeidsproces (zie RSV 1998 nr. 72).

Bij laatstgenoemde uitspraak is overigens wel sprake van enige nuancering, daar de CRvB van oordeel was, dat in casu sprake was van werkzaamheden waarbij vervanging op simpele wijze geregeld kon worden en geen voortdurende aanwezigheid op de werkvloer vereist was, waardoor het productieproces niet in gevaar kwam bij toiletbezoek.

Met name de mogelijkheid van eenvoudige en adequate vervanging zal niet altijd aanwezig zijn.

Zo oordeelde de CRvB reeds in RSV 1994 nr. 28 dat de functie van directiesecretaresse zodanig persoonsgebonden is, dat bij potentieel veelvuldig ziekteverzuim het in dienst nemen van zo'n betrokkene niet in redelijkheid verlangd kan worden van een werkgever.

179

Het ontbreken van een geldige verblijfstitel en het jarenlang werken als zelf-standige is evenmin een kenmerk in de zin van art. 9 aanhef en onderdeel e SB 2000, aldus de CRvB in RSV 1999 nr. 267 en 2000 nr. 163.
Met betrekking tot te verwachten ziekteverzuim heeft de CRvB in 1999 en 2000 een aantal soms boute uitspraken gedaan. Hierbij dient wel een onder-scheid gemaakt te worden tussen vrijwel zeker optredend ziekteverzuim en prognostisch ziekteverzuim met een wellicht ruime marge.
Van vrijwel zeker optredend ziekteverzuim is sprake, indien een betrokkene op korte termijn een operatie dient te ondergaan, danwel frequent onder-zocht en/of behandeld dient te worden. Alsdan is de CRvB van mening, dat niet snel van een werkgever verlangd mag worden, dat hij zo'n betrokkene in dienst neemt (zie bijvoorbeeld RSV 1989 nr. 205 en RSV 1992 nr. 43 onder de tekst van de WAO vóór 1 augustus 1993 en RSV 1999 nr. 201 onder de tekst van de WAO sedert 1 augustus 1993).

Met betrekking tot te verwachten ziekteverzuim neemt de CRvB een ande-re positie in.

In RSV 1999 nrs. 202 en 203 oordeelde de CRvB dat mogelijk ziektever-zuim tot 6 dagen per maand niet excessief was te achten. Hoewel het ziek-teverzuim niet persé plaats behoeft te vinden op een werkdag is dit verzuim procentueel gezien aan de hoge kant (bijna 30%).
Blijkens deze uitspraken is de CRvB van oordeel, dat excessief ziektever-zuim en het deswege buiten beschouwing laten van een geduide functies afhankelijk is van een aantal factoren, te weten, *omvang van het te ver-wachten ziekteverzuim, het financiële risico van de werkgever en de per-soonsgebondenheid van de geduide functie.* Een financieel risico zal zich voor een nieuwe werkgever niet zo snel voordoen, gelet op art. 29b van de ZW, zodat deze factor door UWV snel buiten beschouwing gelaten kan wor-den.
Toetsing aan de overige twee factoren heeft na de uitspraken van 1999 nog tweemaal plaatsgevonden, te weten in USZ 2000 nr. 143 en 2001 nr. 26. Beide uitspraken vielen voor de betrokkene negatief uit.

Art. 9 aanhef en onderdeel f en g SB 2000

Op grond van het bepaalde in onderdeel f van artikel 9 SB 2000 mogen functies met toeslagen voor afwijkende arbeidstijden niet worden gebruikt bij een beoordeling van de mate van arbeidsongeschiktheid, indien deze toeslagen niet tevens zijn opgenomen in het maatmaninkomen. Er mogen met andere woorden geen appels met peren worden vergeleken. Op het principe van onderdeel f mag inbreuk worden gemaakt, indien minder dan 3 functies te duiden zijn zonder toeslagen, aldus onderdeel g van art. 9 SB 2000. De tekst van onderdeel g was door de wetgever met ingang van 26 juli 2000 gewijzigd.

Voorafgaand aan het SB 2000 kon het principe van onderdeel f slechts omzeild worden door UWV, indien *uitsluitend* functies geduid konden worden met toeslagen vanwege afwijkende arbeidstijden. Deze tekst geldend tot de inwerkingtreding van het SB 2000 had soms merkwaardige consequenties.

Een voorbeeld ter verduidelijking.

Een arbeidsdeskundige geconfronteerd met een maatmaninkomen zonder toeslagen voor afwijkende arbeidstijden gaat over tot functieduiding conform de hoofdregel van onderdeel f dus zonder toeslagen.

Hij komt tot de ontdekking dat er onvoldoende FB- of SBC-codes zijn om de beoordeling van de mate van arbeidsongeschiktheid door te zetten.

In de tekst voorafgaand aan het SB 2000 kon de arbeidsdeskundige een beoordeling van de mate van arbeidsongeschiktheid van deze betrokkene niet meer doorzetten. Immers de tekst van het toenmalige art. 3 (thans art. 9) aanhef en onderdeel g SB 1998 luidde: *'uitsluitend'* functies met toeslagen. De arbeidsdeskundige had nu juist wel functies zonder toeslagen gevonden echter met onvoldoende FB- of SBC-codes.

Consequentie van deze bevindingen was, dat de betrokkene op arbeidsdeskundige gronden volledig arbeidsongeschikt was te achten vanwege zijn vroegere werkzaamheden met afwijkende arbeidstijden en toeslagen vanwege dat soort werkzaamheden.

De CRvB is er overigens bij diverse gelegenheden aan te pas moeten komen om aan alle procespartijen duidelijk te maken, dat de wet geen ander mogelijkheden bood onder de werking van de Schattingsbesluiten voorafgaand aan het SB 2000.

181

Waren betrokkenen zonder toeslagen in het maatmaninkomen vanwege afwijkende arbeidstijden voorafgaand aan het SB 2000 nog goed af, in de sedert 2000 geldende tekst van het Schattingsbesluit zijn deze betrokkenen aanzienlijk slechter af.

Indien er onder de werking van het SB 2000 onvoldoende functies *zonder toeslagen* te duiden zijn vanwege afwijkende arbeidstijden, dan mogen er op grond van onderdeel g functies geduid worden *met toeslagen* vanwege afwijkende arbeidstijden.

Deze functies hebben vrijwel altijd een hoger uurloon dan de functies zonder toeslagen, waardoor deze functies de hoogte van de resterende verdiencapaciteit beïnvloeden op een voor een betrokkene nadelige wijze. Immers, op grond van art. 9 aanhef en onderdeel a jo. art. 10 SB 2000 wordt de resterende verdiencapaciteit vastgesteld op de hoogste uurlonen en wordt vervolgens de middelste van deze uurlonen genomen.

Ten einde enige beperkingen aan te brengen op deze wettelijk toegestane werkwijze eisen de meeste rechtbanken van UWV een grondige motivering voor het standpunt, dat er geen of onvoldoende functies te duiden zijn zonder toeslagen vanwege afwijkende arbeidstijden. Steun voor deze opvatting kunt u vinden in de uitspraak van de CRvB gepubliceerd in USZ 2000 nr. 258. Als rechtshulpverlener kunt u uw steentje bijdragen door de geduide functies na te pluizen op afwijkende arbeidstijden en eventuele toeslagen en de zogenaamde recapitulatie voorselectie nader te bestuderen. Op dit formulier worden verschillende arbeidsongeschiktheidsklassen weergegeven met de hoeveelheid functiecodes en arbeidsplaatsen.

Het is zeer wel mogelijk, dat de naast hoger gelegen arbeidsongeschiktheidsklasse tot stand is gekomen met functiecodes zonder toeslagen vanwege afwijkende arbeidstijden.

Middels deze werkwijze wordt recht gedaan aan het uitgangspunt, dat een maatman zonder toeslagen vanwege afwijkende arbeidstijden ook (her)beoordeeld wordt aan de hand van theoretische functies zonder deze toeslagen. De jurisprudentie van de CRvB op art. 9 aanhef en onderdeel f en g SB 2000 geeft het volgende beeld.

De werknemer die werkzaam is in nachtdiensten en daarvoor een toeslag ontvangt is werkzaam op afwijkende arbeidstijden evenals degene die werkzaam is in ploegendienst en een ploegentoeslag ontvangt (zie USZ 1998 nr. 275 en 2004 nr. 58).

Ook off-shore arbeid, is arbeid op afwijkende arbeidstijden met een toeslag in de zin van dit artikelonderdeel. Dat in casu een zogenaamde all-in gage werd ontvangen doet daar volgens de CRvB niet aan af in USZ 2000 nr. 120. De betreffende verzekerde werkte per week 84 uur gedurende 5 weken en dan vervolgens 5 weken niet. Anders ligt dit met overwerk verdiensten in de maatman. Deze verdiensten kunnen naar het oordeel van de CRvB in USZ 2001 nr. 224 niet zonder meer worden gezien als een toeslag vanwege het werken op afwijkende arbeidstijden, net zomin als het werken op afwijkende arbeidstijden kan worden gezien als overwerk. In USZ 2005 nr. 40 heeft de CRvB aangegeven, dat onder de tekst van het SB 2000 theoretische functies met afwijkende arbeidstijden en toeslagen mogen worden gebruikt, indien er onvoldoende functies te duiden zijn zonder afwijkende arbeidstijden en toeslagen.

Voor zelfstandigen ligt de situatie iets anders. De CRvB heeft in een drietal uitspraken geoordeeld, dat een zelfstandige wellicht op afwijkende arbeidstijden werkzaam is geweest maar daarvoor geen toeslag ontvangt, althans dit neemt de CRvB niet aan zonder een daartoe strekkend onderzoek. Zie in dit verband de uitspraken gepubliceerd in USZ 2001 nr. 24 en 41 en 2005 nr. 61. Gevolg van deze opvatting is uiteraard, dat in principe geen functies kunnen worden geduid met afwijkende arbeidstijden en toeslagen, tenzij minder dan 3 functies zonder toeslagen geduid kunnen worden.

Bovengenoemde jurisprudentie van de CRvB blijft van belang voor die uitkeringsgerechtigden voor wie de wijzigingen van het SB 2000 met ingang van 1 oktober 2004 niet van toepassing zijn.

3.5.9 *Wijzigingen met betrekking tot functies met toeslagen met ingang van 1 oktober 2004*

In de nota van toelichting op het wijzigingsbesluit wordt het standpunt ingenomen, dat de mate van arbeidsongeschiktheid niet bepaald mag worden door een bepaald arbeidspatroon, hetgeen de betrokkene had voor hij arbeidsongeschikt werd. Voorts wordt opgemerkt, dat het werken op andere tijdstippen van de dag dan voorheen geëist mag worden van een betrokkene, waarbij wordt gewezen op de huidige flexibiliteit op de arbeidsmarkt.

Dit betekent dat vanaf 1 oktober 2004 *altijd* functies met toeslagen vanwege afwijkende arbeidstijden ten grondslag mogen worden gelegd aan de beoordeling van de mate van arbeidsongeschiktheid ook al zitten dit soort toeslagen niet in het maatmaninkomen van de betrokkene.

Een uitzondering wordt gemaakt voor meer dan incidentele werkzaamheden tussen 0.00 uur en 6.00 uur, tenzij de betrokkene deze werkzaamheden ook verrichtte voorafgaand aan zijn arbeidsongeschiktheid. Inmiddels is gebleken, dat in het CBBS functies voorkomen, welke structureel 's-nachts moeten worden verricht. Op de functionele mogelijkhedenlijst (arbeidsdeskundig deel) wordt dit aangegeven met de aanduiding 'str na' (structureel nachtdienst). Indien de werknemer dit soort werkzaamheden niet verrichtte voorafgaand aan zijn arbeidsongeschiktheid kunnen functies met de aanduiding 'str na' voor hem niet worden geduid. Aangezien deze functies door de bank genomen hoger verlonen vanwege een toeslag voor de nachtdiensten en dus de resterende verdiencapaciteit beïnvloeden, is het in het belang van een uitkeringsgerechtigde om de geduide functies na 1 oktober 2004 te controleren op dit aspect. Het CBBS kan in dit verband geen geautomatiseerde selectie maken en dus vormt dit aspect handwerk voor de arbeidsdeskundige werkzaam bij UWV met een vergrote kans op misslagen.

Nu de toeslagenregeling van art. 9 onderdeel f SB 2000 grotendeels is vervallen kon ook het oude onderdeel g anders worden ingevuld.

De wetgever heeft van deze gelegenheid gebruik gemaakt door een vrijwel zinledige bepaling op te nemen. In art. 9 onderdeel g SB 2000 is vanaf 1 oktober 2004 opgenomen, dat indien een betrokkene de leeftijd van 23 jaar nog niet heeft bereikt bij de functieduiding wordt gedaan alsof hij wel 23 jaar is. Volgens de nota van toelichting is deze bepaling noodzakelijk ten einde UWV te vrijwaren van de uitvragen van jeugdlonen ten behoeve van CBBS. In de praktijk werd voorafgaand aan deze bepaling een kortingsregeling toegepast op de resterende verdiencapaciteit gerelateerd aan de percentages genoemd in de Wet op het Minimumloon. Voorzover ons bekend had niemand door ooit enige moeite mee.

Overgangsrecht
Het gewijzigde art. 9 onderdelen f en g SB 2000 treedt in werking met ingang van 1 oktober 2004 en is niet van toepassing op de betrokkene met een recht op uitkering vóór of op 1 oktober 2004 en indien de betrokkene vóór of op 1 juli 1954 is geboren.

Art. 9 onderdeel h SB 2000

Om nogmaals te benadrukken dat UWV altijd moet zoeken naar de laagste mate van arbeidsongeschiktheid is in onderdeel h van art. 9 SB 2000 bepaald, dat in afwijking van de onderdelen b en f wordt uitgegaan van feitelijk verrichte arbeid, mits dic leidt tot een lagere mate van arbeidsongeschiktheid.

Dat in afwijking van onderdeel f van art. 9 SB 2000 dient te worden gehandeld benadrukt, dat met name feitelijke verdiensten inclusief toeslagen vanwege afwijkende arbeidstijden meegenomen moeten worden bij de beoordeling van de mate van arbeidsongeschiktheid op grond van feitelijke verdiensten. De huidige verwijzing naar onderdeel b van art. 9 SB 2000 lijkt niet meer actueel daar de verwijzing naar een 'witte ravenbaan' in dit onderdeel is geschrapt met ingang van 1 oktober 2004. Discussie kan er nog wel ontstaan, daar bij feitelijke verdiensten vanaf 1 oktober 2004 in afwijking van onderdeel b moet worden gehandeld, hetgeen ook betekent dat de maximering van de urenomvang van de maatman in onderdeel b alsdan niet kan worden toegepast. Art. 10 SB 2000 kent evenwel een identieke bepaling en deze bepaling is niet uitgesloten.

3.5.10 *Wijzigingen met betrekking tot feitelijke verdiensten met ingang van 1 oktober 2004*

Aan art. 9 SB 2000 is met ingang van 1 oktober 2004 een nieuw onderdeel i toegevoegd. Dit onderdeel bewerkstelligt, dat feitelijke werkzaamheden verricht na het intreden van de arbeidsongeschiktheid de grondslag blijven vormen voor een verlaagde arbeidsongeschiktheidsuitkering. Immers, de feitelijke werkzaamheden zoals genoemd in onderdeel h worden gelijkgesteld met werkzaamheden verricht na het intreden van de arbeidsongeschiktheid en waartoe betrokkene met zijn krachten en bekwaamheden in staat is. De nota van toelichting is hieromtrent volstrekt duidelijk. Indien de feitelijke werkzaamheden niet meer worden verricht, bijvoorbeeld vanwege ontslag, dan blijft de mate van arbeidsongeschiktheid ongewijzigd, tenzij er wijzigingen in de beperkingen tot het verrichten van arbeid zijn.

Toepassing van art. 44 WAO leidt ook na 1 oktober 2004 tot herstel van de echte mate van arbeidsongeschiktheid bij het wegvallen van de inkomsten uit arbeid, daar in die situatie wordt uitgegaan van een fictieve mate van arbeidsongeschiktheid en niet van de echte mate van arbeidsongeschiktheid zoals in art. 9 onderdelen h en i SB 2000.

Zodra de inkomsten uit feitelijke arbeid wegvallen, om wat voor reden dan-ook, dan is de reden voor toepassing van art. 44 WAO daarmee ook wegge-vallen.

UWV heeft in dit verband Beleidsregels uitbetaling arbeidsongeschikt-heidsuitkering bij inkomsten uit arbeid (Stcrt. 2004 nr. 115) opgesteld. Kern van deze beleidsregels is dat gedurende 6 maanden na de eerste dag waar-over inkomsten uit arbeid worden genoten, deze arbeid niet als geschikte arbeid wordt beschouwd, tenzij een betrokkene daar uitdrukkelijk om ver-zoekt. Deze beleidsregels zijn met name opgesteld om eventuele twijfels bij uitkeringsgerechtigden aangaande het aanvaarden van werkzaamheden zoveel mogelijk weg te nemen. Het is overigens ook na deze 6 maanden mogelijk om art. 44 WAO toe te passen op grond van de redenen zoals genoemd in dat artikel.

Overgangsrecht
Het toegevoegde onderdeel i aan art. 9 SB 2000 treedt in werking met ingang van 1 oktober 2004 en is niet van toepassing op de betrokkene met een recht op uitkering vóór of op 1 oktober 2004 en indien de betrokkene vóór of op 1 juli 1954 is geboren.

Berekening loonwaarde in aanmerking te nemen arbeid

Art. 10 lid 1 SB 2000

Bij de berekening van hetgeen een betrokkene met arbeid nog kan verdie-nen wordt op grond van art. 10 lid 1 onderdeel a SB 2000 uitgegaan van de urenomvang van de maatman, tenzij uitgegaan moet worden van een betrok-kene die een geringer aantal arbeidsuren belastbaar is, de zogenaamde in arbeidsduur beperkte werknemer of medische part-timer. In het laatste geval wordt uitgegaan van het aantal arbeidsuren hetgeen de betrokkene nog kan verrichten.

Vervolgens wordt op grond van art. 10 lid 1 onderdeel b SB 2000 het loon genomen van de functie-codes met het hoogste uurloon en daarvan wordt het uurloon van de middelste genomen de zogenaamde mediane loonwaar-de.

186

Mochten er in de praktijk een even aantal functie-codes zijn geduid, die nodig zijn in verband met de arbeidsplaatseneis van art. 9 onderdeel a SB 2000, dan telt de arbeidsdeskundige het uurloon van de middelste 2 functie-codes bij elkaar op en deelt de uitkomst door 2. Bij een oneven aantal functie-codes neemt de arbeidsdeskundige uiteraard de middelste conform art. 10 lid 1 onder b SB 2000.

De arbeidsdeskundige neemt voor de berekening van de mediane loonwaarde van de geduide functies slechts die functies in aanmerking, welke noodzakelijk zijn voor een herbeoordeling van de mate van arbeidsongeschiktheid. Heeft de arbeidsdeskundige bijvoorbeeld 7 functiecodes geduid, dan worden voor de bepaling van de mediane loonwaarde slechts die functies gebruikt die noodzakelijk zijn om aan de arbeidsplaatseneis te voldoen.

3.5.11 Wijziging met betrekking tot de berekening van de loonwaarde in aanmerking te nemen arbeid

Aan het eerste lid onderdeel a van art. 10 SB 2000 is na de maatmanstrofe toegevoegd 'doch niet meer dan gemiddeld 38 uur'. Hiermede wordt volgens de wetgever volstrekt duidelijk, dat ook bij de berekening van de mate van arbeidsongeschiktheid de urenomvang van de maatman is gemaximeerd op 38 uur. (zie ons commentaar op art. 9 onderdeel b SB 2000).

Tevens werd onder vernummering van de bestaande leden 2 en 3 een nieuw tweede lid ingevoegd in art. 10 SB 2000. Dit nieuwe tweede lid regelt de in feite al bestaande praktijk, dat bij betrokkenen jonger dan 23 jaar de resterende verdiencapaciteit verminderd moet worden met een percentage van het minimumjeugdloon, welk percentage correspondeert met de leeftijd van de betrokkene.

Overgangsrecht

Het gewijzigde art. 10 lid 1 onderdeel a SB 2000 treedt in werking met ingang van 1 oktober 2004 en is niet van toepassing op de betrokkene met een recht op uitkering vóór of op 1 oktober 2004 en indien de betrokkene vóór of op 1 juli 1954 is geboren.

187

Art. 10 lid 3 SB 2000

In dit artikellid is de zogenaamde maximeringsregeling opgenomen. De maximeringsregeling is eerst in de Schattingsbesluiten terecht gekomen met de wet Heroperatie Linschoten I ergo eerst in februari 1996, echter wel met terugwerkende kracht tot 1 augustus 1993.
De hoofdregel is, dat indien het inkomen per uur van de resterende verdiencapaciteit meer bedraagt dan het inkomen per uur van de maatman het inkomen per uur van de resterende verdiencapaciteit wordt gelijkgesteld met het inkomen per uur van de maatman.

Art. 10 lid 4 SB 2000

De maximeringsregeling van lid 3 vindt geen toepassing, indien bij de beoordeling van de mate van arbeidsongeschiktheid wordt uitgegaan van:
1. feitelijke inkomsten uit arbeid of
2. indien de betrokkene nog in staat is om arbeid te verrichten in dezelfde urenomvang als de urenomvang van de maatman.

De wetgever had ook in art. 10 lid 4 SB 2000 kunnen opnemen, dat de maximeringsregeling uitsluitend geldt voor de betrokkene die voor een geringer aantal arbeidsuren belastbaar is. Dat is waar de huidige regeling van art. 10 leden 3 en 4 SB 2000 op neerkomt, niet meer en niet minder.
De maximeringsregeling is dus met name geschreven voor betrokkenen met een arbeidsduurbeperking. Deze regeling bewerkstelligt, dat een betrokkene met een arbeidsduurbeperking in feite altijd een arbeidsongeschiktheidsuitkering ontvangt, die correspondeert met de verhouding tussen de urenomvang van de maatman en de arbeidsduurbeperking.

Nadere regelgeving
Hoewel in art. 11 een delegatiebepaling is opgenomen, is daar onder de werking van het SB 2000 tot 1 oktober 2004 geen gebruik van gemaakt. Eerst met ingang van 1 oktober 2004 bij gelegenheid van de wijziging van het SB 2000 is gebruik gemaakt van deze delegatiebepaling. De Regeling nadere invulling algemeen gebruikelijke bekwaamheden van 15 september 2004 (Stcrt. 2004 nr. 182) is hiervan vooralsnog het enige voorbeeld.

Overgangsrecht
Het gewijzigde art. 11 SB 2000 treedt in werking met ingang van 1 oktober 2004 en is niet van toepassing op betrokkenen met een recht op uitkering vóór of op 1 oktober 2004 en indien de betrokkene vóór of op 1 juli 1954 is geboren.

Overgangs- en slotbepalingen

Art. 12 SB 2000

In art. 12 wordt op het eerste gezicht een ingewikkelde regeling getroffen aangaande de nadere vaststelling van het maatmaninkomen, waarbij een peildatum 10 augustus 1994 wordt gehanteerd. Deze datum is de datum van inwerkingtreding van het eerste Schattingsbesluit, dus in zoverre niets nieuws onder de zon.
De regeling van art. 12 SB 2000 werkt als volgt. Indien voor 10 augustus 1994 de mate van arbeidsongeschiktheid voor de eerste maal is vastgesteld dan kan bij gelegenheid van een hernieuwde vaststelling of herziening (na 10 augustus 1994) geen rekening meer worden gehouden met wijzigingen in het maatmaninkomen. Artikel 12 SB 2000 beoogt om UWV vrij te stellen van een onderzoek naar de werkelijke ontwikkeling van het maatmaninkomen voor oude gevallen, de zogenaamde actualisering van het maatmaninkomen. Deze bepaling staat er niet aan in de weg, dat de indexeringen van art. 8 SB 2000 worden gehanteerd. Voor UWV zou het zeer gemakkelijk zijn om direct vanaf de datum toekenning van de arbeidsongeschiktheidsuitkering te indexeren. Deze cijfers zijn eenvoudig te vinden, terwijl actualisering van het maatmaninkomen in oude zaken een moeizaam onderzoek betekent naar de werkelijke ontwikkeling van het maatmaninkomen.
De CRvB heeft in RSV 1998 nr. 48 een zeer verhelderende uitspraak gedaan omtrent deze materie. Blijkens deze uitspraak kan UWV niet in alle oude gevallen simpelweg overgaan tot indexering van het maatmaninkomen, maar dient UWV tot 10 augustus 1994 na te gaan of er beslissingen zijn genomen omtrent de mate van arbeidsongeschiktheid.
Indien er voor 10 augustus 1994 een beslissing is genomen met betrekking tot de vaststelling van de mate van arbeidsongeschiktheid dan moet UWV het maatmaninkomen tot de datum van deze beslissing bijstellen op grond van de werkelijke ontwikkelingen in het maatmaninkomen. Nadien mag

UWV overgaan tot indexering van het maatmaninkomen conform het huidige art. 8 SB 2000.

Aanvulling van het overgangsrecht met ingang van 1 oktober 2004

Art. 12a SB 2000

In verband met de wijzigingen van het SB 2000 met ingang van 1 oktober 2004 heeft de wetgever overgangsrecht getroffen en dit overgangsrecht neergelegd in art. 12a SB 2000. Bij de behandeling van het SB 2000 zijn de wijzigingen met ingang van 1 oktober 2004 telkenmale afzonderlijk behandelend en is daarbij tevens aangegeven in hoeverre de wijzigingen reeds bestaande uitkeringsgerechtigden treffen.

Hoofdregel voor het overgangsrecht is dat wetswijzigingen onmiddellijke werking hebben, hetgeen zou betekenen dat vanaf 1 oktober 2004 iedere uitkeringsgerechtigde vallend onder de werkingssfeer van het vernieuwde Schattingsbesluit te maken zou kunnen krijgen met deze wetswijzigingen. Op deze hoofdregel zijn drie uitzonderingen gemaakt.

1. Betrokkenen met een uitkeringsrecht vóór of op 1 oktober 2004 en geboren vóór of op 1 juli 1954 hebben niets van doen met de wijzigingen in het SB 2000 met ingang van 1 oktober 2004 met uitzondering van het gewijzigde art. 8 en 9 onderdeel a laatste volzin SB 2000 (vernieuwde wijze van indexering en actualisering van de geduide functies).
2. De gewijzigde bepalingen worden op de reeds bestaande groep uitkeringsgerechtigden niet vallend onder punt 1 eerst van toepassing ten tijde van een nadere beoordeling van de mate van arbeidsongeschiktheid terzake waarvan een beschikking wordt afgegeven. De wetswijziging vormt op zichzelf dus geen reden tot herbeoordeling. De betreffende groep uitkeringsgerechtigden zal aan de hand van zogenaamde cohorten herbeoordeeld worden vanaf 1 oktober 2004 (zie Besluit eenmalige herbeoordelingen arbeidsongeschiktheidswetten dd. 14 september 2004 Stb. 2004 nr. 463). Indien een uitkeringsgerechtigde zijn/haar WAO-uitkering geheel of gedeeltelijk verliest dan kan hij/zij aanspraak maken op een compenserende uitkering. Deze compenserende uitkering gebaseerd op de Tijdelijke regeling inkomensgevolgen herbeoordeelde arbeidsongeschikten (TRIHA) van 8 december 2004 Stcrt. 2004 nr. 242 biedt aan

herbeoordeelde arbeidsongeschikten een inkomenscompensatie gedurende maximaal 6 maanden. De hoogte van deze compensatie is in principe het financiële verschil tussen de oude situatie en de nieuwe situatie.
3. De maatmaninkomensgarantie kan eerst worden toegepast vanaf 1 oktober 2004. Hernieuwde toekenningen op grond van de artikelen 43a WAO, 20 WAZ en 19 Wajong voorafgaand aan de wijzigingen in het SB 2000 vallen derhalve niet onder de maatmaninkomensgarantie. Zie tevens ons commentaar op het vernieuwde art. 6 leden 6 en 7 SB 2000.

Art. 13 SB 2000

Tenslotte wordt in art. 13 het Schattingsbesluit WAO,WAZ en Wajong (SB 1998) ingetrokken, met uitzondering van art. 10 van dat besluit.
Deze uitzondering heeft te maken met het overgangsrecht getroffen bij het Schattingsbesluit 1998. Indien de rechtsvoorgangers van UWV hun werk hebben gedaan kunnen er geen ongelukken meer komen van deze bepaling. Het overgangsrecht in art. 10 SB 1998 ziet op de herbeoordelingen van de mate van arbeidsongeschiktheid vallend onder het juridisch regime van de wet TBA op grond van een maandloon vergelijking in plaats van een uurloon vergelijking. In de inleiding op het hoofdstuk resterende verdiencapaciteit is ingegaan op deze problematiek. Het is vrijwel zeker dat deze kwestie uit april 1997 thans tot het verleden behoort, in die zin dat de rechtsvoorgangers van UWV dit probleem hebben opgelost.

3.6   Besluit Uurloonschatting 1999

3.6.1   Inleiding

Het Besluit Uurloonschatting van 11 februari 1999, Stcrt. 1999 nr. 40 (verder het BUS) van het Lisv en inwerking getreden op 1 april 1999 was deels een reactie op de ingreep van de wetgever, dat beoordelingen van de mate van arbeidsongeschiktheid met ingang van 1 januari 1998 op uurloon vergelijkingen moesten plaatsvinden in plaats van op maandloon vergelijkingen (vervanging van het SB 1994 door het SB 1998).

191

Het Lisv meende voor de invoering van het BUS ruimte te zien in de Nota van Toelichting op het SB 1998 en met name in de toelichting op art. 3 SB 1998.

Art. 3 van het SB 1998 schreef net zoals het huidige art. 10 lid 1 aanhef en onderdeel a SB 2000 voor, dat bij de berekening van hetgeen de betrokkene nog met arbeid kan verdienen, wordt uitgegaan van de urenomvang van de maatman. In de Nota van Toelichting werd *de urenomvang van de maatman* enigszins genuanceerd in die zin, dat uitgegaan diende te worden van ongeveer de urenomvang van de maatman.

Deze nuancering vormde voor het Lisv de basis voor de introductie van het begrip 'bandbreedte' en een gedetailleerde beschrijving hoe de vaststelling en berekening van de mate van arbeidsongeschiktheid vanaf 1 april 1999 moest plaatsvinden.

Het hoofdmotief voor de invoering van het BUS door het Lisv was de introductie van een uniforme werkwijze voor arbeidsdeskundigen, waardoor de arbeidsdeskundige grondslag voor beoordelingen van de mate van arbeidsongeschiktheid in het hele land dezelfde was. In dat verband werd een stappenplan bedacht, waardoor het in theorie vrijwel onmogelijk werd voor een arbeidsdeskundige om arbeidsmogelijkheden te missen in het destijds nog functionerende systeem FIS, thans CBBS. In deze paragraaf en paragraaf 7 wordt gedetailleerd beschreven hoe een arbeidsdeskundige beoordeling in zijn werk gaat met toepassing van het BUS en het CBBS. Tevens wordt ingegaan op de jurisprudentie van de CRvB met betrekking tot het BUS, daar het BUS enige merkwaardige consequenties heeft die niet in het voordeel van een betrokken werknemer uitpakken.

De bandbreedte methode
In de inleiding is reeds aangegeven, dat het SB 1998 in art. 3 (thans art. 10 SB 2000) voorschrijft, dat bij de berekening van hetgeen een betrokkene met arbeid nog kan verdienen wordt uitgegaan van de urenomvang van de maatman. Een strikte uitleg van deze bepaling leidt ertoe, dat een arbeidsdeskundige uitsluitend functies kan duiden met een urenomvang van de maatman.

Indien een arbeidsdeskundige daartoe genoopt zou zijn, dan is de kans relatief gering, dat hij dusdoende voldoende functies vindt in het FIS/CBBS. Deze zoekactie van een arbeidsdeskundige is te vergelijken (vergeef ons het

192

voorbeeld) met de jacht op bijvoorbeeld wilde eenden. Indien jagers uitgerust worden met een geweer met 1 kogel, dan is de buit voor de jager op eendenjacht waarschijnlijk zeer gering. Vandaar in de jachtwereld het gebruik van hagelpatronen, welke patronen de resultaten aanzienlijk verbeteren, althans voor de jager.

In feite maakt de arbeidsdeskundige ook gebruik van een hagelpatroon bij het hanteren van de bandbreedte bij de selectie van functies. Immers hij brengt afhankelijk van de urenomvang van de maatman een bandbreedte in van 3,4 of 5 uren. De bandbreedte komt bovenop de echte urenomvang van de maatman. Is sprake van een maatman met een urenomvang van 20 uur dan wordt door de arbeidsdeskundige gezocht naar functies met een urenomvang tussen 20 tot en met 24 uur. Door de range van 20 tot en met 24 uur heeft de arbeidsdeskundige een grotere kans van slagen bij het vinden van voldoende functies en handelt hij overeenkomstig de geest van het huidige art. 10 lid 1 aanhef en onderdeel a SB 2000.

De CRvB heeft blijkens haar jurisprudentie op het BUS geen bezwaren tegen het hanteren van de bandbreedte door de arbeidsdeskundige.

Stappenplan

Bij vluchtige lezing van het BUS lijkt er sprake te zijn van 3 stappen. Echter onder het kopje 'bandbreedte methode' en 'stap 1' worden een tweetal tussenstappen behandeld, welke verder stap 1a of stap 1b worden genoemd. Deze tussenstappen worden niet als zodanig benoemd in het BUS. In met name USZ worden deze tussenstappen in de noten en kopjes wel afzonderlijk benoemd.

Hoe gaat een arbeidsdeskundige nu te werk bij het zoeken van functies in het FIS/CBBS?

Uitgangspunt voor de arbeidsdeskundige bij de beoordeling van de mate van arbeidsongeschiktheid zijn de kenmerken van de cliënt, waaronder de urenomvang van de maatman.

STAP 1

Op grond van *stap 1* gaat de arbeidsdeskundige in FIS/CBBS op zoek naar functiecodes met een urenomvang gelijk aan de urenomvang van de maatman of binnen de vastgestelde bandbreedte. Vindt de arbeidsdeskundige voldoende functiecodes echter niet met voldoende arbeidsplaatsen dan mag hij dit manco repareren door middel van stap 1a of stap 1b.

Per functiecode met onvoldoende arbeidsplaatsen gaat de arbeidsdeskundige eerst na of binnen deze functiecode(s) functiebeschrijvingen te vinden zijn met een urenomvang groter dan de maatman plus de bandbreedte *(stap 1a)*. Heeft of hebben de betreffende functiecode(s) nog steeds onvoldoende arbeidsplaatsen dan dient de arbeidsdeskundige binnen deze functiecode(s) na te gaan of er functiebeschrijvingen zijn te vinden kleiner dan de urenomvang van de maatman *(stap 1b)*. Zijn er op grond van stap 1, 1a of 1b functiecodes gevonden met voldoende arbeidsplaatsen dan mag de arbeidsdeskundige het daarbij laten zo suggereert de tekst en systematiek van het BUS. Immers waarom al deze 'reparaties' uitvoeren in stap 1, indien vervolgens over kan worden gegaan op stap 2 en stap 3. Oorspronkelijk was de gedachte, dat in stap 1 de hoogste uurloonwaarde gevonden zou worden en dat alle vervolgstappen een lagere uurloonwaarde zouden opleveren. Dat bleek bij nadere beschouwing van het FIS/CBBS niet juist te zijn, vandaar dat een arbeidsdeskundige ook de stappen 2 en 3 uitvoert in het FIS/CBBS, ten einde te bezien of met toepassing van deze stappen wellicht een hogere uurloonwaarde te vinden is.

Stap 1 gaat er vanuit, dat er in de eerste zoektocht wel voldoende functiecodes worden gevonden echter deze functiecodes vertegenwoordigen onvoldoende arbeidsplaatsen. Dit arbeidsplaatsen manco tracht de arbeidsdeskundige vervolgens met de stappen 1a en 1b op te lossen.

STAP 2

Indien de arbeidsdeskundige in stap 1 onvoldoende valide functiecodes kan duiden mag hij overgaan op *stap 2*. De arbeidsdeskundige mag volgens deze stap functiecodes gaan zoeken, waarvan de urenomvang groter is dan de maatman plus de bandbreedte. In stap 2 verlaat de arbeidsdeskundige in feite de grondslag van art. 10 lid 1 aanhef en onderdeel a van het SB 2000 en de toelichting die werd gegeven op het gelijkluidende artikel in het SB 1998, immers er worden functies gezocht groter dan de maatman en de bandbreedte.

Indien de arbeidsdeskundige functiecodes vindt met een urenomvang groter dan de maatman plus de bandbreedte dan dient de arbeidsdeskundige op grond van het BUS aannemelijk te maken dat deze qua urenomvang (veel) grotere functies ook kunnen worden uitgeoefend in de omvang van de maatman plus de bandbreedte.

De arbeidsdeskundige dient daartoe binnen de gevonden functiecode functiebeschrijvingen te zoeken die kleiner zijn dan de urenomvang van de maatman, alsdan is naar het oordeel van het Lisv voldoende aannemelijk gemaakt dat deze functiecode uitgeoefend kan worden in de urenomvang van de maatman en de bandbreedte. Immers qua urenomvang zit deze code zowel boven als onder de urenomvang van de maatman.

Door deze laatstgenoemde eis keert het Lisv enigszins terug naar het uitgangspunt van art. 10 lid 1 aanhef en onderdeel a SB 2000 en de toelichting op het gelijkluidende art. 3 in het SB 1998.

Stap 2 wordt praktisch bezien uitsluitend toegepast bij part-timers, daar functies groter dan de full-time werkende (ongeveer 38 tot 40 uur per week) plus de bandbreedte niet of nauwelijks in het FIS/CBBS voorkomen. Ingeval van een maatman met een urenomvang van een full-timer zal de arbeidsdeskundige stap 2 waarschijnlijk niet doorlopen danwel u merkt er niets van in de rapportages.
Indien de stappen 1 en 2 nog steeds onvoldoende functiecodes opleveren om een valide beoordeling van de mate van arbeidsongeschiktheid op te baseren mag de arbeidsdeskundige overgaan naar stap 3.

STAP 3

De essentie van *Stap 3* is, dat in stap 3 direct functiecodes worden gezocht in FIS/CBBS waarvan de urenomvang kleiner is dan de urenomvang van de maatman. Dit kenmerk van stap 3 is een logisch gevolg van de voorgaande stappen, daar de arbeidsdeskundige eerder alle opties in FIS/CBBS heeft afgetast op zoek naar functies welke in ieder geval (deels) op of boven de urenomvang van de maatman en de bandbreedte liggen.
Dat stap 3 in het BUS als laatste aan de beurt komt, geeft goed weer dat stap 3 door het Lisv gezien werd als een ultieme remedie. Slechts als het echt niet anders kan mag stap 3 gehanteerd worden bij het zoeken naar functiecodes. De reden voor deze terughoudendheid is het voorschrift in het BUS, dat bij

de berekening van de resterende verdiencapaciteit rekening moet worden gehouden met de kleinere urenomvang van de geduide functiecodes. Het mediane uurloon (art. 10 lid 1 aanhef en onderdeel b SB 2000) van de geduide functies moet op grond van het BUS vermenigvuldigd worden met de kleinste reductiefactor van de geduide functies.

Het hanteren van een reductiefactor is een uitvinding van het Lisv en is niet terug te voeren op de tekst van het SB 1998. Immers in dit besluit wordt een zuivere uurloonvergelijking ingevoerd, zonder enige verwijzing naar een compensatie voor het feit dat functiecodes geduid kunnen worden, die een kleinere urenomvang hebben dan de urenomvang van de maatman.

Met de introductie van de reductiefactor in het BUS bracht het Lisv een aanzienlijke verzachting aan op de consequenties van de zuivere uurloonvergelijking en herstelde het Lisv in feite deels de juridische situatie ontstaan na de inwerkingtreding van het SB 1998. Immers door middel van de reductiefactoren in stap 3 vergelijkt een arbeidsdeskundige bij de beoordeling van de mate van arbeidsongeschiktheid in feite weer op maandlonen, daar de reductiefactoren zorgen voor een compensatie van het aantal uren dat in theorie minder gewerkt kan worden, althans volgens de gegevens uit het FIS/CBBS.

In het BUS is een en ander nogal cryptisch geformuleerd.
'Het mediane uurloon van de geduide functies wordt in deze situatie gereduceerd met een factor a/b. De teller van deze factor wordt als volgt gevonden: rangschik de FB-codes naar grootste urenomvang van de functiebeschrijvingen per FB-code en kies vervolgens de laagste waarde van de urenomvang'.

De formulering van het Lisv komt erop neer, dat binnen de voor de beoordeling relevante functiecodes eerst gezocht moet worden naar de hoogste urenomvang. De functiebeschrijving met de hoogste urenomvang vormt de factor a voor de betreffende functiecode. Vervolgens neemt men de laagste factor van de relevante functiecodes welke factor de definitieve factor a wordt.

De factor b wordt gevormd door de urenomvang van de maatman. Met de aldus gevonden factor a/b wordt het mediane uurloon vermenigvuldigd. In de dagelijkse praktijk gaat een en ander iets soepeler, daar het FIS/CBBS de reductiefactoren zelf berekent en de arbeidsdeskundige bij de berekening

196

van de resterende verdiencapaciteit slechts de laagste reductiefactor behoeft te zoeken. De arbeidsdeskundige moet en zal daarbij zijn uiterste best doen om te vermijden dat functiecodes bij de functieduiding gehanteerd worden met een (zeer) lage reductiefactor, ten einde een zo hoog mogelijke resterende verdiencapaciteit vast te stellen. Dat blijft zijn taak op grond van het huidige art. 9 aanhef onderdeel a SB 2000. Het is evenwel goed mogelijk, dat u in de praktijk een beoordeling van de mate van arbeidsongeschiktheid tegenkomt waarbij een functiecode wordt gebruikt met een forse reductiefactor en een hoog uurloon. Levert deze functiecode uiteindelijk een hogere resterende verdiencapaciteit op dan zal de arbeidsdeskundige deze functiecode hanteren.

Feitelijke inkomsten
Feitelijke inkomsten van een betrokkene worden eveneens door middel van een uurloonverlijking in mindering gebracht op de toegekende uitkering, aangenomen dat de theoretisch vastgestelde mate van arbeidsongeschiktheid daartoe aanleiding geeft. In het commentaar op art. 9 aanhef onderdeel h SB 2000 is aangegeven, dat het de wettelijke taak van UWV is om de laagste mate van arbeidsongeschiktheid vast te stellen. Ingeval van feitelijke inkomsten uit arbeid wordt derhalve de theoretische uitkomst vergeleken met de feitelijke uitkomst en vervolgens gekozen voor de laagste mate van arbeidsongeschiktheid.
Bij de berekening van het feitelijke uurloon wordt in het BUS rekening gehouden met de mogelijkheid dat er minder uren worden gewerkt dan de urenomvang van de maatman.

Is de urenomvang van de feitelijke verdiensten kleiner dan de urenomvang van de maatman dan wordt het uurloon van de feitelijke verdiensten wederom met de factor a/b verminderd.
a = urenomvang feitelijke verdiensten en b= de urenomvang van de maatman.
Het omgekeerde kan zich ook voordoen. Is de urenomvang van de feitelijke verdiensten groter dan de maatman, dan blijft UWV uitgaan van het feitelijke uurloon. Een urenuitbreiding heeft zodoende geen invloed op de mate van arbeidsongeschiktheid. Bij de behandeling van de jurisprudentie van de CRvB op het BUS zult u zien, dat zich hierbij enige merkwaardige situaties kunnen voordoen, immers het is goed mogelijk dat een betrokkene feitelijk,

197

door een uitbreiding van het aantal gewerkte uren, meer verdient dan voorafgaand aan het intreden van de arbeidsongeschiktheid en toch een gedeeltelijke arbeidsongeschiktheidsuitkering blijft behouden. In de nota van toelichting op het SB 1998 wordt deze situatie expliciet besproken en geeft de wetgever aan, dat de positieve uitkomst voor de werknemer (een gedeeltelijke arbeidsongeschiktheidsuitkering) een gewenst effect is van de vergelijking op uurlonen.

Door middel van anticumulatie van de inkomsten is dit dus niet op te lossen, echter een verzekeringsarts zou zich in een voorkomend geval eens goed achter de oren moeten krabben of de beperkingen tot het verrichten van arbeid nog wel actueel zijn gezien de uitbreiding van het aantal werkuren door de werknemer.

Schatting op basis van een combinatie van functies
Indien een betrokkene een maatmanurenomvang heeft van meer dan 40 uur per week, dan heeft zo'n betrokkene vrijwel altijd een (forse) reductiefactor op de resterende verdiencapaciteit daar in het FIS/CBBS niet of nauwelijks functies voorhanden zijn in zo'n omvang. Een geheel of gedeeltelijke WAO-uitkering is hiervan het gevolg. Ten einde dit te voorkomen bedienen de rechtsvoorgangers van UWV zich van een zogenaamde combi-schatting. Naast full-time functies duidde een arbeidsdeskundige een aantal part-time functies en stelde een gezamenlijke urenomvang van de full-time en part-time vast. Op deze wijze voorkwam of beperkte de arbeidsdeskundige de reductiefactor, immers bij elkaar opgeteld benaderde de urenomvang van de geduide functiecodes de urenomvang van de maatman in soms hoge mate. Het Lisv heeft in het voetspoor van de jurisprudentie van de CRvB in het BUS enige voorwaarden gesteld aan deze uitvoeringspraktijk. Naast de voorwaarde dat de combinatie van functies in medische zin tot de mogelijkheden behoort en dat de combinatie van functies aantoonbaar in de gewenste omvang vervuld kan worden, eist het BUS ook dat de combinatie van functies feitelijk kan worden gecombineerd.

Met name deze laatste eis maakt het praktisch onmogelijk voor een arbeidsdeskundige om een combinatie schatting tot een goed einde te brengen, reden waarom deze wijze van beoordeling in de praktijk nauwelijks wordt gehanteerd.

De wetgever heeft met ingang van 1 oktober 2004 voor dit probleem een nogal draconische en deels onjuiste oplossing bedacht door dit probleem onder te brengen onder de noemer excessieve maatman en daarvan een definitie te geven in de nota van toelichting op de wijzigingen in het SB 2000 met ingang van 1 oktober 2004, die zeker niet strookt met de jurisprudentie van de CRvB dienaangaande. Feit is wel, dat UWV vanaf 1 oktober 2004 bij een beoordeling van de mate van arbeidsongeschiktheid uit zal gaan van een maximale urenomvang van de maatman van 38 uur. Door middel van de fictie in het SB 2000 met ingang van 1 oktober 2004 heeft de wetgever een praktisch probleem van UWV 'opgelost'.

Medische urenbeperking
Heeft de verzekeringsarts in zijn rapportage aangegeven, dat een betrokkene niet langer in staat is te achten om werkzaamheden te verrichten in de urenomvang van de maatman, dan spreekt men van een medische urenbeperking of kortweg een medische part-timer. Bij de functieduiding moet de arbeidsdeskundige rekening houden met de urenbeperking en hij doet dit door de urenomvang van de maatman gelijk te stellen met de medische urenbeperking. Vervolgens gaat de arbeidsdeskundige in het FIS/CBBS op zoek naar geschikte functiecodes met een urenomvang gerelateerd aan de medische beperking. In het BUS wordt in dit verband de mogelijkheid gesuggereerd, dat de arbeidsdeskundige ook in zo'n geval de bandbreedte methodiek kan hanteren. Met andere woorden, indien een betrokkene nog in staat is om 20 uur te werken (urenomvang maatman voorheen 40 uur) mag de arbeidsdeskundige functiecodes duiden in de omvang van 20 + 4 = 24 uur.
De CRvB heeft met betrekking tot dit punt in het BUS in onder andere USZ 2003 nr. 173 duidelijke voorwaarden gesteld, die het niet op voorhand mogelijk maken om de bandbreedte methodiek in zo'n geval toe te passen. De jurisprudentie van de CRvB komt er kort weergegeven op neer, dat indien een verzekeringsarts een duidelijke keuze heeft gemaakt aangaande het aantal nog te werken uren, hij daarop naderhand geen relativering meer kan aanbrengen. Ook het gewijzigde SB 2000 met ingang van 1 oktober 2004 is daaromtrent in art. 9 onderdeel b helder.
In de praktijk zal UWV in dit verband betogen, dat alle beperkingen tot het verrichten van arbeid aangelegd door de verzekeringsarts een zekere bandbreedte kennen een zogenaamde ongeveer waarde behelzen en dat dit ook geldt voor de aangelegde arbeidsduurbeperking. Het hangt dan met name van de onderliggende rapportage van de verzekeringsarts af, of dit argument

van UWV valide zal zijn. Immers, indien de verzekeringsarts aangeeft dat een werknemer nog 20 uur per week kan werken, hetgeen in de praktijk regelmatig voorkomt, dan geeft deze stelling van de verzekeringsarts weinig ruimte tot relativering achteraf. Gevolg van zo'n standpunt van de verzekeringsarts is, dat de bandbreedte niet gehanteerd kan worden bij de functieduiding door de arbeidsdeskundige en dat de geduide functies niet groter mogen zijn dan de aangelegde arbeidsduurbeperking.

Vergeet bij de vaststelling van de resterende verdiencapaciteit ingeval van een medische urenbeperking niet, dat op grond van art. 10 SB 2000 het gevonden uurloon eerst gemaximeerd moet worden!!

Het spreekt vanzelf dat de medische urenbeperking zelf reeds een vermindering op uurloon van de resterende verdiencapaciteit teweeg brengt. Daarnaast is het goed mogelijk dat een verdere vermindering van dat uurloon plaatsvindt vanwege het feit, dat de urenomvang van de geduide functiecodes kleiner is dan de urenomvang van de medische beperking. Dit laatste is een echte reductiefactor en komt tot stand conform stap 3 in het BUS. In de praktijk worden beide factoren (medische beperking en reductiefactor) samengevoegd, waardoor het raadzaam is om een en ander te controleren. Een foutje is immers zo gemaakt.

Slot en overgangsbepalingen
Het BUS is inwerking getreden op 1 april 1999 en het gecreëerde overgangsrecht is thans niet meer relevant. Een verhoging van de arbeidsongeschiktheidsuitkering vanwege de toepassing van het BUS lijkt heden ten dage evenmin aan de orde, daar vrijwel alle uitkeringsgerechtigden onder het juridisch regime van TBA inmiddels te maken hebben gehad met de toepassing van het BUS. Voor een verlaging van de arbeidsongeschiktheidsuitkering gold en geldt een termijn van 2 maanden (plus 1 dag voor de post) te rekenen vanaf het moment van aanzegging. Het Besluit einde wachttijd en uitlooptermijnen WAO,WAZ en Wajong 1999 (Stcrt. 1998 nr. 236) is, zij het in gewijzigde vorm, nog steeds van toepassing.

Jurisprudentieoverzicht van de CRvB op het BUS
Een globale beschouwing van het BUS levert geen schrijnende onrechtvaardigheden op die een betrokkene kunnen treffen. Nadere beschouwing

van het BUS gecombineerd met de uitvoering in de praktijk leveren toch een aantal knelpunten op, die niet bepaald gunstig uitpakken voor een betrokkene.

Zo oogstte de cryptische zinsnede in het BUS *'rangschik de FB-codes naar grootste urenomvang van de functiebeschrijvingen per FB-code en kies vervolgens de laagste waarde van de urenomvang'* in de praktijk kritische opmerkingen van rechters in eerste aanleg. Daarnaast stond het realiteitsgehalte van de geduide functiecodes in samenhang met het ontbreken van een reductiefactor en de totstandkoming van de reductiefactor an sich herhaaldelijk ter discussie. Tenslotte bleek, dat de uitvoering alle stappen van het BUS door elkaar gebruikte, hetgeen in strijd leek met de systematiek en opzet van het BUS.

Enige eenvoudige voorbeelden kunnen de discussie die zich vanaf eind 1999 begin 2000 ontspon verduidelijken.

Voorbeeld 1
In de stappen 1,1a,1b en 2 voorziet het BUS niet in een reductiefactor om de eenvoudige reden, dat er in die stappen altijd één of meer functiebeschrijvingen binnen de functiecodes aanwezig zijn met een urenomvang op of groter dan de maatman en de bandbreedte.
Zo'n functiebeschrijving blokkeert de totstandkoming van een reductiefactor, immers 1 is geen reductiefactor. De betreffende functiebeschrijving behoeft slechts 1 arbeidsplaats te vertegenwoordigen om opgenomen te worden in een functiecode. Ondanks het minimale aantal arbeidsplaatsen blokkeren deze functiebeschrijvingen het totstandkomen van een reductiefactor in de functiecode, waardoor de resterende verdiencapaciteit ongewijzigd (hoog) blijft. Dit verschijnsel doet zich met name voor in stap 1b van het BUS.

Voorbeeld 2
In de stappen 1a en 2 zoekt de arbeidsdeskundige functiebeschrijvingen die groter zijn dan de maatman plus de bandbreedte. Deze stappen zal een arbeidsdeskundige vrijwel uitsluitend uitvoeren bij een part-timer uit eigen verkiezing. Het is goed mogelijk, dat de gevonden functiebeschrijvingen danwel de gevonden functiecode (stap 2) qua urenomvang veel groter zijn

201

dan de urenomvang van de maatman. De vraag doet zich dan voor of de geduide functies dusdoende in voldoende mate aansluiten bij het arbeidspatroon van een betrokkene.

Voorbeeld 3
Net zoals in voorbeeld 1 bepaalt een functiebeschrijving met 1 arbeidsplaats in stap 3 de hoogte van de reductiefactor. Ook deze gang van zaken werd door rechters in eerste aanleg kort samengevat gezien als onrealistisch en in strijd met de uitgangspunten van het SB 1998.
Uit deze voorbeelden blijkt dat het BUS vrijwel direct onder vuur lag en dat procesgemachtigden van de rechtsvoorgangers van UWV heel wat uit te leggen hadden aan de rechtbanken en later de CRvB.

Vanaf 2002 heeft de CRvB een groot aantal uitspraken gedaan inzake het BUS, waarbij alle stappen en het stappenplan de revue passeerden.

In USZ 2002 nr. 155 zette de CRvB de toon bij de beoordeling van de BUS-problematiek.
In casu was sprake van een full-time werkende (38 uur per week). Er waren 3 functiecodes geduid, waarvan 2 volgens stap 1 en 1 volgens stap 1b. Deze laatste functiecode bevatte een voltijdse functiebeschrijving (4 arbeidsplaatsen) en een niet-voltijdse functiebeschrijving (19 uur en 3 arbeidsplaatsen). De rechtbank accepteerde niet dat de laatstgenoemde functiecode ten grondslag werd gelegd aan de beoordeling van de mate arbeidsongeschiktheid, daar deze functiecode vanwege de urenomvang onvoldoende realiteitswaarde had.

De CRvB oordeelt, dat art. 3 lid 1 SB 1998 (thans art. 10 lid 1 SB 2000) ziet op de berekening van de resterende verdiencapaciteit. Bij de selectie van de functies speelt art. 3 lid 2 sub a en b en art. 4 lid 1 SB 1998 (thans art. 9 aanhef en onderdeel a en b SB 2000) geen rol, in die zin dat de urenomvang van de maatman en het aantal arbeidsplaatsen bepalend is. De urenomvang van de functiebeschrijving is een arbeidsmarktfactor waarmee op zichzelf geen rekening mag worden gehouden bij de vaststelling van de mate van arbeidsongeschiktheid. Voorts oordeelt de CRvB, dat de toepassing van het BUS in stap 1 en de hantering van de bandbreedte de rechterlijke toetsing kan doorstaan.

In USZ 2002 nr. 156 is een maatman urenomvang van 32 uur aan de orde. Er waren uitsluitend functiecodes geduid binnen de bandbreedte tot 37 uur conform stap 1 van het BUS. De urenomvang van de geduide functiecodes was op grond van de jurisprudentie van de CRvB aan te merken als voltijds, daar de CRvB eerder had aangegeven dat arbeid in een urenomvang van 35 uur en meer is aan te merken als een voltijdse aanstelling.

Bij een part-timer zoals betrokkene was het tot dan volgens vaste jurisprudentie van de CRvB vereist, dat indien voltijdse functiecodes werden geduid UWV aannemelijk moest maken, dat deze functies ook part-time verricht konden worden. Dat laatste had UWV verzuimd en dus verklaarde de rechtbank het beroep gegrond. De CRvB meent in verband met de invoering van de uurloonschatting (SB 1998) en het BUS gezien in het licht van de voortschrijdende maatschappelijke ontwikkelingen tot een ander oordeel te moeten komen en verlaat (tijdelijk) de oude jurisprudentie. Waar het volgens de CRvB om gaat is of de geduide functies in een evenwichtige verhouding staan tot de urenomvang van de maatman. In casu acht de CRvB dit evenwicht aanwezig. De formulering van de CRvB dat de geduide functies in een evenwichtige verhouding dienen te staan tot de urenomvang van de maatman is nadien niet meer herhaald door de CRvB. Sterker nog in USZ 2003 nr. 103 zit dezelfde kamer van de CRvB weer op het oude spoor, dat door UWV aannemelijk gemaakt moet worden dat de geduide full-time functies ook part-time verricht kunnen worden.

Stap 1a wordt in USZ 2003 nr. 45 door de CRvB geaccepteerd. De Raad verwijst naar haar uitspraak in USZ 2002 nr. 155 en oordeelt, dat een functie die de maatman en de bandbreedte overstijgt acceptabel is. Voor de realiteitswaarde van functiecodes wijst de CRvB nogmaals op het gestelde in art. 3 lid 2 en art. 4 SB 1998 (thans art. 9 en 10 SB 2000).

Gelet op deze principiële uitspraken van de CRvB lag het voor de hand dat de overige stappen evenmin op bezwaren stuitten bij de CRvB.

In de uitspraak gepubliceerd in USZ 2003 nr. 103 werd de functieselectie in stap 2 goedgekeurd door de CRvB, terwijl stap 3 in USZ 2003 nrs. 19 en 75 evenmin op problemen stuitte bij de CRvB. Bij de berekeningswijze van de reductiefactor was naar het oordeel van de CRvB betrokkene niet te kort gedaan.

In USZ 2003 nr. 100 is het voor de CRvB geen bezwaar, dat alle stappen door elkaar worden gebruikt ten einde een zo hoog mogelijke resterende verdiencapaciteit te genereren. Wel tekent de CRvB daarbij aan, dat de handelwijze en uitleg van UWV dienaangaande niet in overeenstemming lijkt met de tekst en systematiek van het BUS.

Tenslotte kan nog worden gewezen op de uitspraak in USZ 2003 nr. 221 waarbij evenals in USZ 2003 nr. 100 uitspraak werd gedaan in een zaak waarbij de stappen door elkaar waren gebruikt, zij het dat dit in USZ 2003 nr. 221 plaatsvond onder de werking van het SB 2000.

Na USZ 2003 nr. 221 zijn er nog een aantal uitspraken van de CRvB gepubliceerd met betrekking tot het BUS, het is slechts meer van hetzelfde. De jurisprudentie van de CRvB overziend kan geconcludeerd worden, dat de CRvB de werkwijze van UWV zoals neergelegd in het BUS accepteert en dat het weinig zinvol lijkt om hiertegen principieel ten strijde te trekken, tenzij de arbeidsdeskundige het uitgangspunt van het SB 1998 te weten de uurloonvergelijking aan zijn laars heeft gelapt.

Dat laatste was het geval in USZ 2004 nr. 233. Betrokkene was in casu feitelijk meer uren gaan werken, waardoor zij per maand bezien meer verdiende dan voordat zij arbeidsongeschikt werd. UWV vond het kennelijk te dol, dat deze betrokkene ondanks haar feitelijke verdiensten toch een gedeeltelijke arbeidsongeschiktheidsuitkering behield vanwege de uurloonvergelijking en ging over tot een beoordeling van de mate van arbeidsongeschiktheid op maandlonen.

Na daaromtrent vragen te hebben gesteld aan het Ministerie van SZW oordeelde de CRvB, dat ook ingeval van een urenuitbreiding uitgegaan dient te worden van een uurloonvergelijking bij de beoordeling van de mate van arbeidsongeschiktheid. Een uurloonvergelijking betekende in casu grotendeels een status quo in vergelijking met de oude situatie. Saillant detail in deze zaak is, dat de CRvB op grond van oude jurisprudentie de handelwijze van UWV geaccepteerd zou hebben. Nu stond de tekst van het SB 1998 of 2000 met een dwingend rechtelijke uurloonvergelijking daaraan in de weg. Eén van de redenen voor het Ministerie van SZW om een zuivere uurloonvergelijking bij feitelijke werkzaamheden te handhaven is gelegen in het feit, dat zodoende naar het oordeel van het Ministerie is gewaarborgd dat een verzekerde de omvang van zijn werkzaamheden niet hoeft uit te breiden om te komen tot een beëindiging van zijn arbeidsongeschiktheidsuitkering. Doet een verzekerde dat de facto wel, dan wenst het Ministerie daar geen consequenties aan te verbinden.

Voor startende of doorwerkende zelfstandigen met een geheel of gedeeltelijke WAO-uitkering is deze uitspraak wellicht van nog groter belang. Zelfstandigen zijn normaliter meer uren werkzaam dan een vergelijkbare werknemer, waardoor het uurloon van een zelfstandige laag uitkomt met als gevolg een ongewijzigde arbeidsongeschiktheidsuitkering ondanks de verdiensten uit zelfstandige arbeid. Er dient in dit verband op te worden toegezien, dat UWV een zuiver uurloon berekend voor de maatman en de resterende verdiencapaciteit. Met andere woorden het jaarinkomen gedeeld door het werkelijk aantal gewerkte uren per jaar.

Samenvatting

Het Lisv heeft met de introductie van het BUS in 1999 de door de wetgever ingevoerde uurloonvergelijking bij de beoordeling van de mate van arbeidsongeschiktheid ontdaan van haar scherpe kanten. Bij een zuivere uurloonvergelijking maakt het namelijk niet uit wat de urenomvang van een geduide functiecode is (uurloon is uurloon). Een zuivere uurloonvergelijking brengt mee, dat de resterende verdiencapaciteit is gebaseerd op een laag maandloon. De introductie van de reductiefactor in stap 3 beperkt de consequenties van een uurloonvergelijking in aanzienlijke mate. In de praktijk zult u met name reductiefactoren zien opduiken, indien er sprake is van een full-timer als maatman of indien er sprake is van urenbeperking op medische gronden. De CRvB heeft alle overige pogingen om verdergaande beperkingen aan het BUS te stellen verworpen.

De jurisprudentie van de CRvB overziend is de Raad kennelijk tevreden met de uitkomsten van het BUS als beperking op de in 1998 door de wetgever geïntroduceerde uurloonvergelijking bij de vaststelling van de mate van arbeidsongeschiktheid.

De opmerking van de CRvB in USZ 2003 nrs. 19 en 75, dat betrokkene bij de berekening van de resterende verdiencapaciteit *'niet tekort is gedaan'* kan zelfs worden opgevat als een aanmoediging richting UWV om verdergaande beperkingen aan te brengen in het BUS bij de berekening van de resterende verdiencapaciteit. Tot op heden is het daarvan niet gekomen.

3.6.2 Gewijzigde BUSSEN met ingang van 1 oktober 2004

Op 28 september 2004 (Stcrt. 2004 nr. 186) heeft UWV het Besluit Uurloonschatting 1999 gewijzigd en tevens een nieuw Besluit beleidsregels uurloonschatting 2004 het licht laten zien. Het BUS 1999 kon vanwege de wijzigingen in het SB 2000 met ingang van 1 oktober 2004 niet in ongewijzigde vorm blijven bestaan.

Het gewijzigde BUS 1999
UWV heeft het BUS 1999 door middel van de wijzigingen van 28 september 2004 enerzijds in overeenstemming gebracht met de jurisprudentie van de CRvB op het BUS 1999 en het gewijzigde BUS 1999 nog slechts van toepassing verklaard op degenen die niet vallen onder het SB 2000 zoals dit besluit luidt met ingang van 1 oktober 2004. Daarnaast is van de gelegenheid gebruik gemaakt om een aantal onduidelijke passages in het BUS 1999 te verhelderen.

Belangrijkste wijzigingen:
1. Het gewijzigde BUS 1999 geldt nog slechts voor degenen, die een recht op uitkering hadden voor of op 1 oktober 2004 en voor of op 1 juli 1954 geboren zijn.

Gelet op de ingrijpende wijzigingen in het SB 2000 met ingang van 1 oktober 2004 was het BUS 1999 in ongewijzigde vorm niet meer te hanteren op en na 1 oktober en heeft UWV er terecht voor gekozen om de oude systematiek bij de uurloonvergelijking te beperken tot bovenstaande groep uitkeringsgerechtigden.

In het gewijzigde art. 1 lid 2 onderdeel b is overigens ten onrechte opgenomen, dat het gewijzigde BUS 1999 tevens gelding heeft voor degenen die vallen onder het oude- of middencriterium. Voor deze uitkeringsgerechtigden geldt, dat zij niet vallen onder de Schattingsbesluiten (met uitzondering van het huidige art. 8 SB 2000), waardoor zij a fortiori niet onder de werking van een (gewijzigd) BUS gebracht kunnen worden.

Op dit uitgangspunt is slechts 1 (zeer kleine) uitzondering en dat zijn degenen die ooit berust hebben in een onterechte uurloonvergelijking. Deze in aantal zeer kleine groep mag op grond van overgangsrecht bij het SB 1998 beoordeeld blijven op een uurloonvergelijking. Voor alle overigen geldt dat de beoordeling van de mate van arbeidsongeschiktheid dient plaats te vinden op een maandloonvergelijking.

2. De regel dat ingeval van een arbeidsduurbeperking het uurloon van de resterende verdiencapaciteit gemaximeerd dient te worden is thans ook uitdrukkelijk neergelegd in het gewijzigde BUS 1999.

Ten einde iedere onduidelijkheid weg te nemen is de maximeringsregel van art. 10 SB 2000 ook neergelegd in het gewijzigde BUS 1999 en is daarbij tevens aangegeven, dat maximering dient plaats te vinden voordat de reductiefactor wordt losgelaten op de resterende verdiencapaciteit. Deze werkwijze bestond in de praktijk reeds en heeft derhalve slechts een bevestigende werking.

3. Indien sprake is van een arbeidsduurbeperking mogen in principe geen functies worden geduid die qua urenomvang groter zijn dan de arbeidsduurbeperking.

UWV heeft met deze regel, die in de toelichting op het vernieuwde SB 2000 met ingang van 1 oktober 2004 sterk naar voren komt, aangesloten bij de uitspraak van de CRvB in RSV 2003 nr. 161. Blijkens deze uitspraak van de CRvB heeft UWV nog wel enige bewegingsruimte, echter deze ruimte moet de primaire verzekeringsarts direct hebben aangegeven. Achteraf kan een éénmaal aangegeven arbeidsduurbeperking niet meer gerelativeerd worden ook niet door een bezwaarverzekeringsarts. De suggestie van UWV in de toelichting op de wijzigingen in het BUS 1999 en de werking van het CBBS lijken enigszins op wishful thinking. Een verzekeringsarts zal in zijn begeleidende rapportage vrijwel altijd een echte duurbeperking en niet een 'ongeveer' duurbeperking aangeven en daardoor de gesuggereerde beoordelingsruimte voor de arbeidsdeskundige prijsgeven.

4. De tekst van het gewijzigde BUS 1999 is in overeenstemming gebracht met de jurisprudentie van de CRvB en qua taalgebruik een stuk eenvoudiger gemaakt.

3.6.3 Besluit Beleidsregels uurloonschatting 2004 (verder het BUS 2004)

Vanwege de wijzigingen in het SB 2000 met ingang van 1 oktober 2004 kon het BUS 1999 niet langer gehanteerd worden bij de beoordeling van de mate van arbeidsongeschiktheid voor degenen die vallen onder de werkingssfeer van het gewijzigde SB 2000.

Uitgangspunten BUS 2004
Het BUS 2004 werkt in beginsel zoals het BUS 1999 en het gewijzigde BUS 1999. Er zijn evenwel een aantal zaken gewijzigd welke aandacht verdienen.

1. De zogenaamde bandbreedtemethode is vervallen, daar op grond van het gewijzigde SB 2000 de urenomvang van de maatman niet langer doorslaggevend is bij de selectie van functies. In dit verband verwijzen wij naar ons commentaar op art. 9 onderdeel b SB 2000.
2. De toepassing van de reductiefactor blijft gehandhaafd echter bij de totstandkoming van een reductiefactor wordt rekening gehouden met het nieuwe uitgangspunt dat de urenomvang van de maatman is gemaximeerd tot 38 uur per week. Dit uitgangspunt betekent dat betrokkenen met een urenomvang van de maatman groter dan 38 uur per week niet meer uitsluitend op deze grond een reductiefactor hebben op de voor hen vastgestelde resterende verdiencapaciteit.
3. De combinatie van functies is vervallen, daar volgens UWV dit niet meer noodzakelijk is vanwege de maximering van de urenomvang van de maatman op 38 uur per week. Een herbeoordeling van de mate van arbeidsongeschiktheid op een combinatie van functies was gelet op de jurisprudentie van de CRvB op dit punt sowieso zeer lastig zoniet onmogelijk. Dit werd met name veroorzaakt door de eis van de CRvB dat de combinatie van functies ook feitelijk mogelijk moest zijn.
4. Evenals in het gewijzigde BUS 1999 is ook in het BUS 2004 vastgelegd, dat de maximeringsregel van art. 10 SB 2000 moet worden toegepast voordat een reductiefactor wordt losgelaten op de resterende verdienca-

paciteit. De thans voorgeschreven volgorde werd in de praktijk voor
1 oktober 2004 reeds gevolgd

5. Feitelijke arbeid wordt gekort volgens de methode zoals bekend onder
    het BUS 1999, met dien verstande dat ook bij feitelijke arbeid rekening
    wordt gehouden met de maximering van de urenomvang van de maat-
    man op 38 uur.

Afgezien van bovengenoemde meest in het oog springende wijzigingen ten
opzichte van het (gewijzigde) BUS 1999 heeft UWV ook bij de opstelling
van het BUS 2004 gekozen voor helder taalgebruik en vereenvoudigingen.

Ter verduidelijking volgen hier enige voorbeelden m.b.t. de werking van het
BUS 2004 in de praktijk. Het gaat in de voorbeelden altijd om betrokkenen
die vallen onder het gewijzigde SB 2000 met ingang van 1 oktober 2004.

Voorbeeld 1
Jan geboren op 2 juli 1954 en in het genot van een WAO-uitkering (35-45%)
ver voor 1 oktober 2004 was voorafgaand aan zijn arbeidsongeschiktheid
werkzaam als internationaal vrachtwagenchauffeur. De maatmanurenomvang was voor hem vastgesteld op 55 uur per week. Vanwege deze urenomvang had Jan bij eerdere arbeidsongeschiktheidsbeoordelingen altijd een
reductiefactor van 38/55 = 0,69 op de resterende verdiencapaciteit. Op
grond van de wijzigingen in het SB 2000 en het BUS 2004 zal Jan ondanks
ongewijzigde medische omstandigheden bij een herbeoordeling geconfronteerd worden met een reductiefactor 38/38 en zal de hem toegekende WAO-
uitkering geheel of gedeeltelijk worden beëindigd. Vanaf 1 oktober 2004
wordt de mate van arbeidsongeschiktheid van Jan niet langer beïnvloed door
de urenomvang van zijn maatman.

Voorbeeld 2
Zelfde gegevens als onder voorbeeld 1 echter de verzekeringsarts stelt na 1
oktober 2004 vast dat Jan nog maar 38 uur per week kan werken. Op grond
van de wijzigingen in het SB 2000 en het BUS 2004 zal Jan in verder ongewijzigde omstandigheden bij een herbeoordeling geconfronteerd worden
met een reductiefactor 38/38 en zal de hem toegekende WAO-uitkering
geheel of gedeeltelijk worden beëindigd net zoals onder voorbeeld 1. Jan
komt evenmin in aanmerking voor maximering van het uurloon van de res-

terende verdiencapaciteit op grond van het gewijzigde SB 2000 en art. 3 lid 4 BUS 2004. Jan is immers nog steeds in staat om te werken in dezelfde omvang als de gemaximeerde maatman.

Voorbeeld 3
Zelfde gegevens als onder voorbeeld 1 echter Jan gaat feitelijk werken en wel gedurende 38 uur in een supermarkt tegen een salaris per uur lager dan het uurloon van zijn maatman.
Tot 1 oktober 2004 zou Jan een reductiefactor hebben op zijn feitelijke uurloon van 38/55. Vanaf 1 oktober 2004 geldt voor Jan geen reductiefactor meer m.b.t. zijn feitelijke werkzaamheden op grond van het gewijzigde art. 10 SB 2000 en art. 4 BUS 2004.

Voorbeeld 4
Fransje een jonge blom van thans 25 jaar heeft vanaf 30 september 2004 een WAO-uitkering (80-100%) en was voorafgaand aan haar WAO-uitkering werkzaam als schoonmaakster gedurende 6 uur per week tegen het minimumloon per uur. De toekenning van de WAO-uitkering vond plaats omdat de arbeidsdeskundige geen functies kon vinden binnen de bandbreedte echter wel ruim daarboven maar niet onder de urenomvang van de maatvrouw, zoals stap 2 van het BUS 1999 voorschrijft.
Na een herbeoordeling zal Fransje bij ongewijzigde omstandigheden haar WAO-uitkering verliezen op grond van het gewijzigde art. 9 onderdeel b SB 2004 en het vervallen van de bandbreedtemethode in het BUS 2004.

SAMENVATTING

De voorbeelden maken duidelijk dat de wijzigingen in het SB 2000 met ingang van 1 oktober 2004 en het Besluit Beleidsregels Uurloonschatting 2004 diep snijden in voor 1 oktober 2004 bestaande uitvoeringspraktijk van de WAO.
Indien daarbij bedacht wordt dat de verzekeringsarts vanaf 1 oktober 2004 in voorkomende gevallen is gaan werken met een dubbele medische toets en een aanscherping van art. 2 SB 2000 dan is er niet veel voorstellingsvermogen voor nodig om te bedenken, dat veel uitkeringsgerechtigden de eerder toegekende uitkering geheel of gedeeltelijk zullen verliezen. De eerste resultaten van de herbeoordelingsoperatie gepubliceerd door UWV bevestigen

dit beeld, sterker, de resultaten zijn vooralsnog aanzienlijk groter dan verwacht. Volgens de Minister van SZW in een persbericht een 'droomscenario', voor een uitkeringsgerechtigde waarschijnlijk een nachtmerrie.

3.7   FIS en CBBS

3.7.1   Inleiding

In paragraaf 5 en 6 heeft u kennis gemaakt met de juridische voorwaarden waaraan een beoordeling van de mate van arbeidsongeschiktheid moet voldoen en is regelmatig sprake geweest van de beoordelingssystemen FIS of CBBS. Hoogtijd dus om deze systemen eens van dichtbij te bekijken en hoe deze systemen in de praktijk werken.

De verzekeringsarts maakt zoals u hebt gezien bij de behandeling van het SB 2000 aan de hand van zijn spreekuur onderzoek een belastingprofiel van de werknemer op, waarbij de verzekeringsarts met name let op de mogelijkheden en onmogelijkheden van de werknemer tot het verrichten van arbeid. Dit medisch profiel van de werknemer heette tot 2002 een belastbaarheidspatroon en nadien heet hetzelfde een functionele mogelijkhedenlijst kortweg (FML). De naamswijziging hangt samen met het overstappen van UWV op een ander beoordelingssysteem, te weten van FIS naar CBBS. Nadat de verzekeringsarts de arbeidsmogelijkheden en beperkingen in kaart heeft gebracht is het in het merendeel van de gevallen de beurt aan de arbeidsdeskundige om te beoordelen of er sprake is van een verlies aan verdiencapaciteit.

Vanaf 1990 tot medio 2002 werkten de arbeidsdeskundigen van UWV met het Functie Informatie Systeem, kortweg FIS. Vanaf medio 2002 is UWV gaan werken met het Claimbeoordelings- en Borgingssysteem, kortweg het CBBS. Het FIS en ook het CBBS is in feite niet meer maar ook niet minder dan een (grote) computer gevuld met functies. Deze functies zijn vrij gedetailleerd beschreven qua belastende factoren, opleidingseisen, urenomvang, beloning, wanneer gewerkt wordt ... kortom vrijwel alles wat een functie belastend of aantrekkelijk maakt is opgenomen in de functiebeschrijving.

De bevindingen van de verzekeringsarts neergelegd in het belastbaarheidspatroon of het FML worden of zijn al gedigitaliseerd en worden door de arbeidsdeskundige aangevuld met specifieke arbeidskundige gegevens, zoals bijvoorbeeld de urenomvang van de maatman, het maatmaninkomen, het

211

opleidingsniveau en de opleidingsrichting van de werknemer. Al deze gegevens worden vervolgens automatisch langs de in de computer verzamelde functies gestreken om te bezien of er nog theoretische arbeidsmogelijkheden zijn voor de betrokken werknemer. Het FIS en het CBBS waren en zijn zodanig geprogrammeerd, dat deze systemen in zekere mate rekening kunnen houden met het gewenste arbeidsongeschiktheidscriterium.

Zo kan het CBBS bijvoorbeeld rekening houden met de diverse Schattingsbesluiten en hun juridische eigenaardigheden. In essentie zijn de juridische mogelijkheden in de respectievelijke Schattingsbesluiten vanaf 1994 telkenmale verruimd voor met name de arbeidsdeskundigen werkzaam bij UWV. Een voorbehoud moet hierbij worden gemaakt voor het oude en midden criterium. De eisen gesteld aan de functieduiding onder deze criteria is zo specifiek toegesneden op de werknemer, dat noch het FIS noch het CBBS hiermede geautomatiseerd rekening kunnen houden.

Het resultaat van de werkzaamheden van de arbeidsdeskundige is onder het FIS een arbeidsmogelijkhedenlijst en onder het CBBS een functionele arbeidsmogelijkhedenlijst, met daarop in het kort vermeld de door de computer gevonden functies. Deze functies in de wandelgangen Functie Belastingscodes (FB-codes) onder FIS of Standaard Beroepen Classificatie-codes (SBC-codes) onder CBBS genoemd, vormen de basis voor de berekening van de resterende verdiencapaciteit. Het FIS en het CBBS berekenen automatisch de hoogste resterende verdiencapaciteit, waarbij tevens rekening wordt gehouden met eventuele reductiefactoren. De resultaten van deze berekening staan vermeld op de arbeidsdeskundige FML en worden normaliter nadien herhaald in een rapportage van de arbeidsdeskundige. Van de gebruikte FB- of SBC-codes en de functiebeschrijvingen binnen deze codes bestaan uitgebreide beschrijvingen en deze beschrijvingen horen in een procesdossier aanwezig te zijn. Deze beschrijvingen zijn enerzijds gefocust op de belasting per functiebeschrijving en geven anderzijds een relatief uitgebreide beschrijving van de aard van de werkzaamheden. Aan de hand van deze beschrijvingen en de opgemaakte FML door de verzekeringsarts kan een werknemer of diens gemachtigde ook handmatig beoordelen of deze functies vallen binnen de mogelijkheden van de verzekerde. Op deze wijze legt UWV verantwoording af over haar werkwijze bij de beoordeling van de mate van arbeidsongeschiktheid en met name de berekening van de resterende verdiencapaciteit.

3.7.2   Het FIS

Het FIS operationeel vanaf 1990 tot medio 2002 was voor een verzekeringsarts vrij restrictief van aard in die zin, dat het door de verzekeringsarts
opgemaakte belastbaarheidspatroon bestond uit 28 aandachtspunten. De
geselecteerde functies in het systeem FIS kenden uiteraard ook 28 aandachtspunten, waardoor de vergelijking van de belastbaarheid van de werknemer enerzijds en de belasting in de geduide functies anderzijds op een
eenvoudige wijze kon plaatsvinden.
Het enige probleem met het systeem FIS was, dat de belastbaarheid in psychische zin wel door de verzekeringsarts kon worden uitgesplitst, maar dat
het computersysteem dit aan de zijde van de belasting in de geduide functies niet geautomatiseerd kon vergelijken.
Het systeem FIS gaf spontaan een overschrijding van het belastbaarheidspatroon aan, indien er door de verzekeringsarts restricties waren gesteld bij
het psychisch functioneren van een werknemer en er in de geduide functies
belastende aspecten voorkwamen op dit item. Vervolgens moest handmatig
beoordeeld worden door de verzekeringsarts en de arbeidsdeskundige of de
geduide functies op dit punt geschikt waren te achten voor de werknemer.
Alle overschrijdingen van het opgestelde belastbaarheidspatroon werden in
het systeem FIS overigens keurig aangegeven met behulp van een asterisk
bij het betreffende item. Deze openheid van het systeem FIS maakte het ook
voor een buitenstaander relatief eenvoudig om de knelpunten bij de beoordeling van de mate van arbeidsongeschiktheid te achterhalen.
Een echt nadeel van FIS en overigens ook van CBBS is, dat beide systemen
geen samenhang zien in de verschillende beperkingen tot het verrichten van
arbeid, maar per geselecteerd item beoordelen of de geduide functie past bij
de aangelegde beperking.

Gaf het systeem FIS een overschrijding van de belastbaarheid aan in een
bepaalde functie door middel van een asterisk, dan dienden de verzekeringsarts en de arbeidsdeskundige in onderling overleg te beoordelen of de
betreffende functie gehandhaafd kon blijven en zoja dan diende dit gemotiveerd te gebeuren. Het aanvankelijke JA/NEE bij deze beoordeling is verworpen door de CRvB, wegens strijd met het motiveringsbeginsel. Voorts
heeft de CRvB onder andere in RSV 1998 nr. 312 aangegeven, dat het FIS
qua belastbaarheid van de werknemer en qua belasting in de geduide func-

ties een juiste score weergeeft. Naderhand kunnen noch de verzekeringsarts noch de arbeidsdeskundige in dezelfde bezwaar- of beroepsprocedure deze scores wijzigen danwel relativeren.

Indien de bezwaarverzekeringsarts en/of de bezwaararbeidsdeskundige van mening zijn, dat de belastbaarheid van de werknemer niet juist is weergegeven dan staat het hen uiteraard vrij om op grond van een nieuw onderzoek de belastbaarheid bij te stellen en deswege de arbeidsmogelijkheden van de werknemer te verruimen. Verlaging van de mate van arbeidsongeschiktheid van de verzekerde kan ook in zo'n geval eerst plaatsvinden, nadat de verzekerde op de hoogte is gesteld van zijn toegenomen arbeidsmogelijkheden.

3.7.3   Het CBBS

Inleiding
Vanaf april 2002 en voor sommige pilot-kantoren van UWV eind 2001 is het FIS vervangen door het CBBS. Evenals onder het FIS kent het CBBS een medische beoordeling en een arbeidsdeskundige beoordeling.
Voordeel van het CBBS ten opzichte van het FIS is, dat de verzekeringsarts onder het CBBS aanzienlijk meer ruimte heeft om beperkingen in medische zin in kaart te brengen.
De verzekeringsarts heeft in de FML de beschikking over 6 rubrieken, te weten:
1. persoonlijk functioneren
2. sociaal functioneren
3. aanpassing aan fysieke en omgevingseisen
4. dynamische handelingen
5. statische handelingen
6. werktijden

Binnen deze rubrieken, welke zijn onderverdeeld in 9 tot 24 beslispunten, dient de verzekeringsarts gerichte vragen te beantwoorden en heeft hij bij de beantwoording van deze vragen op zijn vakgebied de keuze uit 4 gradaties, welke gradaties telkenmale zijn gerelateerd aan de *normaalwaarde*. Met de normaalwaarde wordt aangegeven, hetgeen de gezonde beroepsbevolking tussen 16 jaar tot 65 jaar in het normale dagelijkse leven nog tenminste aan activiteiten kan verrichten. Anders dan onder het FIS worden de beperkingen tot het verrichten van arbeid in het CBBS omschreven als een 'onge-

214

veer' beperking, waardoor de verzekeringsarts en de arbeidsdeskundige meer beoordelingsruimte vrijmaken voor zichzelf.

Het toetsbare aandeel van de verzekeringsarts in de beoordeling van de mate van arbeidsongeschiktheid onder de werking van het CBBS is kwalitatief en kwantitatief sterk verbeterd. In een WAO/WIA-dossier wordt de uitgebreide FML teruggebracht tot een zogenoemde kritische FML. De kritische FML geeft alle door de verzekeringsarts aangelegde beperkingen tot het verrichten van arbeid weer, zodat noch de medewerkers van UWV noch een verzekerde of diens gemachtigde telkens de hele FML behoeven door te werken ten einde vast te stellen wat de beperkingen tot het verrichten van arbeid zijn.

Het grote nadeel van het CBBS en daarmee tevens de bron van vele procedures is, dat de grotere beoordelingsruimte van de verzekeringsarts met veel meer belastbaarheidspunten niet zijn tegenhanger vond in de functies aanwezig in het CBBS.

Dit verschijnsel wordt in de vaktaal niet-matchende punten genoemd. Men bedoelt hiermee, dat sommige beperkingen aangelegd door de verzekeringsarts op het FML niet als relevante punten van werkbelasting terugkomen in de geduide functies.

Voorts is gebleken, dat overschrijdingen van de belastbaarheid van de verzekerde niet leiden tot zichtbare signalen in het dossier, laat staan een motivering van de zijde van UWV dat deze overschrijdingen voor de verzekerde haalbaar zijn te achten.

Tijdens de presentatie van het CBBS voor professionele rechtshulpverleners kwam al direct naar voren, dat het CBBS aanzienlijk minder transparant zou zijn dan het FIS.

Zo bleek onder andere, dat overschrijdingen van de belastbaarheid in de geduide functies onder de werking van het CBBS niet meer werden aangegeven met een asterisk. Ook de zogenaamde niet-matchende punten werden in principe niet toegelicht door UWV. Overschrijdingen van de belastbaarheid waren in de aanvangsfase van het CBBS uitsluitend zichtbaar voor de dienstdoende arbeidsdeskundige werkzaam bij UWV.

UWV dichtte de arbeidsdeskundigen zelfs een zodanige professionaliteit toe, dat zij zelf mochten beslissen of en zoja welke consequenties de overschrijding van de belastbaarheid moest hebben voor de betreffende verzekerde zonder inschakeling van de verzekeringsarts, die de belastbaarheid van de verzekerde in kaart had gebracht.

De achterliggende gedachte bij deze werkwijze was, dat de beoordeling van de mate van arbeidsgeschiktheid vanaf de inwerkingtreding van het CBBS een stuk efficiënter moest worden.

Eén van de fundamenten van het CBBS is, dat bij de beoordeling van de beperkingen tot het verrichten van arbeid van de verzekerde door de verzekeringsarts wordt uitgegaan van de zogenaamde *normaalwaarde*. Indien de verzekeringsarts van oordeel is, dat een verzekerde geen beperkingen tot het verrichten van arbeid heeft dan 'scoort' deze verzekerde in theorie de normaalwaarde. De normaalwaarde ligt zoals aangegeven op het activiteitenniveau van de gezonde beroepsbevolking tussen 16 en 65 jaar en ligt derhalve relatief laag.

Er is niet veel voorstellingsvermogen voor nodig om te bedenken, dat een arbeidsdeskundige bij de beoordeling van een verzekerde zonder beperkingen, dus 'scorend' op de normaalwaarde, toch zeer veel overschrijdingen van de belastbaarheid te zien zal krijgen. Immers, werksituaties zullen qua inspanningsniveau de normaalwaarde op veel punten overschrijden, indien de normaalwaarde op een laag inspanningsniveau wordt gesteld.

Ter vermijding van veel en wellicht nutteloos werk heeft UWV de arbeidsdeskundige in dit verband veel handelingsvrijheid gegeven, bijvoorbeeld door hem zelfstandig te laten beslissen of een overschrijding van de belastbaarheid relevant is te achten. Op zichzelf is er niets op tegen om een arbeidsdeskundige (enige) vrijheid van handelen te geven, zolang maar zichtbaar is wat deze medewerker van UWV in een individuele zaak heeft gedaan. Aan met name dit laatste aspect is door UWV tot op heden onvoldoende aandacht besteed, zoals u zult zien in de hieronder weergegeven jurisprudentie van de rechtbanken en de CRvB op het CBBS.

Voorts blijkt uit dit jurisprudentie-overzicht, dat het CBBS in aanvang veel andere gebreken kende.

In de vakliteratuur was de rechtbank Leeuwarden de eerste rechtbank, die het CBBS beoordeelde en te licht bevond. Nadien hebben vrijwel alle rechtbanken het voorbeeld van de rechtbank Leeuwarden gevolgd, zij het met enige nuanceringen.

Op 27 mei 2003 USZ 2003 nr. 222 komt de rechtbank Leeuwarden tot een aantal, soms onthutsende, vaststellingen over de werking van het CBBS.

Primair stelt de rechtbank Leeuwarden vast, dat het CBBS als beoordelingsinstrument voor de vaststelling van de mate van arbeidsongeschiktheid aanvaardbaar is.

Vervolgens stelt de rechtbank vast, dat een tweetal rubrieken van de FML (rubrieken 1 en 2) niet getoetst kunnen worden door het systeem CBBS, om de doodeenvoudige reden dat vergelijkbare items in de functiebeschrijvingen ontbreken. Een handmatige toets door de arbeidsdeskundige en een rapportage dienaangaande ontbrak in het dossier, hetgeen naar het oordeel van de rechtbank leidt tot een motiveringsgebrek. Het ontbreken van een rapportage omtrent de rubrieken 1 en 2 is nog klemmender, indien door de verzekeringsarts beperkingen zijn aangebracht in deze twee rubrieken.

De rechtbank stelt tevens vast, dat de nummering van de FML niet correspondeert met de nummering van de vergelijkbare punten in de geduide functies, hetgeen toetsing door een onafhankelijke derde er niet eenvoudiger op maakt.

Vanwege het ontbreken van signaleringen van overschrijdingen van de belastbaarheid van de verzekerde in het dossier gaat de rechtbank op 'de tast' op zoek naar mogelijke overschrijdingen. Op deze wijze vindt de rechtbank een relatief groot aantal potentiële overschrijdingen van de belastbaarheid van de verzekerde, waarvoor evenmin een verklaring is te vinden in het dossier.

Het ontbreken van deze signaleringen en een rapportage dienaangaande leidt naar het oordeel van de rechtbank eveneens tot een ernstig motiveringsgebrek van de zijde van UWV.

Zoals eerder aangegeven volgden in meer of mindere mate de overige rechtbanken het voorbeeld van de rechtbank Leeuwarden, terwijl UWV stelselmatig hoger beroep aantekende tegen deze uitspraken.

Hangende het hoger beroep had UWV overigens een zogenaamde transponeringstabel ter beschikking gesteld, waardoor een vergelijking van de beperkingen in het FML met de corresponderende punten in de geduide functies op een eenvoudiger wijze kon plaatsvinden.

Op 9 november 2004, USZ 2004 nr. 353, beoordeelt de CRvB het hoger beroep van UWV in een vijftal CBBS-zaken.

Ook de CRvB is van oordeel, dat het CBBS als beoordelingsinstrument niet in strijd is te achten met art. 18 WAO en het daarop gebaseerde Schattingsbesluit. Echter, de CRvB is tevens van oordeel, zonder een uitputtende opsomming te geven van de gebreken in het CBBS, dat het systeem een aan-

217

tal onvolkomenheden in zich herbergt, die aanpassing behoeven. In het algemeen is de CRvB van oordeel, dat het CBBS onvoldoende inzichtelijk, toetsbaar en verifieerbaar is.

In dit verband wijst de CRvB erop, dat omtrent de niet-matchende punten sowieso een verklaring in het dossier aanwezig dient te zijn, desnoods kort. Deze punten kennen geen geautomatiseerde vergelijking, waardoor de arbeidsdeskundige handmatig moet toetsen of deze punten een rol spelen bij de geduide functies.

Voorts ligt het naar het oordeel van de CRvB in de rede, dat UWV de nummering van de FML laat corresponderen met de belastingpunten in de geduide functies.

Het feit dat slechts medewerk(st)ers van UWV zicht hebben op de gepresenteerde overschrijdingen van de belastbaarheid is voor de CRvB evenmin acceptabel.

Tenslotte is de CRvB van oordeel, dat het hanteren van de normaalwaarde acceptabel is te achten bij het in kaart brengen van de medische beperkingen tot het verrichten van arbeid.

Deze principiële uitspraak van de CRvB aangaande het CBBS had vergaande gevolgen voor UWV.

UWV werd ten eerste genoodzaakt om het CBBS danwel haar procesgedrag aan te passen aan de wensen c.q. aanbevelingen van de CRvB en ten tweede zag UWV zich geconfronteerd met een verscherpte motiveringseis in lopende bezwaar- en beroepszaken in verband met de geconstateerde onduidelijkheden in het CBBS.

Dat met de verscherpte motiveringseis van de CRvB niet viel te spotten moge blijken uit de uitspraken gepubliceerd in USZ 2005 nrs. 59, 168, 222, 384, 399 en 2006 nr. 27. In alle zaken is de motivering van UWV inzake het CBBS en aanverwante zaken naar het oordeel van de CRvB onvoldoende.

Voor de benodigde aanpassingen van het CBBS kreeg UWV van de CRvB tot 1 juli 2005 de tijd. Tot 1 juli 2005 werd genoegen genomen met handmatige motiveringen van UWV omtrent de geconstateerde en wellicht andere onvolkomenheden in het CBBS hangende beroep. Deze toegestane handelwijze kon onder andere met zich meebrengen, dat de beslissing weliswaar werd vernietigd wegens een motiveringsgebrek, maar dat de rechtsgevolgen in stand werden gelaten. De beslissingen op bezwaar genomen na 1 juli 2005 kunnen niet meer hangende het beroep op deze manier door UWV worden gerepareerd.

Ruim voor 1 juli 2005 meende UWV te hebben voldaan aan de eisen van de CRvB zoals neergelegd in de uitspraak van 9 november 2004 en kwam UWV op de proppen met een verbeterde versie van het CBBS. Kort samengevat komen de verbeteringen van het CBBS door UWV op het volgende neer:

1. In het aangepaste CBBS komt de nummering van de FML overeen met de nummering van de belastingpunten in de functiebelastingenlijsten.
2. Er is zichtbaar gemaakt bij welke beoordelingspunten zich eventuele knelpunten danwel overschrijdingen van de belastbaarheid van de verzekerde voordoen in de geduide functies.
3. De zogenaamde niet-matchende punten worden op een apart formulier 'Resultaat Functiebeoordeling' vermeld middels een asterisk.
4. Aan het formulier 'Resultaat Functiebeoordeling' heeft UWV een zevende rubriek toegevoegd, met de aspecten probleemoplossen, getordeerd actief zijn en dragen.

Ad. 1: Het gelijkschakelen van de nummering in de FML met de nummering van de belastingpunten in de functiebelastinglijsten brengt mee, dat het hanteren van een transponeringstabel vanaf medio 2005 niet meer noodzakelijk is en vergemakkelijkt het werken met een WAO- of WIA-dossier.
Ad. 2: Door het geautomatiseerd zichtbaar maken van de knelpunten danwel overschrijdingen van de belastbaarheid van de verzekerde wordt voldaan aan de meest de meest in het oog springende onvolkomenheid van het CBBS.
Vanaf medio 2005 leggen een arbeidsdeskundige en de verzekeringsarts in het dossier verantwoording af over hun handelen en zo hoort het ook.
Het CBBS werkt met betrekking tot dit punt als volgt. Bij de aspecten waar het zich voordoet, staat er in de functiebelastingenlijst op het formulier Resultaat Functiebeoordeling een 'M' of een 'G' vermeld.
Een 'M' geeft aan, dat op dit punt een nadere motivering is vereist van de verzekeringsarts en of de arbeidsdeskundige, indien deze functie wordt door UWV ten grondslag wordt gelegd aan de (her)beoordeling van de mate van arbeidsongeschiktheid. Deze motivering is neergelegd in een rapportage van de verzekeringsarts en of de arbeidsdeskundige.
Een 'G' geeft aan, dat is vastgesteld dat de belasting in de functie valt binnen de door de verzekeringsarts in zijn rapportage of toelichting op de FML aangegeven mogelijkheden, inclusief de interpretatieruimte van de FML.

Het CBBS geeft aan de arbeidsdeskundige uitsluitend een signaal 'M' ingeval van een knelpunt of een overschrijding.

Een heikel punt in dit verband is, dat een 'M' door de arbeidsdeskundige gewijzigd mag worden in een 'G' zonder dat dit blijkt uit het dossier.

UWV heeft in dit verband aangegeven, dat het wijzigen van een 'M' in een 'G' slechts onder strikte voorwaarden is toegestaan, maar toch........

Ad 3: Het probleem van de niet- matchende punten is middels de aangepaste versie van het CBBS opgelost in die zin, dat in het dossier steeds een toelichting wordt gegeven op deze punten.

Ad 4: De extra rubriek 7 is in wezen een extra service van UWV jegens de verzekerde en diens gemachtigde en kan bij een nadere beoordeling niet worden gebracht onder de uitspraak van de CRvB van 9 november 2004. Dit laat uiteraard onverlet dat in voorkomende gevallen kritiek kan worden geleverd op het gestelde in deze rubriek.

Het gaat hierbij om aanvullingen in de functiebelasting die niet voorkomen op de FML, met andere woorden het spiegelbeeld van de situatie waarover de CRvB een oordeel velde op 9 november 2004. Indien UWV op deze punten altijd een motivering geeft lijkt dit naar onze mening in overeenstemming met de uitgangspunten van de CRvB.

Het aangepaste CBBS en de rechterlijke toetsing

Inmiddels hebben een aantal rechtbanken zich uitgelaten over de door UWV aangebrachte aanpassingen op het CBBS.

Evenals in 2004 geeft de rechtbank Leeuwarden op 30 november 2005 in USZ 2006 nr. 29 als eerste rechtbank een oordeel over het aangepaste CBBS.

Voor de goede orde, de rechtbank Leeuwarden behandelt weliswaar een zaak die speelt onder het aangepaste CBBS, echter de beslissing op bezwaar is afgegeven voor 1 juli 2005, zodat het UWV nog vrijstaat om hangende het beroep nadere motiveringen in te brengen ten aanzien van mogelijke onvolkomenheden in het CBBS.

De rechtbank stelt vast, dat UWV voor een deel is tegemoet gekomen aan de kritiek van de CRvB op het CBBS, zoals dat functioneerde voor de aanpassingen.

Stuikelblok is voor de rechtbank Leeuwarden, dat de arbeidsdeskundige de markering 'M' onder omstandigheden kan omzetten in een 'G' en dat van een dergelijke omzetting geen blijk wordt gegeven in het dossier. Dit gegeven vormt voor de rechtbank Leeuwarden aanleiding om de aanpassingen van het CBBS niet in overeenstemming te achten met het gestelde in de uitspraak van de CRvB van 9 november 2004. De beslissing op bezwaar wordt overigens om andere redenen vernietigd dan de geconstateerde onvolkomenheden in het CBBS.

Nadien hebben ook andere rechtbanken zich uitgelaten over de aanpassingen door UWV in het CBBS. Vrijwel alle rechtbanken zitten op de lijn van de rechtbank Leeuwarden en kunnen zich niet (geheel) verenigen met de gang van zaken bij de omzetting van een 'M' in een 'G'.

Op 12 oktober 2006 heeft de CRvB een oordeel gegeven over de aanpassingen van het CBBS door UWV (zie o.a. LJN AY9971).

Kort samengevat is de CRvB van oordeel, dat UWV het CBBS op een toereikende wijze heeft aangepast, gelet op de uitspraak van de Raad van 9 november 2004.

Met betrekking tot het meest heikele punt, het niet inzichtelijk maken van de overschrijdingen van de belastbaarheid van een verzekerde door UWV meent de Raad thans, dat genoegzaam aannemelijk is gemaakt dat het CBBS deze overschrijdingen onderkent en signaleert. De CRvB plaatst daarbij wel de kanttekening, dat de verzekeringsarts het FML juist heeft ingevuld.

Indien een verzekeringsarts namelijk een beperking opneemt als toelichting op de normaalwaarde en het daarbij laat (dus niet aangeeft dat er geen sprake meer is van een normaalwaarde) dan zal het CBBS deze beperking niet herkennen. Het gevolg is dan, dat een mogelijke overschrijding van de belastbaarheid in een functie op dit punt door het CBBS niet zal worden gesignaleerd. Voor alle betrokkenen blijft enige oplettendheid op dit punt derhalve geboden.

Met betrekking tot de motivering van mogelijke overschrijdingen van de belastbaarheid door UWV is de CRvB van oordeel, dat UWV alle signaleringen van het CBBS dient te voorzien van een afzonderlijke toelichting (desnoods kort) waaruit blijkt dat van een daadwerkelijke overschrijding van de belastbaarheid geen sprake is. Met andere woorden de omzetting van het signaal M naar het signaal G door de arbeidsdeskundige zonder nadere motivering wordt niet geaccepteerd door de CRvB.

De CRvB wijst er in dit verband op, dat UWV de resultaten van het CBBS onder andere hanteert als middel om de medische en arbeidsdeskundige beoordeling inzichtelijk te maken, alsmede inzicht te geven in de vaststelling van de mate van arbeidsongeschiktheid. Dusdoende gebruikt UWV de resultaten van het CBBS om te voldoen aan de wettelijke plicht om besluiten deugdelijk te motiveren.

Het wijzigen van een signaal M in een signaal G door de arbeidsdeskundige zonder motivering strookt niet met deze wettelijke plicht van UWV, aldus de CRvB.

Samenvatting
Gelet op de uitspraken van de CRvB van 9 november 2004 en 12 oktober 2006 kan de conclusie worden getrokken, dat het CBBS als hulpmiddel om de mate van arbeidsongeschiktheid vast te stellen door de CRvB wordt geaccepteerd. De pogingen van UWV om de toetsing door derden van het resultaat van CBBS aan banden te leggen kunnen evenwel als gestrand worden beschouwd. Immers alle mogelijke overschrijdingen van de belastbaarheid zullen door functionarissen van UWV moeten worden voorzien van een adequate verklaring.

Middels deze motiveringseis van de CRvB is geborgd, dat de beoordeling van de mate van arbeidsongeschiktheid met behulp van het CBBS in voldoende mate inzichtelijk en toetsbaar is voor alle betrokkenen.

3.8 Herziening en heropening van de arbeidsongeschiktheidsuitkering

3.8.1 Inleiding

Er is sprake van herziening van een WAO-uitkering, indien een betrokkene een WAO-uitkering heeft en deze wordt verhoogd of verlaagd, terwijl van heropening sprake is indien de betrokkene is geconfronteerd met een beëindiging van een toegekende WAO-uitkering of een niet toegekende WAO-uitkering per einde wachttijd en deze uitkering wordt heropend. Een verzekerde met een gedeeltelijke WAO-uitkering danwel een niet toegekende of beëindigde WAO-uitkering kan geconfronteerd worden met een toename van zijn beperkingen tot het verrichten van arbeid. Afhankelijk van zijn uitkeringssituatie kan hij UWV verzoeken om herziening of heropening van zijn WAO-uitkering.

Tot 29 december 1995 waren de herzienings- en heropeningsbepalingen in de WAO een zeer rustig vaarwater waar geschillen slechts zelden werden uitgevochten tot en met de CRvB. De gepubliceerde jurisprudentie van de CRvB op de artikelen 37 t/m 39, de herzieningsbepalingen en 47 WAO, de heropeningsbepaling, is gering in aantal zeker indien daarbij wordt bedacht, dat deze bepalingen vanaf de aanvang af in de WAO staan.

Een nadere beschouwing van deze artikelen leert waarom voor de 'klassieke' herzienings- en heropeningsbepalingen in de WAO slechts een geringe belangstelling bestond.

Een herziening of heropening op grond van respectievelijk art. 39 of 47 WAO is slechts mogelijk, indien er sprake is van een toename van arbeidsongeschiktheid in de zin van de WAO binnen 4 weken na een beslissingsmoment. Met een beslissingsmoment wordt bedoeld de datum met ingang waarvan een WAO-uitkering wordt verlaagd of beëindigd.

Alsdan geldt geen wachttijd en doet de oorzaak van de toegenomen arbeidsongeschiktheid er niet toe (m.u.v. van de situatie beschreven in art. 47 lid 4 WAO).

De periode waarbinnen sprake moet zijn van een toename van arbeidsongeschiktheid is echter zodanig kort, dat deze korte periode er vaak aan in de weg zal staan dat de WAO-uitkering wordt herzien of heropend op grond van de artikelen 39 respectievelijk 47 WAO.

Herziening op grond van art. 37 WAO is in principe mogelijk op ieder moment en is anders dan artikel 39 niet gebonden aan een bepaalde (korte) termijn. Is de betrokkene evenwel niet verzekerd ten tijde van de toename van zijn arbeidsongeschiktheid, dan geldt wel de eis, dat de toename van arbeidsongeschiktheid niet moet zijn voortgekomen uit *een kennelijk andere oorzaak*, dan die waaruit de gedeeltelijke WAO-uitkering wordt genoten. De eis van niet kennelijk een andere oorzaak is in de dagelijkse praktijk nog een te overwinnen obstakel de in acht te nemen wachttijd sedert 1 januari 2004 van 104 weken is wel erg lang.

De meeste soepele herzieningsbepaling is te vinden in art. 38 WAO. De beschreven situatie in art. 38 WAO lid 1 eist echter tenminste een mate van arbeidsongeschiktheid van 45-55%. Voldoet een betrokkene aan deze voorwaarde dan is herziening wegens toename van arbeidsongeschiktheid normaliter geen probleem en vindt herziening plaats na een wachttijd van

223

4 weken. Iedere uit de hand gelopen griep kan voor deze groep uitkeringsgerechtigden aanleiding zijn om een herzieningsverzoek neer te leggen bij
UWV.
De in art. 38 lid 2 WAO beschreven situatie doet sterk denken aan de artikelen 39 en 47 WAO en eist een toename van arbeidsongeschiktheid binnen
4 weken na een beslismoment, te weten een herziening van de mate van
arbeidsongeschiktheid naar minder dan 45%. Bij de toepassing van art. 38
WAO speelt de oorzaak van de toename van arbeidsongeschiktheid geen rol.

Samengevat hebben de klassieke bepalingen inzake herziening of heropening in art. 39 en 47 van de WAO- uitkering een zeer korte werkingsduur.
In art. 37 speelt de oorzaak van de toename een belangrijke rol en dit artikel
kent een lange wachttijd, alvorens tot herziening van de mate van arbeidsongeschiktheid kan worden overgegaan.
Slechts art. 38 WAO is soepel toe te passen, echter daarbij geldt de eis dat
de mate van arbeidsongeschiktheid tenminste 45% bedraagt of heeft bedragen.

De genoemde nadelen van de herzienings- en heropeningsbepalingen kwamen goed aan het licht in het kader van de herbeoordelingen TBA vanaf
1 augustus 1993. Vanaf de invoering van TBA zagen veel uitkeringsgerechtigden de hen toegekende WAO-uitkering verlaagd of ingetrokken en ont-
dekten zij dat herziening of heropening van de WAO-uitkering niet zo eenvoudig is.
Klachten over de werking van de herzienings- en heropeningsbepalingen
werden kenbaar gemaakt aan de Tweede Kamer der Staten Generaal door
met name de Nederlandse Vereniging van Chronisch Zieken en vormden
voor het kamerlid de heer Van Dijke aanleiding een motie in te dienen ter
verbetering van de mogelijkheden tot herziening of heropening van de
WAO-uitkering.
De invalshoek voor het kamerlid Van Dijke om de herzienings- en heropeningsbepalingen te wijzigen was met name een medische. De heer Van
Dijke wilde bewerkstelligen, dat indien bijvoorbeeld sprake was van wisselende ziektebeelden en deswege wisselende belastbaarheid herziening of
heropening van de WAO-uitkering sneller en eenvoudiger mogelijk werd.
Daarnaast beoogde de motie om het recht op verzekering gedurende 5 jaar
te behouden ingeval de oorspronkelijke klachten toenamen. De motie van de

224

heer Van Dijke c.s. met deze strekking werd met algemene stemmen door de Tweede Kamer aanvaard.

De wetgever heeft de motie Van Dijke c.s. verwerkt in de wet Amber (afschaffing malus en bevordering reïntegratie) van 2 november 1995 Stb. 560 inwerking getreden op 29 december 1995, vandaar dat tot op heden de artikelen 39a en 43a WAO de Amber-bepalingen worden genoemd.

De wetgever had kennelijk grote haast bij de uitvoering van de motie Van Dijke c.s., want er is verzuimd overgangsrechtelijke bepalingen op te nemen. Zonder historische kennis kan de indruk ontstaan, dat de artikelen 39a en 43a WAO altijd in de WAO hebben gestaan en dat op grond van deze bepalingen claims kunnen worden gelegd terzake van een toename van arbeidsongeschiktheid in een ver verleden. De CRvB heeft hier een stokje voor gestoken, echter het door de CRvB verzonnen overgangsrecht gaat een stuk verder dan de bedoeling van de wetgever kan zijn geweest. Verderop in deze paragraaf komen wij daarop terug.

3.8.2 De artikelen 39a en 43a WAO oftewel de Amber-bepalingen nader beschouwd

De artikelen 39a en 43a WAO openen de mogelijkheid tot herziening of toekenning van een WAO-uitkering, indien sprake is van toename van arbeidsongeschiktheid uit *dezelfde oorzaak* binnen 5 jaar na toekenning, herziening, niet toekenning of beëindiging. Hierbij is het niet relevant of een betrokkene verzekerd is ten tijde van de toename van de arbeidsongeschiktheid. Is er sprake van een relevante toename van arbeidsongeschiktheid binnen de termijn van 5 jaar dan geldt vervolgens een wachttijd van 4 weken alvorens de WAO-uitkering wordt herzien of toegekend.

Art. 39a WAO verschilt niet wezenlijk van art. 37 WAO echter de wachttijd is aanzienlijk verkort, hetgeen een voordeel kan opleveren voor de werkgever die zijn gedeeltelijk arbeidsongeschikte werknemer in passende arbeid te werk heeft gesteld. Immers deze werkgever komt tot 29 december 2005 (inwerkingtreding wet WIA en IWIA) niet in aanmerking voor ziekengeld ingevolge art. 29b ZW. Wordt toepassing gegeven aan art. 39a WAO dan kan de werkgever de verhoogde WAO-inkomsten in mindering brengen op het door te betalen loon op grond van art. 7: 629 lid 5 BW.

Met behulp van een tijdlijn ziet de werking van art. 39a WAO er als volgt uit.

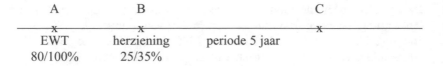

A   B   C

EWT   herziening   periode 5 jaar
80/100%   25/35%

Vanaf moment B heeft een betrokken werknemer gedurende 5 jaar (moment C) de gelegenheid om een toename van arbeidsongeschiktheid te claimen op grond van art. 39a WAO. De claim kan overigens ook later worden gelegd als de toename maar gesitueerd is tussen moment B en moment C. Indien de toename claim later wordt gelegd dan moment C dan ligt de bewijslast voor de toename van arbeidsongeschiktheid bij degene die de te late claim legt.

Art. 43a WAO is een echte dijkdoorbraak ten opzichte van de klassieke heropeningsbepaling, daar heropeningen ingevolge de klassieke bepaling in art. 47 WAO slechts zeer beperkt mogelijk zijn.
Een toekenning, in art. 43a WAO is geen sprake van heropening, van de WAO-uitkering op grond van art. 43a WAO vindt plaats, indien sprake is van toename van arbeidsongeschiktheid binnen 5 jaar na niet toekenning per einde wachttijd of beëindiging van de WAO-uitkering en de toename vloeit voort uit *dezelfde oorzaak*.
Evenals onder de werking van art. 39a WAO behoeft de werknemer niet verzekerd te zijn ten tijde van de toename van de arbeidsongeschiktheid.

Met behulp van een tijdlijn ziet de werking van art. 43a WAO er als volgt uit.

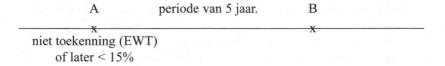

A   periode van 5 jaar.   B

niet toekenning (EWT)
of later < 15%

Ook hier kan de betrokken werknemer gedurende 5 jaar een toename van arbeidsongeschiktheid claimen en verzoeken om toekenning van een WAO-uitkering.

Toepassing van art. 43a WAO levert evenals toepassing van art. 39a WAO een voordeel op voor de oude werkgever die zijn werknemer met succes heeft gereïntegreerd, daar ook in deze situatie de wachttijd slechts 4 weken bedraagt en art. 29 b ZW tot 29 december 2005 voor de oude werkgever niet kan worden toegepast.

Een werkgever moet wel bedenken dat ieder voordeel ook een nadeel heeft, daar een gedifferentieerde premie voor hem op de loer kan liggen. De artikelen 39a en 43a WAO zijn in de wet opgenomen voordat de wetgever de premie-differentiatie had bedacht, vandaar dat men eind 1995 uitsluitend sprak van bepalingen die de reïntegratie van werknemers bevorderden. Of een werkgever geconfronteerd met een premie-differentiatie na toepassing van art. 43a WAO daar thans ook zo over denkt lijkt twijfelachtig. De artikelen 39a en 43a WAO vinden geen toepassing, indien de klassieke bepalingen toegepast kunnen worden. Hierbij is voor art. 43a WAO nog een extra uitzondering gemaakt voor het bepaalde in art. 29b ZW in art. 43a lid 4 onderdeel b WAO, in die zin dat art. 43a WAO niet wordt toegepast, indien art. 29b ZW toepassing kan vinden en het te verstrekken ziekengeld de nieuw toe te kennen WAO-uitkering overtreft.

Aandachtspunten bij de toepassing van de artikelen 39a en 43a WAO
1. Dezelfde oorzaak van de toegenomen arbeidsongeschiktheid.
2. Medische en arbeidsdeskundige beoordeling en het peilmoment.
3. Volbrengen van de wachttijd bij art. 43a WAO.
4. De periode van 5 jaar.
5. Maatmanwisseling.
6. Ambtenaren en Amber.
7. Overgangsrecht.
8. Procedurele aspecten.
9. Dagloon- en grondslaggarantie.

Ad 1
Anders dan in de klassieke bepalingen heeft de wetgever in de Amber-bepalingen het begrip *dezelfde oorzaak* geïntroduceerd waaruit de toename van de beperkingen moet voortvloeien. In de parlementaire discussie heeft de staatssecretaris destijds aangegeven geen andere definitie te bedoelen dan tot dan bekend was onder het begrip *kennelijk uit een andere oorzaak.* De rechtsvoorganger van het Lisv, het TICA, heeft in 1996 een beleidsadvies

(Mededeling 96.93 B) gepubliceerd om voor de uitvoeringspraktijk deze problematiek éénduidig te regelen. Dit beleidsadvies is wellicht enigszins in de vergetelheid geraakt maar heeft tot op heden rechtskracht, zodat in voorkomende gevallen UWV daarop kan worden aangesproken.

De kern van dit beleidsadvies is, dat het niet noodzakelijk is dat wordt bewezen dat de toename van de arbeidsongeschiktheid voortkomt uit dezelfde oorzaak, terzake waarvan een betrokkene uitkering geniet of genoot. Voldoende is dat een betrokkene of diens gemachtigde dit aannemelijk maakt, hetgeen in lijn ligt met de bewijspraktijk in het bestuursrecht.

Het TICA stelde in het genoemde beleidsadvies het volgende stappenplan op.
* Primair stelt de verzekeringsarts vast of er sprake is van een duidelijke afname van het functioneren van een betrokkene. Is dat niet het geval dan kan de beoordeling met deze conclusie worden afgesloten.
* Is er wel een duidelijke afname van het functioneren van een betrokkene dan moet de verzekeringsarts vaststellen of dit in overwegende mate voortkomt uit *dezelfde* oorzaak of oorzaken als de oorspronkelijke. Zo ja dan volgt wellicht een arbeidsdeskundig onderzoek en afhankelijk van de resultaten daarvan een herziening of toekenning van de WAO-uitkering. Een arbeidsdeskundige wordt uiteraard niet ingeschakeld, indien een betrokkene op medische gronden volledig arbeidsongeschikt is te achten.
* Zo neen, dan poogt de verzekeringsarts de andere oorzaken aannemelijk te maken. Slaagt de verzekeringsarts daarin niet, dan is het voordeel van de twijfel voor de betrokkene en wordt aangenomen dat sprake is van dezelfde oorzaak bij de toegenomen arbeidsongeschiktheid. Ook in deze situatie wordt de beoordeling eventueel gevolgd door een arbeidsdeskundig onderzoek en afhankelijk van de resultaten daarvan vindt een herziening of toekenning van de WAO-uitkering plaats.

De CRvB heeft een aantal uitspraken afgegeven waarin het begrip dezelfde oorzaak en het voordeel van de twijfel voor een betrokken werknemer wordt omschreven.
In onder andere USZ 2002 nr. 27 geeft de CRvB aan, dat 'buiten twijfel moet staan dat de toegenomen arbeidsongeschiktheid voortkomt uit een

228

andere oorzaak'. Door deze formulering van de CRvB komt het voordeel van de twijfel omtrent de oorzaak van de toegenomen arbeidsongeschiktheid toe aan de betrokken werknemer en dient UWV bij betwisting daarvan met een gedegen verhaal te komen. In USZ 2004 nr. 185 herhaalt de CRvB deze formulering met betrekking tot de oorzaak van de toegenomen arbeidsongeschiktheid. De werkgever, in casu in hoger beroep vanwege een dreigende premiedifferentiatie bij toekenning van de WAO-uitkering, kreeg de bewijslast aangaande de door hem gestelde andere oorzaak, waarin hij niet slaagde.

Ad 2

Uitgaande van het hiervoor genoemde beleidsadvies van het TICA gaat in eerste instantie een verzekeringsarts aan het werk in verband met een toename-claim van een betrokkene gebaseerd op de Amber-bepalingen. Komt de verzekeringsarts tot de conclusie dat er geen sprake is van een toename van de beperkingen tot het verrichten van arbeid in medische zin, dan stopt aldaar de behandeling van de claim. Anders dan bij een toetsing van de klassieke bepalingen inzake herziening of heropening is het voor UWV niet noodzakelijk om bij een Amber-claim een arbeidsongeschiktheidsbeoordeling uit te voeren inclusief een arbeidsdeskundige toets, indien er geen toename van de beperkingen wordt vastgesteld in medische zin.

In RSV 2001 nr. 149 bevestigde de CRvB deze gedragslijn van het huidige UWV met een beroep op de wetsgeschiedenis bij de totstandkoming van de Amber-bepalingen. Nadien heeft de CRvB dit uitgangspunt nog diverse malen herhaald (zie bijvoorbeeld USZ 2003 nrs. 323 en 343).

Komt de verzekeringsarts evenwel tot het oordeel, dat de beperkingen tot het verrichten van arbeid zijn toegenomen en dat de toename voort komt uit dezelfde oorzaak dan zal in voorkomende gevallen een arbeidsdeskundige beoordelen of er sprake is van een toename van de mate van arbeidsongeschiktheid.

Bij de beoordeling van de verzekeringsarts doet zich nog het probleem voor welk *peilmoment* van de gezondheidstoestand de verzekeringsarts moet nemen voor zijn oordeel of er sprake is van dezelfde oorzaak in de zin van de artikelen 39a en 43a van de WAO.

In een zaak waarbij de aanspraak op grond van art. 37 WAO centraal stond is de CRvB in RSV 2005 nr. 87 van mening, dat de peildatum voor de gezondheidstoestand van een betrokkene moet worden gelegd op de datum

waarop de WAO-uitkering van een betrokkene voor het eerst wordt berekend naar de mate van arbeidsongeschiktheid van minder dan 45%.
In RSV 2001 nr. 221 is UWV een andere mening toegedaan met betrekking tot het peilmoment in het kader van art. 39a WAO (inhoudelijk vrijwel identiek aan art. 37 WAO), daar in deze zaak door UWV klip en klaar wordt betoogd dat *het moment onmiddellijk voorafgaand aan de laatst vastgestelde verlaging van het arbeidsongeschiktheidspercentage het peilmoment is.* De CRvB neemt in de beoordeling van de zaak dit standpunt gewoon over. Dat deze kwestie niet uitsluitend academisch van aard is moge blijken uit het feitelijk verloop van de toename van arbeidsongeschiktheid in RSV 2001 nr. 221.
De verzekeringsarts zal, indien hij meent dat sprake is van een andere oorzaak, exact aan moeten geven op grond van welke beperkingen hij meent dat de WAO-uitkering wordt of werd genoten. Hierbij zullen eerder opgemaakte belastbaarheidspatronen, sedert begin 2002 functionele mogelijkhedenlijsten geheten een beslissende rol spelen.
Bij toetsing van art. 43a WAO is het peilmoment van de gezondheidstoestand van de betrokkene het moment waarop de WAO-uitkering wordt beëindigd of niet is toegekend aan het einde van de wachttijd.

Heeft een werknemer weliswaar klachten geuit maar terzake van deze klachten zijn in medische zin geen beperkingen tot het verrichten van arbeid vastgesteld, dan kan een verergering van deze klachten naderhand niet leiden tot de conclusie dat sprake is van een toename van arbeidsongeschiktheid als gevolg van dezelfde oorzaak, aldus de CRvB in RSV 2004 nr. 211.
Het is dus voor een werknemer of diens gemachtigde zaak om erop toe te zien, dat reële klachten van een betrokkene terug te vinden zijn in de functionele mogelijkhedenlijst opgesteld door de verzekeringsarts ten einde te voorkomen, dat naderhand het standpunt neergelegd in RSV 2004 nr. 211 door UWV wordt gehanteerd.
Nadat de medische hobbel is genomen komt de arbeidsdeskundige aan bod om vast te stellen in welke mate de werknemer arbeidsongeschikt is te achten.
De beoordeling van de arbeidsdeskundige kan in feite alle kanten op en er ook toe leiden, dat de mate van arbeidsongeschiktheid is *afgenomen*, ondanks een toename van de beperkingen tot het verrichten van arbeid in medische zin. Deze uitkomst zal niet eenvoudig uit te leggen zijn aan een

betrokkene, echter het behoort wel tot de mogelijkheden met name binnen het beoordelingssysteem CBBS.

Het is niet ondenkbaar dat door goed onderhoud en vulling van CBBS geschikte functies worden aangetroffen, welke functies een hogere beloning per uur vertegenwoordigen dan voorheen, ondanks het gegeven dat de beperkingen tot het verrichten van arbeid in medische zin zijn toegenomen.

In het beoordelingssysteem FIS kwam in het verleden regelmatig het tegenovergestelde voor, daar functies uit het systeem werden gehaald en niet werden vervangen of werden vervangen door functies met een lagere loonwaarde. Voorts speelde hierbij een rol, dat bij de vervanging van het systeem FIS door CBBS begin 2002 het systeem FIS niet meer adequaat werd onderhouden en gevuld met functies, terwijl het systeem nog wel volop in gebruik was.

Indien er mede op arbeidskundige gronden sprake is van een hogere mate van arbeidsongeschiktheid per wanneer moet dan de verhoging van de WAO-uitkering ingaan?

In theorie is het mogelijk voor UWV om te achterhalen per welke datum het FIS of CBBS niet meer voldoet aan de eerder vastgestelde loonwaarde, dit is echter een nogal tijdrovend karweitje. De rechtsvoorgangers van UWV hadden voor dit probleem het volgende beleid ontwikkeld.

Heeft de verzekerde geen datum genoemd met ingang waarvan hij/zij meent toegenomen arbeidsongeschikt te zijn, dan wordt in voorkomende gevallen aangenomen dat sprake is van een toename en tevens einde wachttijd ten tijde van het gesprek met de arbeidsdeskundige. Dit doet zich met name voor bij ambtshalve beoordelingen van de mate van arbeidsongeschiktheid. De CRvB heeft dit beleid van UWV geaccepteerd in USZ 2001 nr. 25. Merkwaardig in die zaak is, dat de Amber-bepalingen worden toegepast zonder dat sprake is van een toename in medische zin. In RSV 2001 nr. 149 heeft de CRvB dit uitdrukkelijk uitgesloten bij de toepassing van de Amber-bepalingen.

Heeft een betrokken werknemer wel een specifieke claim gelegd, dan kan uiteraard dit beleid niet worden gevolgd en moet UWV onderzoeken of op het moment van de claim de mate van arbeidsongeschiktheid is gewijzigd. Mocht dit het geval zijn dan gaat alsdan de wachttijd van 4 weken lopen (zie USZ 2002 nr. 75).

Ad 3

In het kader van art. 43a WAO behoort het tot de mogelijkheden, dat een betrokkene toekenning vraagt van een WAO-uitkering, welke uitkering per einde wachttijd niet is toegekend, daar hij alsdan niet arbeidsongeschikt werd geacht in de zin van de WAO. Het doorlopen van de wachttijd en de situatie nadien hebben tot een aantal belangwekkende en soms verwarrende uitspraken van de CRvB geleid.

Na de invoering van WULBZ in 1996 is de ARBO-dienst in beginsel degene die bepaald of een werknemer de wachttijd volbrengt, immers deze dienst is ten behoeve van de werkgever belast met de controle en eventuele reïntegratie van de zieke werknemer.

In RSV 2002 nr. 135 overweegt de CRvB dienaangaande, dat uit art. 19 WAO bezien in samenhang met art. 29 ZW volgt, dat het UWV niet vrijstaat om zelfstandig een oordeel te vellen over het al dan niet volbrengen van de wachttijd door een werknemer.

UWV mag blijkens deze uitspraak slechts bezien of een werknemer gedurende 52 weken ziekengeld heeft ontvangen zoals bedoeld in het vijfde en zesde lid van art. 19 WAO. Met name het zesde lid van art. 19 WAO beperkt de toetsing van UWV in sterke mate, aldus de CRvB. Consequentie van deze uitspraak was, dat de ARBO-dienst en in diens voetspoor de werkgever bepaalde of en werknemer onder het bereik van art. 43a WAO kwam immers art. 43a WAO verwijst naar het einde van de wachttijd in de zin van art. 19 WAO, op welke situatie UWV naar het oordeel van de CRvB inhoudelijk geen vat heeft.

In USZ 2004 nr. 237 komt de CRvB met een 'verduidelijking' van de uitspraak gepubliceerd in RSV 2002 nr. 135. Art. 19 lid 6 WAO is naar het oordeel van de CRvB een juridische fictie, die eerst gaat werken op het moment dat UWV een besluit (impliciet of expliciet) heeft genomen over het volbrengen van de wachttijd. Met andere woorden het gegeven dat de werkgever loon heeft doorbetaald terzake van (vermeende) arbeidsongeschiktheid is niet langer maatgevend voor het volbrengen van de wachttijd. Daartoe is een handelen van UWV vereist en is UWV weer leidend bij de beantwoording van de vraag of een werknemer de wachttijd heeft volbracht en of art. 43a WAO kan worden toegepast. Door deze uitleg van de CRvB is de fictie van art. 19 lid 6 WAO in feite getransformeerd naar een UWV-realiteit.

De gewijzigde visie van de CRvB, zo kan de verduidelijking wel genoemd worden, is niet onomstreden maar is tot de volgende 'verduidelijking' wel de juridische realiteit.
Voorts heeft de CRvB in USZ 2006 nr. 101 aangegeven, dat de reikwijdte van art. 43a WAO is beperkt tot de verzekerden, die de wachttijd hebben doorlopen *en* na het verstrijken van de wachttijd niet geschikt zijn te achten voor het verrichten van het eigen werk en vanwege een theoretische schatting niet arbeidsongeschikt worden bevonden. Deze uitspraak is een logische opvolger van de uitspraak gepubliceerd in USZ 2004 nr. 237.

In het verlengde van de uitspraak gepubliceerd in USZ 2004 nr. 237 meent de CRvB voorts in RSV 2005 nr. 86, dat de verstrekking van ziekengeld niet aan de basis kan staan voor de stelling dat de wachttijd is volbracht in het kader van art. 38 WAO. De CRvB komt tot dit standpunt op grond van de overweging, dat er in art. 38 WAO geen bepaling of verwijzing is opgenomen conform art. 19 lid 5 WAO. Het staat UWV voorts vrij om een zelfstandig oordeel te vormen over de vraag of sprake is van een toename van arbeidsongeschiktheid in de zin van de WAO. De laatste toevoeging ligt voor de hand gelet op de verschillende arbeidsongeschiktheidsbegrippen in de ZW en de WAO. De uitspraak in RSV 2005 nr. 86 is van toepassing op alle wachttijden in dit kader, daar in geen van deze bepalingen een gelijkstelling voorkomt zoals opgenomen in art. 19 lid 5 WAO.

Samengevat kan worden gesteld, dat art. 43a WAO slechts van toepassing is op de werknemer die gedurende de wachttijd arbeidsongeschikt is geweest voor zijn eigen werk, dit ter beoordeling van UWV. Voorts dient de werknemer na de wachttijd nog steeds ongeschikt te zijn voor zijn arbeid *en* tengevolge van een theoretische schatting niet arbeidsongeschikt bevonden. Is aan deze voorwaarden voldaan, dan komt een werknemer ingeval van toename van zijn beperkingen tot het verrichten van arbeid binnen 5 jaar na het einde van de wachttijd in aanmerking voor toepassing van art. 43a WAO. Is er sprake van een beëindiging van de uitkering na de wachttijd dan spelen de hiervoor genoemde problemen uiteraard niet.

Ad 4
De toename van arbeidsongeschiktheid moet hebben plaatsgevonden binnen 5 jaar na de datum van intrekking, herziening of niet toekenning. Dat bete-

kent volgens de CRvB in USZ 2005 nr. 63 dat men gewoon 5 jaar kan optellen bij de eerste dag van intrekking, herziening of niet toekenning. De gevonden dag is dan de laatste dag waarop een betrokkene met vrucht een beroep kan doen op de artikelen 39a en 43a van de WAO. Het einde van de vijf-jaarstermijn is gelet op deze uitspraak een stuk eenvoudiger vast te stellen dan het einde van de termijn voor het instellen van de bezwaar of beroep ingevolge de artikelen 6:7,6:8 en 6:9 van de AWB.

Ad 5

Vanwege de lange periode waarbinnen een betrokkene een toekenningssclaim op grond van art. 43a WAO kan leggen en niet verzekerd behoeft te zijn in deze periode doet zich de vraag voor of de maatman ongewijzigd blijft bij een toename claim aan het einde van de termijn van 5 jaar. Bij de behandeling van het SB 2000 en de toevoeging van de leden 6 en 7 aan art. 6 met ingang van 1 oktober 2004 is al opgemerkt, dat met name de uitvoerder Sfb van mening was dat de Amber-bepalingen geen maatmaninkomensgarantie boden en dat in voorkomende gevallen een andere maatman moest worden gezocht.

De CRvB deelde deze opvatting van de uitvoerder Sfb blijkens de uitspraak in RSV 2002 nr. 164 (USZ 2002 nr. 199). In USZ 2002 nr. 221 meent de CRvB dat ingeval van toekenning op grond van art. 43a WAO, sprake is van een nieuw recht en dat het nieuwe uitkeringsrecht is ontdaan van overgangsrechtelijke bescherming. Uit deze twee uitspraken blijkt in ieder geval, dat de uitvoerders ten tijde van het primaire besluit volstrekt verschillende visies hadden omtrent de reikwijdte van de Amber-bepalingen.

Het is maar de vraag of de CRvB met zijn jurisprudentie in deze voldoende recht doet aan de bedoelingen, welke ten grondslag lagen aan de motie Van Dijke c.s. Deze motie beoogde een versoepeling tot stand te brengen in de herzienings- en heropeningsbepalingen in de WAO. Een wisseling van de maatman en de creatie van een nieuw recht bij opnieuw toekennen liggen dan niet voor de hand, immers er vindt toekenning van de WAO-uitkering plaats waarbij grotendeels gekeken wordt naar de achterliggende situatie. Aan de CRvB moet worden toegegeven dat art. 43a WAO niet spreekt over heropening van het oude recht maar van toekenning van WAO-uitkering onder een aantal voorwaarden.

234

De problematiek van de maatmaninkomensgarantie behoort vanaf 1 oktober 2004 tot het verleden voor degenen die vallen onder juridisch regime van het SB 2000, zoals dit luidt sedert 1 oktober 2004. Voor degenen niet vallend onder de herbeoordelingsoperatie vanaf 1 oktober 2004 blijft de jurisprudentie van de CRvB gepubliceerd in RSV 2002 nr. 164 en USZ 2002 nr. 221 bestaan (zie ons commentaar op het gewijzigde art. 6 SB 2000 in samenhang met art. 12a SB 2000) met als mogelijk gevolg, dat UWV overgaat tot wisseling van de maatman en het maatmaninkomen in deze gevallen.

Ad 6
Ambtenaren of gewezen ambtenaren kunnen eerst vanaf 1 januari 1998 een beroep doen op het bepaalde in art. 43a WAO, daar zij alsdan rechtstreeks vallen onder de werking van de WAO en deswege verzekerd zijn. De WAO-verzekering ten tijde van de eerste arbeidsongeschiktheidsdag vormt ingevolge de artikelen 43a jo. artikel 43 WAO de grondslag van een arbeidsongeschiktheidsuitkering wegens een hernieuwde arbeidsongeschiktheid uit dezelfde oorzaak, aldus de CRvB in USZ 2003 nr. 308.
Dat deze zaken niet altijd zo zwart-wit liggen blijkt uit USZ 2005 nr. 63, waarbij een gewezen ambtenares wel een aanspraak kon ontlenen aan art. 43a WAO, welke aanspraak zij ontleende aan het feit dat zij met een deelrecht vanuit de WW een WAO-uitkering toegekend had gekregen.

Ad 7
Zoals eerder gememoreerd heeft de wetgever bij de invoering van de Amber-bepalingen geen overgangsrecht geformuleerd. Vanwege het ontbreken van overgangsrecht hebben de Amber-bepalingen in beginsel onbegrensde werking, hetgeen in extremis kan betekenen dat een betrokkene een toename kan claimen in een zeer ver verleden.
Ten einde hier enige beperkingen in aan te brengen meenden het TICA/Lisv en de uitvoerders, dat onder andere een toename van arbeidsongeschiktheid uiterlijk 1 jaar voorafgaand aan de inwerkingtreding van de wet Amber gehonoreerd kon worden met toepassing van art. 39a WAO. Dit beleid strookte enigszins met de klassieke herzieningsbepaling van art. 37 WAO, immers deze bepaling kende destijds een wachttijd van 52 weken. Opnieuw toekenning van een beëindigde of niet toegekende WAO-uitkering werd nog restrictiever uitgelegd, vanwege de 4 weken termijn in art. 47 WAO.

Met de rechtbank Almelo is de CRvB in USZ 2002 nr. 73 van oordeel, dat de interpretatie van het TICA/Lisv en de uitvoerders te beperkt is. De CRvB meent, dat de Amber-bepalingen kunnen worden toegepast bij personen wier WAO-uitkering op of na 30 december 1990 is ingetrokken of niet toegekend (per einde wachttijd). De feitelijke toekenning van de WAO-uitkering kan evenwel niet eerder ingaan dan 29 december 1995, de datum van inwerkingtreding van de wet Amber en op dat moment moet een betrokkene nog steeds toegenomen arbeidsongeschikt zijn (zie bijvoorbeeld USZ 2003 nr. 20).

Het overgangsrecht zoals geformuleerd door de CRvB is aanzienlijk ruimer dan de uitgangspunten van het TICA/Lisv en de uitvoerders.

Merkwaardige consequentie van de visie van de CRvB aangaande het overgangsrecht is, dat de feitelijke datum van inwerking treding van de Amber-bepalingen is komen te liggen vóór de invoering van de wet TBA (1 augustus 1993), welke wet de aanleiding vormde voor de heer Van Dijke c.s. om zijn motie in te dienen.

Ad 8

Gelet op de stroom jurisprudentie van de CRvB vanaf begin 2002 kan zonder overdrijving gesteld worden, dat in de dagelijkse praktijk veelvuldig een beroep op de Amber-bepalingen wordt gedaan. Indien een procedure wordt gevoerd over de Amber-bepalingen dan kan binnen dat bezwaar of beroep niet van UWV worden geëist, dat tevens een besluit had moeten worden genomen over de mate van arbeidsongeschiktheid na het doorlopen van de reguliere wachttijd (zie USZ 2002 nr. 279 en in gelijke zin de rechtbank Arnhem in RSV 2004 katern nr. 8). Het behoort uiteraard wel tot de mogelijkheden om een nieuw verzoek in te dienen bij UWV naast de reeds lopende procedure om op die wijze een uitspraak van UWV te ontlokken.

Ad 9

De wetgever heeft bij de totstandkoming van de Amber-artikelen in het huidige art. 43c WAO uitdrukkelijk geregeld, dat degene die aanspraak heeft op toekenning van een WAO-uitkering op grond van 43a WAO een dagloongarantie heeft ter hoogte van zijn oude uitkering of op de uitkering die per einde wachttijd niet is toegekend. In het laatste geval moet alsnog een dagloon worden vastgesteld en dit dagloon dient vervolgens geïndexeerd te worden conform art. 15 WAO naar het moment van toekenning. De dag-

236

loongarantie is ook van toepassing, indien art. 29b ZW aan toepassing van art. 43a WAO in de weg staat. Ook voor WAZ en Wajong-gerechtigden is een gelijkluidende garantie opgenomen in art. 43a lid 3, deze garantie beperkt zich uiteraard tot de hoogte van de grondslag van de WAZ of Wajong uitkering.

Samenvatting
In de praktijk heeft het even geduurd voordat de mogelijkheden van art. 39a en 43a WAO waren doorgedrongen tot de rechtshulpverleners, echter eenmaal bekend hebben de Amber-bepalingen gezorgd voor een sterke beperking van de gevolgen van de Wet TBA en andere bezuinigingsmaatregelen in het kader van de WAO.
In UWV kringen verzucht men wel eens, dat een 'schatting nog niet zijn beslag heeft gekregen of de beoordeling van Amber staat al voor de deur'. Deze verzuchting geeft in ieder geval weer, dat de Amber-bepalingen goed werken en UWV scherp houden. De wetgever heeft blijkens de wet WIA overigens geen gehoor gegeven aan de verzuchtingen bij UWV, daar Amber-achtige bepalingen ruimschoots voorkomen in deze wet.
Het enige minpuntje aan de Amber-bepalingen was het ontbreken van een maatmaninkomensgarantie, welke garantie vanaf 1 oktober 2004 in het SB 2000 is opgenomen. Jammer genoeg werkt deze garantie niet voor de uitkeringsgerechtigde vallend onder de bescherming van art. 12a lid 1 van het SB 2000.

3.9   Uitsluitingsgronden

Evenals iedere andere verzekering kennen de WAO, de WAZ en de Wajong enige bepalingen, die moeten voorkomen dat reeds geheel of gedeeltelijk arbeidsongeschikten bij aanvang van de verzekering met succes een beroep kunnen doen op een recht op uitkering ingevolge deze wetten.
De gedachte is daarbij, dat in de verzekeringsbranche een brandend huis geen voorwerp van verzekering meer kan zijn, hetgeen eveneens opgeld doet in de WAO indien een betrokkene reeds volledig arbeidsongeschikt is te achten bij aanvang van de verzekering. De verzekerde gebeurtenis heeft zich al voorgedaan echter niet in een periode dat de betrokkene verzekerd was, hetgeen uitsluiting van uitkering rechtvaardigt.

237

In de WAO zijn een drietal bepalingen opgenomen die moeten voorkomen, dat een bij aanvang van de verzekering geheel of gedeeltelijk arbeidsongeschikte werknemer recht op WAO-uitkering krijgt.

Art. 18 lid 2 WAO schrijft imperatief voor dat gedeeltelijke arbeidsongeschiktheid welke reeds bestond op en sedert het tijdstip van verzekering buiten beschouwing moet worden gelaten. De tekst van art. 18 lid 2 WAO is weliswaar gecompliceerder het voorgaande geeft de essentie van de bepaling goed weer.

In art. 30 lid 1 aanhef en onderdeel a en b WAO is sprake van het geheel of ten dele, tijdelijk of blijvend buiten aanmerking laten van *algehele arbeidsongeschiktheid* (onderdeel a) bij aanvang van de WAO-verzekering of *arbeidsongeschiktheid* (onderdeel b) welke *binnen een half jaar na aanvang van de WAO-verzekering is ingetreden*, terwijl de gezondheidstoestand van de betrokkene bij aanvang van de verzekering het intreden van de arbeidsongeschiktheid binnen een half jaar kennelijk moest doen verwachten.
De toepassing van het bepaalde in art. 30 lid 1 aanhef en onderdelen a en b WAO is anders dan art. 18 lid 2 WAO een discretionaire bevoegdheid van UWV.
Met andere woorden UWV kan tot de conclusie komen dat het bepaalde in art. 30 WAO van toepassing is en desondanks besluiten om de aanspraak op een WAO-uitkering van een betrokkene te honoreren.
Op het eerste gezicht lijkt de toepassing van bovengenoemde bepalingen simpel echter de praktijk leert dat dit buitengewoon lastig is, hetgeen veroorzaakt wordt door een aantal factoren.

Ten eerste dient door UWV te worden vastgesteld wat het moment is van de aanvang van de WAO-verzekering en vervolgens dient de verzekeringsarts vrij exact aan te geven hoe de gezondheidstoestand van de betrokken werknemer alsdan was.
Voorts is er de jurisprudentie van de CRvB aangaande de uitsluitingsgronden, die met zich meebrengt dat het in het algemeen voor UWV niet meer in de rede ligt om een uitsluitingsgrond te hanteren, indien een betrokken werknemer tenminste 6 maanden werkzaam is geweest. Deze werkzaamheden moeten bij voorkeur aaneengesloten zijn. Is dit laatste het geval, dan dient UWV met overtuigend 'bewijs' van het tegendeel te komen ten einde

238

met succes een uitsluitingsgrond te kunnen stellen. In feite werkt het arbeidsverleden van de werknemer als tegenbewijs, immers hij was toch in staat tot het verrichten van werkzaamheden gedurende een substantiële periode van tenminste een half jaar.

Met betrekking tot de aanvang van de WAO-verzekering zijn er een aantal omstandigheden te noemen, die de aanvang van de verzekering in tijd naar achteren schuiven, waardoor de toepassing van een uitsluitingsgrond moeilijker wordt voor UWV.

- Bij aansluitende verzekeringen in verband met bijvoorbeeld wisselende dienstverbanden is UWV verplicht om terug te gaan naar de eerste verzekering. Bedenk hierbij dat een uitkering ingevolge de Werkloosheidswet gewoon verzekeringsplicht ingevolge de WAO meebrengt, waardoor er geen onderbreking van de verzekering ontstaat.
- Hetzelfde geldt indien sprake is van vrijwillige verzekering gevolgd door verplichte verzekering ingevolge de WAO, alsdan is het moment van vrijwillige verzekering de aanvang van de verzekering ingevolge de WAO.
- Is de betrokken werknemer een migrerende EU of EER-onderdaan dan geldt als aanvang van de verzekering ingevolge de WAO de aanvang van de EU/EER-dienstbetrekking en dus niet de aanvang van de verzekering bezien vanuit nationaal perspectief. Dit uitgangspunt met betrekking tot de aanvang van de verzekering is een rechtstreeks gevolg van de arresten Klaus en Moscato van het Hof van Justitie EG te Luxemburg (RSV 1996 nrs. 50 en 51). Tevens heeft het Hof van Justitie EG in de arresten Klaus en Moscato geoordeeld, dat een zekere tijdspanne tussen de beide verzekeringen is toegestaan. Dit standpunt van het Hof is goed te verklaren, daar een verhuizing e.d. enige tijd in beslag kan nemen. UWV zal een onderbreking van de verzekering van 1 tot 1½ maand een verzekerde waarschijnlijk niet tegenwerpen. Het Hof is tot bovengenoemde arresten gekomen, daar het Hof het vrije verkeer van werknemers binnen de EU/EER hoog in het vaandel heeft staan. Toepassing van een uitsluitingsgrond gebaseerd op nationaal recht vormt een belemmering van het vrije verkeer van werknemers en wordt door het Hof niet toegestaan. De CRvB meende overigens tot 1995, dat het hanteren van een uitsluitingsgrond in dit soort zaken niet in strijd was te achten met de EG Verordening 1408/71.

- Tenslotte mag geen uitsluitingsgrond gehanteerd worden door UWV, indien de aanvang van de verzekering onmiddellijk vooraf is gegaan door onbetaald verlof tot een maximum van 18 maanden. Een uitzondering hierbij is, dat er al arbeidsongeschiktheid bestond op de eerste dag voorafgaand aan het onbetaald verlof. Bestond er op die dag een dienstbetrekking dan vindt de beoordeling van de arbeidsongeschiktheid plaats aan de hand van die verzekering.

Bovengenoemde aanvullingen op de eerste dag van verzekering ingevolge de WAO in combinatie met de jurisprudentie van de CRvB maken het voor UWV niet eenvoudig om een uitsluitingsgrond te stellen, laat staan een procedure met een uitsluitingsgrond als punt van geschil tot een goed einde te brengen.

Op 1 juni 2004 (Stcrt. 2004 nr. 115) heeft UWV Beleidsregels buiten aanmerking laten van arbeidsongeschiktheid gepubliceerd, welke beleidsregels inwerking zijn getreden op 23 juni 2004 en van toepassing zijn voor de WAO, WAZ en de Wajong. Hoewel de behandeling van de WAZ en de Wajong buiten het bestek van dit boek valt wijzen wij u erop, dat in art. 3 van deze beleidsregels een aantal uitzonderingen is opgenomen op de ingezetene eis zoals neergelegd in art. 10 lid 3 Wajong.

Op grond van art. 2 van de beleidsregels gaat UWV bij de beoordeling van de aanspraken WAO een stap verder dan hiervoor uiteengezet, in die zin dat geen uitsluitingsgrond wordt gehanteerd, indien een WAO-verzekerde na aanvang van de verzekering drie maanden of langer normaal arbeid heeft verricht.

Onder normaal arbeid verrichten wordt verstaan, arbeid verrichten met dezelfde functiebelasting, arbeidsduur, beloning en arbeidsomstandigheden als een vergelijkbare gezonde werknemer.

Heeft de verzekerde minder dan 3 maanden normaal arbeid verricht, dan wordt een uitsluitingsgrond slechts gehanteerd indien:

- de verzekerde had moeten weten dat hij ongeschikt was voor de arbeid die hij zou gaan verrichten of,
- de verzekerde kennelijk had moeten verwachten dat hij wegens zijn gezondheidstoestand bij aanvang van de verzekering binnen 3 maanden ongeschikt zou worden voor de arbeid die hij zou gaan verrichten.

In de toelichting op art. 2 van de beleidsregels wordt aangegeven, dat de wetenschap of kennelijke verwachting van de verzekerde met terughoudendheid wordt beoordeeld door UWV. Er moet sprake zijn van een evident onjuiste keuze van de verzekerde.

Besluit een verzekerde binnen de grenzen van het redelijke zijn arbeidsmogelijkheden uit te proberen gevolgd door arbeidsongeschiktheid dan zal niet snel een arbeidsongeschiktheidsuitkering worden geweigerd, die is gebaseerd op een uitsluitingsgrond.

Het staat niet met zoveel woorden in de toelichting maar het komt er bijna op neer dat een uitsluitingsgrond slechts wordt gehanteerd, indien sprake is van opzet van de werknemer gericht op het verkrijgen van een arbeidsongeschiktheidsuitkering.

Met de nieuwe beleidsregels is het tot 23 juni 2004 geldende besluit van het Lisv van 8 juli 1998 (Stcrt. 1998 nr. 140) ingetrokken. In het besluit van het Lisv waren enkele algemene passages opgenomen ten aanzien van de medische beoordeling. Eén daarvan geldt in ieder nog steeds, te weten dat de oorzaak van de nadien ingetreden arbeidsongeschiktheid dezelfde moet zijn als de oorzaak van arbeidsongeschiktheid bij aanvang van de verzekering.

Het zal geen verbazing wekken dat vanaf 1998 (datum inwerkingtreden Lisv besluit) en de jurisprudentie van de CRvB (half jaar werken en het hanteren van een uitsluitingsgrond) de hoeveelheid gepubliceerde zaken met een uitsluitingsgrond als voorwerp van geschil in RSV en USZ fors is afgenomen. De gepubliceerde uitspraken van de CRvB vanaf 1999 zijn in feite op de vingers van twee handen te tellen.

Een vermeldenswaardige uitspraak van de CRvB is gepubliceerd in RSV 2005 nr. 24.

In deze zaak was toepassing van art. 30 lid 1 aanhef onderdeel b WAO aan de orde. De CRvB oordeelt dat de kennelijke verwachting in art. 30 aanhef en onderdeel b WAO niet ziet op het intreden van de arbeidsongeschiktheid van een werknemer, maar op de gezondheidstoestand van de werknemer voor aanvang van de verzekering. Hiervan uitgaande moet dan beoordeeld worden of die gezondheidssituatie de kennelijke verwachting, uitval van de werknemer binnen een ½ jaar, rechtvaardigt. De betrokken werknemer was arbeidsongeschikt geworden tengevolge van een acute longontsteking en niet tengevolge van de reeds bestaande been- en rugproblematiek. De kennelijke verwachting van het intreden van arbeidsongeschiktheid bestond in ieder geval niet ten aanzien van de acute longontsteking, waardoor de bevoegdheid tot uitsluiting bij UWV ontbrak, aldus de CRvB.

De hiervoor besproken uitsluitingsgronden WAO komen met uitzondering van de variant genoemd in art. 18 lid 2 WAO ook voor in art. 44 van de ZW. UWV heeft gelijktijdig met de beleidsregels WAO, WAZ en Wajong tevens in het kader van de ZW Beleidsregels weigering ziekengeld bij bestaande of te verwachten ongeschiktheid (Stcrt. 2004 nr. 115) opgesteld. De beleidsregels ZW zijn vrijwel identiek aan de hierboven genoemde beleidsregels WAO.

De terughoudendheid van UWV bij de hantering van de uitsluitingsgronden WAO of ZW is te verklaren vanuit het algemeen belang van alle betrokken partijen bij het bevorderen van de arbeidsparticipatie van personen met een arbeidshandicap.

Zo zal een werkgever die een arbeidsgehandicapte in dienst heeft genomen (met een recht op ziekengeld ingevolge art. 29b ZW) niet staan te juichen, indien UWV bij ingetreden arbeidsongeschiktheid een uitsluitingsgrond ingevolge de ZW van stal haalt en is dit evenmin bevorderlijk voor het wellicht nog broze zelfvertrouwen van de arbeidsgehandicapte.

Bezien in het licht van de doelstellingen van de Wet verbetering Poortwachter en de plicht van werkgevers om zoveel doenlijk over te gaan tot reïntegratie van arbeidsgehandicapte werknemers is het beleid van UWV in het kader van de uitsluitingsgronden toe te juichen.

Mocht u ondanks het terughoudende beleid van UWV tegen een zaak aanlopen waarbij een uitsluitingsgrond is gehanteerd, realiseert u zich dan dat het van groot belang is om vast te (laten) stellen wanneer de veronderstelde arbeidsongeschiktheid is ingetreden. Het is zeer wel mogelijk dat de betrokkene alsnog in aanmerking komt voor een Wajong-uitkering, daar de arbeidsbeperkingen reeds bestonden 1 jaar voorafgaand aan het 18e levensjaar of later, indien de betrokkene studerende was (zie art. 5 Wajong). Een procedure tegen een uitsluitingsgrond WAO is goed te combineren met een Wajong-aanspraak.

Afhankelijk van de feiten en omstandigheden van een individuele zaak is het ook een optie om UWV te verzoeken aan de hand van de medische rappor-

242

tages functionele mogelijkhedenlijsten op te laten stellen per datum aanvang verzekering en per datum intreden arbeidsongeschiktheid. Vervolgens kan aan de hand van de opgestelde functionele mogelijkhedenlijsten met behulp van CBBS worden bezien of er arbeidsmogelijkheden waren danwel zijn voor de betrokken werknemer.

Op deze wijze ontstaat er een objectieve discussie over de medische component van de zaak en kan het CBBS, met zijn grote hoeveelheid theoretische arbeidsmogelijkheden, gebruikt worden om de medische beoordeling te toetsen. Blijkt, dat er binnen CBBS arbeidsmogelijkheden zijn of waren voor de betrokken werknemer, dan is daarmee de basis voor de uitsluitingsgrond grondig ondergraven.

Tenslotte een aantal opmerkingen over de mogelijke toepassing van art. 18 lid 2 WAO. Zoals eerder aangegeven moet op grond van deze bepaling gedeeltelijke arbeidsongeschiktheid bij aanvang van de verzekering buiten beschouwing worden gelaten bij de beoordeling van de totale mate van arbeidsongeschiktheid. Alleen al de omschrijving in de wet maakt, dat een verzekeringsarts grote problemen zal hebben met de toepassing van deze bepaling. Er is in het verleden door de rechtsvoorgangers van UWV wel gepoogd om met een beroep op art. 18 lid 2 WAO de maatman van een werknemer te wijzigen. De uitvoerder nam dan vrij globaal het standpunt in, dat de werknemer in de voorafgaande dienstbetrekking niet goed functioneerde vanwege bijvoorbeeld het ontbreken van bepaalde kwaliteiten bij de werknemer. Op grond van deze vaststelling kwam de uitvoerder dan met het standpunt dat de laatstelijk verrichte werkzaamheden niet als maatman konden dienen bij de beoordeling van de mate van arbeidsongeschiktheid. In paragraaf 3 is reeds aangegeven, dat het zeer goed te verdedigen is om de juridische kaders bij het hanteren van de uitsluitingsgronden ook toe te passen bij deze variant op de maatmanvaststelling.

SAMENVATTING

De toepassing in de dagelijkse praktijk van de uitsluitingsgronden is vanaf medio 1998 sterk afgenomen. Dit wordt enerzijds veroorzaakt door de juridische kaders gesteld door de CRvB, het Lisv en vanaf 2004 UWV, anderzijds door de wens van het Ministerie van SZW om geen onnodige juridische belemmeringen op te werpen bij de reïntegratie van arbeidsgehandicapte werknemers. Voorts speelt hierbij een rol dat door de ontwikkeling van

243

FIS en vanaf 2002 het CBBS UWV een veel beter inzicht heeft in de arbeidsmogelijkheden van een betrokkene, waardoor het hanteren van een uitsluitingsgrond minder voor de hand ligt. In feite is vanaf 1998 en zeker vanaf 23 juni 2004 sprake van een zeer beperkte risico-selectie van werknemers, die in meer of mindere mate beperkingen hebben tot het verrichten van arbeid bij aanvang van de verzekering.

4   WET WERK EN INKOMEN NAAR ARBEIDS-VERMOGEN

4.1   Inleiding

Vanaf het jaar 2000 is op de achtergrond gewerkt aan een nieuw arbeidson-geschiktheidsstelsel door een commissie onder leiding van de heer Donner. De cie. Donner produceerde op 30 mei 2001 haar rapport 'Werk maken van arbeidsgeschiktheid', welk rapport destijds niet veel stof deed opwaaien en in vakkringen min of meer werd afgedaan als een nogal zonderling rapport met wel zeer vergaande conclusies en aanbevelingen.

De SER nam evenwel een groot deel van de aanbevelingen van de cie. Donner over in het op 22 maart 2002 verschenen rapport ' Werken aan ar-beidsongeschiktheid', welk rapport op 20 februari 2004 werd gevolgd door het rapport ' Verdere uitwerking WAO-beleid'.

De rapporten van de Cie. Donner en de SER (2002) vormden voor het Ministerie van SZW het uitgangspunt voor het redigeren van een 'nieuwe' WAO.

Op 16 september, 17 oktober en 19 december 2003 informeerde de minister van SZW de Tweede Kamer der Staten Generaal per brief over zijn beleids-voornemens met betrekking tot het WAO-dossier.

In deze brieven geeft het Ministerie van SZW vrij gedetailleerd de hoofdlij-nen van het nieuwe arbeidsongeschiktheidsstelsel weer.

Het duurde vervolgens tot 15 maart 2005 alvorens deze beleidsvoornemens werden geconcretiseerd in het wetsvoorstel Werk en Inkomen naar Arbeidsvermogen (verder wet WIA).

Het wetsvoorstel WIA met een nieuw arbeidsongeschiktheidscriterium en een nieuwe uitkeringssystematiek zijn tijdens de parlementaire behandeling in de Tweede Kamer vrijwel ongewijzigd overeind gebleven. In feite waren onze geachte volksvertegenwoordigers hoofdzakelijk druk met de beant-woording van de vraag wie deze nieuwe wet mocht uitvoeren, private ver-zekeraars, UWV of wellicht een mengvorm van deze twee opties. Van een echt inhoudelijke discussie over het wetsvoorstel WIA is helaas niet veel terecht gekomen.

De SER en met name de vakbeweging daarin maakte zich sterk voor priva-te uitvoering van de wet WIA, waarschijnlijk om via de achterdeur door

middel van CAO-onderhandelingen invloed te kunnen uitoefenen op de feitelijke uitvoering van de nieuwe wet. Bij de uitvoering van de WAO staan
de sociale partners sedert 1996 volledig buitenspel, in die zin dat zij niet vertegenwoordigd zijn binnen UWV. Op grond van de wet SUWI hebben zij
een adviserende rol via de Cliëntenraad. De sociale partners hebben in feite
vanaf 1996 geen enkele zeggenschap meer over de besteding van de pre-
miegelden, in de beleving van de sociale partners niet geheel ten onrechte
'ons eigen geld' genoemd.

In de visie van de SER zou UWV slechts de claimbeoordeling blijven uitvoeren en de uitkering verzorgen van volledig en duurzaam arbeidsongeschikten in de zin van de wet WIA.
De Kamerfractie van het CDA was evenals de vakbeweging groot voorstan-
der van een overwegend private uitvoering van de wet WIA en had daar aanvankelijk zelfs 6 miljard euro voor over om de aanloopkosten van private
verzekeraars te slechten. In een periode van economische malaise mag dit
een groot offer worden genoemd ten behoeve van commerciële verzekeraars, die een markt willen 'veroveren' met tamelijk vage beloftes over betere en doelgerichtere reïntegratie van arbeidsongeschikte werknemers.
De reïntegratie van arbeidsongeschikte werknemers is al enige jaren in handen van commercieel werkende reïntegratie-bureau's en vooralsnog kan
daarvan niet gesteld worden, dat deze bureau's de sterren van de hemel reïntegreren.
Goedkoper zou de uitvoering door private verzekeraars de eerst komende
tien jaar evenmin worden, zo eerlijk waren de private verzekeraars wel.
Maar ja, wie herinnert zich na tien jaar nog de tarieven van de publieke uitvoering? Bij de privatisering van de Ziektewet speelde en speelt in essentie
hetzelfde en daar kraait geen haan meer naar de relatief hoge premies van de
private verzekeraars om het risico af te dekken van zieke werknemers gedurende de eerste 104 weken van arbeidsongeschiktheid.
Het politieke gekrakeel is vooralsnog verstomd, in die zin dat het wetsvoorstel WIA door het parlement is aanvaard en dat de uitvoering van deze wet
tot 2007 door UWV plaatsvindt. Vanaf 2007 mogen ook private verzekeraars zich gaan storten op deze markt, overigens zonder de door hen
gewenste financiële tegemoetkoming.
Onder de nieuwe wet WIA blijft het voor werkgevers overigens mogelijk
om eigen risicodrager te worden, zodat op die wijze de uitvoering van de

wet WIA deels in eigen hand wordt genomen. Besluitvorming door de eigen risicodrager vindt voor het grootste deel plaats onder verantwoordelijkheid van UWV met uitzondering van maatregelen in het kader van de reïntegratie verplichtingen.

Wat blijft bij het oude en welke nieuwe vondsten of zo u wilt welke bezuinigingen heeft het kabinet Balkenende II in petto voor de verzekerden, arbeidsongeschikt geworden vanaf 1 januari 2004?
De claimbeoordeling met alles erop en eraan blijft bij het oude.
Dit brengt mee, dat u de leerstukken betreffende de poortwachter, ziekte of gebrek, de maatmanvaststelling en de vaststelling van de resterende verdiencapaciteit inclusief het SB 2000 (tekst sedert 1 oktober 2004) ook kunt toepassen bij een verzekerde, die valt onder de werkingssfeer van de wet WIA.
Nieuw met de inwerkingtreding van de wet WIA is, dat er een onderscheid komt tussen volledig en duurzaam arbeidsongeschikten enerzijds en gedeeltelijk arbeidsgeschikten anderzijds.
Om voor de qualificatie 'echte invalide', een term herhaaldelijk gebezigd door de Minister van SZW de heer De Geus, in aanmerking te komen is aan de formule volledig arbeidsongeschikt toegevoegd, dat een verzekerde naast *volledig* tevens *duurzaam* arbeidsongeschikt moet zijn tengevolge van ziekte, gebrek, zwangerschap of bevalling en slechts in staat is om met arbeid ten hoogste 20% te verdienen van het maatmaninkomen per uur.
Als handreiking aan de arbeidsongeschikte verzekerde wordt onder duurzaam tevens verstaan een op lange termijn *geringe kans op herstel*. De volledig en duurzaam arbeidsongeschikte verzekerde heeft recht op een uitkering op grond van de Inkomensvoorziening Volledig Arbeidsongeschikten (verder IVA).

Alle overige verzekerden die niet aan deze voorwaarden voldoen zijn volgens de wet WIA gedeeltelijk *arbeidsgeschikt*, dus ook de volledig maar niet duurzaam arbeidsongeschikte verzekerde. Er is in de wet WIA slechts sprake van een arbeids*on*geschiktheidsuitkering, indien sprake is van volledige en duurzame arbeidsongeschiktheid.
Anders dan onder de WAO moet een verzekerde tenminste 35% arbeidsongeschikt zijn wil hij als gedeeltelijk arbeidsgeschikte in aanmerking komen voor een uitkering. De wetgever formuleert een en ander iets anders name-

lijk door middel van de formulering 'slechts in staat om ten hoogste 65% te verdienen van zijn maatmaninkomen'.

Deze verzekerden hebben recht op een uitkering ingevolge de regeling Werkhervatting Gedeeltelijk Arbeidsgeschikten (verder WGA). De naam van de regeling zegt het al, deze uitkering is er op gericht om de gedeeltelijk arbeidsgeschikte werknemer te prikkelen om weer aan het werk te gaan. Daarmee zijn wij gekomen aan de essentie van de wet WIA, te weten reïntegratie van gedeeltelijk arbeidsgeschikte werknemers naar feitelijke inkomsten uit arbeid.

De verschillen tussen de WAO en de wet WIA zitten met name in de uitkeringsstructuur en de hoogte van de verschillende uitkeringen, waarbij werken en het genereren van inkomsten uit arbeid een essentiële rol speelt. Anders dan onder de WAO wordt in de wet WIA een gedeeltelijk arbeidsgeschikte werknemer, die gaat werken, in financiële zin altijd beloond voor zijn inspanningen. Van een financiële beloning is in de wet WIA evenwel niet altijd sprake. De voor een werknemer gunstige uitkeringssystematiek van de wet WIA eist van een gedeeltelijk arbeidsgeschikte werknemer, dat deze werkt en dit doet in een voor de wetgever acceptabele omvang.

De maatschappelijke realiteit is evenwel, dat het voor een gedeeltelijk arbeidsgeschikte werknemer niet eenvoudig is om aangepast werk te vinden of te behouden. Heeft een gedeeltelijk arbeidsgeschikte werknemer geen werk en dus geen inkomsten uit arbeid, dan kent de wet WIA een aanzienlijk minder gunstig uitkeringsregime dan de WAO met name na de loongerelateerde fase. Dit inkomenseffect wordt nog versterkt door het gegeven, dat er tot op heden geen collectieve WIA-hiaat verzekeringen worden afgesloten. De vakbonden zijn er bij de presentatie van de wet WIA naar onze mening ten onrechte vanuit gegaan dat het zogenaamde WAO-hiaat met de invoering van de wet WIA helemaal was opgelost.

Om uw geheugen op te frissen, het WAO-hiaat was met ingang van 1 augustus 1993 bij de inwerkingtreding van de wet TBA ontstaan vanwege de invoering van de vervolguitkering in de WAO, welke uitkering in beginsel wordt berekend naar het minimumloon. De vervolguitkering WAO kent evenwel een opbouwsysteem. Afhankelijk van de leeftijd van de werknemer op het moment van toekenning van de WAO-uitkering (zie de artikelen 21a en 21b WAO) heeft de verzekerde met een WAO-vervolguitkering recht op een hogere uitkering dan het minimumloon. Deze opbouw ontbreekt in de wet WIA. In de wet WIA is de vervolguitkering maximaal een uitkeringspercentage van het minimumloon. Daarnaast was onder de werkingssfeer van de WAO het WAO-hiaat in vrijwel alle CAO's gedicht middels een aanvullende verzekering, waardoor de arbeidsongeschikte werknemer ook in de vervolgfase een WAO-uitkering ontving ter hoogte van 70% van het laatst genoten loon.

Alle aanleiding dus om de nieuwe uitkeringssystematiek van de wet WIA nader te bezien.

Voordat wij dit gaan doen zullen wij eerst de voorwaarden voor het recht op een WIA-uitkering behandelen.

4.2   Voorwaarden voor het recht op WIA-uitkering

4.2.1   De wachttijd

Een verzekerde moet vanaf 1 januari 2004 eerst de wachttijd van 104 weken doorlopen alvorens hij rechten kan doen gelden op een uitkering op grond van de wet WIA.

De berekening van de wachttijd en de gelijkstellingen in dat verband in art. 23 wet WIA zijn vrijwel identiek aan art. 19 WAO. Een in het oog springende verschil met de WAO is, dat de vrijwillige verlenging van de loondoorbetalingsperiode op gezamenlijk verzoek van de werkgever en de werknemer in de wet WIA niet meer leidt tot verlenging van de wachttijd.

De periode van vrijwillige verlenging van de loondoorbetalingsperiode is overigens wel een uitsluitingsgrond in de wet WIA, ergo er kan niet gelijktijdig recht bestaan op loondoorbetaling op grond van art. 7: 629 BW en een WIA-uitkering (IVA of WGA).

4.2.2   Verkorting van de wachttijd

Nieuw is de mogelijkheid voor een verzekerde om *verkorting van de wachttijd* aan te vragen bij UWV.

De wet WIA opent daartoe de mogelijkheid in art. 23 lid 6 wet WIA.

De verkorte wachttijd is tenminste 13 weken en ten hoogste 78 weken en kan slechts aangevraagd worden door de verzekerde die volledig en duurzaam arbeidsongeschikt meent te zijn in de zin van art. 4 lid 2 wet WIA. Volledige en duurzame arbeidsongeschiktheid gebaseerd op een geringe kans op herstel kan niet leiden tot verkorting van de wachttijd, daar art. 4 lid 3 wet WIA niet wordt genoemd in artikel 23 lid 6 wet WIA.

In het oorspronkelijk wetsontwerp WIA was de verkorte wachttijd tenminste 26 weken.

De beperking van de verkorte wachttijd van 26 naar 13 weken is in de wet WIA gekomen middels de AVWIA. Een kortere wachttijd dan 26 weken was naar het aanvankelijk oordeel van de wetgever problematisch, daar bij een kortere periode dan 26 weken niet goed kon worden vastgesteld of de arbeidsongeschiktheid een duurzaam karakter zou hebben. Op aandrang van de Eerste Kamer der Staten Generaal heeft de Minister dit standpunt verlaten.

Een aanvraag tot verkorting van de wachttijd kan slechts éénmaal worden gedaan aldus art. 66 lid 2 wet WIA en behoeft volgens ditzelfde artikel niet te zijn voorzien van een reïntegratieverslag.

Dat laatste zou een nogal merkwaardige eis zijn geweest, daar het hier gaat om verzekerden waarvan vrijwel vaststaat dat zij niet zijn te reïntegreren en die in een vroeg stadium een WIA-aanvraag kunnen doen.

Wel dient bij de aanvraag tot verkorting van de wachttijd op grond van art. 66 lid 3 wet WIA een verklaring te worden gevoegd van de ARBO-arts, waaruit de medische situatie en de vooruitzichten van de aanvrager blijken. De verklaring bevat tevens de relevante gegevens van de curatieve sector aangaande onderzoeken en behandelingen ondergaan door de aanvrager, tenzij in redelijkheid niet van de bedrijfsarts kan worden gevergd dat hij deze gegevens aan zijn verklaring ten grondslag legt. Indien bij de aanvraag tot verkorting van de wachttijd geen verklaring van de bedrijfsarts is gevoegd wordt de aanvraag niet in behandeling genomen door UWV.

Indien de aanvraag tot verkorting van de wachttijd correct is ingediend, dan kan het einde van de wachttijd niet eerder worden vastgesteld dan 10 weken na de dag van indiening van de aanvraag. Met andere woorden UWV heeft 10 weken de tijd om een beslissing te nemen op de aanvraag tot verkorting van de wachttijd. Op grond van deze regeling in art. 23 lid 6 wet WIA moet een werknemer een aanvraag tot verkorting van de wachttijd reeds na 3 weken arbeidsongeschiktheid indienen, indien hij na 13 weken arbeidsongeschiktheid in aanmerking wil komen voor een IVA-uitkering.

De vangnetters genoemd in art. 29 lid 2 ZW kunnen geen verkorte wachttijd aanvragen.

De aanvraag tot verkorting van de wachttijd is bedoeld om werkgevers financieel tegemoet te komen, die geconfronteerd worden met een ernstig zieke werknemer waarvan herstel is uitgesloten. Het is dan niet meer dan billijk, dat zo'n werkgever niet wordt genoodzaakt om gedurende 104 weken het volledige loon door te betalen, zo luidt de redenering van de wetgever. De werkgever, in feite de meest direct belanghebbende, heeft daarbij wel enige diplomatieke gaven nodig, daar uitsluitend de werknemer een verzoek tot verkorting van de wachttijd kan doen.

Het is overigens de vraag is of er veelvuldig gebruik gemaakt gaat worden van deze wettelijke mogelijkheid om de wachttijd te verkorten.

Zolang het uitkeringsniveau van de IVA-uitkering gehandhaafd blijft op 70% heeft een werknemer financieel bezien niet of nauwelijks belang bij een aanvraag tot verkorting van de wachttijd, immers op grond van art. 7:629 BW heeft hij tenminste recht op hetzelfde. De regeling van de verkorting van de wachttijd verschaft een werknemer in voorkomende gevallen wellicht een onderhandelingspositie om een betere aanvulling te verkrijgen van zijn werkgever op de loondoorbetaling op grond van het BW.

4.2.3 De Poortwachter en de wet WIA

Evenals onder de werking van de WAO gaat UWV ook onder de werking van de wet WIA een poortwachtertoets uitvoeren met alles erop en eraan. In hoofdstuk I paragraaf 2 is de werking van de Wet verbetering poortwachter uitvoerig besproken. De in die paragraaf besproken onderwerpen kunt u mutatis mutandis toepassen bij een claim onder de werking van de wet WIA. De poortwachterbepalingen vindt u in de wet WIA in de artikelen 25 en 26.

Zoals is aangegeven in hoofdstuk I paragraaf 2 behoren de categorale loonsancties van UWV in het kader van de poortwachtertoets vanaf 15 augustus 2006 in ieder geval tot het verleden.

In arbeidsongeschiktheidsland betekent dit, dat verzekerden arbeidsongeschikt geworden op of na 15 augustus 2004 onder het nieuwe loonsanctiesysteem van de wetgever gaan vallen.

4.2.4 Uitsluitingsgronden

De uitsluitingsgronden worden behandeld in hoofdstuk 5, art. 43 e.v. van de wet WIA.

Er zijn in totaal 7 uitsluitingsgronden en het merendeel daarvan spreekt voor zichzelf en bestaat ook in de WAO, zij het dat in de WAO niet altijd expliciet sprake is van een uitsluitingsgrond.

1. Ten einde ieder misverstand te voorkomen, kan er op grond van de wet WIA slechts sprake zijn van één uitkeringsrecht WIA en is een rechthebbende op een IVA- of WGA-uitkering derhalve uitgesloten van een nieuw recht op een WIA-uitkering. Tevens is degene met een recht op een WAZO-uitkering vanuit de WGA (loongerelateerd) uitgesloten van het recht op een WIA-uitkering, zodat er geen sprake kan zijn van twee vrijwel identieke uitkeringen tegelijkertijd. In het oorspronkelijk wetsontwerp leek het erop, dat een verzekerde met meer dan één dienstbetrekking ook meerdere WIA-rechten naast elkaar zou kunnen hebben. De vrij onduidelijke bepaling dienaangaande (art. 5.2 in het wetsontwerp wet WIA) is in de loop van het wetgevingstraject geschrapt.

2. Indien het recht op loondoorbetaling op grond van art. 7: 629 lid 11 BW nog niet is geëindigd, het recht op bezoldiging nog niet ten einde is gekomen of de wachttijd van artikel 29 lid 9 ZW nog niet is volbracht bestaat evenmin recht op een WIA-uitkering. Hierbij geldt uiteraard de uitzondering dat het loon of bezoldiging genoten uit een andere dienstbetrekking dan van waaruit de werknemer zich heeft ziekgemeld niet meetelt.

3. Volledige arbeidsongeschiktheid ten tijde van de aanvang van de verzekering is net zoals onder de WAO eveneens onder de wet WIA een uitsluitingsgrond. Anders dan onder de WAO is deze uitsluitingsgrond onder de wet WIA imperatief en niet langer discretionair van aard. Het begrip volledige arbeidsongeschiktheid is in art. 46 lid 1 wet WIA gekoppeld aan de vaststelling, dat de verzekerde slechts in staat is om ten hoogste 20% te verdienen van het maatmaninkomen per uur. Raadpleging van het CBBS lijkt in deze bepaling derhalve geboden voor UWV, alvorens zij deze uitsluitingsgrond van stal haalt. Voorts doet zich hierbij het probleem voor wat nu moet worden verstaan onder het maatmaninkomen. De wetgever geeft hiervoor geen oplossing, zodat UWV invulling zal moeten geven aan het begrip maatmaninkomen ingeval van een volledig arbeidsongeschikte werknemer bij aanvang van de verzekering. Dit aspect is niet van belang ontdaan, daar UWV moet (vast)stellen dat de betreffende verzekerde geen 20% van het maatmaninkomen kan verdienen. De vraag is derhalve welk maatmaninkomen UWV daarbij hanteert? Immers, indien UWV van mening is, dat de verzekerde onge-

schikt was te achten bij aanvang van de verzekering voor het laatstelijk verrichte werk dan is daarmee nog niet gezegd dat dit werk tevens zijn maatman is. Het is derhalve niet denkbeeldig, dat UWV in dit soort zaken op zoek zal moeten gaan naar een theoretische maatman en diens inkomen en vervolgens dient te toetsen of de verzekerde niet in staat was tenminste 20% van het gevonden maatmaninkomen te verdienen.

Art. 18 lid 2 WAO is in art. 46 lid 3 wet WIA gesplitst in een 'gewone' gedeeltelijke arbeidsgeschiktheid bij aanvang van de verzekering en gedeeltelijke arbeidsgeschiktheid ingetreden binnen een ½ jaar na aanvang van de verzekering, waarbij de gezondheidstoestand van de verzekerde het intreden van gedeeltelijke arbeidsgeschiktheid binnen een ½ jaar kennelijk moest doen verwachten.
Via een nota van wijziging is daaraan nog toegevoegd, dat dit laatste eveneens geldt, indien sprake is van verdere afname van arbeidsgeschiktheid tengevolge van dezelfde oorzaak, die heeft geleid tot die gedeeltelijke arbeidsgeschiktheid en die binnen een ½ jaar na aanvang van de verzekering is ingetreden. Is sprake van gedeeltelijke arbeidsgeschiktheid in de zin van art. 46 lid 3 wet WIA dan moet UWV een deel van het maatmaninkomen buiten aanmerking laten, namelijk dat deel dat gelet op de gedeeltelijke arbeidsgeschiktheid 'teveel' werd verdiend. Dat laatste lijkt een bijkans onmogelijke opgave van de wetgever aan UWV en is op voorhand arbitrair van aard en dus in hoge mate conflictueus.

Gelet op het imperatieve karakter van art. 46 wet WIA kan het beleid van UWV in het kader van de WAO zoals genoemd in hoofdstuk III paragraaf 9 waarschijnlijk worden opgeborgen bij de uitvoering van de wet WIA. Dit is te betreuren, daar het beleid van UWV veel ruimte biedt aan verzekerden om ondanks soms forse beperkingen toch aan de slag te gaan, zonder de dreiging van een uitsluitingsgrond.
Het imperatieve karakter van de uitsluitingsgronden in de wet WIA staat in feite op gespannen voet met één van de hoofddoelstellingen van de wet WIA, te weten de realisatie van een hoge mate van arbeidsparticipatie van arbeidsgehandicapten.

4. Degene die rechtens zijn vrijheid is ontnomen.
5. Degene die niet in Nederland woont.

6. De 65 jarige.
7. De overledene.

Met uitzondering van de uitsluitingsgronden genoemd onder punt 1 en 3 komen de overige uitsluitingsgronden in vrijwel dezelfde gedaante voor in de WAO, zodat de reeds gevormde jurisprudentie van de CRvB in het kader van de WAO kan worden toegepast op deze verzekerden in voorkomende gevallen.

SAMENVATTING

Met betrekking tot de uitsluitingsgronden in de wet WIA is niet veel nieuws onder zon, behalve de verplichte toepassing voor UWV, indien sprake is van volledige arbeidsongeschiktheid of gedeeltelijke arbeidsgeschiktheid bij aanvang van de verzekering en de verdere verfijning van art. 18 lid 2 WAO. Aan de wetgever moet worden toegegeven dat in de nieuwe wet de uitsluitingsgronden keurig zijn geordend en niet meer zoals in de WAO her en der verspreid in de wet voorkomen. Gelet op de te verwachten problemen bij de toepassing van de uitsluitingsgrond met betrekking tot gedeeltelijke arbeidsgeschiktheid bij aanvang van de verzekering ligt het niet voor de hand dat UWV daar op uitgebreide schaal toepassing aan gaat geven. De geschiedenis van art. 18 lid 2 WAO wijst daar in ieder geval niet op.

4.3 De uitkeringen in de wet WIA

4.3.1 Inleiding

Voor een goed begrip van de verschillende uitkeringen in de wet WIA, zullen wij eerst beschrijven welke soorten uitkeringen voorkomen in de wet WIA, de WIA-uitkeringen afzonderlijk behandelen en tevens de voorwaarden beschrijven, die de wetgever heeft gesteld om in aanmerking te komen voor de diverse uitkeringen.
In paragraaf 5 komen de verschillende WIA-uitkeringen nogmaals aan bod en wordt aan de hand van rekenvoorbeelden duidelijk gemaakt hoe de verschillende WIA-uitkeringen uitpakken voor de verzekerde.

254

De wet WIA kent een andere uitkeringsstructuur dan de WAO en is gelet op de berekeningswijze van de hoogte van de verschillende uitkeringen meer dan de WAO gericht op het stimuleren van arbeidsparticipatie van de uitkeringsgerechtigde.

De wet WIA maakt ten eerste onderscheid tussen volledig en duurzaam arbeidsongeschikten enerzijds en gedeeltelijk arbeidsgeschiktcn anderzijds. Onder gedeeltelijk arbeidsgeschikten worden ook begrepen volledig maar niet duurzaam arbeidsongeschikten.

De volledig en duurzaam arbeidsongeschikten in de zin van de wet WIA hebben een apart uitkeringsregime, te weten de IVA-uitkering.

Indien een werknemer niet in aanmerking komt voor een IVA-uitkering, dan komt de gedeeltelijk arbeidsgeschikte werknemer in aanmerking voor een WGA-uitkering. Dit uitkeringssysteem valt uiteen in een loongerelateerde fase en een vervolgfase.

In de loongerelateerde fase heeft de gedeeltelijk arbeidsgeschikte werknemer recht op tenminste 70% van zijn laatst genoten loon, dit ongeacht de vastgestelde mate van arbeidsongeschiktheid. De werknemer dient uiteraard wel tenminste 35% arbeidsongeschikt te zijn. De loongerelateerde fase is qua duur beperkt, identiek aan de WW-uitkering en de loongerelateerde uitkering ingevolge de WAO. Na ommekomst van de loongerelateerde fase of direct indien de verzekerde niet voldoet aan de referte-eis komt de gedeeltelijk arbeidsgeschikte werknemer in aanmerking voor een uitkering in de vervolgfase. De vervolgfase kent twee verschillende uitkeringen, te weten de loonaanvullingsuitkering en de vervolguitkering.

Zowel in de loongerelateerde fase als in de vervolgfase heeft de wetgever stimulansen aangebracht voor de gedeeltelijk arbeidsgeschikte werknemer om te gaan of blijven werken en deswege inkomsten uit arbeid te genereren In de woorden van de wetgever 'het is onder de werking van de wet WIA altijd lonend om (meer) te gaan werken'.

4.3.2   De IVA-uitkering

In hoofdstuk 1, de artikelen 4, 5 en 6 van de wet WIA zijn de begrippen volledig en duurzame arbeidsongeschiktheid, alsmede gedeeltelijke arbeidsgeschiktheid omschreven.

Zoals kort in de inleiding is weergegeven moet een verzekerde die in aanmerking wenst te komen voor een IVA-uitkering volledig en duurzaam arbeidsongeschikt zijn.

Primair moet er sprake zijn van volledige arbeidsongeschiktheid. Volledige arbeidsongeschiktheid kan in uitzonderingsgevallen (geen duurzaam benutbare mogelijkheden in de zin van art. 2 SB 2000) worden vastgesteld door de verzekeringsarts. In het merendeel van de gevallen wordt de mate van arbeidsongeschiktheid vastgesteld na een onderzoek door de verzekeringsarts en de arbeidsdeskundige conform de procedure beschreven in het SB 2000.

Is sprake van volledige arbeidsongeschiktheid dan dient de verzekeringsarts vervolgens de vraag te beantwoorden of tevens sprake is van duurzame arbeidsongeschiktheid in de zin van art. 4 wet WIA.

4.3.3 Duurzaamheid

Bij de toetsing of sprake is van volledig en duurzame arbeidsongeschiktheid diende de verzekeringsarts blijkens het oorspronkelijk wetsontwerp WIA gebruik te maken van een diagnoselijst en daarbij behorende hersteltermijnen. Deze lijst zou zelfs een wetenschappelijk karakter krijgen, aldus de wetgever.

De eerste de beste discussie over dit onderwerp onder medisch specialisten en politici in de Rode Hoed te Amsterdam wees al uit, dat het opstellen van een diagnoselijst met daarbij behorende hersteltermijnen niet eenvoudig zou zijn en volgens sommige aanwezigen aldaar zelfs niet serieus te nemen.

Ondanks de soms niet malse kritiek, verzocht de Minister van SZW de Gezondheidsraad om een diagnoselijst met daarbij behorende hersteltermijnen te vervaardigen. In antwoord op dit verzoek liet de Gezondheidsraad op 22 juli 2005 het advies 'Beoordelen, behandelen, begeleiden' verschijnen (GR nr. 2005/10), het 3B advies.

Kern van dit advies is, dat de Gezondheidsraad geen heil ziet in het vervaardigen van de door de Minister gewenste diagnoselijst en dat de Gezondheidsraad veel meer verwacht van door haar op te stellen 3B-richtlijnen en daarop gebaseerde protocollen. Voorts moeten naar het oordeel van de Gezondheidsraad zoveel mogelijk casusbeschrijvingen worden gemaakt (zogenaamde mediprudentie) binnen de onderwerpen waarop de protocollen zien en deze casusbeschrijvingen moeten worden voorzien van expliciete beargumentering en weging van de claimbeoordeling in medische zin. De Minister van SZW heeft het advies van de Gezondheidsraad zonder slag of stoot overgenomen en de wet WIA aangepast in die zin, dat de diagnoselijst en hersteltermijnen in art. 6 lid 6 wet WIA zijn geschrapt en vervangen door bij ministeriële regeling vastgelegde wetenschappelijke inzichten (de protocollen), die de beoordeling van arbeidsongeschiktheid of gedeeltelijke arbeidsgeschiktheid kunnen ondersteunen.

De 3B-richtlijnen (beoordelen,behandelen en begeleiden) worden gedragen door alle betrokken beroepsgroepen. Hierbij ziet de Gezondheidsraad met name op de wetenschappelijke en medische wereld en degenen die actief zijn op het terrein van de reïntegratie van arbeidsgehandicapten.

De te vervaardigen protocollen zien op twaalf soorten aandoeningen, die een substantieel deel vormen van de arbeidsongeschiktheidsproblematiek. De verzekeringsarts kan bij zijn of haar beoordeling van de arbeids(on)geschiktheidsclaim steun zoeken bij de opgestelde protocollen. Een rechtshulpverlener kan uiteraard ook de betreffende protocollen raadplegen en daaruit argumenten putten voor het bezwaar- of beroepschrift.

Op het moment van het schrijven van het manuscript voor dit boek heeft de Gezondheidsraad twee protocollen vervaardigd. De eerste met betrekking tot chronische aspecifieke lage rugklachten en de tweede aangaande de status na een hartinfarct. Op grond van art. 6 lid 6 wet WIA zijn de protocollen bij ministeriële regeling gepubliceerd en dient de verzekeringsarts zo veel mogelijk gebruik te maken van deze wetenschappelijke inzichten. De twee genoemde protocollen zijn gepubliceerd in de Stcrt. van 15 februari 2006 nr. 33.

Door de weigering van de Gezondheidsraad om een lijst met diagnoses en daarbij behorende hersteltermijnen te vervaardigen is helaas een lacune ontstaan bij de invulling van het begrip *duurzaam* in artikel 4 wet WIA.

Onder duurzaam dient volgens de wettekst te worden verstaan een medisch stabiele of verslechterende situatie of een medische situatie waarbij op lange termijn een geringe kans op herstel bestaat. De tekst van de wet is an sich niet heel erg streng, immers een medisch stabiele of verslechterende situatie kan zich in allerlei gradaties voordoen. De wet zelf zegt niets over bijvoorbeeld de ernst van de medisch stabiele situatie. Indien naar de wetsgeschiedenis wordt gekeken dan ontstaat een heel ander beeld van het begrip duurzaam in art. 4 wet WIA.

Zoals hiervoor aangegeven, de Gezondheidsraad geeft in haar advies van 22 juli 2005 geen uitsluitsel over het begrip duurzaam in de wet WIA. De gevraagde diagnoselijst en de daarbij behorende hersteltermijnen heeft de Gezondheidsraad vakkundig omzeild. Probleem blijft, dat het begrip duurzaamheid van de aandoeningen sterk doet denken aan hersteltermijnen, welke de Gezondheidsraad nu juist niet op wenste te stellen.

De Cie. Donner stelde in 2001 voor, dat het moest gaan om 'ernstige ziekten of gebreken (met bewijs voor de verzekerde), die zich manifesteren in een duurzame en aanzienlijke vermindering van de mogelijkheden om maatschappelijk te functioneren'.

De SER heeft de definitie van volledig en duurzame arbeidsongeschiktheid van de Cie. Donner tekstueel aangepast en daaraan een geringe kans op herstel bezien op lange termijn toegevoegd, welk voorstel door de wetgever is overgenomen.

Aan de memorie van toelichting op de wet WIA kan met betrekking tot het begrip duurzaam het volgende worden ontleend.

Voorop staat aldus de wetgever, dat volledige arbeidsongeschiktheid op arbeidsdeskundige gronden zoveel mogelijk moet worden tegengegaan. De wetgever acht het ongewenst, dat deze categorie uitkeringsgerechtigden in aanmerking komt voor een IVA-uitkering.

Dit is overigens nog steeds niet uitgesloten door de wetgever, daar een verzekerde met beperkingen tot het verrichten van arbeid tengevolge van een medisch stabiele situatie in combinatie met een hoog maatmaninkomen op grond van de letterlijke tekst van art. 4 wet WIA zowel volledig als duurzaam arbeidsongeschikt kan zijn. De volledige arbeidsongeschiktheid wordt dan met name veroorzaakt door de arbeidsdeskundige component, het hoge maatmaninkomen, in de beoordeling van de arbeidsongeschiktheid.

Vervolgens stelt de wetgever, dat er altijd een (kleine) groep uitkeringsgerechtigden zal zijn, waarvan door de verzekeringsarts direct met zekerheid kan worden gesteld, dat zij geen duurzaam benutbare mogelijkheden meer hebben. Deze groep komt direct in aanmerking voor een IVA-uitkering.

Daarnaast zijn er volledig arbeidsongeschikten in medische en arbeidsdeskundige zin waarvan kan worden gesteld, dat herstel is uitgesloten. Ook zij komen direct in aanmerking voor een IVA-uitkering.

De 'restgroep' zijn de uitkeringsgerechtigden met een geringe kans op herstel in de zin van art. 4 lid 3 wet WIA.

Bij deze categorie uitkeringsgerechtigden dient de verzekeringsarts voor het eerste uitkeringsjaar op prognose basis vast te stellen of herstel is uitgesloten. Voor de goede orde een uitkeringsgerechtigde is op het moment van deze beoordeling reeds 104 weken arbeidsongeschikt. Beantwoordt de verzekeringsarts deze vraag bevestigd, dan heeft deze werknemer recht op een IVA-uitkering.

Bestaat er naar het oordeel van de verzekeringsarts in het eerste uitkeringsjaar een meer dan geringe kans op herstel, dan is er deswege geen sprake van duurzaamheid.

Is er in het eerste uitkeringsjaar nog geen of een geringe kans op herstel maar later wellicht wel dan dient de verzekeringsarts vervolgens de kans op herstel op enig moment in de toekomst bij zijn of haar beoordeling te betrekken.

Komt de verzekeringsarts tot het oordeel, dat er in de verdere toekomst een meer dan geringe kans op herstel is, dan is wederom geen sprake van duurzaamheid.

Blijft er naar het oordeel van de verzekeringsarts ook in de verdere toekomst slechts een geringe kans op herstel, dan is sprake van duurzaamheid en dus recht op een IVA-uitkering.

Dit stappenplan ontleent aan de memorie van toelichting bij de wet WIA kent derhalve een strikte toepassing van het begrip 'geringe kans op herstel' zoals genoemd in art. 4 lid 3 wet WIA.

Inmiddels heeft UWV begin 2006 een beoordelingsprotocol ontworpen ter nadere invulling van het begrippen 'duurzaamheid en geringe kans op herstel', zodat verzekeringsartsen op een uniforme wijze invulling geven aan deze nieuwe begrippen. Dit beoordelingsprotocol wijkt niet wezenlijk af van het beoordelingsschema in de memorie van toelichting bij het wetsontwerp wet WIA. Het protocol duurzaamheid en geringe kans op herstel is niet gepubliceerd, maar wel op aanvraag verkrijgbaar bij UWV.

De verzekerde met een recht op IVA-uitkering op grond van een geringe kans op herstel dient er rekening mee te houden, dat hij of zij jaarlijks gedurende 5 jaar beoordeeld wordt door UWV om te bezien of nog steeds sprake is van volledige arbeidsongeschiktheid, dit op grond van art. 41 wet WIA. Indien de verzekerde niet langer volledig arbeidsongeschikt is te achten, dan zal de IVA-uitkering van de verzekerde worden beëindigd.

De beoordeling of nog steeds sprake is van een geringe kans op herstel en dus duurzaamheid in de zin van art. 4 lid 3 wet WIA is tijdens deze jaarlijkse controles door UWV niet meer aan de orde. Het oordeel omtrent de duurzaamheid van de aandoening vindt plaats bij de toekenning van de IVA-uitkering en nadien niet meer zolang de uitkeringsgerechtigde recht blijft houden op een IVA-uitkering. De enige uitzondering op dit uitgangspunt is te vinden in art. 52 lid 2 wet WIA. Indien een volledig en duurzaam arbeidsongeschikt geachte werknemer gedurende 12 maanden achtereen inkomsten uit arbeid geniet die meer bedragen dan 20% van zijn maatmaninkomen, dan dient UWV een onderzoek in te stellen naar het voortbestaan van de volledige en duurzame arbeidsongeschiktheid van de verzekerde.

4.3.4 De beslissingsautoriteit

Indien de verzekeringsarts van oordeel is dat de betreffende werknemer volledig en duurzaam arbeidsongeschikt is te achten in de zin van de wet WIA, dan moet dat oordeel worden voorgelegd aan de beslissingsautoriteit, op grond van het nieuw ingevoegde art. 30c SUWI.

De beslissingsautoriteit neemt *bij uitsluiting* het besluit of een verzekerde in aanmerking wordt gebracht voor een IVA-uitkering. De beslissingsautoriteit is een werknemer van UWV met een juridische achtergrond.

De beslissingsautoriteit heeft tot taak om te beoordelen of een verzekeringsarts in juridische zin op goede gronden heeft besloten om een verzekerde in aanmerking te laten komen voor een IVA-uitkering. De beslissingsautoriteit zal daarbij met name letten op de motivering in de rapportage van de verzekeringsarts en of de verzekeringsarts het 'duurzaamheidsprotocol' in acht heeft genomen. Het is niet de bedoeling, dat de beslissingsautoriteit treedt in de medische beoordeling van de verzekeringsarts.

Met de nieuw te vormen beslissingsautoriteit beoogd het Ministerie van SZW te bewerkstelligen, dat verzekeringsartsen gaan werken volgens een uniform denk- en werkproces bij de beantwoording van de vraag of een verzekerde duurzaam arbeidsongeschikt is te achten.

Hoewel niet met zoveel woorden weergegeven in de memorie van toelichting op het wetsontwerp wet WIA zal bij het instellen van de beslissingsautoriteit mede een rol hebben gespeeld, dat de Minister van SZW niet meer dan 25.000 volledig en duurzaam arbeidsongeschikten op jaarbasis wilde zien in de zin van de wet WIA.

Gelet op de gepubliceerde kwartaalcijfers van UWV over de werking van het SB 2000 na de wijzigingen per 1 oktober 2004 lijkt het instellen van een beslissingsautoriteit door de Minister ietwat overdreven, daar onder de werking van het gewijzigde SB 2000 ongeveer 16.000 verzekerden op jaarbasis volledig arbeidsongeschikt worden geacht in de zin van de WAO. Zoals bekend speelt onder de WAO de duurzaamheid van de aandoening geen rol. Blijkens de eerste kwartaalrapportage 2006 van UWV zijn plus minus 700 werknemers in aanmerking gebracht voor een IVA-uitkering van de in totaal 3200 WIA-toekenningen.

Op grond van deze gegevens lijkt de vrees van de wetgever voor een grote instroom van IVA-gerechtigden ongegrond.

4.3.5 De hoogte van de IVA-uitkering

Heeft een verzekerde alle 'hordes' genomen en wordt hij volledig en duurzaam arbeidsongeschikt geacht, dan heeft hij recht op een IVA-uitkering ter hoogte van 70% van zijn maandloon tot zijn 65e levensjaar, aangenomen dat de verzekerde deze respectabele leeftijd bereikt. Onder duurzaam in art. 4 wet WIA wordt, zoals u heeft gezien, verstaan een medisch stabiele of *verslechterende* situatie.

Het uitkeringspercentage kan volgens de memorie van toelichting bij het wetsvoorstel wet WIA met terugwerkende kracht worden verhoogd naar 75%, indien aan een tweetal voorwaarden uit het Najaarsakkoord 2004 is voldaan. De voorwaarden zijn, dat per jaar niet meer dan 25.000 volledig en duurzaam arbeidsongeschikten instromen en dat niet meer dan 170% wordt aangevuld op het loon gedurende de eerste twee ziektejaren.

De eerste voorwaarde zal vrijwel zeker worden gehaald, gelet op de eerste kwartaalcijfers 2006 van UWV. De tweede voorwaarde is echter veelvuldig geschonden. Het is derhalve de vraag of het uitkeringspercentage van de IVA-uitkering wordt verhoogd naar 75%.

261

In geval van een recht op een IVA-uitkering is geen sprake meer van een WAO-hiaat, daar deze uitkering tot het 65e levensjaar wordt berekend naar het laatstgenoten loon. Zie in dit verband art. 51 in samenhang met art. 13 wet WIA

Het recht op IVA-uitkering eindigt uiteraard, indien niet langer sprake is van volledige arbeidsongeschiktheid. In theorie kan iedere uitkeringsgerechtigde met een IVA-recht dit overkomen, echter normaliter zal een verzekerde die een IVA-uitkering ontvangt op grond van een geringe kans op herstel hiertoe de meeste kans lopen, immers deze rechthebbende op een IVA-uitkering wordt gedurende 5 jaar beoordeeld door UWV.

Voor de goede orde een IVA-uitkering kan direct aan het einde van de wachttijd ontstaan echter ook nadien en een beëindigde IVA-uitkering kan weer herleven. Deze varianten worden behandeld in paragraaf 6 in samenhang met per einde wachttijd niet toegekende of nadien beëindigde WGA-uitkeringen en de herleving daarvan.

4.3.6 Inkomsten uit arbeid en een IVA-uitkering

Gelet op de voorwaarden om in aanmerking te komen voor een IVA-uitkering lijkt het niet erg waarschijnlijk, dat een verzekerde tijdens het recht op een IVA-uitkering inkomsten uit arbeid gaat verwerven. De wetgever heeft desondanks in art. 52 wet WIA een kortingsregeling opgenomen, ten einde eventualiteiten voor te zijn.

De kortingsregeling van de inkomsten uit arbeid van een IVA-gerechtigde komt erop neer, dat per kalendermaand 70% van de inkomsten uit arbeid in mindering wordt gebracht op de IVA-uitkering. Met andere woorden van iedere verdiende euro mag deze uitkeringsgerechtigde € 0,30 behouden. In de Verzamelwet SV 2007 wordt voorgesteld om art. 52 lid 1 wet WIA te wijzigen. De beoogde wijziging werkt alsvolgt: Inkomsten uit arbeid worden op de IVA-uitkering in mindering gebracht volgens de formule $0{,}7 \times A \times B/C$.

A = verworven inkomen per maand.

B = dagloon waarnaar de IVA-uitkering wordt berekend.

C = het dagloon zonder toepassing van art. 17 Wfsv dus het ongemaximeerde dagloon. Door middel van deze wijziging beoogt de wetgever verzekerden tegemoet te komen, die voorafgaand aan het intreden van de arbeidsongeschiktheid meer verdienden dan het maximum dagloon zoals genoemd in art. 17 Wfsv. Immers, het verworven inkomen wordt verminderd met de factor B/C, waardoor deze categorie verzekerden een hoger inkomen kan inverdienen alsvorens een korting plaatsvindt op de IVA-uitkering, die uiteraard wel wordt berekend naar het maximumdagloon. Voor uitkeringsgerechtigden met een dagloon onder het maximumdagloon verandert er niets, omdat in deze situatie de factor B/C gelijk is aan 1.

Een IVA-gerechtigde moet het overigens niet te bont maken.

In art. 52 lid 2 wet WIA is bepaald, dat UWV de uitkeringsgerechtigde voor onderzoek oproept, indien hij gedurende een aaneengesloten termijn van 12 maanden per kalendermaand een hoger inkomen verwerft dan 20% van zijn maatmaninkomen.

Zoals eerder aangegeven, het onderzoek van UWV richt zich zowel op het voortbestaan van de volledigheid als de duurzaamheid van de arbeidsongeschiktheid van de uitkeringsgerechtigde.

4.4 Regeling Werkhervatting Gedeeltelijk Arbeidsgeschikten

4.4.1 Inleiding

Indien een verzekerde niet volledig en duurzaam arbeidsongeschikt is in de zin van de wet WIA dan heeft de verzekerde recht op een WGA-uitkering, aldus hoofdstuk 7 van de wet WIA. De verzekerde dient uiteraard gedeeltelijk arbeidsgeschikt te zijn in de zin van de wet. In de terminologie van de wetgever is sprake van gedeeltelijke arbeidsgeschiktheid, indien een verzekerde ten hoogste 65% kan verdienen van zijn maatmaninkomen.

In de definitie van gedeeltelijke arbeidsgeschiktheid van art. 5 wet WIA is ook begrepen de volledig maar niet duurzaam arbeidsongeschikte verzekerde. Deze verzekerde valt uiteraard ook onder de omschrijving dat hij ten hoogste 65% kan verdienen van zijn maatmaninkomen, sterker hij is theoretisch bezien niet in staat om 20% van mijn maatmaninkomen te verwerven.

Het eerste wat opvalt aan de WGA-regeling is, dat de arbeidsongeschiktheidsklassen 15/25% en 25/35% zoals de WAO die kent zijn afgeschaft, met andere woorden een verlies aan verdienvermogen tengevolge van ziekte of gebrek tot 35% moet de verzekerde zelf dragen.

In het voetspoor van de SER meent de wetgever, dat de verzekerde met een verlies aan verdiencapaciteit tot 35% lichte arbeidsbeperkingen heeft en dat dit probleem opgelost moet worden op het niveau van de arbeidsorganisatie. In de praktijk betekent deze keuze van de wetgever, dat uitsluitend verzekerden met een relatief hoog maatmaninkomen, danwel een medische arbeidsduurbeperking in aanmerking kunnen komen voor een WGA-uitkering.

Voor verzekerden met een maatmaninkomen om en nabij $1\frac{1}{2}$ × het minimumloon is een arbeidsongeschiktheidsclaim vanaf 29 december 2005 bijkans het spelletje 'alles of niets'. Dat wil zeggen of volledig en wellicht duurzaam arbeidsongeschikt of helemaal arbeidsgeschikt en weer aan het werk met een niet gecompenseerd fors verlies aan verdienvermogen. De enige uitzondering hierop vormt de medische arbeidsduurbeperking, waardoor een verzekerde met een laag maatmaninkomen wellicht niet meer zal kunnen verdienen dan 65% van zijn vroegere verdiensten. Een arbeidsduurbeperking is overigens dikwijls tijdelijk van aard.

De WGA-uitkering valt uiteen in een loongerelateerde fase en een vervolgfase.

4.4.2 De loongerelateerde WGA-uitkering

Om voor een loongerelateerde WGA-uitkering in aanmerking te komen heeft de wetgever in art. 54 lid 3 jo. art. 58 wet WIA de referte-eis geïntroduceerd. De introductie van de referte-eis in de WGA-uitkering vloeit logischerwijs voort uit het feit, dat in de loongerelateerde WGA-uitkering ook een deel werkloosheid is verwerkt. Het voldoen aan de referte-eis is één van de basisvoorwaarden is om in aanmerking te komen voor een WW-uitkering, zodat het in de rede ligt om deze eis ook op te nemen voor het recht op een WGA-uitkering.

De referte-eis
Evenals in de WW geldt voor de verzekerde die in aanmerking wil komen voor een loongerelateerde WGA-uitkering, dat de verzekerde in een periode van 36 weken (van 29 december 2005 tot 1 april 2006 39 weken) voorafgaand aan het intreden van zijn arbeidsongeschiktheid in tenminste 26 weken als verzekerde arbeid heeft verricht. Anders dan in de WW (art. 17

WW) is het voor het recht op een loongerelateerde WGA-uitkering niet noodzakelijk, dat een verzekerde tevens voldoet aan de arbeidsverledeneis. De tekst van art. 58 van de wet WIA geeft als peildatum voor de referte-eis de eerste dag na het einde van het recht op loondoorbetaling op grond van art. 7: 629 BW of bezoldiging op grond van hoofdstuk IV, vierde afdeling, van de Ziektewet of het einde van het ziekengeld op grond van art. 29 van de ZW.

Vervolgens komt de wetgever in lid 2 van art. 58 met de mededeling, dat voor de vaststelling van de periode van 36 weken (van 29 december 2005 tot 1 april 2006 39 weken), weken waarin onder andere wegens ziekte geen arbeid is verricht niet worden meegeteld.

In het merendeel van de gevallen wordt dan de referte-eis beoordeeld direct voorafgaand aan de eerste ziektedag. Het is vanwege de Wet verbetering poortwachter en de in deze wet opgenomen reïntegratie verplichtingen voor de werkgever en de werknemer gedurende de wachttijd mogelijk, dat gewerkte weken in de wachttijd een rol spelen bij de vraag of is voldaan aan de referte-eis van art. 58 wet WIA, vandaar de enigszins gecompliceerde tekst in art. 58 lid 1 wet WIA.

Net zoals in de WW is het bij de beantwoording van de vraag of een verzekerde heeft voldaan aan de referte-eis in de wet WIA niet van belang in welke omvang een werknemer per week werkzaamheden heeft verricht.

Voor alle duidelijkheid heeft de wetgever in art. 58 lid 1 onderdeel b wet WIA opgenomen, dat de verzekerde voldoet aan de referte-eis, indien hij voorafgaande aan de eerste arbeidsongeschiktheidsdag recht had op een WW-uitkering.

De referte-eis is een bekend verschijnsel in de Werkloosheidswet (WW) en in de wet WIA heeft de wetgever gekozen voor een vrijwel identieke regeling. In de praktijk doen zich bij de beantwoording van de vraag of verzekerde voldoet aan de referte-eis vrijwel nooit problemen voor.

Een belangrijk verschil tussen de referte-eis in de wet WIA en de referte-eis in de WW is, dat werkzaamheden verricht in een tweede dienstbetrekking ingevolge de wet WIA meegeteld mogen worden bij de bepaling of een verzekerde 26 weken heeft gewerkt ongeacht de vraag of de verzekerde deze werkzaamheden eveneens heeft gestaakt vanwege arbeidsongeschiktheid.

Voldoet een verzekerde aan de referte-eis, dan heeft hij recht op een loongerelateerde uitkering.

Indien een verzekerde niet voldoet aan de referte-eis dan valt hij qua inko-mensvoorziening direct terug op de vervolguitkering of de loonaanvullings-uitkering. Na afloop van de loongerelateerde WGA-uitkering geldt voor de verzekerde die wel aan de referte-eis voldoet uiteraard hetzelfde.

De duur van de loongerelateerde WGA-uitkering
De duur van de loongerelateerde WGA-uitkering in art. 59 jo. art. 15 wet WIA is identiek aan de WW-uitkering, ergo afhankelijk van het feitelijke arbeidsverleden vanaf en met inbegrip van 1998 tot en met het kalenderjaar voorafgaand aan het jaar waarin het recht op WGA-uitkering is ontstaan en het aantal jaren vanaf het jaar waarin de verzekerde 18 jaar werd tot 1998, het fictieve arbeidsverleden.
De berekening van het arbeidsverleden in art. 15 wet WIA is vrijwel iden-tiek aan de WW, zij het dat enige aanpassingen zijn doorgevoerd in verband met de specifieke eisen van een arbeidsgeschiktheidsuitkering.
Tot 2008 is voor de berekening van de duur van de loongerelateerde WGA-uitkering een overgangsregeling getroffen in art. 127 wet WIA.
De duur van de loongerelateerde WGA-uitkering is tot 2008 uitsluitend afhankelijk van de leeftijd van de uitkeringsgerechtigde op het moment van toekenning van de WGA-uitkering.
Blijkens art. 127 wet WIA is de duur van de loongerelateerde WGA-uitke-ring tenminste 6 maanden en maximaal 5 jaar.

Op de uitkeringsduur van de loongerelateerde WGA-uitkering zoals hier-voor aangegeven heeft de wetgever een tweetal beperkingen aangebracht en één uitbreiding, die verband houden met eerder genoten loongerelateerde uitkeringen of de opbouw van een nieuw recht.

Het betreft de volgende uitzonderingen:
• Indien een verzekerde voorafgaand aan zijn loongerelateerde WGA-uit-kering een IVA-uitkering heeft genoten, dan wordt op grond van art. 59 lid 2 wet WIA het genoten IVA-tijdvak in mindering gebracht op de duur van de loongerelateerde WGA-uitkering. De resterende duur van de loongerelateerde WGA-uitkering is echter minimaal 1 jaar. Alvorens deze verzekerde in aanmerking wordt gebracht voor een loongerelateer-de WGA-uitkering wordt door UWV getoetst of hij voldoet aan de refer-te-eis, de referte-eis geldt namelijk niet voor een IVA-uitkering. Het is

dus mogelijk, dat een ex IVA-gerechtigde niet in aanmerking wordt gebracht voor een loongerelateerde WGA-uitkering, maar na de IVA-uitkering direct in aanmerking wordt gebracht voor een vervolguitkering of een loonaanvullingsuitkering, omdat de verzekerde niet voldoet aan de referte-eis.

- Ontving de verzekerde direct voorafgaand aan zijn eerste arbeidsongeschiktheidsdag een WW-uitkering, dan wordt de duur van de genoten WW-uitkering in mindering gebracht op de duur van de loongerelateerde WGA-uitkering (art. 59 lid 3 wet WIA). Anders dan bij de in mindering te brengen uitkeringsduur van de IVA-uitkering heeft de verzekerde in deze situatie geen recht op een minimum uitkeringsduur van de loongerelateerde WGA-uitkering. Toetsing aan de referte-eis zal in deze situatie waarschijnlijk niet plaatsvinden, daar deze toetsing al heeft plaatsgevonden in het kader van de toekenning van de WW-uitkering.
- De uitkeringsduur kan worden verlengd, wegens het niet ontstaan van een WGA-recht op grond van de uitsluitingsgrond genoemd in art. 43 onderdeel a ten 1e. In dit artikel onderdeel gaat het om de uitsluiting vanwege het reeds recht hebben op een IVA- of WGA-uitkering.

Voorwaarde voor deze mogelijke verlenging van de uitkeringsduur is wel, dat de aanvang van de wachttijd voor dit niet ontstane recht is gelegen vóór de dag dat het recht op loongerelateerde WGA-uitkering is ontstaan.

In de periode van loondoorbetaling ex art. 7:629 BW kan een verzekerde door te werken bouwen aan een nieuw recht, welk nieuw recht in art. 43 onderdeel a ten 1e wordt uitgesloten. Is dat het geval dan moet door UWV bezien worden of het niet ontstane recht zou hebben geleid tot een langere loongerelateerde uitkeringsduur en in voorkomende gevallen de uitkeringsduur van het eerst ontstane recht verlengen.

De hoogte van de loongerelateerde WGA-uitkering

De loongerelateerde WGA-uitkering bedraagt tenminste 70% van het laatstgenoten loon. De wetgever hanteert in art. 61 wet WIA om tot dit resultaat te komen de formule $0,7 \times (C - D)$.

C = maandloon = $21,75 \times$ het dagloon.

D = verworven inkomen per kalendermaand.

De factor 21,75 is de uitkomst van 261 te werken dagen per jaar gedeeld door 12 maanden.

267

In de Verzamelwet SV 2007 wordt voorgesteld om de uitkeringsformule voor de loongerelateerde WGA-uitkering te wijzigen in 0,7 × (A – B × C/D).

A = het maandloon = 21,75 × het dagloon.

B = verworven inkomen per kalendermaand.

C = dagloon waarnaar de WGA-uitkering wordt berekend.

D = dagloon zonder toepassing van art. 17 Wfsv, dus het ongemaximeerde dagloon.

Zoals eerder aangegeven bij de hoogte van de IVA-uitkering beoogt de wetgever met deze wijziging, om werken ook aantrekkelijk te maken voor verzekerden met een gemaximeerd dagloon. De wetgever bereikt dit doel door het verworven inkomen te verlagen met de factor C/D. In paragraaf 5 wordt met behulp van een rekenvoorbeeld de bedoeling van de wetgever geconcretiseerd. Een werknemer met een dagloon onder het maximumdagloon merkt uiteraard niets van deze wijziging, omdat voor hem de factor C/D gelijk is aan 1. Het is thans nog niet bekend met ingang van welke datum de voorgestelde wijzigingen worden ingevoerd. Het Ministerie van SZW heeft bij diverse gelegenheden aangegeven, dat de wijziging van de uitkeringsformules wordt ingevoerd met ingang van 1 januari 2007.

Indien een verzekerde in de loongerelateerde fase geen inkomsten heeft, betekenen beide formules, dat hij een uitkering geniet van tenminste 70% van zijn laatst genoten loon. Inkomsten uit arbeid uit het bedrijfs- of beroepsleven worden in deze formule vermenigvuldigd met 0,7, hetgeen betekent dat een verzekerde van iedere verdiende euro € 0,30 euro cent overhoudt. Dit laatste ligt uiteraard iets anders, indien sprake is van een verzekerde die een dagloon heeft dat hoger is dan het maximumdagloon genoemd in art. 17 lid 1 Wfsv en de Verzamelwet SV 2007 tot wet wordt verheven.

Bezien vanuit de optiek van de verzekerde, die zijn recht op WGA-uitkering niet wenst te verliezen is enige voorzichtigheid geboden bij het verrichten van werkzaamheden. Immers, een verzekerde kan vanwege de hoogte van zijn inkomen door de ondergrens van 35% zakken, hetgeen (op termijn) betekent dat hij zijn WGA-uitkering verliest. In paragraaf 6 komen wij hierop terug.

Zoals u ziet, de hoogte van de loongerelateerde WGA-uitkering is niet afhankelijk van de mate van arbeidsgeschiktheid van de verzekerde.

In de loongerelateerde fase van de WGA-uitkering is deels een WW-uitkering verdisconteerd, zelfs indien de werknemer niet werkloos is. Het samenbrengen van een WGA-uitkering en een WW-uitkering brengt mee, dat terzake van de werkzaamheden waarvoor een WGA-uitkering is versterkt nadien geen WW-recht kan ontstaan.

De wetgever heeft dit bewerkstelligd door middels IWIA art. 17a lid 2 WW te wijzigen in die zin, dat weken welke zijn geteld voor een recht op WGA-uitkering niet nogmaals kunnen worden geteld voor een recht op WW-uitkering.

Voor gedeeltelijk arbeidsgeschikten betekent dit in het algemeen geen verslechtering van hun rechtspositie ten opzichte van de situatie van voor 29 december 2005, daar in die situatie twee uitkeringen (WAO en WW) werden versterkt.

Volledig maar niet duurzaam arbeidsongeschikte verzekerden zijn met deze regeling in sommige gevallen slechter af dan onder de werking van de WAO, daar zij na een herbeoordeling van mate van arbeidsongeschiktheid geen recht op een WW-uitkering meer hebben ter zake van de vroegere werkzaamheden. Aan het eind van deze paragraaf wordt de uitkering van deze categorie verzekerden nader toegelicht.

4.4.3 De wet wijziging WW-stelsel van 28 juni 2006, Stb. 2006 nr. 303

Op 28 juni 2006 is het wetsvoorstel tot wijziging van de WW-stelsel tot wet verheven.

Deze wijzigingswet bekort de uitkeringsduur WW in aanzienlijke mate. Door de samenvoeging van werkloosheid en gedeeltelijke arbeidsgeschiktheid in de wet WIA heeft deze wet uiteraard ook consequenties voor de duur van de loongerelateerde WGA-uitkering, immers in deze uitkering is een deel WW-uitkering verwerkt.

Met betrekking tot de wet WIA wijzigt deze wet uitsluitend art. 59 wet WIA en niet het bepaalde in art. 127 wet WIA.

Dit betekent dat een WGA-uitkering ingegaan voor 1 januari 2008 qua duur berekend blijft op grond van de leeftijd van de verzekerde ten tijde van de toekenning van de WGA-uitkering. Na 1 januari 2008 speelt het door middel van deze wet gewijzigde art. 59 wet WIA wel een rol.

4.4.4 De vervolgfase

Na ommekomst van de duur van de loongerelateerde WGA-uitkering of direct na het einde van de wachttijd ingeval de verzekerde niet voldoet aan de referte-eis, heeft de verzekerde recht op een vervolguitkering of een loonaanvullingsuitkering, aldus art. 60 lid 1 wet WIA.

Bij de beantwoording van de vraag voor welke uitkering de verzekerde in de vervolgfase in aanmerking komt, is beslissend of de verzekerde inkomsten uit arbeid heeft.

Met andere woorden de wetgever heeft in de vervolgfase een inkomenseis ingebouwd. Om voor de loonaanvullingsuitkering in aanmerking te komen heeft de wetgever in art. 60 leden 1 en 2 wet WIA bepaald, dat de verzekerde tenminste 50% van zijn resterende verdiencapaciteit moet benutten. Indien de verzekerde geen inkomsten uit arbeid heeft of de inkomsten uit arbeid bedragen minder dan 50% van de resterende verdiencapaciteit dan heeft de verzekerde in deze uitkeringsfase recht op een vervolguitkering WGA.

4.4.5 De vervolguitkering WGA

De hoogte van de vervolguitkering is in art. 62 lid 1 wet WIA vastgesteld op G × H.

G = het uitkeringspercentage van art. 61 lid 6 wet WIA

H = het minimumloon per maand of het maandloon, indien het minimumloon hoger is dan het maandloon. Het laatste kan met name het geval zijn, indien de verzekerde part-time heeft gewerkt voorafgaand aan het intreden van de arbeidsongeschiktheid.

Om u een indruk te geven van de hoogte van de vervolguitkering, het minimumloon bedraagt op 1 juli 2006 € 59,29 bruto per uitkeringsdag exclusief vakantietoeslag.

In tegenstelling tot de loongerelateerde WGA-uitkering en de loonaanvullingsuitkering speelt bij de hoogte van de vervolguitkering de mate van arbeidsongeschiktheid en het daarbij behorende uitkeringspercentage *wel* een rol. De uitkeringspercentages vindt u in art. 61 lid 6 wet WIA. De uitkeringspercentages genoemd onder a en f in dit artikellid zijn in feite zonder waarde, daar een mate van arbeidsongeschiktheid van minder dan 35% niet tot een WIA-uitkering kan leiden en een verzekerde die 80% of meer arbeidsongeschikt is te achten onder de loongerelateerde uitkeringsformule blijft, zolang hij volledig maar niet duurzaam arbeidsongeschikt is.

Het moge duidelijk zijn, de hoogte van de vervolguitkering is geen vetpot en in veel gevallen lager dan de vervolguitkering ingevolge de WAO. Schrale troost voor deze verzekerden is, dat zij aanspraak kunnen maken op een toeslag ingevolge de Toeslagenwet, tot het voor de uitkeringsgerechtigde relevante sociaal minimum. De Toeslagenwet is middels IWIA in die zin gewijzigd, dat de maximale percentages van het minimumloon uit art. 8 lid 4 TW zijn verwijderd. Door deze wijziging heeft een uitkeringsgerechtigde via de TW maximaal recht op een inkomen gelijk aan het minimumloon, tenzij hij part-time werkzaam was en deswege een inkomen genoot dat lager was dan het minimumloon. Een verzekerde met een recht op de vervolguitkering WGA wordt op deze wijze niet meer geconfronteerd met verschillende loketten en ontvangt één uitkering en wel van UWV.

U dient hierbij wel te bedenken, dat de hoogte van de toeslag onder meer afhankelijk is van de burgerlijke staat van de verzekerde en dat de Toeslagenwet een zogenaamde partner-toets kent. Dit laatste betekent, dat indien de verzekerde een partner heeft met inkomsten uit of in verband met arbeid in het bedrijfs- of beroepsleven, deze inkomsten worden meegenomen bij de beantwoording van de vraag of het relevante sociaal minimum wordt bereikt.

4.4.6 De loonaanvullingsuitkering

De verzekerde die in de vervolgfase werkt en dusdoende voldoende inkomsten uit arbeid verwerft, heeft recht op een loonaanvullingsuitkering.

Het maakt hierbij niet uit wanneer een verzekerde met een recht op WGA-uitkering gaat werken. Met andere woorden een verzekerde kan op ieder moment in de 'verbeterde uitkeringstrein' (de loonaanvullingsuitkering) stappen.

Eén van de hoofddoelstellingen van de wet WIA is om gedeeltelijk arbeidsgeschikten zoveel mogelijk te stimuleren om te gaan werken en dit financieel aantrekkelijk te maken danwel financiële prikkels in die richting te geven. Denk in dit verband aan de hoogte van de vervolguitkering. Indien een gedeeltelijk arbeidsgeschikte werkt of gaat werken dan levert hem dat altijd een financieel voordeel op en gaat hij meer werken dan levert hem dat nog meer financieel voordeel op, totdat het lijntje breekt en hij niet langer gedeeltelijk arbeidsgeschikt is in de zin van de wet WIA.

De inkomenseis in de loonaanvullingsuitkering en de hoogte van de loonaanvullingsuitkering
Werkt of gaat een verzekerde met een WGA-uitkering in de vervolgfase werken en hij verdient met deze werkzaamheden tenminste 50% van de volledige resterende verdiencapaciteit, zoals vastgesteld door UWV, dan heeft de verzekerde recht op de loonaanvullingsuitkering. De drempel voor toetreding tot de loonaanvullingsuitkering wordt door de wetgever in art. 60 lid 1 onderdeel a en lid 2 wet WIA de inkomenseis genoemd. Voor de goede orde, de inkomenseis speelt eerst een rol in de vervolgfase van de WGA-uitkering.
In art. 61 leden 3 en 4 wet WIA is sprake van overblijvende verdiencapaciteit.
Onder deze vondst van de wetgever wordt verstaan 2× de helft van het inkomen dat de verzekerde kan verdienen met algemeen geaccepteerde arbeid, met andere woorden de volledige resterende verdiencapaciteit.
Bij de vaststelling van de inkomenseis is iets bijzonders in de wetgeving geslopen.
In art. 60 lid 2 eerste zin wet WIA is bepaald, dat de inkomenseis wordt vastgesteld op de dag dat recht ontstaat op een WGA-uitkering. Dit op het oog simpele zinnetje brengt mee, dat een verzekerde op het moment van ontstaan van het WGA-recht zeer kritisch zou moeten kijken naar de hoogte van de resterende verdiencapaciteit, immers de hoogte van de resterende verdiencapaciteit is van belang in de vervolgfase van de WGA-uitkering.
Stel dat een verzekerde een loongerelateerde WGA-uitkering krijgt toegekend met een uitkeringsduur van 2 jaar. Het is dan zeer de vraag of deze verzekerde interesse heeft in de vaststelling van de resterende verdiencapaciteit, immers hij ontvangt gedurende 2 jaar een uitkering ter hoogte van 70% van zijn laatstgenoten loon en is daar wellicht zeer content mee.
Na afloop van de loongerelateerde fase wordt de hoogte van de resterende verdiencapaciteit van belang, daar de verzekerde in die uitkeringsfase moet voldoen aan de inkomenseis. De hoogte van de resterende verdiencapaciteit kan uiteraard nog steeds worden betwist, vanwege bijvoorbeeld een verslechtering van de gezondheidstoestand van de verzekerde. Zo'n procedure is echter in wezen een achterhoede gevecht en brengt mee, dat de hoogte van

272

de resterende verdiencapaciteit in het beste geval opnieuw wordt vastgesteld, maar wel aan de hand van geactualiseerde looncijfers uit het CBBS. Er is nog een bijkomend procesrisico. Het kan uiteraard ook zo zijn, dat UWV bij de later gelegde claim tot de conclusie komt dat de mate van arbeidsongeschiktheid is gedaald tot onder het niveau van 35%, hetgeen een beëindiging van de WGA-uitkering tot gevolg zal hebben. Het voorgaande is wellicht een detail, echter wel een detail om in de gaten te houden. Voor de volledigheid, de gewijzigde inkomenseis gaat op grond van art. 60 lid 2 eerst werken, nadat de wijziging twee kalendermaanden heeft voortgeduurd.

In de wet WIA is de inkomenseis een bedrag per maand. Bij de beoordeling van de mate van arbeidsongeschiktheid wordt door UWV gewerkt met een uurloonvergelijking, zodat UWV het gevonden bedrag per uur moet gaan omrekenen naar een maandloon. In de wet WIA is niet geregeld op welke wijze dit moet gaan plaatsvinden. Wij gaan ervan uit, dat UWV het uurloon vermenigvuldigd met de laagste urenomvang in de geduide functiecodes om te komen tot een weekloon en vervolgens een maandloon.

De hoogte van de loonaanvullingsuitkering is in art. 61 lid 4 wet WIA gesteld op

$0,7 \times (E - F)$.

E = het maandloon = 21, 75 × het dagloon.

F = de overblijvende verdiencapaciteit.

De uitkeringsformule $0,7 \times (E - F)$ van de loonaanvullingsuitkering blijft voor de verzekerde gehandhaafd, totdat de verzekerde zijn resterende verdiencapaciteit volledig benut. Op het moment dat de verzekerde zijn resterende verdiencapaciteit volledig benut, keert de verzekerde terug naar de uitkeringsformule van de loongerelateerde WGA-uitkering, dit op grond van art. 61 lid 2 wet WIA.

Het omgekeerde kan natuurlijk ook. Dalen de inkomsten uit arbeid van de verzekerde onder het niveau van 50% van zijn volledige resterende verdiencapaciteit, dan komt de verzekerde weer in aanmerking voor de vervolguitkering WGA met de uitkeringsformule $G \times H$.

De wet WIA gaat er vanuit, dat maandelijks wordt bezien of en zoja in welke mate een verzekerde voldoet aan de inkomenseis, waarna de WGA-uitkering wordt vastgesteld voor de betreffende maand.

Er is niet veel voorstellingsvermogen voor nodig om te bedenken, dat een gedeeltelijk arbeidsgeschikte werknemer met wisselende inkomsten in een tijdsbestek van een half jaar alle uitkeringsvarianten van de WGA-uitkering kan doorlopen.

4.4.7 Volledig maar niet duurzaam arbeidsongeschikten en de WGA-uitkering

De verzekerde, die ten hoogste 20% van zijn maatmaninkomen kan verdienen, dus wel volledig arbeidsongeschikt is te achten, maar *niet duurzaam*, heeft een gegarandeerd inkomen ter hoogte van de loongerelateerde WGA-uitkering, dus tenminste 70% van zijn maandloon.

Deze categorie verzekerden behoeft op grond van art. 60 lid 3 wet WIA niet te voldoen aan de inkomenseis. Dat kunnen zij in theorie ook niet, immers zij zijn volledig arbeidsongeschikt maar niet duurzaam. De inkomensgarantie voor deze categorie verzekerden vloeit voort uit art. 61 lid 2 wet WIA. Op grond van deze bepaling is de uitkeringsformule van de loongerelateerde WGA-uitkering, eveneens van toepassing op verzekerden waarvoor geen inkomenseis geldt.

Mocht voor deze categorie uitkeringsgerechtigden op enig moment blijken, dat zij wel meer dan 20% van hun maatmaninkomen kunnen verdienen tengevolge van bijvoorbeeld een herbeoordeling van de mate arbeidsongeschiktheid door UWV, dan moet de nieuw vastgestelde verdiencapaciteit op grond van art. 60 lid 3 wet WIA gedurende 24 kalendermaanden hoger zijn geweest dan 20%.

Gedurende deze 24 kalendermaanden blijft de hoogte van de WGA-uitkering gehandhaafd op het niveau van de loongerelateerde WGA-uitkering, daar de inkomenseis eerst gaat gelden na afloop van de 24 kalendermaanden.

Aan de memorie van toelichting kan in dit verband worden ontleend, dat deze categorie verzekerden een 'zoektermijn' heeft gekregen van 24 kalendermaanden ten einde passende werkzaamheden te vinden. De periode van 24 kalendermaanden wordt in de memorie van toelichting gerechtvaardigd door erop te wijzen, dat deze verzekerden een grote afstand tot de arbeidsmarkt hebben vanwege de eerdere volledige maar niet duurzame arbeidsongeschiktheid.

Om in aanmerking te komen voor de 'zoektermijn' van 24 kalendermaanden, geldt wel de voorwaarde, dat deze verzekerden na de herbeoordeling door UWV nog steeds tenminste 35% arbeidsongeschikt zijn. In de memorie van toelichting op de wet WIA wordt op pagina 143 (onder ten vierde) een voorbeeld gegeven, welk voorbeeld naar onze mening niet juist is te achten. In genoemd voorbeeld behoudt de uitkeringsgerechtigde (eerder volledig maar niet duurzaam arbeidsongeschikt) gedurende de termijn van 24 kalendermaanden zijn WGA-uitkering, terwijl hij niet langer tenminste 35% arbeidsongeschikt is.

De beëindiging van WGA-uitkeringen is geregeld in art. 56 wet WIA. In dit artikel is geen afzonderlijke regeling opgenomen voor de volledig maar niet duurzame arbeidsongeschikte, die nadien niet langer gedeeltelijk arbeidsongeschikt wordt geacht. Wij houden het er derhalve op, dat het voorbeeld in de memorie van toelichting op een vergissing berust.

Voor UWV levert een herbeoordeling van de mate van arbeidsongeschiktheid van een volledig maar niet duurzame arbeidsongeschikte naar een mate van arbeidsongeschiktheid van tenminste 35% enige praktische problemen op. Immers, op de ingangsdatum van de herbeoordeling kan UWV niet of nauwelijks voorzien of de resterende verdiencapaciteit na 24 kalendermaanden nog steeds gelding heeft.

De medische gegevens die ten grondslag hebben gelegen aan de eerste beoordeling zijn onbruikbaar voor het tweede peilmoment na 24 kalendermaanden. Op grond van constante jurisprudentie van de CRvB mogen de medische gegevens waarop een herbeoordeling van de mate van arbeidsongeschiktheid is gebaseerd niet ouder zijn dan 9 maanden tot ruim 1 jaar ten tijde van de beoordeling van de mate van arbeidsongeschiktheid.

Het ligt dan in de rede, dat UWV een tweede beoordeling van de mate van arbeidsgeschiktheid laat plaatsvinden voor het einde van de 'zoektermijn' om te verifiëren of de eerder vastgestelde resterende verdiencapaciteit nog steeds aanwezig is. Een andere optie is, dat UWV een en ander laat afhangen van de verzekerde, in die zin dat de verzekerde zelf het initiatief moet nemen voor een tweede beoordeling, het zogenaamde 'piep-systeem'.

Schema WIA-uitkeringen

Volledig en duurzaam arbeidsongeschikt: 70% × het maandloon (= 21,75 × dagloon) art. 51 WIA

art. 4 WIA

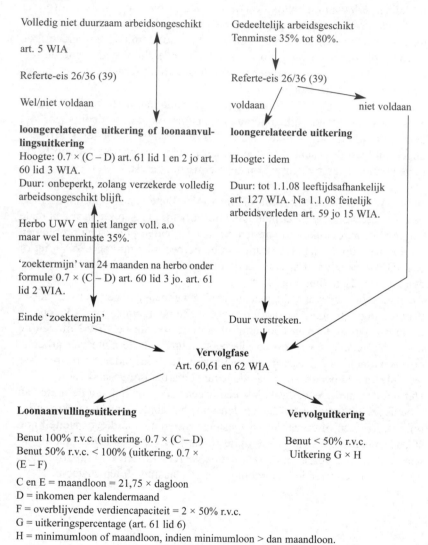

Volledig niet duurzaam arbeidsongeschikt

art. 5 WIA

Referte-eis 26/36 (39)

Wel/niet voldaan

loongerelateerde uitkering of loonaanvul-lingsuitkering
Hoogte: 0.7 × (C – D) art. 61 lid 1 en 2 jo art. 60 lid 3 WIA.
Duur: onbeperkt, zolang verzekerde volledig arbeidsongeschikt blijft.

Herbo UWV en niet langer voll. a.o maar wel tenminste 35%.

'zoektermijn' van 24 maanden na herbo onder formule 0.7 × (C – D) art. 60 lid 3 jo. art. 61 lid 2 WIA.

Einde 'zoektermijn'

Gedeeltelijk arbeidsgeschikt
Tenminste 35% tot 80%.

Referte-eis 26/36 (39)

voldaan   niet voldaan

loongerelateerde uitkering

Hoogte: idem

Duur: tot 1.1.08 leeftijdsafhankelijk art. 127 WIA. Na 1.1.08 feitelijk arbeidsverleden art. 59 jo 15 WIA.

Duur verstreken.

Vervolgfase
Art. 60,61 en 62 WIA

Loonaanvullingsuitkering

Benut 100% r.v.c. (uitkering. 0.7 × (C – D)
Benut 50% r.v.c. < 100% (uitkering. 0.7 × (E – F)

Vervolguitkering

Benut < 50% r.v.c.
Uitkering G × H

C en E = maandloon = 21,75 × dagloon
D = inkomen per kalendermaand
F = overblijvende verdiencapaciteit = 2 × 50% r.v.c.
G = uitkeringspercentage (art. 61 lid 6)
H = minimumloon of maandloon, indien minimumloon > dan maandloon.

276

In het hiervoor weergegeven uitkeringsschema is de voorgestelde wijziging in de Verzamelwet 2007 niet verwerkt. De uitkeringsformule $0,7 \times (C - D)$ wordt bij aanname van dit wetsvoorstel gewijzigd in $0,7 \times (A - B \times C/D)$.

4.5 De WIA-uitkeringen in praktijk

4.5.1 Inleiding

In de vorige paragraaf hebben wij de verschillende uitkeringen ingevolge de WIA de revue laten passeren, alsmede de voorwaarden waaronder deze uitkeringen worden verstrekt. Bij deze schets hebben wij, voorzover mogelijk, inkomsten uit arbeid buiten beschouwing gelaten ten einde u een helder beeld te geven van de uitkeringsstructuur van de wet WIA. In deze paragraaf zullen wij de verschillende WIA-uitkeringen nogmaals aan u presenteren en daarbij inkomsten uit arbeid betrekken. Aan de hand van eenvoudige rekenvoorbeelden kunt u zien op welke wijze de verschillende WIA-uitkeringen voor een verzekerde uitpakken en welke invloed deze uitkeringen hebben op het inkomen van een verzekerde.

Mede op grond van het hiervoor weergegeven uitkeringsschema WIA zijn er 7 verschillende uitkeringssituaties te bedenken. Verzekerden die voorafgaand aan het intreden van de gedeeltelijke arbeidsgeschiktheid meer verdienden dan het maximumdagloon zoals genoemd in art. 17 lid 1 Wfsv vormen een apart probleem vanwege de koppeling van het maandloon aan het dagloon, welk dagloon is gemaximeerd. Deze categorie verzekerden wordt behandeld onder punt 8. In de rekenvoorbeelden onder de nrs. 1 t/m 7 zullen wij de uitkeringsformules hanteren zoals deze gelden voorafgaand aan de inwerkingtreding van de Verzamelwet 2007. Wij hebben hiervoor gekozen, daar de voorgestelde wijziging uitsluitend gevolgen heeft voor de werknemers die meer verdienden dan het maximumdagloon en in deze rekenvoorbeelden sprake is van een werknemer die minder verdient dan het maximumdagloon. U kunt in de rekenvoorbeelden 1 t/m 7 de uitkeringsformule $0,7 \times (C - D)$ uiteraard vervangen door de in de Verzamelwet 2007 voorgestelde formule $0,7 \times (A - B \times C/D)$ het resultaat blijft hetzelfde, daar C/D in deze voorbeelden gelijk is aan 1.

1. De verzekerde is volledig en duurzaam arbeidsongeschikt
De hoogte van de uitkering van een volledig en duurzaam arbeidsongeschikte verzekerde is eenvoudig vast te stellen. Op grond van art. 51 wet WIA bedraagt de IVA-uitkering 70% van het maandloon. Het maandloon is gelijk aan 21,75 × het dagloon, welk dagloon wordt vastgesteld conform het Besluit dagloonregels werknemersverzekeringen van 8 oktober 2005, Stb. 2005, 546. Het dagloon is gemaximeerd op grond van art. 17 lid 1 Wfsv. Het maximumdagloon bedraagt vanaf 1 juli 2006 € 170,33, zodat de maximale uitkering voor deze werknemer 21,75 × € 170,33 = € 3.704,68 × 0,7 = € 2.593,28 bruto per maand bedraagt.

2. De verzekerde is volledig maar niet duurzaam arbeidsongeschikt
Op grond van art. 60 lid 3 jo. art. 61 leden 1 en 2 wet WIA heeft deze verzekerde recht op een WGA-uitkering volgens de formule 0,7 × (C – D). Het maakt voor deze uitkerings-gerechtigde niet uit of hij voldoet aan de referte-eis, de uitkeringsformule is voor deze verzekerde 0,7 × (C -D).
Deze uitkeringssituatie blijft gehandhaafd, zolang de verzekerde volledig maar niet duurzaam arbeidsongeschikt is te achten. Indien UWV op grond van een herbeoordeling van de mate van arbeidsongeschiktheid tot de conclusie komt dat deze verzekerde niet meer volledig maar wel tenminste 35% arbeidsongeschikt is te achten dan blijft de uitkering van deze verzekerde nog gedurende 24 kalendermaanden, de zoektermijn, berekend naar de formule 0,7 × (C – D). Na de zoektermijn krijgt deze verzekerde te maken met de vervolgfase en heeft hij recht op een loonaanvullingsuitkering of een vervolguitkering.

Een rekenvoorbeeld.
Jan, ruim 20 jaar werkzaam, wordt volledig maar niet duurzaam arbeidsongeschikt. Per einde wachttijd voldoet hij aan de referte-eis. Jan had een maandloon van € 1.500,00 en per einde wachttijd werkt Jan niet.
De loongerelateerde WGA-uitkering van Jan bedraagt in dit voorbeeld 0,7 × (C – D) = 0,7 × (€ 1.500,00 – € 0,00) = € 1.050,00.
Deze uitkeringssituatie van Jan blijft gehandhaafd, totdat UWV een herbeoordeling uitvoert en hij niet langer volledig maar wel tenminste 35% arbeidsongeschikt wordt geacht. Alsdan treedt de zoektermijn van 24 maanden in werking met hetzelfde uitkeringsniveau en daarna een loonaanvul-

lingsuitkering of een vervolguitkering (zie de voorbeelden onder de nrs. 4, 5, 6 en 7).

3. De verzekerde is gedeeltelijk arbeidsgeschikt (kan meer dan 20% maar niet meer dan 65% van zijn maatmaninkomen verdienen) en voldoet aan de referte-eis.
Deze verzekerde heeft op grond van art. 54 lid 3 jo. art. 61 lid 1 recht op een loongerelateerde WGA-uitkering. Gedurende de loongerelateerde periode bestaat tenminste recht op 70% van het maandloon, vanwege de formule $0,7 \times (C - D)$. De mate van arbeidsongeschiktheid speelt geen rol. De loongerelateerde WGA-uitkering is derhalve qua hoogte identiek aan een WW-uitkering.
Indien de verzekerde met een recht op een loongerelateerde WGA-uitkering gaat werken, gaat deze verzekerde er qua inkomen altijd op vooruit

Een rekenvoorbeeld.
Jan, ruim 20 jaar werkzaam, wordt gedeeltelijk arbeidsgeschikt. Per einde wachttijd voldoet hij aan de referte-eis. Jan had een maandloon van € 1.500,00 en verdient met werkzaamheden € 450,00 per maand.
De loongerelateerde WGA-uitkering van Jan bedraagt in dit voorbeeld $0,7 \times (C - D) = 0,7 \times (€ 1.500,00 - € 450,00) = € 735,00$.
Het inkomen van Jan bedraagt dus € 735,00 + € 450,00 = € 1.185,00 per maand.
Indien Jan geen werkzaamheden zou verrichten dan was zijn maandinkomen $0,7 \times € 1.500,00 = € 1.050,00$. Jan heeft dus een voordeel van € 135,00 per maand vanwege zijn inkomsten.
De berekeningsformule blijft gedurende de loongerelateerde periode gehandhaafd. De loongerelateerde WGA-uitkering van Jan kan per maand verschillen vanwege wisselende inkomsten van Jan.

4. De duur van de loongerelateerde WGA-uitkering is verstreken en de verzekerde benut zijn resterende verdiencapaciteit volledig
Na het verstrijken van de loongerelateerde periode van de WGA-uitkering komt de verzekerde terecht in de vervolgfase. In deze fase is sprake van twee uitkeringen, te weten de loonaanvullingsuitkering of de vervolguitkering.

279

Voor het recht op de loonaanvullingsuitkering eist de wet WIA in art. 60 lid 1 onderdeel a wet WIA, dat de verzekerde tenminste een inkomen uit arbeid verdient, dat gelijk is aan de inkomenseis. In art. 60 lid 2 wet WIA wordt aangegeven, dat de inkomenseis gelijk is aan 50% van de resterende verdiencapaciteit.

Indien de verzekerde zijn resterende verdiencapaciteit volledig benut, dan heeft hij onveranderd recht op de hoogte van de WGA-uitkering zoals die in de loongerelateerde fase werd berekend. In art. 61 lid 2 wordt namelijk aangegeven, dat de uitkeringsformule van de loongerelateerde uitkering van toepassing blijft, indien de verzekerde zijn overblijvende verdiencapaciteit (= de volledige resterende verdiencapaciteit) volledig benut.

Een rekenvoorbeeld.

Aan de gegevens van het vorige rekenvoorbeeld moet thans een gegeven worden toegevoegd, te weten de volledige resterende verdiencapaciteit zoals vastgesteld door UWV. Immers na de loongerelateerde fase eist de wetgever, dat de verzekerde voldoet aan de inkomenseis. Stel de resterende verdiencapaciteit bedraagt € 900,00 per maand. Om in aanmerking te blijven komen voor de berekeningsformule van de loongerelateerde WGA-uitkering moet Jan nu € 900,00 per maand verdienen.

Voldoet Jan aan deze voorwaarde dan bedraagt zijn WGA-uitkering per maand $0,7 \times (C - D) = 0,7 \times$ € $1.500,00 -$ € $900,00 =$ € $420,00$. Het inkomen van Jan bedraagt thans € $420,00 +$ € $900,00 =$ €$1.320,00$ per maand, aanzienlijk meer dan de loongerelateerde WGA-uitkering per maand ten bedrage van €$1.050,00$ zonder inkomsten. In deze fase van de WGA-uitkering moet Jan wel meer gaan werken ten einde aan de eis te voldoen, dat hij zijn resterende verdiencapaciteit volledig benut.

5. De verzekerde heeft geen recht op een loongerelateerde WGA-uitkering, omdat hij niet voldoet aan de referte-eis en hij benut zijn resterende verdiencapaciteit volledig

De onder nr. 4 beschreven berekening van de hoogte van de WGA-uitkering geldt ook voor verzekerden die geen recht hebben gehad op een loongerelateerde WGA-uitkering maar wel gedeeltelijk arbeidsgeschikt zijn *en* hun resterende verdiencapaciteit volledig benutten (zie art. 61 lid 2 wet WIA).

6. De verzekerde heeft geen recht op een loongerelateerde WGA-uitkering,
omdat hij niet voldoet aan de referte-eis danwel de uitkeringsduur van
de loongerelateerde WGA-uitkering is verstreken en hij benut zijn reste-
rende verdiencapaciteit niet volledig maar wel voor tenminste 50%
Ook in deze situatie heeft de verzekerde recht op een loonaanvullinguit-
kering op grond van art. 61 lid 4 wet WIA. De hoogte van de loonaanvullingsuitkering is evenwel aanzienlijk lager dan in de situaties beschreven
onder de nrs. 4 en 5.
De wetgever heeft voor deze situatie in art. 61 lid 4 wet WIA de uitkeringsformule $0,7 \times (E - F)$ bedacht.
E = het maandloon = $21,75 \times$ het dagloon.
F = overblijvende verdiencapaciteit = volledige resterende verdiencapaciteit.
De loonaanvullingsuitkering is een vast bedrag en de verzekerde mag zijn
inkomsten uit arbeid volledig behouden, totdat de verzekerde zijn resterende verdiencapaciteit volledig benut. Op het moment dat de verzekerde zijn
resterende verdiencapaciteit volledig benut treedt de kortingsformule $0,7 \times$
$(C - D)$ weer in werking op grond van art. 61 lid 2 wet WIA.
De wetgever heeft deze minder gunstige uitkeringssituatie in de memorie
van toelichting gerechtvaardigd met de stelling, dat gedeeltelijk arbeidsgeschikten zoveel mogelijk moeten worden aangespoord om hun arbeidsmogelijkheden volledig te benutten.
In de voorlopige kaders van de WGA uit 2003 werd in dit verband door het
Ministerie van SZW nog het standpunt ingenomen, dat een gedeeltelijk
arbeidsgeschikte altijd zijn volledige resterende verdiencapaciteit moest
benutten in de vervolgfase, indien hij in aanmerking wilde komen voor een
loonaanvullingsuitkering.
De sociale partners vertegenwoordigd in de SER hebben in dit kader bepleit,
dat het benutten van 1% van de resterende verdiencapaciteit reeds voldoende was om in aanmerking te komen voor een loonaanvullingsuitkering. Het
huidige resultaat, 50% van de resterende verdiencapaciteit, zoals neergelegd
in de wet WIA is exemplarisch te noemen voor onze 'polderdemocratie'.
Welke uitkering ontvangt een gedeeltelijk arbeidsgeschikte met een recht op
een WGA-uitkering in de vervolgfase die tenminste 50% van zijn resterende verdiencapaciteit benut?

Een rekenvoorbeeld.

Jan heeft nog steeds een maandloon van € 1.500,00 en de resterende verdiencapaciteit is vastgesteld op € 900,00 per maand. Jan heeft wel aangepaste werkzaamheden geaccepteerd echter hij verricht deze werkzaamheden voor halve dagen en verdient daarmede € 450,00 per maand = 50% van zijn resterende verdiencapaciteit.

De formule van art. 61 lid 4 wet WIA leidt tot de volgende loonaanvullingsuitkering:

$0,7 \times (E - F) = (€ 1.500,00 - € 900,00) = € 420,00$. Inclusief de verdiensten van Jan bedraagt zijn maandinkomen € 870,00.

In vergelijking met de eerdere rekenvoorbeelden heeft Jan fors ingeleverd qua inkomen en moet hij, ten einde weer op een acceptabel inkomensniveau te geraken, meer gaan werken en dat is exact de bedoeling van de wetgever. Ten einde te illustreren dat Jan iedere verdiende euro mag houden, totdat Jan zijn volledige verdiencapaciteit benut het volgende rekenvoorbeeld.

De gegevens uit het vorige rekenvoorbeeld blijven hetzelfde, echter Jan verdient nu geen € 450,00 per maand maar € 850,00 per maand.

De loonaanvulling blijft onveranderd $0,7 \times (E - F) = 0,7 \times € 1.500,00 - € 900,00 = € 420,00$. Inclusief de hogere verdiensten van Jan bedraagt zijn maandinkomen thans € 420,00 + € 850,00 = € 1.270,00.

Een vergelijking met de loongerelateerde fase leert, dat Jan in die fase een hoger inkomen zou hebben gehad met dezelfde inkomsten per maand.

$0,7 \times (C - D) = 0,7 \times € 1.500,00 - € 850,00 = € 455,00 + € 850,00 = € 1.305,00$ per maand.

7. De verzekerde heeft recht op een WGA-uitkering in de vervolgfase en benut zijn resterende verdiencapaciteit niet voor tenminste 50%

Voldoet een verzekerde met een recht op een WGA-uitkering in de vervolgfase niet aan de eis, dat hij tenminste 50% van de resterende verdiencapaciteit benut dan heeft de verzekerde recht op een vervolguitkering. In deze situatie, in de praktijk veel voorkomend zo mag worden gevreesd, is sprake van gedeeltelijke arbeidsgeschiktheid en de verzekerde heeft geen werk (meer).

De wetgever hanteert in art. 62 lid 1 wet WIA de formule $G \times H$.

G = het uitkeringspercentage

H = het minimumloon of het maandloon, indien het minimumloon hoger is dan het maandloon.

Eerst in deze situatie speelt de mate van arbeidsongeschiktheid en het daarbij behorende uitkerings-percentage een rol.

Een rekenvoorbeeld.

De gegevens uit het vorige rekenvoorbeeld blijven hetzelfde, echter Jan verdient nu geen € 850,00 per maand maar € 440,00 per maand.

Jan verdient nu niet tenminste 50% van zijn volledige verdiencapaciteit, zodat hij niet in aanmerking komt voor de loonaanvullingsuitkering maar de vervolguitkering.

Het inkomen van Jan ziet er in deze situatie als volgt uit:

Vervolguitkering $G \times H = 28\% \times € 1.289,56$ (€ 59,29 × 21,75) = € 361,08.

Het totale inkomen van Jan bedraagt thans € 361,08 + € 440,00 = € 801,08

Afhankelijk van de burgerlijke staat van Jan zal hij in meer of mindere mate een beroep kunnen doen op een toeslag ingevolge de Toeslagenwet, die wordt verstrekt door UWV.

8. Veelverdieners en de wet WIA

De formule $G \times H$ speelt ook een rol bij uitkeringsgerechtigden, die voorafgaand aan het intreden van de arbeidsongeschiktheid meer verdienden dan het maximumdagloon van art. 17 lid 1 Wfsv. De uitkomst van $G \times H$ wordt in art. 61 lid 5 wet WIA gegarandeerd, indien sprake is van een loonaanvullingsuitkering, met dien verstande dat $G \times H$ niet hoger mag zijn dan $0,7 \times (C - D)$.

Eerder hebben wij al aangegeven, dat het maandloon/dagloon is gemaximeerd op grond van art. 17 lid 1 Wfsv.

Indien een uitkeringsgerechtigde met een gemaximeerd dagloon weer gaat werken is de kans niet denkbeeldig, dat hij geen of een relatief lage loongerelateerde WGA-uitkering of loonaanvullingsuitkering ontvangt. Immers gelet op zijn oude werkniveau zal hij waarschijnlijk in aangepast werk per dag nog steeds een relatief hoog salaris ontvangen. Door de rekenformule 0,7 × (gemaximeerd) maandloon – inkomsten uit arbeid is zo'n verzekerde snel het haasje in die zin, dat hij geen of een lage uitkering ontvangt.

Om dit verschijnsel enigszins in te perken en werken ook lonend te maken voor een verzekerde die een hoog inkomen had voorafgaand aan het intreden van de gedeeltelijke arbeidsgeschiktheid, heeft de wetgever in art. 61 lid

5 wet WIA de bodemvoorziening G × H aangebracht. Deze bodemvoorziening geldt evenwel uitsluitend in de fase van de loonaanvulling, daar art. 61 lid 5 wet WIA slechts verwijst naar de uitkering genoemd in art. 61 lid 4 wet WIA en in dit lid is slechts sprake van de loonaanvullingsuitkering. Met andere woorden, werkt een gedeeltelijk arbeidsgeschikte veelverdiener in de vervolgfase in voldoende mate en diens loonaanvullingsuitkering is lager dan G × H dan heeft hij recht op de uitkeringshoogte G × H , doch ten hoogste $0,7 × (C – D)$. Gelet op de uitkomst in het rekenvoorbeeld onder 7 is het overigens zeer de vraag of de veelverdiener ondersteboven geraakt van de uitkering G × H, maar dit terzijde.

Een rekenvoorbeeld.
Jan, thans een veelverdiener, had een inkomen per maand van € 6.500,00 en is gedeeltelijk arbeidsgeschikt geworden. De resterende verdiencapaciteit is vastgesteld op € 4.000,00 per maand.
Het dagloon van Jan wordt met toepassing van art. 17 lid 1 Wfsv vastgesteld op € 170,33 per dag, ergo per maand $21,75 × €170,33 = € 3.704,68$. Jan heeft een gedegen arbeidsverleden van 30 jaar en voldoet tevens aan de referte-eis.
Jan gaat aan het werk en wel tegen een salaris van € 100,00 per dag = $21,75 × € 100,00 = € 2.175,00$ per maand.
In de loongerelateerde fase is er voor Jan nog niet zoveel aan de hand, immers hij ontvangt $0,7 × (C – D) = 0,7 × (€3.704,68 – €2.175,00) = € 1.070,78$ loongerelateerde WGA-uitkering. De WGA-uitkering gevoegd bij zijn inkomen uit arbeid maakt in totaal € 3.245,78, welk bedrag hoger is de loongerelateerde WGA-uitkering zonder inkomsten $(0,7 × € 3.704,68 = € 2.593,28$ per maand).
In de vervolgfase zou Jan bij gelijkblijvende omstandigheden geen loonaanvullingsuitkering ontvangen. Immers, in deze fase is de hoogte van de resterende verdiencapaciteit beslissend voor de hoogte van de loonaanvullingsuitkering en niet de feitelijke verdiensten.
De formule voor de loonaanvullingsuitkering $0,7 × (E – F)$ leidt tot de uitkomst $0,7 × € 3.704,68 – € 4.000,00 = € 0,00$. Deze voor een veelverdiener negatieve uitkomst wordt enerzijds veroorzaakt door de maximering van de factor E en anderzijds de hoogte van de resterende verdiencapaciteit. De wetgever heeft de consequentie van de uitkeringsformule $0,7 × (E – F)$ voor de loonaanvullingsuitkering in deze situatie niet wenselijk geacht en in art.

61 lid 5 wet WIA een garantie aangebracht. De veelverdiener Jan heeft op grond van art. 61 lid 5 wet WIA tenminste recht op $G \times H$ doch niet meer dan $0,7 \times (C - D)$.

Zoals eerder aangegeven is deze garantie slechts van toepassing voor de loonaanvullingsuitkering WGA en zoals u heeft gezien is daarbij vereist, dat Jan tenminste 50% van zijn resterende verdiencapaciteit benut. In dit voorbeeld voldoet Jan aan de voorwaarden voor de garantie van art. 61 lid 5 wet WIA.

Ondanks de goede bedoelingen van de wetgever zijn hiermede niet alle problemen uit de lucht.
In de loonaanvullingsuitkering is het de bedoeling van de wetgever om uitkeringsgerechtigden te stimuleren om hun arbeidsmogelijkheden volledig te benutten. Indien Jan de veelverdiener dit zou gaan doen en zijn inkomsten uit arbeid weet op te trekken naar € 4.000,00 dan verspeelt hij daarmee zijn recht op WGA-uitkering, terwijl hij dusdoende voldoet aan de wens van de wetgever.

Een rekenvoorbeeld.
Gegevens zoals in het vorige rekenvoorbeeld echter Jan verdient thans € 4.000,00. De loonaanvullingsuitkering blijft op € 0,00. Jan zou dan recht hebben op de garantie van $G \times H$, echter de toets van $0,7 \times (C - D)$ steekt hier een stokje voor $0,7 \times (€ 3.704,68 - € 4.000,00) = € 0,00$.

De hiervoor beschreven problematiek van de veelverdieners kan overigens reeds spelen in de loongerelateerde fase, indien Jan in die fase per maand een inkomen uit arbeid heeft dat groter is dan het gemaximeerde maandloon. Voor veelverdieners is de uitkeringssituatie in de wet WIA een verslechtering ten opzichte van die in de WAO. Immers in de WAO zou Jan altijd een uitkering hebben gehad ter hoogte van zijn uitkeringspercentage maal het gemaximeerde dagloon. Een relevante mate van arbeidsongeschiktheid heeft Jan sowieso, daar het maatmaninkomen niet is gemaximeerd.

4.5.2   Wetsvoorstel Verzamelwet SV 2007

Het onder rekenvoorbeeld 8 weergegeven probleem is ook onderkend door de wetgever en de Minister van SZW heeft diverse malen schriftelijk aan de

Voorzitter van de Tweede Kamer der Staten Generaal laten weten, dat dit probleem zal worden opgelost.

In het wetsvoorstel Verzamelwet SV 2007 wordt de loongerelateerde uitkeringsformule $0,7 \times (C - D)$ in art. 61 lid 1 wet WIA vervangen door $0,7 \times (A - B \times C/D)$.

A = gemaximeerde maandloon = $21,75 \times$ het gemaximeerde dagloon.
B = verworven inkomen per kalendermaand.
C = dagloon van de uitkering.
D = dagloon zonder toepassing van art. 17 lid 1 Wfsv, dus het niet gemaximeerde dagloon.

Middels deze gewijzigde uitkeringsformule heeft de wetgever het ook voor werknemers, die voorafgaand aan het intreden van de arbeidsongeschiktheid meer verdienden dan het maximumdagloon, aantrekkelijk gemaakt om (meer) te gaan werken indien sprake is van gedeeltelijke arbeidsgeschiktheid. De voorgestelde wijziging in art. 61 lid 1 wet WIA wordt tevens doorgezet in het vijfde lid van art. 61 wet WIA, zodat er voor deze categorie werknemers geen verschil meer is tussen de loongerelateerde fase en de vervolgfase in de WGA-uitkering. In beide uitkeringsfasen doet de gewijzigde uitkeringsformule zijn werk. In de vervolgfase van de WGA-uitkering moet de verzekerde uiteraard voldoen aan de inkomenseis wil hij in aanmerking komen voor een loonaanvullingsuitkering.

Een rekenvoorbeeld om de bedoelingen van de wetgever te verduidelijken.
Jan verdiende voorafgaand aan het intreden van zijn arbeidsongeschiktheid 2 maal het gemaximeerde dagloon per maand = € 7.409,36 (€ 170,33 × 2 × 21,75).
Jan heeft recht op een loongerelateerde WGA-uitkering en verdient in deze fase 1× het maximumdagloon per maand = € 3.704,68.
De loongerelateerde WGA-uitkering van Jan bedraagt dan in het wijzigingsvoorstel: $0,7 \times (A - B \times C/D)$ = $0,7 \times$ (€ 3.704,68 − € 3.704,68 × € 170,33/€ 340,66) = $0,7 \times$ (€ 3.704,68 − € 1.852,34) = € 1.296,64.
Onder de huidige uitkeringsformule $0,7 \times (C - D)$ bedraagt de WGA-uitkering van Jan $0,7 \times$ (€ 3.704,68 − € 3.704,68) = €0,00.

Hetzelfde rekenvoorbeeld in de vervolgfase.
Jan verdient nog steeds het maximumdagloon per maand = € 3.704,68 en zijn volledige resterende verdiencapaciteit bedraagt € 4.000,00.

Jan voldoet aan de voorwaarde voor een loonaanvullingsuitkering, immers hij verdient nog niet zijn volledige resterende verdiencapaciteit maar wel tenminste 50% daarvan. De formule van de loonaanvullingsuitkering is $0,7 \times (E - F) = 0,7 \times$ € $3.704,68 - €\ 4.000,00) = €\ 0,00$. In deze situatie is duidelijk, dat de loonaanvullingsuitkering van Jan lager is dan de vervolguitkering $G \times H$. Art. 61 lid 5 wet WIA garandeert Jan tenminste $G \times H$, doch ten hoogste de gewijzigde loongerelateerde formule $0,7 \times (A - B \times C/D)$, aldus de wijzigingen in de Verzamelwet SV 2007. Dit laatste betekent voor Jan, dat er in de vervolgfase niets wijzigt in zijn uitkeringssituatie.

Het moge duidelijk zijn, de Verzamelwet SV 2007 brengt significante voordelen voor degenen die meer verdienen dan het maximumdagloon en gedeeltelijk arbeidsgeschikt zijn geworden. Bijkomend voordeel voor deze categorie verzekerden is, dat de particuliere verzekeringspremie voor het loon boven het maximumdagloon, het zogenaamde excedent, vrijwel ongewijzigd kan blijven.

SAMENVATTING

Het is wellicht even wennen aan de nieuwe uitkeringsstructuur en de rekenexercities om de hoogte van de loongerelateerde WGA-uitkering of de loonaanvullingsuitkering vast te stellen, feit is wel dat de wet WIA een krachtig signaal geeft aan de gedeeltelijk arbeidsgeschikte om weer aan het werk te gaan.
Vergelijkbare financiële stimulansen voor een gedeeltelijk arbeidsgeschikte om weer te gaan werken ontbreken in de WAO.
Nadelige aspecten van de wet WIA zijn, dat er vanaf 29 december 2005 een vijfde arbeidsongeschiktheidscriterium actief is geworden, het verlies aan verdienvermogen tot 35% niet meer gecompenseerd wordt en de wet WIA een verzekerde soms dwingt tot ingewikkelde berekeningen.
In de politiek slaakt men meer dan eens de verzuchting, dat de hedendaagse burger zo calculerend van aard is.
Welnu, indien een gedeeltelijk arbeidsgeschikte vanaf 29 december 2005 zijn rekenmachine niet regelmatig raadpleegt, loopt hij een gerede kans zich financieel ernstig te kort te doen vanwege een wetgevend product van dezelfde politici.

Tenslotte mag niet onvermeld blijven, dat de wet WIA net zoals de WAO een (fors) hiaat kent in de vervolgfase. De sociale partners in de SER en het Ministerie van SZW deden het bij de presentatie van de wet WIA voorkomen alsof dit WAO-probleem helemaal was opgelost. Indien u bijvoorbeeld het uitkeringsniveau van de vervolguitkering WGA vergelijkt met de vervolguitkering WAO dan kan slechts de conclusie worden getrokken, dat de wetgever een WIA-k(r)ater heeft gecreëerd. Dit probleem is in feite nog groter, daar de statistieken van UWV uitwijzen dat gedeeltelijk arbeidsgeschikte werknemers maar mondjes maat aan het werk komen en het overgrote deel van deze werknemers vroeger of later zijn aangewezen op de lage vervolguitkering WGA.

Een ander punt van kritiek op de wet WIA is, dat de wetgever alle verzekerden arbeidsongeschikt geworden vanaf 1 januari 2004 onder de nieuwe wet WIA brengt. Waarschijnlijk had geen van deze uitkeringsgerechtigden enig idee wat hem of haar boven het hoofd hing vanaf 29 december 2005. Er heeft geen intensieve voorlichtingscampagne plaatsgevonden vanuit het Ministerie van SZW, waardoor verzekerden vanwege onwetendheid zich niet hebben kunnen beraden op mogelijke private herverzekering van het arbeidsongeschiktheidsrisico.
Voor alle verzekerden arbeidsongeschikt geworden op en na 1 januari 2004 is private herverzekering geen optie meer, daar het te verzekeren risico zich al heeft voorgedaan.
Het lijkt in dit verband zeer onwaarschijnlijk dat een gemiddelde werknemer regelmatig de site van SZW heeft geraadpleegd ten einde zich op de hoogte te stellen van de nieuwe uitkeringssituatie met ingang van 29 december 2005.
Indien deze gang van zaken wordt vergeleken met de introductie van het nieuwe zorgstelsel dan steekt de publiciteitscampagne van het Ministerie van SZW daarbij schril af.
Tenslotte een enkele opmerking over de vaststelling van de WIA-uitkeringen. Zoals eerder aangegeven blijft UWV tot 2007 alle WIA-uitkeringen verzorgen, tenzij er sprake is van eigen-risicodragerschap. De vaststelling en het verstrekken van een IVA-uitkering is betrekkelijk eenvoudig, hetgeen niet gezegd kan worden van de verschillende soorten WGA-uitkeringen. Aanvankelijk was de doelstelling van het Ministerie van SZW, dat de uitvoerders (privaat of publiek) het recht op WGA-uitkeringen per maand vast-

stelden en achteraf betaalden. De wet WIA gaat er blijkens de tekst vanuit, dat per maand het inkomen van een uitkeringsgerechtigde wordt beoordeeld. Deze uitkeringssystematiek is onder andere gebruikelijk bij de uitvoering van de WW. Vanwege uitvoeringstechnische problemen wordt daar vooralsnog vanaf gezien.

Voorzover ons bekend zal UWV een WGA-uitkering betaalbaar stellen op grond van de inkomensgegevens, zoals deze bij de aanvang van het recht worden verstrekt door de verzekerde of diens werkgever en blijft de verzekerde verantwoordelijk voor een correcte opgave van zijn inkomensgegevens nadien.

Deze uitkeringssystematiek zal in de beginfase vrijwel zeker leiden tot onjuiste en wellicht te hoge WGA-uitkeringen met als gevolg, dat onverschuldigd betaalde WGA-uitkeringen moeten worden teruggevorderd.

Naar verluidt is UWV al enige tijd druk doende met de bouw van een geavanceerd computersysteem voor de WGA-problematiek. Het is de bedoeling dat dit UWV-systeem de inkomensgegevens zoals deze maandelijks binnenkomen bij de Belastingdienst vergelijkt met de gegevens van de uitkeringsgerechtigden en vervolgens het recht op en de hoogte van de WGA-uitkering maandelijks vaststelt.

Nu maar hopen dat dit systeem er snel komt en feilloos werkt!!!

4.6   Later ontstaan, einde en herleven van het recht op IVA en WGA-uitkering

4.6.1   Inleiding

In de vorige paragrafen heeft u gezien hoe het recht op IVA- en WGA-uitkering ontstaat en wat de hoogte en de duur van deze uitkeringen is. Het zal geen verbazing wekken, dat IVA- of WGA-uitkeringen per einde wachttijd niet worden toegekend danwel later beëindigd worden. Wordt een WIA-uitkering per einde wachttijd niet toegekend, dan kan dit later alsnog en een beëindigde WIA-uitkering kan later weer herleven.

In deze paragraaf zullen wij met name aandacht besteden aan het later ontstaan, het einde en het herleven van een IVA- of WGA-uitkering.

In de tekst van de wet WIA met betrekking tot dit onderwerp is vaak sprake van het einde van de wachttijd of het einde van het tijdvak van de loondoorbetalingsverplichting, bezoldiging of ziekengeld op grond van art. 29 lid 9 van de ZW.

Ten behoeve van de leesbaarheid zullen wij hieronder slechts het einde van de wachttijd noemen. Indien sprake is van het einde van de wachttijd wordt tevens bedoeld het einde van het tijdvak van de loondoorbetalingsverplichting, bezoldiging of ziekengeld op grond van art. 29 lid 9 ZW, tenzij anders aangegeven.

Hier nog even in het kort de voorwaarden voor het ontstaan van zowel de IVA- en WGA-uitkering:

1. De wachttijd van 104 weken is volbracht (voor het recht op IVA kan éénmaal een verkorte wachttijd worden gevraagd).
2. Er moet sprake zijn van volledige en duurzame arbeidsongeschiktheid (IVA) of gedeeltelijke arbeidsongeschiktheid (tenminste 35% WGA).
3. Er mogen geen uitsluitingsgronden van toepassing zijn.

Is aan deze voorwaarden voldaan dan heeft de verzekerde recht op een IVA- of WGA-uitkering.

Voor de goede orde, de wetgever is niet altijd consequent geweest bij het hanteren van het begrip gedeeltelijke arbeids(on)geschiktheid. Wij sluiten ons aan bij het taalgebruik in de wettekst.

4.6.2 Later ontstaan van een IVA-recht

Het is uiteraard goed mogelijk, dat een verzekerde aan het einde van de wachttijd niet voldoet aan alle voorwaarden voor een recht op IVA of WGA maar nadien wel.

De wetgever heeft in de artikelen 48 en 55 wet WIA een voorziening getroffen voor deze situatie en beschreven wanneer en onder welke voorwaarden latere opening van een IVA- of WGA-recht mogelijk is.

De regeling voor het later ontstaan van een IVA- of WGA-recht vertoont veel overeenkomsten met de heropeningsbepalingen, zoals deze gelden in de WAO en zijn beschreven in hoofdstuk III paragraaf 8.

Voor alle duidelijkheid op de dag na de wachttijd bestaat er geen recht op IVA-uitkering, vanwege het feit dat de verzekerde alsdan nog niet volledig en duurzaam arbeidsongeschikt is.

Wordt de verzekerde nadien wel volledig en duurzaam arbeidsongeschikt dan ontstaat *per direct* een recht op IVA indien:

1. De verzekerde op dat moment recht had op een WGA-uitkering (alle uitkeringvarianten).
2. De verzekerde op dat moment geen recht had op WGA-uitkering, omdat hij minder dan 35% arbeidsongeschikt was en de volledige en duurzame arbeidsongeschiktheid intreedt binnen 5 jaar na het einde van de wachttijd en voortkomt uit dezelfde oorzaak, waarvoor hij gedurende de wachttijd van 104 weken arbeidsongeschikt was.
3. Het oorzakelijk verband wordt niet tegengeworpen indien de volledige en duurzame arbeidsongeschiktheid intreedt binnen 4 weken na het einde van de wachttijd.
4. Indien de verzekerde na het einde van de wachttijd was uitgesloten van het recht op IVA, omdat hem rechtens zijn vrijheid was ontnomen of hij niet in Nederland woonde en deze uitsluitingsgrond(en) zich niet meer voordoen.

Anders dan onder de werking van de WAO heeft een verzekerde die later volledig en duurzaam arbeidsongeschikt is geworden in de zin van de wet WIA niet meer te maken met een wachttijd. De IVA-uitkering gaat van start met ingang van de dag dat de volledige en duurzame arbeidsongeschiktheid ontstaat, tenzij sprake is van de situatie bedoeld in art. 64 lid 11 wet WIA. In deze situatie is sprake van een aanvraag, nadat bijvoorbeeld de volledige en duurzame arbeidsongeschiktheid langer dan 52 weken bestaat. Het recht op IVA-uitkering wordt dan niet vastgesteld over de perioden gelegen vóór 52 weken voorafgaand aan de dag van de aanvraag, tenzij sprake is van een bijzonder geval.
Vergelijkbaar met een te late aanvraag om in aanmerking te komen voor een WAO-uitkering (zie art. 35 WAO).
De mogelijkheid om na de wachttijd alsnog in aanmerking te komen voor een IVA-uitkering genoemd onder 2 is qua werking identiek aan de Amber-bepaling van art. 43a WAO. In de wet WIA is altijd sprake van een wachttijd van 104 weken, waardoor de gezondheidstoestand op dat moment doorslaggevend is. In de WAO kon op grond van art. 19 WAO de wachttijd worden verlengd, waardoor de peildatum van de gezondheidstoestand van de verzekerde niet per definitie aan het einde van de wachttijd lag.
In de memorie van toelichting bij de wet WIA is aangegeven, dat de wetgever het gevoerde Amber-beleid onder de werking van de WAO wenst voort te zetten.

De toelichting en de tekst van de artikelen 48 en 55 wet WIA brengt naar onze mening mee, dat de jurisprudentie van de CRvB gevormd op art. 43a WAO ook toegepast kan worden op de artikelen 48 en 55 wet WIA.

4.6.3 Later ontstaan van een WGA-recht

In deze situatie wordt op de dag na de wachttijd niet voldaan aan de voorwaarde, dat de verzekerde tenminste 35% arbeidsongeschikt is danwel hij was per einde wachttijd volledig en duurzaam arbeidsongeschikt.
Wordt de verzekerde nadien wel tenminste 35% arbeidsongeschikt dan ontstaat *per direct* een recht op WGA-uitkering indien:
1. De verzekerde daarvoor een IVA recht had.
2. Minder dan 35% arbeidsongeschikt was op de dag na de wachttijd, de gedeeltelijke arbeidsongeschiktheid intreedt binnen 5 jaar na het einde van de wachttijd en voortkomt uit dezelfde oorzaak terzake waarvan hij arbeidsongeschikt was tijdens de wachttijd van 104 weken.
3. Het oorzakelijk verband wordt niet tegengeworpen, indien de gedeeltelijke arbeidsongeschiktheid intreedt binnen 4 weken na het einde van de wachttijd van 104 weken.
4. Indien de verzekerde na het einde van de wachttijd was uitgesloten van het recht op WGA, omdat hem rechtens zijn vrijheid was ontnomen of hij niet in Nederland woonde en deze uitsluitingsgrond(en) zich niet meer voordoen. Anders dan voor het later ontstaan van het recht op IVA geldt voor de WGA-uitkering in deze situatie een termijn van 5 jaar na het einde van de wachttijd. De memorie van toelichting op de wet WIA vermeldt hieromtrent, dat reïntegratie in het arbeidsproces na een periode van uitsluiting langer dan 5 jaar niet zinvol meer is te achten. Opening van een WGA-uitkering, welke uitkering met name gericht is op reïntegratie ligt dan niet meer in de rede, aldus de memorie van toelichting.

4.6.4 Het eindigen van het recht op IVA

Het recht op IVA eindigt, indien de verzekerde niet langer volledig arbeidsongeschikt is of indien hem rechtens zijn vrijheid wordt ontnomen, hij buiten Nederland gaat wonen, hij 65 jaar wordt danwel komt te overlijden (zie art. 49 wet WIA).

Wordt de IVA-uitkering beëindigd vanwege het feit dat verzekerde niet langer volledig arbeidsongeschikt is te achten en heeft de verzekerde geen aansluitend recht op WGA-uitkering, omdat de verzekerde minder dan 35% arbeidsongeschikt is, dan heeft de verzekerde recht op een uitlooptermijn van 2 maanden.

Het is in deze situatie goed mogelijk, dat de verzekerde aansluitend recht heeft op een WW-uitkering. Voor het recht op IVA geldt namelijk geen referte-eis. Er zijn derhalve geen weken geteld in het kader van art. 17a lid 2 WW, waardoor van dubbeltelling geen sprake kan zijn.

In het gewijzigde art. 17a lid 2 WW sedert 29 december 2005 wordt overigens dubbeltelling van gewerkte weken slechts uitgesloten, indien deze weken zijn geteld voor een recht uitkering zoals geregeld in van hoofdstuk 7 wet WIA.

Het recht op IVA is geregeld in hoofdstuk 6 wet WIA, waardoor het gewijzigde art. 17a lid 2 WW ook om deze reden niet kan worden tegengeworpen.

Indien de verzekerde wel aansluitend recht heeft op een WGA-uitkering, dan wordt de duur van de genoten IVA-uitkering in mindering gebracht op de duur van de loongerelateerde WGA-uitkering. Op grond van art. 59 lid 2 wet WIA heeft de verzekerde tenminste recht op een loongerelateerde WGA-uitkering van 1 jaar.

Gelet op de voorwaarden om in aanmerking te worden gebracht voor een recht op IVA lijkt het niet waarschijnlijk, dat deze situaties zich in de praktijk veelvuldig zullen voordoen.

4.6.5 Het eindigen van het recht op WGA-uitkering

De voorwaarden voor het eindigen van het recht op WGA-uitkering in art. 56 wet WIA zijn identiek aan de regeling voor het eindigen van het recht op IVA, met dit verschil dat in de WGA-situatie geen sprake meer is van gedeeltelijke arbeidsgeschiktheid.

De uitlooptermijnen voor het eindigen van het recht op WGA-uitkering zijn evenwel verschillend van de uitlooptermijn ingeval van een IVA-recht.
• Indien de WGA-uitkering wordt beëindigd vanwege het feit dat de verzekerde niet langer gedeeltelijk arbeidsgeschikt wordt geacht dan eindigt het recht op WGA-uitkering twee maanden na de dag van aanzegging,

doch niet eerder dan het einde van de loongerelateerde uitkering WGA. In deze situatie is sprake van een herbeoordeling van de mate van arbeidsgeschiktheid door UWV met behulp van het CBBS. Het is mogelijk, dat na de herbeoordeling door UWV nog een loongerelateerde uitkeringsperiode resteert van langer dan 1 jaar. Hier doet zich wederom de vraag voor of de herbeoordeling gehandhaafd kan blijven op het moment van het einde van de loongerelateerde uitkeringsperiode vanwege inmiddels verouderde medische gegevens.

- Eindigt het recht op WGA-uitkering, omdat de verzekerde met arbeid meer verdient dan 65% van het maatmaninkomen, dan eindigt de WGA-uitkering 1 jaar na de dag dat hij niet langer gedeeltelijk arbeidsongeschikt is. Indien de verzekerde recht heeft op een langere loongerelateerde uitkering dan eindigt de WGA-uitkering eerst op het moment van het einde van de loongerelateerde uitkering. De wetgever heeft er uitdrukkelijk voor gekozen om degene die werkt extra te belonen. Het hierboven beschreven praktische probleem met betrekking tot de verouderde medische gegevens doet zich ook hier gelden.

Voor alle duidelijkheid, in de uitloopfasen blijven de formules voor de berekening van de hoogte van de WGA-uitkering van kracht. Een verzekerde die zijn WGA-uitkering beëindigd ziet vanwege de hoogte van zijn verdiensten kan gedurende de WGA-uitkering rustig zijn maatmaninkomen gaan inverdienen of zelfs meer.
De garantie in art. 56 leden 2 en 3 wet WIA, dat een WGA-uitkering nooit eerder beëindigd kan worden dan aan het einde van de loongerelateerde WGA-uitkering heeft nog een een aantal andere merkwaardige consequenties.
Een verzekerde die niet langer gebruik wenst te maken van de inkomensbescherming van de wet WIA, wordt dit onmogelijk gemaakt door de wet. Zoals u eerder heeft gezien bevat de WGA-uitkering een werkloosheidscomponent. Op grond van art. 56 leden 2 en 3 wet WIA wordt een verzekerde gedwongen om zijn gedeeltelijk WW-recht op te souperen, zelfs indien hij daar geen behoefte aan heeft. Dat kan nadelig voor een verzekerde uitpakken, indien het aangevangen werk na de toekenning van de WGA-uitkering lager wordt beloond. Het eerste recht is op enig moment opgesoupeerd zonder dat daaraan behoefte was en het tweede recht kent een lager dagloon.

In feite werkt art. 56 leden 2 en 3 wet WIA als een fuik. Heeft een verzekerde een WGA-uitkering toegekend gekregen, dan wordt hij gedwongen zijn loongerelateerde uitkeringstijd uit te zitten. Anderzijds legt een toe te kennen WGA-uitkering ook druk op UWV. Immers UWV kan een éénmaal toegekende loongerelateerde WGA-uitkering niet beëindigen voor ommekomst van de loongerelateerde periode.

4.6.6 Herleven van het recht op IVA

Hiervoor heeft u kunnen zien dat het recht op IVA wordt beëindigd, indien de verzekerde niet langer volledig arbeidsongeschikt wordt geacht. Het op deze wijze beëindigde recht herleeft op grond van art. 50 wet WIA direct, indien de verzekerde weer volledig en duurzaam arbeidsongeschikt wordt en;

- Op die dag recht had op een WGA-uitkering (alle uitkeringsvarianten).
- Geen recht had op een WGA-uitkering en de volledige en duurzame arbeidsongeschiktheid intreedt binnen 5 jaar na de dag van beëindiging en voortkomt uit dezelfde oorzaak op grond waarvan hij eerder recht had op IVA.
- Indien het recht op IVA is beëindigd, doordat de verzekerde rechtens zijn vrijheid is ontnomen of niet meer in Nederland woont en de uitsluitingsgrond zich niet langer voordoet.

Het herleven van een IVA-recht vanwege deze uitsluitingsgronden is niet aan een termijngebonden.

Herleven van het recht op WGA-uitkering

Een beëindigd recht op WGA-uitkering, omdat de verzekerde niet langer gedeeltelijk arbeidsgeschikt is te achten, kan op grond van art. 57 wet WIA direct herleven indien op de dag voorafgaand;

1. De verzekerde een IVA-recht had.
2. De verzekerde minder dan 35% arbeidsongeschikt was en de gedeeltelijke arbeidsongeschiktheid voortkomt uit dezelfde oorzaak, terzake waarvan hij eerder een WGA-recht genoot.
3. De verzekerde niet langer rechtens zijn vrijheid is ontnomen, danwel niet langer buiten Nederland woont.

In de situatie genoemd onder 3 geldt de voorwaarde, dat herleving niet later kan plaatsvinden dan 5 jaar na de dag van beëindiging van het recht op WGA-uitkering.

SAMENVATTING

Sommige bepalingen inzake het later ontstaan en herleven van een IVA- of WGA-recht vertonen grote gelijkenissen met de Amber-bepalingen in de WAO. Zeker voor de vraag of sprake is van dezelfde oorzaak kan worden teruggegrepen op de ontwikkelde jurisprudentie van de CRvB inzake art. 39a en 43a WAO. De memorie van toelichting geeft op verschillende plaatsen argumenten voor deze stelling en rept zelfs over voortzetting van het Amber-beleid op grond van de WAO. Een belangrijk verschil tussen de Amber-bepalingen en de klassieke herzienings- en heropeningsbepalingen in de WAO en de vergelijkbare bepalingen in de wet WIA is het ontbreken van een wachttijd in de wet WIA.

Het later ontstaan en herleven van een WGA-uitkering vanwege het feit dat een verzekerde rechtens zijn vrijheid is ontnomen danwel niet in Nederland woont is beperkt tot 5 jaar. Deze beperking vindt u niet terug in de WAO.

Een verzekerde dient er in deze situaties overigens rekening mee te houden, dat UWV de mate van arbeidsgeschiktheid nogmaals beoordeelt alvorens zij overgaat tot (hernieuwde) toekenning van een IVA of WGA-uitkering.

4.7 De Wet invoering en financiering Wet werk en inkomen naar arbeidsvermogen (IWIA)

4.7.1 Inleiding

Voor degenen die niet dagelijks met invoeringswetten te maken hebben, invoeringswetten worden voor het grootste deel helemaal opgenomen in de wetten die gewijzigd worden. U ziet derhalve van een invoeringswet vrijwel niets meer terug, nadat zo'n wet in het Staatsblad is verschenen.

De invoeringswet van de wet WIA maakt hierop geen uitzondering. Wij hebben de wijzigingen op grond van IWIA voorzover het betreft de inhoudelijke wijzigingen in de ZW en het BW verwerkt in de betreffende onderdelen van dit boek.

Wat betreft de WAO en de wet WIA is deze werkwijze niet handig en zullen wij de relevante wijzigingen van de WAO en de overgangsrechtelijke bepalingen ten behoeve van de wet WIA in deze paragraaf de revue laten passeren. Met name de inhoudelijke wijzigingen, die een belangrijke rol spelen bij het voeren van een procedure worden uitgelicht. Door deze selectie methode blijken de wijzigingen in de WAO en de overgangsrechtelijke bepalingen in de wet WIA tengevolge van IWIA beperkt van aard.

4.7.2 Wijzigingen in de WAO

In art. 1.1 van IWIA worden de beoogde wijzigingen in de WAO beschreven. Het is de uitdrukkelijke bedoeling van de wetgever, dat WAO-gerechtigden zich niet mengen met WIA-gerechtigden ten einde uitvoeringstechnisch een beheersbaar geheel te houden.

Deze waterscheiding tussen WAO-gerechtigden en WIA-gerechtigden werd ook ingegeven door de wens van de wetgever om de uitvoering van de wet WIA op enig moment zowel publiek als privaat te maken. Private verzekeraars hadden en hebben geen kaas gegeten van de uitvoering van de WAO en wilden dat ook niet.

Indien private verzekeraars op enig moment besluiten om in de WIA-markt te duiken, dan zullen zij zich toch moeten gaan bekwamen in arbeidsongeschiktheidsrecht 'oude stijl'. De wet WIA is weliswaar nieuw, maar deze wet bouwt voor een groot deel voort op leerstukken die zijn ontwikkeld onder de werking van de WAO.

Overgangsrechtelijk is de keus van de wetgever duidelijk, het is of een WAO-recht of een WIA-recht, allebei lijkt uitgesloten. Een slag om de arm is hierbij op zijn plaats, omdat de praktijk soms sterker is dan de leer.

Het gewijzigde *art. 16 WAO* brengt de gedachte van de wetgever tot uitdrukking bezien in samenhang met *art. 120* wet WIA.
In het gewijzigde *art. 16 WAO* blijven personen arbeidsongeschikt geworden voor 1 januari 2004 verzekerd voor de WAO, aangenomen dat zij ook WAO-verzekerd waren ten tijde van het intreden van de arbeidsongeschiktheid.
Voorts blijven deze personen WAO-verzekerd gedurende de wachttijd van 52 weken, gedurende de periode waarover zij recht hebben op een arbeids-

297

ongeschiktheidsuitkering in de zin van de WAO en tot 4 weken na het einde van de wachttijd, indien zij per einde wachttijd minder dan 15% arbeidsongeschikt zijn maar binnen 4 weken 15% of meer arbeidsongeschikt worden. Voldoet een verzekerde aan deze voorwaarden, waarbij met name de peildatum 1 januari 2004 van belang is, dan is de arbeidsongeschikt geworden werknemer verzekerd ingevolge de WAO.

In het wetsvoorstel Verzamelwet SV 2007 wordt art. 16 WAO uitgebreid met een categorie personen arbeidsongeschikt geworden onder de verplichte verzekering van WAO en waarvan de WAO-uitkering is ingetrokken. Deze personen blijven gedurende 5 jaar na de intrekking verzekerd ingevolge de WAO, indien in deze periode heropening van de WAO-uitkering op grond van een toename van arbeidsongeschiktheid niet kan plaatsvinden op grond van art. 43a lid 4 WAO. In art. 43a lid 4 WAO is geregeld, dat de WAO-uitkering na een eerdere intrekking niet wordt heropend terzake van toegenomen arbeidsongeschiktheid uit dezelfde oorzaak, indien art. 29b ZW toepassing kan vinden en het ziekengeld de WAO-uitkering overtreft. Hetzelfde geldt voor degene die op en na de wachttijd WAO niet arbeidsongeschikt werd bevonden en nadien terzake van toegenomen arbeidsongeschiktheid geen recht op een WAO-uitkering heeft op grond van het bepaalde in art. 43a lid 4 WAO.

Het gaat in de voorgestelde bepaling om de volgende personen. Na de intrekking of niet toekenning van de WAO-uitkering gaat een verzekerde weer aan het werk binnen 5 jaar na de intrekking of niet toekenning. Vervolgens wordt deze persoon weer arbeidsongeschikt uit dezelfde oorzaak binnen deze periode van 5 jaar. Deze persoon heeft in principe recht op ziekengeld op grond van art. 29b ZW, welk ziekengeld de toe te kennen WAO-uitkering kan overtreffen in welk geval art. 43a WAO geen toepassing kan vinden.

Deze personen worden door middel van de beoogde wijziging als verzekerden in de zin van art. 16 WAO aangemerkt.

De tegenhanger van het gewijzigde art. 16 WAO is te vinden in *art. 120* wet WIA.

In dit artikel worden verzekerden op grond van *art. 16 WAO* uitgesloten van een WIA-recht. Tevens worden van een WIA-recht uitgesloten personen, die recht hebben op toekenning of heropening van de WAO-uitkering op grond van de artikelen 19a, 20, 43a, 47, 47a en 47b van de WAO en de belanghebbende in art. 1 van de Wet arbeidsongeschiktheidsvoorziening militairen. De artikelen 19a en 20 van de WAO hebben betrekking op uitsluitingen van het recht op WAO-uitkering in verband met detentie resp. wonen buiten Nederland. Artikel 43a is de Amber-bepaling in de WAO en art. 47 is een klassieke heropeningsbepaling van een WAO-recht. De artikelen 47a en 47b van de WAO regelen de mogelijkheid om een ingetrokken recht op WAO-uitkering weer te heropenen, indien de verzekerde niet langer buiten Nederland woont danwel in vrijheid is gesteld.

Op het eerste gezicht een sluitende regeling om te voorkomen dat er naast een recht op WAO-uitkering tevens een recht op WIA-uitkering ontstaat.

Het vernieuwde *artikel 16 van de WAO* zorgt er tevens voor, dat nieuwe instroom naar de WAO vanaf 1 januari 2004 onmogelijk wordt gemaakt, waardoor de WAO vanaf die datum wordt drooggelegd.

Voor Wajong- en WAZ-gerechtigden heeft de wetgever in IWIA wel gekozen voor een mogelijke samenloop van deze uitkeringen met een WIA-uitkering. Zie in dat verband artikel 1.6 en 1.7 IWIA onderdeel J respectievelijk onderdeel L.

Op grond van deze overgangsbepalingen moet UWV toetsen welke uitkering het hoogste is en het eventuele surplus Wajong of WAZ uitbetalen bovenop de WIA-uitkering. Deze andere opstelling van de wetgever heeft te maken met het feit, dat de hoogte van de Wajong- of WAZ-uitkering gebonden is aan een gemaximeerde grondslag met het minimumloon als plafond. De verdiensten in loondienst onder de werkingssfeer van WIA kunnen aanzienlijk hoger zijn. Uitsluiting van een recht op een hogere WIA-uitkering in zo'n situatie is dan niet echt bevorderlijk voor de reïntegratiegedachte. Immers, het oude Wajong- of WAZ-recht ingeval van bijvoorbeeld hernieuwde toekenning op grond van een Amber-bepaling in de Wajong of de WAZ is nog steeds gebonden aan het minimumloon. In de WAO bestaat dit probleem niet, daar een uitkering op grond van een Amber-bepaling wordt berekend naar het nieuwe dagloon, tenzij het oude hoger is (zie art. 43c WAO).

Voor het overige zijn de wijzigingen in de WAO tengevolge van IWIA vrij technisch en niet fundamenteel van aard.

Vermeldenswaard is nog wel dat er een nieuw *hoofdstuk IIB* wordt ingevoerd in de WAO met daarin opgenomen de reïntegratie-instrumenten, dit in
verband met het intrekken van de Wet REA met ingang van 29 december
2005.

Indien het nieuwe reïntegratie-instrumentarium wordt bezien dan kan de
conclusie niet anders zijn dan dat op dit punt is bezuinigd.

Tenslotte is met de introductie van het nieuwe *art. 87a WAO* een oude wens
van UWV in vervulling gegaan en is vanaf 29 december 2005 de hoorplicht
neergelegd in art. 7:3 van de AWB afgeschaft voor de WAO. Ook in andere
wetten in de sociale zekerheid wordt het principe van art. 7:3 AWB afgeschaft en dient een verzekerde of diens gemachtigde vanaf 29 december
2005 aan te geven, of hij gehoord wenst te worden. UWV of een andere uitvoerder moet de verzekerde of de gemachtigde uiteraard wel de keuze voor-
leggen en hen een redelijke termijn gunnen om te reageren.

In de praktijk liep UWV al op de wetgevende feiten vooruit, door een verzekerde of diens gemachtigde een formulier toe te zenden met daarop het
verzoek om aan te geven of men gehoord wenste te worden alvorens er een
beslissing op bezwaar werd genomen. In de jurisprudentie van de CRvB
dienaangaande was geen steun te vinden voor deze praktijk, eerder het
tegendeel. De wetgever is UWV en de overige uitvoerders op dit punt te
hulp geschoten.